高职高专公共课系列教材
GAOZHIGAOZHUAN GONGGONGKE XILIEJIAOCAI

DAXUE
YUWEN
JIAOCHENG

大学语文教程

主　编·杨天松
副主编·滕春玉　张晓萍　王　晨　刘　阳

復旦大學出版社

图书在版编目(CIP)数据

大学语文教程/杨天松主编. —上海：复旦大学出版社，2019.12（2022.1 重印）
高职高专公共课系列教材
ISBN 978-7-309-14766-7

Ⅰ.①大… Ⅱ.①杨… Ⅲ.①大学语文课-高等职业教育-教材 Ⅳ.①H19

中国版本图书馆 CIP 数据核字(2019)第 285098 号

大学语文教程
杨天松 主编
责任编辑/赵连光

复旦大学出版社有限公司出版发行
上海市国权路 579 号 邮编：200433
网址：fupnet@fudanpress.com http://www.fudanpress.com
门市零售：86-21-65102580 团体订购：86-21-65104505
出版部电话：86-21-65642845
上海新艺印刷有限公司

开本 787×1092 1/16 印张 18.25 字数 443 千
2022 年 1 月第 1 版第 3 次印刷

ISBN 978-7-309-14766-7/H · 2954
定价：49.00 元

前　言

FOREWORD

纵观中国近代以来高等教育发展的历史，从“癸卯学制”以来，大学语文（当时叫“中国文学”）就是中国高等教育的一门必修课程，在人才培养中具有重要的地位。张之洞在给张百熙的电文中说过：“中国文章不可不讲。自高等小学至大学，皆宜专设一门。”足见大学语文之重要。大学语文研究专家何二元先生认为，“大学语文”是中国现代语文学科创建伊始就有的一门重要课程，他认为，这一点不但有“壬寅学制”“癸卯学制”“壬子学制”以及其后的民国教育部《大学规程》、“整理大学科目”、《关于大学各学院共同必修科目国文选目的训令》等制度层面的明确规定，也有学校一级大量教学文件可以证明。

1949年后，大学语文课程的发展并不顺利，亦可以说是命途多舛。1978年，南京大学校长匡亚明教授邀约华东师范大学中文系主任徐中玉教授联合倡议在高校恢复开设大学语文课程，此后中国大学陆续开设大学语文课程，取得了良好的效果。大学语文教材也日渐丰富。

对于高职高专院校学生来说，大学语文具有特别重要的价值。毋庸讳言，与本科院校学生相比，高职高专院校学生的知识基础相对比较薄弱，学习能力还有待提高；加上一些错误的诱导，这就造成高职高专学生更不能主动学习专业以外的知识，尤其是语言文学方面的知识。而语言文学——包括外国语言文学——又是一切知识的基础。因此，高职高专院校学生更需要认真学习“大学语文”课程，通过系统化的学习，他们得以重新认识语文学习的重要性，树立正确的语文学习观念，建立正确的审美观，从而提高他们的人文素养。

从教育理念来说，高等教育是通才教育。虽然高职高专教育的通才教育与本科教育的通才教育不完全等同，但是，高职高专教育应该需要有与之相适应的通才教育，否则，培养高素质技能型人才就无从谈起。语言、文学、艺术、哲学、历史等都是通才教育的基础，其中语言文学又是基础之基础。因此，我们必须认识到“大学语文”在高职高专院校课程结构中具有不可或缺的地位。《教育部关于职业院校专业人才培养方案制订与实施工作的指导意见》(教职成〔2019〕13 号)也阐述了语文课在高等职业教育中应该作为必修课程的观点。

我们深信，离开语文教育的高等职业教育是不完整的高职教育。这是我们编写这部教材总的出发点，也是基本的思路。

我们深信，工具性是大学语文最基础最重要的功能。作为一门公共基础课或是必修课，必须，也应该突出大学语文的工具性；大学语文也必须承担这个任务，为学生完成专业学习和终身发展提供扎实基础。

我们深信，一切知识都有赖于语言，因为语言是知识的基础。人类的一切文明成果，都需要语言这个载体来表述，也需要语言来交流、推广和应用。

我们深信，语言能力对每一个个体的成长和学生的专业学习非常重要，并对他们今后的工作和生活都将产生持久而深刻的影响。

我们深信，大学语文还体现审美性和人文性。在这个技术主义、商业主义盛行的时代，在这个以信息技术为核心的后现代主义时代，单纯的技术并不能造就完美的人格。我们深信，一个人，无论是以人文学科为终生职业，或是以科学技术为自己的谋生手段，都需要具备基本的人文素养。单纯、正直、真诚、公平、正义、善良……都是人文素养的表现。我们深信，所有这一切，都来自一个人高洁的灵魂和纯良的品格。我们相信，文学正是培养高洁灵魂和纯良品格的最好的功课。历代文质兼美的文学作品，都在表达着对真善美的追求，一切优秀的文学作品都具有丰富的文化内涵，引导人们去追求真、善、美的境界，处处体现出人文精神，处处反映出人文素养。从这个意义上，我们深信，大学语文不仅应该是高职高专院校的公共基础课，还应该是公共必修课。

我们深信，大学语文还可以培养良好的形象思维能力。无数的科学史证明，形象思维能力对科学家的研究、发明有着极为重要的作用，是科学家获得发明创造的灵感来源。而丰富的语言文学作品，对培养形象思维能力具有不可替代的作用。通过语言、文学的学习，可以大大提高学生的想象能力，可以大大提高学生的创新能力。因此，我们深信，高职高专院校的大学语文课还承担着培养学生思维能力和创新能力的任务。

本教材的主要特点是：

选文经典新颖，难易适中。在选文方面，本教材力求避免与中小学语文教材重复，尽量避免与同类教材重复。对于著名的、大众比较熟悉的作者，我们选择其相对陌生的作品;对于大众比较陌生的作者,我们则选择其最有代表性的作品。本教材选文不仅注重经典与新颖,还注意选文的学科交叉,除了纯文学作品外,还涉及哲学、艺术学、历史学、社会学等学科,有利于培养高职高专院校学生阅读文学作品、自然科学和社会科学作品的能力。

体例科学合理,内容精当。在体例方面,本书按照选文内容分为六个单元:思想盛宴、艺术荣光、行走中国、儿童视界、人物春秋、小说天地。每个单元由导读、主讲课文、延展阅读三部分构成。"导读"是对单元的整体解说。"主讲课文"按照"正文""注释""作品分析""思考与练习"的体例编排。除了选文注重经典、新颖外,本教材的"注释"精简,"思考与练习"注重启发性。本书编者着力最多的是"作品分析",在文本分析的基础上,我们尽可能提出自己对作品的看法,我们深信这样的"作品分析"对于提高语文阅读修养和阅读水平是有帮助的。"延展阅读"主要作为课外阅读文选,以此增加学生的阅读量;教师也可以选择延展阅读中的部分篇目作为选讲课文。

此外,本教材有四个附录,供使用本教材的师生参考阅读。

本书由杨天松主编,滕春玉、张晓萍、王晨、刘阳为副主编,黄文革、黄东梅、邹杰、蓝碧议、李心慧等参加编写。具体分工如下:单元一"思想盛宴"由杨天松、王晨编写,单元二"艺术荣光"由张晓萍、李心慧编写,单元三"行走中国"由滕春玉、邹杰编写,单元四"儿童视界"由刘阳、黄文革编写,单元五"人物春秋"由王晨、黄东梅编写,单元六"小说天地"由杨天松、蓝碧议编写。杨天松负责全书大纲、单元导读、附录编写及全书统稿。

在编写本书过程中参考了专家、学者们的研究成果,在此深表谢意。书中选用了很多作家、学者的作品,虽已通过各种途径联系,但仍未能与部分作者取得联系,如果看到本书,请联系我们,我们将赠样书致谢,同时也非常感谢作家、学者们对教育事业的支持和帮助。

本书如有不足之处,敬请使用本书的师生与读者批评指正,以便修订时改进。所有意见和建议请发送到邮箱:ytsxm2008@qq.com。

杨天松
2019 年 10 月

目 录

CONTENTS

#「单元一」

思想盛宴

导读

法国思想家帕斯卡尔说过:“人只不过是一根苇草,是自然界最脆弱的东西;但他是一根能思想的苇草,用不着整个宇宙都拿起武器来毁灭他;一口气,一滴水,就足以致他死命了。然而,纵使宇宙毁灭了他,人却仍然要比致他死命的东西高贵得多;因为他知道自己要死亡,以及宇宙对他所具有的优势,而宇宙对此却是一无所知。因而,我们的全部尊严就在于思想。”帕斯卡尔还说过:“思想形成人的伟大。”

人和动物的区别,可以说有许多的方面,也是难以说得清楚的。但是,我们也可以说,人和动物的区别是可以用一句简单的话来表明——人能够思想,而动物却不能思想。进一步说,人不仅能够思想,还能够用语言记录思想、表达思想。这可以说是人和动物最大的区别。

我们之所以要读书,原因正在于此。人类几千年的文明史中,历代文学家、科学家、思想家们思考的结晶,通过文字记录下来,通过书籍这个载体——在今天这个信息化时代还包括电子书——提供给人们阅读。唐君毅先生说过:“读书是在思想古往今来的他人的思想。人只有走过他人所已走过的,才走得远。人也只有思想过前人所思想的,才能思想得深。我思想前人的思想,而前人的思想,又是思想更前之人的思想来的。人类的文化史与思想史,是无尽的后代人,对于以前人之思想再加思想之成果。”

在这个知识积累加速发展的时代,阅读成为人们思想得以扩展的必要之路。

这就是编选这个单元的缘由。在这个单元里,我们选择了《论语》《孟子》等经典散文,也选择了其他颇为有价值的文章:费孝通的《乡土本色》,叔本华的《关于思考》,谢泳的《张爱玲小说中的“月亮”》。此外还选择了北岛的《回答》,顾城的《一代人》,里尔克的《严重的时刻》等。

之所以选择这些诗文,是因为这些诗文在文字背后表达了对社会、对人生的见解,富有思想的力度,富有人文的精神。它们是思想与人文的结晶,它们的文字也许不够华丽,但对社会、人生却有深刻的洞察。阅读这样的作品,我们获得的不仅仅是文字蕴含的意味,不仅仅有美的感受,更重要的是可以从中获得理智上的机趣。

虽然这几篇诗文,在浩瀚的富有文学价值和思想人文价值的作品中,只是大海中的几朵浪花,只是万千作品中极少的篇章。但是,通过精读这些内容丰富、富有思想价值的作品,却可以品味这些作品丰富的人文精神,体味这些作品深刻的思想内涵。

虽然这些诗文篇数有限,但包含的种类却又是丰富的。其中,儒家经典著作《论语》和《孟子》产生的年代是中国传统文化最为光辉灿烂的年代,也是中国文化的元典创作年代。先秦诸子百家的作品不仅有着丰富的文学价值,更富有深刻的思想价值。在思想贫乏的年代里,人们一次次回到诸子百家时代,回到这个中国传统文化光辉灿烂的年代。很大程度上,阅读经典,就是阅读诸子百家的作品,在他们简约的文字背后,人们品尝的是思想的盛宴,体味的是人文精神的魅力。固然,反传统的呼声也时有兴起,尤其是新文化运动开始时,胡适、鲁迅等擎起思想反叛的大纛;但他们那一代的人却是对传统文化有深刻理解的人,而且由于当时中国的特殊国情,急于使中国现代化的知识分子觉得只有反传统才能使中国富强,现代化是近代以来中国先进分子前仆后继的大业。在新文化运动初期,先进的知识分子认为只有进行文化革新,中国的现代化才能真正实现。他们满腔热情地投入中国现代化的进程中,因此,对传统的反叛也就显出一种迫切心态。但是,文化具有一定惰性，反叛的道路极为曲折，峻急的行动并没有取得预期的效果。近十几年来，国学似乎又有复兴的迹象。关于这些，专业人士颇有争议。我们认为，一味地片面地回复到读经（儒家经典）时代，确实已经不可能，也没有这个必要；但是，如果一味地抛弃传统文化，却也是极愚蠢的行为。自然，传统文化有精华也有糟粕，对传统文化应该采取扬弃的态度；合理的要继承，不合理的要抛弃。作为大学生，当然要具备扬弃的眼光和能力，所以，阅读一定数量的经典是必需的。

叔本华是现代著名的哲学家，虽然很多人认为他是一个悲观主义的哲学家，但他自己并不这么认为。无论如何，叔本华的思想是值得我们学习和认识的。他深刻地影响了现代社会，从哲学领域到文学艺术领域，无不有叔本华思想的影响。《关于思考》一文，内容丰富，思想深刻，非常值得一读。尤其是对阅读与思想的问题，特别值得我们思考。

我们还选择了社会学家费孝通先生的《乡土本色》，著名学者谢泳的文学评论《张爱玲小说中的"月亮"》，这些文章涵盖了哲学、经济学、社会学、文学批评等领域，他们的共同特点是都具有自己独特的思想人文内涵。

此外，我们在这个单元里特别选择了三首诗，无论是《回答》《一代人》，还是《严重的时刻》，它们在简洁优美的诗语背后，都有着丰富的思想内涵。它们是诗，但又不仅仅是诗。它们的存在意义超越了诗歌本身，阅读它们，不仅可以有诗的享受，还有思想上的收获；阅读它们，不仅仅可以理解诗歌语言巨大的张力，还可享受哲理上的思辨与乐趣。

在这个单元里，我们所选择的散文，已经超越了纯文学意义的散文。实际上，中国散文的黄金时代——先秦诸子百家时代的散文就不是以纯文学见长，先秦诸子百家的散文首先是有思想的散文，无论是《论语》《孟子》《荀子》这些儒家经典，还是《老子》《庄子》等道家经典，还有墨家、法家、兵家等经典著作，都有着丰富深刻的思想，永远值得我们学习。除了诸子百家的散文，《左传》《国语》《战国策》等历史散文叙事也简练之极，精彩之极。

散文的类别很多，刘勰的《文心雕龙》把文体分为33类：诗、乐府、赋、颂、赞、祝、盟、铭、箴、诔、碑、哀、吊、杂文、谐、隐、史传、诸子、论、说、诏、策、檄、移、封禅、章、表、奏、启、议、对、书、笺记等，除了少数与韵文相关外，绝大部分是散文。"桐城派"大师姚鼐编辑的《古文辞类纂》将文体分为13类：论辩、序跋、奏议、书说、赠序、诏令、传状、碑志、杂记、箴铭、颂赞、辞赋、哀祭，其中绝大多数也是散文。现代散文的类别也呈现出极其多样化的特征。俞元桂主编的《中国现代散文史·绪言》中，散文的文体包括随感录、短评、杂感、文艺性政论、国际小品、随笔、读书杂记、知识小品、历史小品、科学小品、日记、书简、杂记、传记、游记、旅行记、风土记、访问记、速写、通讯、报告文学、抒情散文、诗散文、散文诗等。这个庞大的散文文体类型昭示了现代散文的空前繁荣。基本上把散文的各种类型都囊括其中。但是，后来散文又逐渐缩小到纯文学意义上的散文园地之中。

实际上，纯文学散文写得好看的不多，那种风花雪月的散文往往格调过低，在今天挑剔的读者眼里，纯文学散文越来越不受欢迎，尤其是专业散文作家的散文越来越不受欢迎。人们越来越喜欢读各路专家或杂家写的散文，这些散文往往使人们获得知识和智力上的享受。

诗歌也是如此，纯诗当然有它的存在价值。梁宗岱说："所谓纯诗，便是摒除一切客观的写景，叙事，说理以及感伤的情调，而纯粹凭借那构成它底形体的原素——音乐和色彩——产生一种符咒似的暗示力，以唤起我们感官与想象底感应，而超度我们底灵魂到一种神游物表达光明极乐的境域。"但纯诗很容易堕入语言的游戏之中，至于现在的诗歌，空洞的语言游戏已经使它被越来越多的读者抛弃。纯诗要被读者喜欢，还是要让读者从诗中获得美的享受，要让读者明白诗所要表达的意趣。

实际上，有思想价值和人文价值的诗歌永远被不同时代的读者喜欢。鉴于此种认识，我们选择的三首诗应该说都是有思想价值和人文价值的诗歌。它们首先是诗，然后是有思想价值的诗和有人文价值的诗。它们深刻的思想值得人们阅读它们，理解它们，并借此可以提高自己对历史和现实的理解，提高对人生的诗性和理智的理解。使我们惊艳的不仅仅是它们的文字，更主要的是它们的思想。

为了进一步阅读有着丰富的思想人文价值的作品，我们在“延展阅读”部分还选择了部分文章，它们精粹的文字、深刻的思想，一定可以滋养我们饥渴慕义的心灵。青年学子们对知识往往有着极大的热情，他们在变动的时代有着内心的迷茫，他们渴望大师们的作品能够给他们以有益的指导。我们相信，人生是需要被指导的，尤其是青少年的人生更需要被指导。与其在迷茫中困惑，与其在困惑中迷失自我，不如在阅读大师们的作品中接受思想的熏陶。只有在大师们的思想熏陶下，青少年学生才能更好地认识自己，认识社会，同时也更好地思考历史，思考现实。

让语文不仅仅是语文，让语文也能装载思想，也能丰富内心，也能滋养灵魂；那么，我们的用意也就达到了……

主讲课文

《论语》选读

《论语》[1]

一

子曰："贤哉，回也！一箪食，一瓢饮，在陋巷，人不堪其忧，回也不改其乐。贤哉，回也！"(《论语·雍也》)

子曰："饭疏食，饮水[2]，曲肱而枕之[3]，乐亦在其中矣。不义而富且贵，于我如浮云。"(《论语·述而》)

子欲居九夷[4]。或曰："陋[5]，如之何？"子曰："君子居之，何陋之有？"(《论语·子罕》)

子曰："贫而无怨，难；富而无骄，易。"(《论语·宪问》)

二

子曰："知者乐水，仁者乐山。知者动，仁者静。知者乐，仁者寿。"(《论语·雍也》)

子曰："知者不惑，仁者不忧，勇者不惧。"(《论语·子罕》)

子曰："君子耻其言而过其行。"(《论语·宪问》)

子曰："志士仁人，无求生以害仁[6]，有杀身以成仁。"(《论语·卫灵公》)

三

曾子曰："士不可以不弘毅[7]，任重而道远。仁以为己任，不亦重乎？死而后已，不亦远乎？"(《论语·泰伯》)

子曰："君子病无能焉，不病人之不己知也。"(《论语·卫灵公》)

子曰："君子矜而不争[8]，群而不党。"(《论语·卫灵公》)

子贡问曰："有一言而可以终身行之者乎？"子曰："其恕乎！己所不欲，勿施于人。"(《论语·卫灵公》)

四

子曰："吾尝终日不食，终夜不寝，以思，无益，不如学也。"(《论语·卫灵公》)

子夏曰："日知其所亡[9]，月无忘其所能，可谓好学也已矣。"(《论语·子张》)

子夏曰："博学而笃志[10]，切问而近思[11]，仁在其中矣。"(《论语·子张》)

五

子曰："我非生而知之者，好古，敏以求之者也[12]。"(《论语·述而》)

子曰："譬如为山，未成一篑，止，吾止也。譬如平地，虽覆一篑，进，吾往也。"(《论语·子罕》)

子曰："道听而涂说，德之弃也。"(《论语·阳货》)

六

季康子问政于孔子。孔子对曰："政者，正也。子帅以正[13]，孰敢不正？"(《论语·颜渊》)

子曰："其身正，不令而行；其身不正，虽令不从。"(《论语·子路》)

据阮元刻《十三经注疏》本《论语注疏》

注 释

[1]《论语》：儒家经典著作，主要记载孔子及其弟子的言行。孔子(前551—前479)，名丘，字仲尼，春秋后期鲁国陬邑(今山东曲阜)人，是儒家学派的创始人，也是中国古代伟大的思想家、政治家、教育家。

[2] 疏食：粗粮。

[3] 肱：胳膊从肩到肘的部分。

[4] 九夷：指淮夷，其北境与齐、鲁接壤。

[5] 陋：这里指粗野，不知礼仪。

[6] 害：损害。

[7] 弘毅：宽宏刚毅。弘：广大，宽宏。

[8] 矜：慎重，拘谨。

[9] 亡：通"无"，指自己以往没有的知识和技艺。

[10] 笃：忠实，一心一意。笃志：坚守自己的志向。

[11] 切：贴近。近思：联系自己的实际思考问题。

[12] 敏：努力、勤勉。

[13] 帅：通"率"，佩巾，表率。

作品分析

《论语》是先秦诸子散文的典范，属于语录体，所记载的孔子及其弟子的言行，虽多为片语只言，但言简意赅，语约义丰，尤其是一些被后人视为格言的警句，既包含着宝贵的生活经验，又有优美的表现形式，含蓄有致，耐人寻味。在孔子思想中有不少超越时代、超越阶级、超越地域，属于未来、属于全人类的东西。本文选录的内容，体现了孔子在治学、为人、处事、从政等方面的思想精华，在今天仍有很大的启发意义。

第一部分，讲的是孔子的贫富观。人生在世，都会遇到"贫"与"富"的问题。大抵处富贵而佚乐，居贫贱而忧戚，乃人之常情。孔子坦然地承认，"贫而无怨，难"。一个"难"字，体现了孔子对贫者的理解和宽容。对于贫富的最高境界，孔子认为是"贫而乐道，富而好礼"；然而，在孔子的学生中，真正达到"贫而乐道"这一境界的，只有颜回。故此，孔子对颜回赞赏有加：当大多数人忍受不了那种"箪食瓢饮"的贫困而为之忧愁时，颜回却从不改变自己内心的快乐。孔子不仅赞赏颜回，他自己也是"疏食曲肱""乐亦在其中"，这就是所谓的"孔颜之乐"。这种"乐"，非乐其贫，而是乐其道；正因为内心充实，外物自不能移，故超乎于贫，忘乎于贫，这是圣人至善至高的境界。在孔子看来，君子追求的就是这种安贫乐道、淡泊明志的精神境界，所以君子即使到了未开化的东部蛮荒之地，也定能化民成俗，化鄙陋为文雅，提高该地的道德文化水平。

第二、第三部分，涉及孔子的“君子”范畴。《论语》的中心思想，可以归结为教人如何做人。因此，《论语》既讲人之为人的根据、道理，还提供做人的榜样，这里所描述、刻画的人的榜样，用一个词来表达，就是“君子”。在《论语》中，“君子”出现了一百多次，它们从各个角度反映出孔子对理想人格的界定。“知者乐水，仁者乐山”，讲的是君子的志趣和性情。明智的人思维敏捷，圆融活泼，如流动的水，心胸宽宏，遇事通达，所以一生快乐；仁厚的人端凝厚重，笃实如山，淡泊明志，宁静致远，所以延年益寿。“知者不惑，仁者不忧，勇者不惧”指出了君子道德修炼的三项重要内容。在为人处事方面，孔子强调君子所应该具有的胸怀和修养：君子要“谨言慎行”，尤其以“言过其行”为耻；君子矜持庄重而不同别人争执，合群而不结党营私；他把“恕”作为终身都可以奉行的道德，一句“己所不欲，勿施于人”成为后世沿用的经典，包含了孔子的平等思想，将心比心、宽以待人的处事方法。关于君子的志向与追求，孔子认为，君子“任重道远”，因为他以推行“仁道”于天下为己任，所以君子一定要具有开阔的胸怀和刚毅的品性。也因为这个，君子始终看重的是不断积聚自身的能力，至于自己能否被他人所认可，他是不去担忧的。这里其实还说明了君子应该如何对待名望，君子自当重视名望，问题在于如何追求，孔子指出君子应努力提高自己的才能来实现名望。君子的道德追求上升到极致，那就是其崇高的人生价值的实现：“杀身成仁。”它反映出儒家思想中强烈的历史使命感和高度的社会责任感，已成为中国传统文化中弥足珍贵的组成部分。

第四部分谈论的是“学习方法”。孔子认为“思”与“学”应该相互结合才能学有所得，尤其要重视学习实践。子夏的好学表现在：每天都增加一点以前不知道的新知识，每个月都总结检查一下，不让已经学了的知识遗忘丢失。此外，学习要广博，而且是要矢志不渝地坚持下去，不空谈不着边际的大道理，而要联系自己的实际来发问和思考。这些学习方法直到今天仍是我们需要提倡的。

第五部分谈论“治学态度”。“我非生而知之者”与其说是孔子的谦辞，不如说是圣人的自知之明。对于自己的成就，孔子归之为两个原因，首先是兴趣，其次是努力勤勉地钻研探求。“譬如为山……”一句，孔子以“为山”和“平地”设喻，说明不管是事情已经接近成功，还是刚刚开始，“止”是自己止，“进”也是自己进。教诲大家：人的道德修养或事业成就，都取决于自己是否有锲而不舍、孜孜以求的精神。这是孔子对弟子的告诫，也可视为夫子的自我策励之辞。“道听而涂说，德之弃也”，孔子很反感这样一种不负责任的治学态度，即所得知识不经自己理解、消化，也不查核落实，弄清真相，立即就传扬开去。在孔子看来，这样做显然是只图向人炫耀自己消息灵通或知识渊博，而置道德责任于不顾，因而是不讲道德的表现。

第六部分阐述为官之道，即“身正”。孔子先从字源上说明“政”就是“正”，即“匡正”“端正”的意思，据此作出结论：当领导的自己率先垂范了，那么谁还敢不端正起来呢？“其身正，不令而行；其身不正，虽令不从”则阐述了“以身作则”的“榜样领导法”。

思考与练习

1. 谈谈对颜回“箪食陋巷”一章的理解，以及对现实人生中“忧”“乐”的看法。
2. 探讨：孔子的“理想人格”界定对现代人的生存与发展有何现实意义？

齐桓晋文之事章

孟　子[1]

齐宣王问曰[2]："齐桓、晋文之事，可得闻乎？"

孟子对曰："仲尼之徒，无道桓、文之事者，是以后世无传焉，臣未之闻也。无以，则王乎[3]？"

曰："德何如，则可以王矣？"

曰："保民而王，莫之能御也[4]。"

曰："若寡人者，可以保民乎哉[5]？"

曰："可。"

曰："何由知吾可也？"

曰："臣闻之胡龁曰[6]：王坐于堂上，有牵牛而过堂下者。王见之，曰：'牛何之？'对曰：'将以衅钟。'王曰：'舍之！吾不忍其觳觫[7]，若无罪而就死地。'对曰：'然则废衅钟与？'曰：'何可废也，以羊易之。'不识有诸？"

曰："有之。"

曰："是心足以王矣。百姓皆以王为爱也，臣固知王之不忍也。"

王曰："然，诚有百姓者。齐国虽褊小[8]，吾何爱一牛？即不忍其觳觫，若无罪而就死地，故以羊易之也。"

曰："王无异于百姓之以王为爱也[9]。以小易大，彼恶知之？王若隐其无罪而就死地[10]，则牛羊何择焉？"

王笑曰："是诚何心哉？我非爱其财而易之以羊也，宜乎百姓之谓我爱也[11]。"

曰："无伤也，是乃仁术也[12]，见牛未见羊也。君子之于禽兽也，见其生不忍见其死，闻其声不忍食其肉。是以君子远庖厨也。"

王说曰："《诗》云：'他人有心，予忖度之[13]。'夫子之谓也。夫我乃行之，反而求之，不得吾心；夫子言之，于我心有戚戚焉。此心之所以合于王者，何也？"

曰："有复于王者曰：'吾力足以举百钧，而不足以举一羽[14]；明足以察秋毫之末，而不见舆薪[15]。'则王许之乎？"

曰："否！"

"今恩足以及禽兽，而功不至于百姓者，独何与？然则一羽之不举，为不用力焉；舆薪之不见，为不用明焉；百姓之不见保[16]，为不用恩焉。故王之不王，不为也，非不能也。"

曰："不为者与不能者之形何以异？"

曰："挟太山以超北海[17]，语人曰：'我不能。'是诚不能也。为长者折枝[18]，语人曰：'我不能。'是不为也，非不能也。故王之不王，非挟太山以超北海之类也；王之不王，是折枝之类也。老吾老，以及人之老；幼吾幼，以及人之幼。天下可运于掌。《诗》云：'刑于寡妻，至于兄弟，以御于家邦[19]。'言举斯心加诸彼而已。故推恩足以保四海，不推恩无以保妻子。古之人所以大过人者，无他焉，善推其所为而已矣。今恩足以及禽兽，而功不至于百姓者，独何与？权，然后知轻重；度，然后知长短。物皆然，心为甚，王请度之！抑王兴甲兵[20]，危士臣[21]，构怨于诸侯，然后快于心与？"

王曰："否。吾何快于是？将以求吾所大欲也。"

曰："王之所大欲，可得闻与？"

王笑而不言。

曰："为肥甘不足于口与[22]？轻暖不足于体与[23]？抑为采色不足视于目与[24]？声音不足听于耳与？便嬖不足使令于前与[25]？王之诸臣皆足以供之，而王岂为是哉？"

曰："否，吾不为是也。"

曰："然则王之所大欲可知已[26]：欲辟土地，朝秦楚，莅中国而抚四夷也。以若所为，求若所欲，犹缘木而求鱼也。"

王曰："若是其甚与？"

曰："殆有甚焉[27]。缘木求鱼，虽不得鱼，无后灾；以若所为，求若所欲，尽心力而为之，后必有灾。"

曰："可得闻与？"

曰："邹人与楚人战，则王以为孰胜？"

曰："楚人胜。"

曰："然则小固不可以敌大，寡固不可以敌众，弱固不可以敌强。海内之地，方千里者九，齐集有其一。以一服八，何以异于邹敌楚哉？盖亦反其本矣[28]？今王发政施仁[29]，使天下仕者皆欲立于王之朝，耕者皆欲耕于王之野，商贾皆欲藏于王之市，行旅皆欲出于王之涂，天下之欲疾其君者皆欲赴愬于王[30]。其若是，孰能御之？"

王曰："吾惛[31]，不能进于是矣。愿夫子辅吾志，明以教我。我虽不敏，请尝试之[32]。"

曰："无恒产而有恒心者，惟士为能。若民，则无恒产，因无恒心[33]。苟无恒心，放辟邪侈[34]，无不为已[35]。及陷于罪，然后从而刑之，是罔民也[36]。焉有仁人在位，罔民而可为也？是故明君制民之产，必使仰足以事父母，俯足以畜妻子，乐岁终身饱，凶年免于死亡，然后驱而之善，故民之从之也轻。今也制民之产，仰不足以事父母，俯不足以畜妻子；乐岁终身苦，凶年不免于死亡。此惟救死而恐不赡[37]，奚暇治礼义哉？王欲行之，则盍反其本矣。五亩之宅，树之以桑，五十者可以衣帛矣；鸡豚狗彘之畜，无失其时，七十者可以食肉矣；百亩之田，勿夺其时，八口之家可以无饥矣。谨庠序之教，申之以孝悌之义，颁白者不负戴于道路矣。老者衣帛食肉，黎民不饥不寒，然而不王者，未之有也。"

据《孟子全译》，鲁国晓、马智强译，江苏古籍出版社，1988 年

注释

[1] 孟子(前 372—前 289)：名轲，字子舆。战国时代教育家、思想家，孔子之后儒家学派的大师。孟子的思想核心是"仁义"，主张"仁政""王道"，他认识到普通民众的重要性，提出"民贵君轻"思想，被认为是人本主义哲学家。其著作《孟子》共有七篇，千古雄文，情感充沛，善用浅显的比喻、比较的方法来阐明道理，对后世散文有极大的影响。本文选自《孟子·梁惠王上》，题目为后人所加。齐桓：即齐桓公姜小白，春秋五霸之一。晋文：即晋文公重耳，春秋五霸之一。

[2] 齐宣王(？—前 301)：姓田，名辟疆，战国时齐国的国君，齐威王的儿子。公元前 319 至公元前 301 年在位。

[3] 无以：即无已，不停止。王：称王天下。
[4] 保：安。御：阻挡。
[5] 乎哉：两个疑问语气词连用，加强疑问语气，略等于“吗”。
[6] 胡龁：齐宣王左右的近臣。
[7] 觳觫：恐惧的样子。
[8] 褊：狭窄。
[9] 异：动词，奇怪。
[10] 恶：何，哪里。隐：心里难过，可怜。
[11] 宜：应当。乎：在这里表感叹。
[12] 仁术：仁道，行仁政的途径。
[13] 引自《诗经·小雅·巧言》。
[14] 钧：三十斤。一羽：一根羽毛。
[15] 明：视力。毫：毛，兽类秋季生出的细绒毛。
[16] 见保：被安抚。
[17] 北海：渤海，在齐之北。
[18] 枝：通“肢”。
[19] 引自《诗经·大雅·思齐》。刑：通“型”，用如动词，示范。寡妻：谦称，即嫡妻。
[20] 抑：连词，还是。兴甲兵：使甲兵动起来，即发动战争。
[21] 危：使动用法，使士臣陷于危险。
[22] 肥甘：指肥美的食品。
[23] 轻暖：指又轻又暖的衣服。
[24] 采：彩色。
[25] 便嬖：即便辟，亲信的人。
[26] 已：通“矣”。
[27] 殆：副词，只怕。
[28] 盖：通“盍”(hé)，何不。反：同“返”，返回。本：根本，这里指王道仁政。
[29] 发政：发布政令。施仁：推行仁道。
[30] 愬：通“诉”。
[31] 惛：昏，思想昏乱。
[32] 尝：试。
[33] 若：至于。因：因而。
[34] 放：放纵。辟：指行为不正。后来写作“僻”。侈：和“放”同义。放辟邪侈：泛指一切不守规矩的行为。
[35] 已：通“矣”。
[36] 罔：通“网”，用如动词，张罗网。罔民：对人民张罗网，也就是促使民陷于罪的意思。
[37] 赡：足。

作品分析

孟子是战国时代杰出的思想家、教育家，是孔子之后最著名的儒学大师，被称为“亚圣”。其核心思想是“仁义”，主张施行“仁政”，提出“民贵君轻”，是具有民本思想的哲学家。

本文作为具有议论色彩的诸子散文，集中体现了孟子反对霸道、主张王道的“仁政”思想，作者通过与齐宣王的对话，深入阐述了“保民而王”的中心论点的理论依据，以及实现称王的根本措施，从中也表现了孟子杰出的谈话技巧和论辩艺术。

本文可以分为三部分来理解。

第一部分为(第1—4自然段)。作者通过与齐宣王交谈，提出了“保民而王，莫之能御也”的中心论点。短短四个自然段，即体现出孟子绝妙的谈话艺术。齐宣王本来是询问孟子关于齐桓公、晋文公的故事的，这似乎是无关紧要的谈话，但孟子却敏锐地探查到齐宣王询问齐桓晋文的真意在于称王天下，因为齐桓公、晋文公都是春秋霸主。但是像齐桓公、晋文公这种霸主并不是孟子理想中的霸主，因为他们施行的不是王道，而是霸道。所以，孟子巧妙地回答道：“仲尼之徒无道桓、文之事者，是以后世无传焉，臣未之闻也。无以，则王乎?”孟子说，孔子的学生没有说过齐桓公、晋文公的故事，所以后世的人没有流传下来，我也没有听说过。如果一定要说，那就说说推行王道的事情吧。孟子虽然不谈桓、文之事，但又不会让齐宣王难堪，因为他所谈的称王天下的道正是齐宣王所喜欢听的。果然，齐宣王来兴趣了，说：“德何如则可以王矣?”于是，孟子顺势提出了自己的观点：

“保民而王，莫之能御也。”

第二部分为(第5—32自然段)。这部分依然通过孟子和齐宣王的对话，巧妙而深刻地阐述了“保民而王”的理论依据。这一部分又可以分为三个层次来理解。

第一层次(第5—14自然段)孟子肯定齐宣王有不忍之心，这是齐宣王能够做到“保民而王”的人性论基础。齐宣王在听到孟子说“保民而王，莫之能御也”后很高兴，急于想了解自己能否“保民”，因为孟子说只要能保民就能称王，所以齐宣王很想知道自己能否做到保民。孟子当然说可以。齐宣王就更加好奇了(“何由知吾可也?”)。孟子就讲了齐宣王“以羊易牛”的故事。孟子认为齐宣王不忍心看见要杀牛去祭祀而换为羊，因为“见牛未见羊”，而这正是一种“仁术”。孟子进一步阐明：“君子之于禽兽也，见其生不忍见其死，闻其声不忍食其肉。是以君子远庖厨也。”通过这番阐述来使齐宣王确信他是有“仁术”的，这就是孟子认为齐宣王能够“保民而王”的人性论基础。

第二层次(第15—20自然段)论述“保民而王”的必要性。齐宣王听孟子关于“保民而王”的人性论一番议论后，很高兴，进而提问：“此心之所以合于王者，何也?”孟子没有直接回答齐宣王，而是用类比法和对比法步步为营，把“保民而王”的关键点“推恩”一一阐述出来。孟子是深谙谈话艺术的大师，从这点来看，说孟子是杰出外交家一点也不为过。孟子先问了一个简单的问题来“引诱”齐宣王：“吾力足以举百钧，而不足以举一羽；明足以察秋毫之末，而不见舆薪。”这是一个很简单的问题，但孟子仍煞有介事地问齐宣王：“则王许之乎?”齐宣王自然回答：“否。”接着，孟子就开始阐述他的“推恩说”(参见第18自然段)，并提出“王之不王，不为也，非不能也”，意思是说，大王您是可以推行王道的，但您没有推行王道，是您不去做，而不是不能够做。接下去两个自然段依然是一问一答。齐宣王问：“不为者与不能者之形，何以异?”孟子又长篇大论地论述了一番关于“不为者”与“不能者”不同的情形。在此，孟子提出了他关于“推恩”的主要观点：“故推恩足以保四海，不推恩无以保妻子。”并委婉地但又是明确地指出了齐宣王的不足：“今恩足以及禽兽，而功不至于百姓者，独何与?”难道是“兴甲兵，危士臣，构怨于诸侯，然后快于心与”? 由此可见，孟子实在是极巧妙地引导齐宣王进入他的逻辑里，让齐宣王越来越想听孟子关于王道的真实看法。

第三层次(第21—32自然段)论述霸道(通过战争来称霸)的危害性和“发政施仁”“保民而王”的可行性与必要性。这一层次直接承续上一层次。当孟子问齐宣王“抑王兴甲兵，危士臣，构怨于诸侯，然后快于心与”后，齐宣王回答说：“否，吾何快于是，将以求吾所大欲也。”这里有一个关键词——“大欲”，孟子很快就抓住了这个关键词发问：“王之所大欲，可得闻与?”可是齐宣王“笑而不言”。既然齐宣王不说，孟子就替齐宣王回答了他所想要的“大欲”是“肥甘”“轻暖”“采色”“声音”“便嬖”等(参见第24自然段)。但孟子所列的并不是齐宣王所要的“大欲”，其实，孟子至此也只是虚晃一枪，他知道齐宣王要的“大欲”不是这些，所以齐宣王说“否，吾不为是也”后，孟子才真正把齐宣王的“大欲”说出来，即“欲辟土地，朝秦楚，莅中国而抚四夷也”。原来齐宣王的“大欲”就是要称王天下。但孟子却指出齐宣王的所作所为都错了，孟子说：“以若所为求若所欲，犹缘木而求鱼也。”这下点中了齐宣王的要穴。所以，接下去的对话就更直截了当了。孟子提出了“发政施仁”的主张，并提出“发政施仁”的好处，即是称王天下，使“天下仕者”“耕者”“商贾”“行旅”“天下欲疾其君者”都愿意到齐国来，这样，齐国不就称王天下了吗?

第三部分为最后两个自然段。通过前面的对话，齐宣王终于认识到自己原来的想法有问题，于是，放下身段，说：“愿夫子辅吾志，明以教我；我虽不敏，请尝试之。”孟子于是提出了自己“保民而王”的根本措施。孟子的根本措施有两个方面：第一，“制民之产”。“制民之产”的目的是“必使仰足以事父母，俯足以畜妻子，乐岁终身饱，凶年免于死亡”，用今天的话来说，就是丰衣足食，安居乐业，使老百姓过上小康生活。第二，"谨庠序之教，申之以孝悌之义"。这是孟子根本措施中的核心内容，也体现孟子作为一个儒家学派大师的治国思想。孟子认为，老百姓物质上满足后还不够，还要重视学校教育，用儒家的孝悌思想反复教导百姓，目的显然是要提高百姓的道德思想水平，做一个有道德水平的人，再加上有物质保障，这样，国泰民安，称王天下自然就水到渠成了。

本文语言流畅，善用浅显生动的例子来阐明道理，体现了孟子高超的谈话艺术和外交才能。从议论散文的角度来看，善于运用简单通俗的事例来论证观点，同时，类比论证法和对比法的使用也很贴切，体现出孟子广博的知识以及娴熟的论辩技艺；从修辞角度看，比喻、排比、对偶等辞格的运用使文章生动形象，行文颇有气势，并有雄辩的说服力，而设问和反问，则体现出孟子的谈话水平，并有助于文章在循循善诱中使齐宣王一步一步被引导到孟子的逻辑系统中，在不知不觉中接受了孟子的观点。

思考与练习

1. 简述孟子的思想观点，谈谈对孟子思想的评价。
2. 比较本文与《〈论语〉选读》，思考二者的语言风格有何差异，原因何在。
3. 熟读课文。

关 于 思 考

叔本华[1]

1

不管任何藏书丰富的图书馆，假如不加整顿杂乱无章的话，它给予我们的利益，还不如那些规模小藏书少，但整理得条理井然、分类清楚的图书馆，同理，不管你胸罗如何的渊博，如若不能反复思维咀嚼消化的话，它的价值，远逊于那些所知不多但能予以深思熟虑的知识。何以言之？因为我们若要将所学得的知识消化吸收，变为已有，并且能够充分应用发挥的话，就必须经过思考的过程，把自己的知识在诸方面相结合，或是把你的真理和其他的真理互相比较，当然，我们所能“深思熟虑”的东西，范围狭窄得很，它只局限于我们所熟知的事物，所以，我们必须不断地求上进，不断地学习。

读书或学习，我们可以随心之所欲，爱读什么就读什么，爱学什么就学什么，但这里的所谓“思考”，可就不是那么回事了，它像在风中煽火一般，必须始终不断地煽动，才能维持火焰不熄；思考时，必须要对思考的对象发生“兴趣”，不断地刺激它，并且要持之久远不可懈怠。思考兴趣发生的原因可以分为两类：一是纯粹客观性的；一是主观性的。后者是在有关自我的事件时引发了思考的兴趣；前者是对宇宙万物发生兴趣，这一类人之所以思考，就如同我们的呼吸一般，纯属生理的自然现象，当然，这类人并不多见，连一般的所谓学者，真正在思考的，为数也少得可怜。

2

思考和读书在精神上的作用，可说是大异其趣，其距离之大，恐令人难以置信。本来人类的头脑就有着个别的差异，有的人喜爱读书，有的人迷于沉思，再加上前述的距离，使得这原有的差异，越发扩大起来。读书的时候，精神的一切活动全为书本所支配，随书本之喜而喜，随书本之忧而忧，此正如把印章盖在封蜡上一样，其喜怒哀乐的情绪，原不属于自己的精神所有。思考时则不然，在思考的瞬间，精神和外界完全隔绝，随着自己的思考而活动，它不像读书，被别人特定的思想所控制，而是按照当事者的禀性和当时的心情，供应一些资料和情绪而已。所以，一天到晚沉浸于书中的人，他的精神弹力就要消失殆尽了，这就和长时期被重物所压的弹簧一般，他的弹力必定会消失的。你如果想做个没有个性没有思想的动物，去当个“蛀书虫”确是不二法门。大概说来，一般“博闻多识”的人，大半都无较佳的才慧，他们的著作所以不能成功的道理，正是因为一味死读的关系。这类人正如波普所云：“只是想做个读者，不想当个作者。”[2]

所谓“学者”是指那些成天研究书本的人；思想家、发明家、天才以及其他人类的“恩人”，则是直接去读“宇宙万物”。

3

严格说来，有他本身根本思想的人，才有真理和生命，为什么呢？因为我们只有对自己的根本思想，才能真正彻底地理解，从书中阅读别人的思想，只是捡拾他人的牙慧或残渣而已。

4

经阅读后所了解的思想，好像考古学家从化石来推断古植物一样，是各凭所据；从自己心中所涌出的思想，则犹似面对着盛开的花朵来研究植物一般，科学而客观。

读书不过是自己思考的代用物而已。我们只可以把书本当作“引绳”，阅读时依赖他人把自己的思想导向某方面。但话说回来，有很多书籍非但无益，而且还会引导我们走向邪路，如果轻易被它们诱惑的话，我们势必陷入深渊歧途不可。所以，我们心中要有个“守护神”，靠他来指示迷津，引向正道。这个守护神，只有那个正确思考的人才有之。就是说，唯有能自由而正当思索的人，才可发现精神上的康庄大道。所以，我们最好的思想的源泉停滞之时，才去读书。思想源流的停滞，连最好的头脑也经常有此现象。不如此，而手不释卷地孜孜勤读，把自己的思想放逐到僻静的角落，这对思想的灵光实是罪过。这类人正如一些不得要领的学画者，成天看着干枯的植物标本，或铜版雕刻的风景，而把大自然的景物置于脑后一样。

思考的人往往会发现一种现象：他搜索枯肠，绞尽脑汁，经长时间研究所获得的真理或见解，闲来不经意地翻开书本来看，原来这些论调，别人早已发掘到了。泄气？失望？大可不必。这个真理或见解是经过你自己的思考而获得的，其价值自非寻常可比。唯是如此，才更能证明该种真理或见解的正确性，它的理论才更能为大众所理解所接受，如是，你成了该真理的一员生力军，这个真理也成了人类思想体系的一支。并且，它不像一般读来的理论，只是浮光掠影而已，它在你的脑海中已根深蒂固，永远不会消逝。

自己思索的人，他的意见以后可能被举为权威的例证。这时候的“权威”和一般书籍哲学家所据以为“权威”的情形不同。前者的意见和他自身有着强而有力的连结；后者不过是搜集整理归纳别人的意见。它就好像是用一些不知名的材料所做成的自动木偶一样，而前者与之相比，则是活脱脱的生人，因为它是从外界在“思考之心”中植下胚胎，经过受胎、妊娠、分娩等过程而产生出来的。

靠着学习得来的真理，就好像义手、义脚、义齿或蜡制鼻子及利用皮肤移植术等，附着在身体的器官一样——也许还不如它们来得逼真。而自己所思索得来的真理，则好像自然的身体四肢，确确实实属于自己所有。哲学家和一般学者的最大分野在此。由是之故，他们在精神上的收获也大异其趣。哲学家有如一个画师以正确的光影、适当的比例、调和的色彩，画出一幅动人的杰作。而学者呢？他只是把各种色料加以系统的排列而已，它酷似一个大的调色板，既无变化也不调和，更没有丝毫意味。

读书是意味着，利用别人的头脑来取代自己的头脑。自己思考出来的东西，尽管它不见得是严密紧凑，但总是个有脉络可寻的总体，我们可赖它向某种体系开展，比起看书吸收他人的思想，可说是利多害少。为什么呢？因为后者的思想是从各种形形色色的精神而得来，属于别人的体系，别人的色彩。它不能像自己思考的人，已把自己的知识、个性、见解等融合成一个总体，他的脑子里三教九流、诸子百家的思想纷然杂陈，显得混乱不堪，这种思想的过度拥挤状态，攫夺了一个人的正确观察力，也使人失去了主见，并且很可能导致精神秩序的紊乱，这种现象，我们几乎在所有的学者身上都可发现。所以，在健全的理解力和正当批判力等方面来说，这类人远不如那些所学无几的人。后者虽说是胸无点墨，但靠着经验、阅历以及零碎的阅读，把所学得的一点知识，和自己的思想融合，或在自己的思想下臣服，所以他们有主见，有判断力。其实，学术性的思想家做法也不外是如此，只不过他们的尺度较大，比较有深度而已。思想家们因为要用到许多知识，所以非多读不可，但他们精神力极强固，能把所有的东西克服或同化，融进他们的思想体系内，因之，他们的识见虽是规模愈来愈大，但已做有机的关联，全部隶属在他们的思想总体系之下了。这种场合，这些思想家的固有思想，就如同风琴的低音主调，任何时刻都支配一切，绝对不会被其他音调所压制。而那些知识上的大杂烩的头脑中，好似一支曲子渗进很多杂音，它的基本调久久仍找寻不出来。

以读书终其一生的人，他的知识完全是从书本汲取而得，他们有如阅读了许多山水、游记之类的书籍，对于某地或某国的有关知识虽可粗枝大叶地说出来，但是甲地和乙地是如何地联络，人文、物产、习俗又是如何等等，则说不上来。反之，以思考终其一生的人，就像土生土长的父老，一打开话匣子便能把本地事事物物的来龙去脉，以及各种事实或传说和事物的总体关系等，如数家珍般地道出来。

5

一般的“书籍哲学家”，如同历史研究者；自己思考的人，犹似事实的目击者。后者不论对任何事情都是靠他切身的经验，直接领会理解而来，绝不会人云亦云。所以，思想家在根本上是一致的，只是因立足点不同而互有差异。但他们都是把握客观的原则。如果事件本身不使立足点发生任何变化的话，他们的见解则毫无不同。我们往往可以体验到：某些自觉太过标新立异的议论，踌躇再三才把它公之于大众，到了后来，在古圣先贤的书籍中，赫然发现也有同样的见解，因而感到一种欣喜的惊愕。书籍哲学家与此相反，他们所讨论的不外是，甲的说法如何，乙则是如何的看法，而丙又怎样地提出商榷，然后才努力地做些批评、比较的工作。这样的追求事物的真理，他们很像写批评的历史著述家。例如，研究莱布尼茨在某个时期的短暂间是否有斯宾诺莎派思想的存在[3]，供给这些好事者的材料就是赫尔巴特的《道德及自然法的解剖和说明》及《关于自由的书简》[4]。做这类工作时，必要遍翻典籍，他们所下的功夫，恐怕任谁也会吃惊吧！反之，如果眼中只有事件，只要稍加思索，则立可达到目的。但话说回来，坐而读也有它的好处，只要功大深，总可达到你的目的，用思索的方法则否。思想和人一样，不是任何人都可让你随叫随到的，要看人家高兴不高兴，乐意不乐意。某种事情的思索，如一切的外在机缘和内在气氛都很调和，它自然地就涌出来。唯其如此，思想绝不是他们本来就有的东西。关于这点，我们可在思考有关自己利害得失的场合得到说明。当我们决定关于个人的厉害事件时，常常刻意地选个适当的时间和场所，静坐沉思，仔细地分析其理由或原因，再推究其后果……总之是无所不思，无所不想，但到最后，还是没有个决定。为什么呢？那是因为事不关己，关己则乱，这种场合，我们对于该事件的考察，往往不能安定，而转向其他事物方面去；加之，对此事件的嫌恶，也构成一个原因。所以，此时，我们万不可勉强自己去思考，应等待让思考的气氛自然涌上来。此气氛，往往会唐突而且重复地到来。不同的时间，不同的情境，给予事件的见解也完全不同。如此这般，各种思想徐徐而来，到最后就是所谓“决心的成熟”。成熟思想的路径为什么如此繁复呢？这是因为思考过程大都呈“分割”的状态，因此，以前所经验过的事事物物，逐渐出现在眼前，并且事物也逐渐明朗化，了解也更深刻，如此便能耐着心去思想，当初的嫌忌也因而消失了——理论方面的思考亦复如此，也是一定要等待良好时间的到来，再说，任你再好的头脑，并不是所有的时间都是适于思考的。因此，我们最好能利用思索以外的时间来读书。读书，正如上面所述，它是思考的代用物，而且，此中还有许许多多别人替我们想出来的，和我们不同的方法，可以供给我们精神材料。读书的性质是如此，所以我们不必要读太多的书，如若不然，精神习惯于代用物，将会忘却事物的本身；总是踏着人家既经开拓的道路，而忘却行走自己的思考道路。再说，因为经常耽于书卷中，眼睛就脱离了现实世界，而思考的机缘和气氛，由书本所启发的次数远不如现实世界多，因为现实世界和眼前的事物，具有其原始性和力，是思考精神的最佳对象；最容易促使此精神活动。

从这事实来看，说我们可从著述中鉴别出谁是思想家，谁是书籍哲学家，实是一点也不奇怪。很明显的，前者是真挚的、直接的、原始的，所有的思想和表现都具有独立的特征；后者与此相反，他们只是拾人牙慧，是承袭他人的概念，就像把人家盖过的图章再盖一次一样，既乏力量，也模糊不清，而且，他们的文体是由传统的陈词滥调和流行语句组织而成，这情形，恰似因为自己的国家不能铸造货币，而以他国的货币通用的国家一般。

经验和读书一样，不能代替思考。纯粹的经验和思考间的关系，如同食物之对于消化。如果“经验”自夸地说，由于它的发现，才能促进人智的发展，这就像嘴巴自夸身体的存续完全由于它的工作一样的可笑。

具有真正能力的头脑，他们的“确实”和“明晰”实在是常人所不能及，这类人的头脑，时时刻刻都有一种确实明晰的表达欲望——不论以诗、以散文、或以音乐。普通凡人则否，据此我们可立刻辨识作者头脑的能与不能。

6

第一流作家的精神特征是，他们的一切判断都是直接的。他们所产生出来的作品，也都是自己思索的结果，发表之后，不论在任何场合，谁也都能认定是第一流的东西。因而他们在精神领域中，如同诸侯一样是直属于帝国，其他的作家只是站在陪臣的位置。

因此，真正思索的人，在精神王国中，等于一国的君王，具有至高无上的权威，他的判断如同君主的圣谕，他的话就是权威——君主是不接受他人的命令，也不认识其他的权威。反之，局守于世俗流行的诸种意见的凡俗作家，像默从法律和命令的平民一样。

有些人每每爱引用权威者的辞句，来争论某事件，以取代自己贫乏的理解和见识。笔战中引出他们的东西，便像取得莫大的靠山似的，而雀跃莫名。这种原因的形成，想来大概是受到塞内加所说“与其批判，不如信任”这句话的影响[5]。因为论战之际必须有防身和攻击的武器，这类人既无思考力，又乏批判力，所以只好引用权威之言（这也是基于对权威者的尊敬），以为找到最好的护身符，振振有辞地据之而辩，发出胜利的呼声。

现实的世界中，不管能举出多少理由，来证明我们是过得如何的幸福，如何的愉快，但事实上，我们只是在重力的影响下活动而已，战胜了它，才有幸福可言。但在思想的世界中，只有精神，没有肉体，也没有重力的法则，更不会为穷困所苦。所以，有优美丰饶心灵的人，在灵思来临的一刹那间所得到的启示，其乐趣绝非俗世所能比拟。

7

思想浮现在眼前，如同你的恋人就在眼前一样，你绝不会对恋人冷淡，我们也绝不会忘记此思想。如果它们远离你而去，从心中消失时，则又是如何呢？即使最美好的思想，如果不即时把它写下，恐怕就此一去不回头，想找也找不到了。恋人也是如此，如果不和她结婚的话，也有离我们而去的危险。

8

对于爱思考的人来说，此世界实不乏有价值的思想，但这些思想中，能够产生反跳或反射力量的，也就是说，此思想著述成书后能引起读者共鸣的，却不多见。

9

起初，人们思考那些真正有价值的东西，只是为自己着想——原来思想家可分成两类，一种是专为自己而思想，另一种是为他人而思想。前者称为“自我思想家”，只有这类人才能认真地思考事情，所以他们才是真正的哲人，实际上，他们一生的快乐和幸福，也是在思想之中；后者可称为“诡辩派”，他们渴望人家称他们是“思想家”，他们的幸福不是在本身中，而是在他人的喜好中。换言之，他们只是热衷于投世俗之所好。另外还有一种介乎两者之间，我们要看他全部的做法，才能判定他是属于哪一类。里希田堡是第一类的典型[6]；黑格尔很明显是属于第二类[7]。

10

生存问题——这个暧昧的、多苦的、须臾的、梦幻般的问题，一认真讨究，恐怕所有的工作都得搁下了。实际上，除极少数的几个人外，一般人对这个问题都没有丝毫感悟，甚至是尽量避开它，觉得与其讨论此问题，不若把这些心思用在和自己有切身关系的事情上。或者，仅取俗世哲学的一体系，来满足大众——想到这点，说“人是思考的生物”，实很可疑，所谓“思考”，也成了有多种不同的解释。再往后，对于人类的无思想，或愚蠢，也不会特别的引以为奇了——普通人智慧的视野，当然比动物来得广阔（动物是不能意识过去和将来，只存在于“现在”中），但并不如一般人所想象的那般深远。

如果世界充满着真正思考的人，我想，大概不会容许有那么多形形色色和毫无目的的噪音（见《关于噪音》）。造物者在创造人的时候，果能尽如我们之所愿，实在不应该给我们安上耳朵，或者，至少能像蝙蝠一样地在我们耳里装置上空气不能通过的“覆皮”（这点，我实在非常羡慕蝙蝠）。但人类不过也是和其他动物那样的可怜。上苍造人的时候，早已算定只要具有足以维持生存的力量就够了。因此，不论昼夜，不管有没有人咨询，人的耳朵始终是开着的，那是为了便于我们报告“迫害者的接近”。

据《生存空虚说》，陈晓南译，作家出版社，1987 年

注 释

［1］叔本华（1788—1860）：德国杰出哲学家。生于但泽（今波兰格但斯克）一个德国商人的家庭，1799 年回到德国汉堡。1809 年就读哥廷根大学医学院，1811 年底转到柏林大学学习哲学。1813 年获得耶拿大学哲学博士。主要著作是《作为意志与表象的世界》《叔本华论文集》等。本文选自《生存空虚说》，为方便阅读，将文章按原来的顺序，加上排列序号。

［2］波普（Pope，1688—1741?）：英国诗人，拟古主义领袖。著有《秀发劫》《群愚史诗》等。

［3］莱布尼茨（Leibniz，1646—1716）：德国哲学家，自然科学家，数学家。著有《莱布尼兹哲学全集》等。

［4］赫尔巴特（Herbart，1776—1841）：德国哲学家，教育家。著有《普通教育学》等。

［5］塞内加（Seneca，前 4? —65）：古罗马斯多葛学派哲学家，政治家，剧作家。著有《特洛伊妇女》《美狄亚》等悲剧。

［6］里希田堡（1744—1814）：德国物理学家，哲学家。

［7］黑格尔（1770—1831）：德国伟大的哲学家。主要著作有《精神现象学》《哲学全书》《美学》等。

作品分析

德国是哲学名家辈出的国家，在叔本华之前，就有康德和黑格尔等一批古典哲学大师。黑格尔等德国古典哲学是以理性为核心的，而叔本华，却以非理性的面貌出现在19世纪的哲学领域。尽管几乎所有的人都认为他的哲学是悲观主义的，但他本人并不这么认为。在《作为意志与表象的世界》里，集大成地表达了叔本华的非理性的唯意志论哲学思想，他的唯意志论对后来的尼采、萨特、维特根斯坦，甚至弗洛伊德、爱因斯坦都有着重大影响。

叔本华出生在一个富有的商业望族。他的父亲不仅是个成功的商人，也是一个自由主义者，他的母亲是个作家，有着相当高的文化艺术修养。这种家庭背景使叔本华从小就接受良好的教育。叔本华25岁时获得耶拿大学哲学博士学位。

叔本华是一个有着独立思想的哲学家，他对许多问题都有独立的思考与见解。在本文中，叔本华对“思考”这个问题也有着许多深刻的见解，读来令人耳目一新，并促使我们对“思考”与读书及其他方面的关系进行思考。

本文第1节论述“思考”的重要性及“思考”兴趣发生的原因。作者认为“我们若要将所学得的知识消化吸收，变为己有，并且能够充分应用发挥的话，就必须经过思考的过程”。叔本华并不是不主张人们多读书，相反，他倒是让人们要多读书，他说“我们必须不断地求上进，不断地学习”，只是他强调在读书的同时，更重要的是要思考。这使我们想起孔子说过的一句名言：“学而不思则罔，思而不学则殆。”“思”和“学”是应该结合在一起的。叔本华接着分析了“思考”的兴趣发生的两个原因——纯粹客观性的和主观性的。他也不无悲观地看到，真正在思考的人——包括学者，都少得可怜。

第2节论述思考和读书在精神上作用的差异。他认为思想家以及发明家、天才等与整天研究书本的“学者”不同，他们是直接阅读“宇宙万物”的人。显然，叔本华在这一节里强调了“思考”的重要性。

第3节强调了只有自身拥有根本思想的人，才有真理和生命。而那些只从书本阅读别人思想的人，只是捡拾他人的牙慧或残渣而已。

第4节以对比手法深入阐述读书与思考的关系。作者认为“读书不过是自己思考的代用物而已”，“我们只可以把书本当作‘引绳’，阅读时依赖他人把自己的思想导向某方面”。作者认为，经过自己思考得到的真理或见解，即使与别人相同也不要紧，而且，还有可能被举为权威的例证。显然，作者还是在强调思考的重要。

第5节作者举例分析，论述了“书籍哲学家”与“思想家”的不同。

第6节以第一流作家的精神特征为例，强调了独立的、真正的思考的重要。他说，“真正思索的人，在精神王国中，等于一国的君王，具有至高无上的权威”。而且，叔本华也指出，这种独立思考所获得的乐趣是世俗难以比拟的。

第7、第8节，叔本华继续表达他对思考的看法，他知道，尽管这个世界不乏有价值的思想，但是，当这些有价值的思想被书写出来后，却很难得到读者的共鸣。这是独立思想者的悲剧，也是叔本华自己的遭遇。

第9节分析了两种思想家——“自我思想家”和“诡辩派”。前者专为自己而思想，而后者是为了他人而思想。显然，叔本华是主张做“自我思想家”的。因为“自我思想家”是真正的哲人，只有他们，才能真正进行思考。颇有意思的是，叔本华将黑格尔列为“诡辩派”思想家，这显示出叔本华对理性主义哲学的对抗。

第 10 节作者从生存问题的角度来表明，真正的思想者是很少的，绝大部分的人思考都不够深入，也不够深远，这就更突出了真正的思想者的稀罕。

综上所述，叔本华对“思考”的钟爱也就显明出来了。

然而，我们也应该辩证地看待叔本华在这篇哲学散文中所表达的观点，不要简单地认为，我们从此就可以像叔本华那样“思考”就可以了，从此可以少读书了。叔本华之所以强调“思考”的重要，并不是他没有读书，相反，他读的书是很多的，也是很深入的。在这篇文章中，作者只是强调“思考”的重要性。的确，我们有很多人是属于“学而不思”或“思而不学”的，无论如何，我们还得把“思”和“学”结合在一起。没有“学”的“思”和没有“思”的“学”都像是海市蜃楼与空中楼阁一样的荒唐，毫无建树，也毫无意义。

思考与练习

1. 本文主要的论证方法是什么？请举例说明。
2. 结合自身实际，谈谈读书和思考的关系。

乡土本色

费孝通[1]

从基层上看去，中国社会是乡土性的。我说中国社会的基层是乡土性的，那是因为我考虑到从这基层上曾长出一层比较上和乡土基层不完全相同的社会，而且在近百年来更在东西方接触边缘上发生了一种很特殊的社会。这些社会的特性我们暂时不提，将来再说。我们不妨先集中注意那些被称为土头土脑的乡下人。他们才是中国社会的基层。

我们说乡下人土气，虽则似乎带着几分藐视的意味，但这个土字却用得很好。土字的基本意义是指泥土。乡下人离不了泥土，因为在乡下住，种地是最普通的谋生办法。在我们这片远东大陆上，可能在很古的时候住过些还不知道种地的原始人，那些人的生活怎样，对于我们至多只有一些好奇的兴趣罢了。以现在的情形来说，这片大陆上最大多数的人是拖泥带水下田讨生活的了。我们不妨缩小一些范围来看，三条大河的流域已经全是农业区。而且，据说凡是从这个农业老家里迁移到四围边地上去的子弟，也老是很忠实地守着这直接向土里去讨生活的传统。最近我遇着一位到内蒙旅行回来的美国朋友，他很奇怪地问我：你们中原去的人，到了这最适宜于放牧的草原，依旧锄地播种，一家家划着小小的一方地，种植起来；真像是向土里一钻，看不到其他利用这片地的方法了。我记得我的老师史禄国先生也告诉过我[2]，远在西伯利亚，中国人住下了，不管天气如何，还是要下些种子，试试看能不能种地。——这样说来，我们的民族确是和泥土分不开的了。从土里长出过光荣的历史，自然也会受到土的束缚，现在很有些飞不上天的样子。

靠种地谋生的人才明白泥土的可贵。城里人可以用土气来藐视乡下人，但是乡下，“土”是他们的命根。在数量上占着最高地位的神，无疑的是“土地”。“土地”这位最近于人性的神，老夫老妻白首偕老的一对，管着乡间一切的闲事。他们象征着可贵的泥土。我初次出国时，我的奶妈偷偷的把一包用红纸裹着的东西，塞在我箱子底下。后来，她又避了人和我说，假如水土不服，老是想家时，可以把红纸包裹的东西煮一点汤吃。这是一包灶上的泥土。——我在《一曲难忘》的电影里看到了东欧农业国家的波兰也有这类似的风俗[3]，使我更领略了“土”在我们这种文化里所占和所应当占的地位了。

农业和游牧或工业不同，它是直接取资于土地的。游牧的人可以逐水草而居，飘忽无定；做工业的人可以择地而居，迁移无碍；而种地的人却搬不动地，长在土里的庄稼行动不得，侍候庄稼的老农也因之像是半身插入了土里，土气是因为不流动而发生的。

直接靠农业来谋生的人是粘着在土地上的。我遇见过一位在张北一带研究语言的朋友。我问他说在这一带的语言中有没有受蒙古语的影响。他摇了摇头，不但语言上看不出什么影响，其他方面也很少。他接着说：“村子里几百年来老是这几个姓，我从墓碑上去重构每家的家谱，清清楚楚的，一直到现在还是那些人。乡村里的人口似乎是附着在土上的，一代一代的下去，不太有变动。”——这结论自然应当加以条件的，但是大体上说，这是乡土社会的特性之一。我们很可以相信，以农为生的人，世代定居是常态，迁移是变态。大旱大水，连年兵乱，可以使一部分农民抛井离乡；即使像抗战这样大事件所引起基层人口的流动，我相信还是微乎其微的。

当然，我并不是说中国乡村人口是固定的。这是不可能的，因为人口在增加，一块地上只要几代的繁殖，人口就到了饱和点；过剩的人口自得宣泄出外，负起锄头去另辟新地。可是老根是不常动的。这些宣泄出外的人，像是从老树上被风吹出去的种子，找到土地的生存了，又形成一个小小的家族殖民地，找不到土地的也就在各式各样的运命下被淘汰了，或是“发迹”了。我在广西靠近瑶山的区域里还看见过这类从老树上吹出来的种子，拼命在垦地。在云南，我看见过这类种子所长成的小村落，还不过是两三代的事；我在那里也看见过找不着地的那些“孤魂”，以及死了给狗吃的路毙尸体。

不流动是从人和空间的关系上说的，从人和人在空间的排列关系上说就是孤立和隔膜。孤立和隔膜并不是以个人为单位的，而是以住在一处的集团为单位的。本来，从农业本身来看，许多人群居在一处是无须的。耕种活动里分工的程度很浅，至多在男女间有一些分工，好像女的插秧，男的锄地等。这种合作与其说是为了增加效率，不如说是因为在某一时间男的忙不过来，家里人出来帮帮忙罢了。耕种活动中既不向分工专业方面充分发展，农业本身也就没有聚集许多人住在一起的需要了。我们看见乡下有大小不同的聚居社区，也可以想到那是出于农业本身以外的原因了。

乡下最小的社区可以只有一户人家。夫妇和孩子聚居于一处有着两性和抚育上的需要。无论在什么性质的社会里，除了军队、学校这些特殊的团体外，家庭总是最基本的抚育社群。在中国乡下这种只有一户人家的小社区是不常见的。在四川的山区种梯田的地方，可能有这类情形，大多的农民是聚村而居。这一点对于我们乡土社会的性质很有影响。美国的乡下大多是一户人家自成一个单位，很少屋沿相接的邻舍。这是他们早年拓殖时代，人少地多的结果，同时也保持了他们个别负责，独来独往的精神。我们中国很少类似的情形。

中国农民聚村而居的原因大致说来有下列几点：一、每家所耕的面积小，所谓小农经营，所以聚在一起住，住宅和农场不会距离得过分远。二、需要水利的地方，他们有合作的需要，在一起住，合作起来比较方便。三、为了安全，人多了容易保卫。四、土地平等继承的原则下，兄弟分别继承祖上的遗业，使人口在一地方一代一代的积起来，成为相当大的村落。

无论出于什么原因，中国乡土社区的单位是村落，从三家村起可以到几千户的大村。我在上文所说的孤立、隔膜是以村与村之间的关系而说的。孤立和隔膜并不是绝对的，但是人口的流动率小，社区间的往来也必然疏少。我想我们很可以说，乡土社会的生活是富于地方性的。地方性是指他们活动范围有地域上的限制。在区域间接触少，生活隔离，各自保持着孤立的社会圈子。

乡土社会在地方性的限制下成了生于斯、死于斯的社会。常态的生活是终老是乡。假如在一个村子里的人都是这样的话，在人和人的关系上也就发生了一种特色，每个孩子都是在人家眼中看着长大的，在孩子眼里周围的人也是从小就看惯的。这是一个“熟悉”的社会，没有陌生人的社会。

在社会学里，我们常分出两种不同性质的社会，一种并没有具体目的，只是因为在一起生长而发生的社会，一种是为了要完成一件任务而结合的社会。用 Tonnies 的话说，前者是 Gemeinschaft，后者是 Gesellschaft[4]；用 Durkheim 的话说，前者是“有机的团结”，后者是“机械的团结”[5]。用我们自己的话说，前者是礼俗社会，后者是法理社会。——我以后还要详细分析这两种社会的不同。在这里我想说明的是生活上被土地所囿住的乡民，他们平素所接触的是生而与俱的人物，正像我们的父母兄弟一般，并不是由于我们选择得来的关系，而是无须选择，甚至先我而在的一个生活环境。

熟悉是从时间里、多方面、经常的接触中所发生的亲密的感觉。这感觉是无数次的小磨擦里陶炼出来的结果。这过程是《论语》第一句里的“习”字。“学”是和陌生事物的最初接触，“习”是陶炼，“不亦说乎”是描写熟悉之后的亲密感觉。在一个熟悉的社会中，我们会得到从心所欲而不逾规矩的自由。这和法律所保障的自由不同。规矩不是法律，规矩是“习”出来的礼俗。从俗即是从心。换一句话说，社会和个人在这里通了家。

"我们大家是熟人，打个招呼就是了，还用得着多说么？"——这一类的话已经成了我们现代社会的阻碍。现代社会是个陌生人组成的社会，各人不知道各人的底细，所以得讲个明白；还要怕口说无凭，画个押，签个字。这样才发生法律。在乡土社会中法律是无从发生的。"这不是见外了么？"乡土社会里从熟悉得到信任。这信任并非没有根据的，其实最可靠也没有了，因为这是规矩。西洋的商人到现在还时常说中国人的信用是天生的，类于神话的故事真多：说是某人接到了大批磁器，还是他祖父在中国时订的货，一文不要的交了来，还说着许多不能及早寄出的抱歉话。——乡土社会的信用并不是对契约的重视，而是发生于对一种行为的规矩熟悉到不加思索时的可靠性。

这自是"土气"的一种特色。因为只有直接有赖于泥土的生活才会像植物一般的在一个地方生下根，从容地去摸熟每个人的生活，像母亲对于她的儿女一般。陌生人对于婴孩的话是无法懂的，但是在做母亲的人听来都清清楚楚，还能听出没有用字音表达的意思来。

不但对人，他们对物也是"熟悉"的。一个老农看见蚂蚁在搬家了，会忙着去田里开沟，他熟悉蚂蚁搬家的意义。从熟悉里得来的认识是个别的，并不是抽象的普遍原则。在熟悉的环境里生长的人，不需要这种原则，他只要在接触所及的范围之中知道从手段到目的间的个别关联。在乡土社会中生长的人似乎不太追求这笼罩万有的真理。我读《论语》时，看到孔子在不同人面前说着不同的话来解释"孝"的意义时，我感觉到这乡土社会的特性了。孝是什么？孔子并没有抽象地加以说明，而是列举具体的行为，因人而异地答复了他的学生。最后甚至归结到心安两字。做子女的得在日常接触中去摸熟父母的性格，然后去承他们的欢，做到自己的心安。这说明了乡土社会中人和人相处的基本办法。

这种办法在一个陌生人面前是无法应用的。在我们社会的急速变迁中，从乡土社会进入现代社会的过程中，我们在乡土社会中所养成的生活方式处处产生了流弊。陌生人所组成的现代社会是无法用乡土社会的习俗来应付的。于是，土气成了骂人的词汇，"乡"也不再是衣锦荣归的去处了。

据《乡土中国　生育制度》，费孝通著，北京大学出版社，1998年

注释

[1] 费孝通（1910—2005）：江苏吴江人。现代著名社会学家、人类学家、民族学家和社会活动家。曾就读于东吴大学医预科、燕京大学社会学系、清华大学研究院，后留学英国伦敦经济政治学院，获博士学位。回国后，在云南大学、清华大学、中央民族学院、北京大学等校任教。著有《江村经济》《禄村农田》《生育制度》《乡土中国》等，译著有《文化论》《工业文明的社会问题》等。

[2] 史禄国（1887—1939）：俄国人，全名为谢尔盖·米哈伊洛维奇·希罗科戈罗夫，现代人类学的创始人之一。

[3]《一曲难忘》：美国电影，讲述肖邦一生的故事，导演是查尔斯·维多。

[4] Tonnies：斐迪南·滕尼斯（Ferdinand Tönnies，1855—1936），德国现代著名社会学家。著有《共同体与社会》《新时代的精神》等。Gemeinschaft即礼俗社会，Gesellschaft即法理社会。

[5] Durkheim：即埃米尔·迪尔凯姆（Emile Durkheim，1858—1917），也译为埃米尔·涂尔干。法国杰出社会学家、人类学家，与马克思、韦伯并列为社会学的三大奠基人，《社会学年鉴》创刊人。著有《社会分工论》《社会学方法的规则》等。

作品分析

本文选自《乡土中国》，是一篇讲述中国乡土本色的社会学文章，但完全可以把它当作散文来学习。喜欢文学的读者，常常专注于纯文学的领域，对于诗歌、戏剧以及绝大部分的小说来说，纯文学当然是无可选择的选择，但是对于散文来说，选择的余地其实很广，纯文学散文反而往往显得简陋了。社会学、考古学、人类学甚至经济学、哲学等的随笔杂记常常比纯文学的散文更好读，也更耐读。相信费孝通先生的《乡土本色》这样的社会学文章能够带给读者更多的知识享受。

作者在开头第1自然段就提出一个看法，也是他的主要的观点："从基层上看，中国社会是乡土性的。"费孝通从历史和现实的角度来观察中国社会，他认为尽管近百年来中国社会在与西方接触的边缘产生了一种很特殊的社会，但作者在本文并不是讲这种特殊的社会，而是谈论中国的基层社会的主体，也就是那些乡下人。费孝通先生写《乡土本色》是在半个多世纪前，但他的这个观点至今还是没有过时。中国的基层社会还是乡土性的。

第二部分是第2—5自然段。写乡下人的土气，以及乡下人与土地的关系。费孝通认为，这个"土"字用得好，虽然似乎带有几分蔑视的意味。作者引用了他的老师史禄国的话说，即使远在西伯利亚，中国人住下来后，也要下些种子，试试看能不能种地。在第3段中，作者认为："靠种地谋生的人才明白泥土的可贵。"接着，作者认为乡土本色的一个重要的方面就是安土重迁。作者说："我们很可以相信，以农为生的人，世代定居是常态，迁移是变态。""即使像抗战这样大事件所引起基层人口的流动，我相信还是微乎其微的。"

第三部分是第6—10自然段。作者介绍了中国乡村社会中的社区与村落及其特点。在第7段，作者有个很有特色的见解，作者认为，"不流动是从人和空间的关系上说的，从人和人在空间的排列关系上说就是孤立和隔膜。孤立和隔膜并不是以个人为单位的，而是以住在一处的集团为单位的。"乡下的社区可以小到只有一户人家，可以大到几千户人家。但本质上，社区与社区之间，村落与村落之间，来往是很少的。这就是所谓的"孤立"与"隔膜"。作者认为，乡土社会是地方性的。什么叫地方性呢？地方性是指他们的活动范围有地域上的限制。在区域间接触少，生活隔离，各自保持着孤立的社会圈子。

第11自然段到结尾是第四部分。作者分析了乡土社会的特点是"熟悉"的社会，这种"熟悉"的社会在步入现代社会中就成为一种流弊了。作者在第11段写道："乡土社会在地方性的限制下成了生于斯、死于斯的社会。常态的生活是终老是乡。假如在一个村子里的人都是这样的话，在人和人的关系上也就发生了一种特色，每个孩子都是在人家眼中看着长大的，在孩子眼里周围的人也是从小就看惯的。这是一个'熟悉'的社会，没有陌生人的社会。"这可以说是这一部分的总纲。费孝通认为，熟悉是从时间里、多方面、经常的接触中所发生的亲密的感觉。无论对人还是对物，都是如此。然而，这种乡土社会中的"熟悉"所产生的交往方式却又成为现代社会的阻碍。因而，在文章的末尾，作者说："在我们社会的急速变迁中，从乡土社会进入现代社会的过程中，我们在乡土社会中所养成的生活方式处处产生了流弊。陌生人所组成的现代社会是无法用乡土社会的习俗来应付的。于是，土气成了骂人的词汇，'乡'也不再是衣锦荣归的去处了。"

从艺术上说，朴素和简洁是本文最大的特色。这也是费孝通先生此类文章的特点。作者用简洁通俗的语言对中国乡土社会进行了描述和分析，表达了一个深于思考的社会学家对乡土社会的思考。他站在现代社会的高度来描写传统的社会，蕴含其间的忧患意识也是明显的。所有这些，对于今天的读者来说，都是有教益的。因为对于大多数今天住在城市的"现代人"来说，或者他自己，或者他父辈、祖辈就是来自中国广大的乡土社会，那么，了解乡土社会的特点，也就能够更深入地了解我们自己。

思考与练习

1. 为什么说中国社会从基层上看是乡土性的？
2. 乡土社会的"熟悉"体现在哪些方面？

张爱玲小说中的"月亮"

谢　泳[1]

许多评论家都注意到了张爱玲小说里意象的丰富，其中最引人注意的是"月亮"和"镜子"。夏志清说："张爱玲的世界里的恋人总喜欢抬头望月亮。"[2]水晶则发现了张爱玲小说中"镜子"的频繁出现，并指出："张爱玲世界里的恋人总喜欢抬头望月亮的话，同时他们也喜欢低头照镜子。"[3]张爱玲小说善用意象喜用通感，形成了她小说基本的艺术特色。虽然张爱玲小说中意象纷呈，但以"月亮"出现得最多，最典型，也最有特色，而且也绝不仅仅是"恋人总喜欢抬头望月亮"，差不多所有的人都有这个习惯。在张爱玲笔下，"月亮"不仅出现的时间、地点和人物心理之间的关系有鲜明的特色，而且张爱玲用来描绘"月亮"的色彩也是非常独特的。可以说，破解张爱玲小说中"月亮"的不断出现，对于了解张爱玲的创作心理与她早年生活的关系，从而深刻地把握张爱玲小说的艺术特征可能都是有帮助的。

一

张爱玲在中国现代文学史上曾经是一个被遗忘的作家，至少在大陆上是这样。张爱玲是孤独的，她的被遗忘完全与她自己的文学观念密切相连，她是一个艺术天分很高的人，而且喜欢凭直觉去体味艺术。她与她同时代作家之间明显的区别是在时代发生剧烈变化的时候，她依然能够不舍弃自己固有的文学观念，平静地叙写往日的旧事，即使她小说的背景是当时变化着的时代，她更感兴趣的似乎也在那些远离时代冲突的小人物身上，她喜欢人生平静安稳的一面，从内心深处惧怕动荡和不安。她的小说有一种内在的悲剧力量，不论她表现什么样的题材，都流露出生活无望的情绪，平凡的人物能够把握住现在已属不易，对于未来的憧憬可能根本就是海市蜃楼般的梦幻，张爱玲小说的不朽力量和现代感即体现在这种情绪中。她说过："时代是仓促的，已经在破坏中，还有更大的破坏要来。"[4]张爱玲在她的小说中反复地传达这种她对时代的独特感受。她是异常敏感的，可以说她从某种程度上意识到了中国社会将要发生的某些变化，她根本不适应这个时代的变化，自然她是悲观绝望的，她感觉到了"更大的破坏要来"，她不免恐惧，从文化精神上讲，张爱玲预示了中国社会的某些变化。

作为小说家，张爱玲的独特之处在于她的价值观念和文学观念，她当时对于文学的评价可能是偏激的，但这种偏激正显示了她的独特价值与存在。论及写作，张爱玲说："我甚至只写些男女间的小事情，我的作品里没有战争，也没有革命。"[5]她还说："我所写的文章从来没有涉及政治。"[6]当有人问她，"无产阶级的故事你会写吗？"她说："不会。要末只有阿妈她们的事，我稍微知道一点。"[7]张爱玲多次说过，她喜欢人生平静安稳的一面，这实际上是她对往日生活的一种怀念，论及文人，张爱玲的评价也坦率得令人吃惊。她这样解释文人和生活的关系："走马观花固然无用，即使去住两三个月，放眼搜集地方色彩，也无用，因为生活空气的浸润感染，往往是在有意无意中的，不能先有个存心。文人只需老老实实生活着，然后，如果他是个文人，他自然会把他想到的一切写出来。他写所能够写的，无所谓应当。"[8]在将近半个世纪后，想想张爱玲的这番话，仿佛是针对时下某些作家的无理要求而讲的，张爱玲是以这样的思想去平静地从事她的小说写作的。

在读张爱玲小说的时候，我不止一次地想到川端康成说过的一段话："我以为艺术家不是在一代就可以造就出来的。先祖的血脉经过几代人继承下来，才能绽开一朵花。或许有些例外，不过仅调查一下日本现代作家，就会发现他们大多是世家出身，读一读妇女杂志的文章，著名演员的境遇或者成名的故事，就晓得他们都是名家的女儿，在父亲或祖父这一段家道中落的。几乎没有一个姑娘是出身微贱尔后发迹的。情况竟然如此相似，不禁令人愕然。如果把电影公司那些玩偶般的女演员也当作艺术的话，那么她们的故事也未必只是为了虚荣和宣传才编造出来的了。可以认为，作家的产生是继承世家相传的艺术素养的。但是另一方面，世家的后裔一般都是体弱多病。因此可以把作家看成是行将灭绝的血流，像残烛的火焰快燃到了尽头。”[9]川端康成的话给予我们许多启发，可以说他揭示了作家艺术家成长的某一基本规律。我曾在一篇题为《论中国现代作家的出身》的文章中，通过统计资料验证过川端康成的话。[10]现在我们从世家子弟、家道中落、体弱多病这三点看一下张爱玲的情况。

张爱玲出生于没落的贵族家庭，祖父张佩伦是满清的大臣，祖母则是李鸿章的女儿，张爱玲这个流着贵族血液的千金小姐来到世上时，民国已经建立十年，家道也已没落，她可以说是生不逢时。出生在这样的名门望族中，张爱玲从小受到了良好的教育和多种艺术素养的训练，她三岁能背唐诗，七岁开始写小说。她有艺术的天分，又有家庭的不幸，虽有前朝的繁华，但童年却是令她不堪回首的，父母离异，使她幼小的心灵变得敏感早熟。在散文《私语》中，张爱玲曾记述过自己的身世，其中还提到她小时候身体软弱多病。那是她记述她母亲从法国回来以后告诉她的话：“我懊悔从前小心看护你的伤寒症。”[11]可见张爱玲的经历几乎和川端康成所说的作家成长的道路是多么相同！

二

小说家在他自己的作品中如果不是出于技巧的考虑在不断使用某一意象，那么我们就有理由认为这种持续的记忆是为某种令他痛苦的不完善所支持的，如鲁迅作品中“药”这个意象的不断重复就是如此。

张爱玲在不断地复现她自己，在她心中不断重复着同样的行动，一遍遍地讲述着同样的故事。也许她强烈地渴望能够摆脱某种重复，但读者总会发现，在她的无论什么作品中，都有某种东西是她无法舍弃的。从微观处着眼，“月亮”就是张爱玲无法忘却的。“月亮”在张爱玲的几乎每一篇小说中都曾出现，这不是偶然的。是否可以这样说，“月亮”是进入张爱玲小说世界的一个门槛，跨过这个门槛，在总体上就可以把握张爱玲小说基本的艺术特征。

张爱玲的小说大体上都是关于婚姻与爱情的，而且这种婚姻和爱情常常是残缺不全的。这种题材选择的单一性，不仅符合张爱玲一贯的文学主张，也与她的身世有关。前面说过，张爱玲是一个从曾经繁华的家庭中走出来的贵族小姐，然而她却是不幸的。她的不幸，从大的方面说，是随着时代的变化，她所曾经拥有的一切已经开始消亡，无论是物质还是精神，都开始贫困，她在童年的时候，即觉察到了家族的没落，对于她来说，这种感受是异常丰富的；从小的方面说，父母离异，使她从小就处在一种残缺不全的关系中，没有母爱和父爱，这使她时时处在一种孤立无援的境地。早年身世的凄凉，使张爱玲的情感无所依托，只好寄托给“月亮”，只有那悬在空中的明月，能使她孤寂的心灵得到些许安慰。她对“月亮”特别敏感，不光是因为她是女性，更因为在她处境最坏的时候，她发现了“月亮”那奇特的感觉，我们从张爱玲的散文作品中看她对“月亮”的好奇与敏感。

张爱玲在《私语》中第一次提到“月亮”是她与后母发生冲突，而父亲扬言要用手枪打死她，并把她关在一间空房子里。张爱玲这样回忆：“我生在里面的这座房屋忽然变成生疏了，像月光底下的、黑影中出现清白的粉墙,片面的,癫狂的。”接着,张爱玲引用了一个外国诗人的一句诗:“‘在你的心中睡着月亮光’我读到它,就想到我们家楼板上的蓝色的月光,那静静的杀机。”[12]

《私语》是张爱玲成名后所写的一篇散文,她提到的这件事,可能是她对“月亮”敏感的心理根源。张爱玲在这里提到“月亮”时,用了“蓝色”来形容,这个感觉是奇特的,也是常人所不用的,张爱玲似乎把“月亮”描绘得很可怕,是在用“蓝色的月亮”衬托出可怕的环境,给人心理上留下恐怖的感觉。在《私语》的结尾,张爱玲说:“写到这里,背上吹的风有点冷了,走去关上玻璃门,阳台上看见毛毛的黄月亮。”[13]在同一篇文章中,回忆童年的经历时,张爱玲两次提到“月亮”,先是“蓝色的”后又是“黄色的”。在张爱玲笔下,“月亮”似乎很少皎洁明亮的时候,她总是用自己所喜欢的颜色去写它。张爱玲曾经说过,她对色彩、音符、字眼等极为敏感。她说当她弹钢琴时,她想象着八个音符有不同的个性,像穿戴了鲜艳的衣服抬手舞蹈。张爱玲说:“我写文章,爱用色彩浓厚、音韵铿锵的字眼,如‘朱灰’‘黄昏’‘婉妙’。”[14]张爱玲小的时候,曾经学过音乐和绘画,又对印象派画家凡高和塞尚有特殊的兴趣,而“蓝”与“黄”又正是这两个画家所喜用的色彩,这其中肯定有他们的影响。

在小说中,张爱玲善用通感手法,与她早年学过音乐和绘画是有关的,尤其是绘画。可以说,她是用画家的眼睛观察世界,然后用文字记录这种感觉,自然色彩比一般作家强烈得多。

在散文《童言无忌》中,张爱玲还记述了自己十二岁那年发生的一件事,也与“月亮”有关。张爱玲写道:“有天晚上,在月亮底下,我和一个同学在宿舍的走廊上散步,我十二岁,她比我大几岁。她说:‘我是同你很好的,可是不知道你怎样。’因为有月亮,因为我生来是一个写小说的人。”[15]一个十二岁的姑娘便如此自信,也可以想见张爱玲后来的性格。在这里,张爱玲第一次明确提到了“因为有月亮”。我们是否可以这样理解:她是从最初的不幸经历中捕捉到了“月亮”给予自己的奇特感受,以后,“月亮”差不多成了她灵感来源的一个重要触发点,她在未成年的时候便把“月亮”和写小说联在一起,难怪她的小说几乎处处有“月亮”的出现。

在散文《我看苏青》中,张爱玲又一次提到“月亮”,她这样写道:“我一个人在黄昏的阳台上,骤然看到远处的一个高楼,边缘上阿着一块胭脂红,还当是玻璃窗上落日的反光,再一看,却是元宵的月亮,红红地升起来了。我想到:‘这是乱世。’”[16]这里出现的“月亮”,张爱玲又换了一种颜色,是“红红地”。在张爱玲眼中,“月亮”已不完全是一种自然景观,她完全是根据自己的情绪和感觉,去赋予自己心中的“月亮”以各种不同的色彩,这种把“月亮”完全作为固定的抒发自己对郁郁苍茫世界的感慨对象,是很少见的。张爱玲对“月亮”的描绘,不仅想象奇特、用色自由狂放,而且凭直觉任意涂抹,给人们强烈的刺激,“月亮”似乎成了她眼前的一块画布,她可以随时根据自己的艺术直觉去为它着色,无论什么色彩,她都敢用。这就是一个“感觉到更大的破坏要来”的人对“乱世”的一种直感。

1944年,张爱玲在为她的小说集《传奇》写的序言中,一开始就说:“我要我喜欢的蓝绿的封面给报摊子上开扇夜蓝的小窗户,人们可以在窗口看月亮,看热闹。”[17]在序的结尾,张爱玲谈到女友炎樱给小说设计的封面时说:“细看却是小的玉连环,有的三三两两勾搭住了,解不开;有的单独像月亮,自归自圆了。”在一篇短序中,从头到尾,都不忘用“月亮”作比喻,可见她对“月亮”的偏爱,散文中尚且如此,她小说中的“月亮”就可想而知了。

三

《金锁记》不是张爱玲的第一篇小说,但却是她小说中最优秀的。前两年曾有人将其改编成电视剧,并易名为《昨夜的月亮》,虽然这个名字远不如《金锁记》贴切和深刻,但从改编者的意图看,还是注意到了"月亮"在张爱玲小说中的象征意义。《金锁记》的开头和结尾，都以"月亮"作比，借此抒发作家的情感，给人留下了深刻的印象。读过《金锁记》的人都不会忘记开头和结尾以"月亮"相互照应的精彩片段。在这篇小说中，张爱玲对"月亮"的比喻是："铜钱大的一个红黄的湿晕，像朵云轩信笺上落了一滴泪珠，陈旧而迷糊。"不过这是年轻人想象中的"三十年前的月亮"，而老年人回忆中的三十年前的"月亮"则是"欢愉的、比眼前的月亮大、圆、白"。[18]《金锁记》中的曹七巧是一个为金钱所困而散失了整个青春的年轻女子，她一生的失误即在于被金钱所困，以全部人生的幸福为代价。张爱玲在小说的开头用"铜钱大的一个红黄的湿晕"描绘"月亮"，其含义是多么贴切呀，既有伤感，又有叹息。张爱玲的小说中处处流露着对往日生活的回忆。虽然她喜欢在曾经豪华的生活中写出一种没落之感，但更多的却是对逝去生活的留恋。处在一个变化着的时代中，张爱玲的失落感并不直接表现在对没落生活的怀念，而在于对将要到来的变化有一种恐怖，她怀念过去，是对未来的恐惧，所以她劝人们要把握住现在。她说："为了证实自己的存在，抓住一点真实的、最基本的东西，不能不求助于古老的记忆，人类在一切时代之中生活过的记忆，这比了解将来要更明晰，亲切。"[19]靠回忆写作的张爱玲常常给作品一种苍凉的气氛。

在《金锁记》中，当长安受到母亲七巧的责备，在孤独的时候，与她作伴的恰好又是"月亮"。张爱玲这样描写："窗格子里，月亮从云里出来了。墨灰的天，几点疏星，模糊的缺月，像石印的图画，下面白云蒸腾，树顶上透出街灯淡淡的圆光。"[20]在长安眼中，"月亮"是残缺的，以此预示长安的婚姻。值得注意的是张爱玲写"月亮"时的奇特感觉，晚上的"月亮"下面却有"白云蒸腾"，这种描写给人的印象太深了。张爱玲写"月亮"有几个特点，首先她笔下的"月亮"残缺的多，色彩以"蓝色、黄色"为多，还有就是她眼中的"月亮"常是从窗口或阳台上看到的，而且大多数是在黄昏的时候，这些特征可能都留有她早年生活的印迹。另外，张爱玲对"月亮"的爱好，就是喜欢把"月亮"比作天上的"太阳"。在《金锁记》中，当芝寿感到这个痴狂的世界丈夫不像丈夫，婆婆不像婆婆时，她的眼中看到的月亮是这样的："今天晚上的月亮比哪一天都好，高高的一轮满月，万里无云，像是漆黑的天上一个白太阳。遍地的蓝影子，帐顶上也是蓝影子，她的一双脚也在那死寂的蓝影子里。"当芝寿再看窗外时："还是那使人汗毛凛凛的反常的明月——漆黑的天上一个灼灼的小而白的太阳。"在这段描写中，芝寿眼中的"月亮"所有的色彩，使人想起张爱玲童年见到"月亮"时的情景，都是"蓝色"的，给人一种恐怖的感觉。《金锁记》中，前后共有六处写到"月亮"，而且每一次在人物孤独或恐怖的时候，都常有关于"月亮"的描写，这是否是张爱玲童年经历在小说中不自觉的浮现？

《倾城之恋》也是张爱玲小说中的名篇，在这篇小说中，共有三处写到"月亮"。

当白流苏为范柳原在电话中的一番话生气的时候，她好像又听见了柳原的声音："'流苏，你的窗子里看得见月亮吗？'流苏不知道为什么，忽然哽咽起来。泪眼中的月亮大而模糊，银色的，有着绿的光棱。"[21]《倾城之恋》中出现的"月亮"比较美好，是"一轮满月"，这在张爱玲笔下是不常见的。有一次当范柳原突然出现在白流苏的房间里时，流苏问他来干什么，范柳原的回答颇有诗意："我一直想从你的窗户里看月亮，这边屋里比那个屋里看得清楚些。"[22]这一段描写，使人想起莎士比亚在《罗密欧与朱丽叶》中以"太阳"比喻心中恋人的著名诗句。

在《茉莉香片》中，当传庆和丹朱这对恋人在郊外游玩时，传庆看到的丹朱是这样的："云开处，冬天的微黄的月亮出来了，白苍苍的天与海在丹朱身后张开了云母石屏风。"[23]像《倾城之恋》中的"月亮"一样，这是心中恋人的征象。

《沉香屑·第一炉香》是张爱玲的第一篇小说，自然其中也少不了"月亮"的出现。请看张爱玲的一段风景描写："微风向东走，越走，那月亮越白，越晶亮，仿佛是一头肥胸的白凤凰，栖在路的转弯处，在树杈里做了窠。越走越觉得月亮就在前头树深处，走到了，月亮便没有了。”[24]将“月亮”作这样的比喻和描绘是常人所难以想象的。在这篇小说中，“月亮”已成为恋人彼此的一种象征。当薇龙问乔琪未来的打算时，乔琪说道：“我打算来看你，如果今天晚上有月亮的话。”接着又说：“你看天晴了，今天晚上会有月亮的。”随着小说情节的进一步展开，当乔琪和薇龙幽会时，小说中写道：“当天晚上，果然有月亮。乔琪乘着月光来，也乘着月光走。月亮还在中天，他就从薇龙的阳台上，攀着树桠枝，爬到对过的山崖上。……整个山洼子像一只大锅，那月亮便是一团蓝阳阳的火，缓慢地煮着它，锅里水沸了，咕嘟咕嘟地响。”[25]当薇龙走到小阳台上时：“虽然月亮已经落下去了，她的人已经在月光里浸了个透，淹得遍体通明。”[26]张爱玲在这篇小说里似乎用“月亮”象征一种可怕的情欲，它能使一切真情都淹没在这种情欲中。在这篇小说中，虽然多处出现的“月亮”大体上象征着同一种东西，但有一处是例外。在梁太太专为大学生卢兆麟开的游园会上，薇龙发现自己所喜欢的人被姑母夺走了，她下决心要报复。当她观察到只有乔琪一人能够抗拒她的姑母时，她便缠住乔琪不放：“那时天色已经暗了，月亮才上来，黄黄的像玉色缎子上，刺绣时弹落了一点香灰，烧糊了一小片。”[27]这里显然是用残缺不全的“月亮”比喻残缺不全的感情和被腐蚀的灵魂。

在张爱玲的小说中，“月亮”出现得很多，如《沉香屑·第二炉香》《琉璃瓦》《红玫瑰与白玫瑰》都有生动的关于“月亮”的比喻和描写。在长篇小说《十八春》和稍加扩充后的《半生缘》中也有多处的“月亮”出现。中篇小说《怨女》《连环套》等作品中都不断地显示这个意象。由于笔者没有看到张爱玲离开大陆以后写的《秧歌》和《赤地之恋》两部长篇，所以不敢妄加断言其中是否还有“月亮”在升起。张爱玲在离开大陆以后写的《小艾》《五四遗事》《色戒》《相见欢》等作品中，“月亮”的出现似乎不多见了，不知是何等原因。

张爱玲笔下的“月亮”是各色各样的，有寒冷的、光明的、朦胧的、同情的、伤感的、残缺的等等，“月亮”这个象征功用繁多，张爱玲在很多意义上使用了它。这个意象是新颖的，独特的，又是丰富的，它只属于张爱玲这一独特的世界。这个意象在描绘环境气氛，刻画人物心理，扩大叙述空间等方面都起到很大的作用，另外，这个意象的不断浮现，也有利于读者走进张爱玲小说的艺术世界。

据《教育在清华》，谢泳著，百花文艺出版社，1999 年

注释

[1] 谢泳：1961 年出生。山西省榆次市人。现为厦门大学中文系教授，著名学者。著有《旧人旧事》《学人今昔》《教授当年》《中国现代文学的微观研究》《逝去的年代》《血色闻一多》《没有安排好的道路》《清华三才子》《西南联大与中国现代知识分子》《储安平与〈观察〉》《书生的困境》《靠不住的历史》等。本文选自谢泳的《教育在清华》。（除本条注释外，注释[2]—[27]都是原文的注释，只是将原来的脚注改为尾注，特此说明。）

[2] 夏志清《中国现代小说史》中文版第 341 页，香港友联出版公司 1978 年版。

[3] 叶维廉《中国现代作家论》第 296 页，台湾联澄出版事业公司 1976 年版。

[4] 张爱玲《传奇》第 349 页，人民文学出版社 1986 年版。

[5] 张爱玲《小艾》第 253 页，江苏文艺出版社 1987 年版。

[6] 张爱玲《传奇》第 353 页，人民文学出版社 1986 年版。

[7] 张爱玲《私语》第279页，花城出版社1990年版。
[8] 张爱玲《私语》第280页，花城出版社1990年版。
[9] 叶渭渠译《川端康成散文选》第77—78页，百花文艺出版社1988年版。
[10] 谢泳《论中国现代作家的出身》1992年第5期《火花》。
[11] 张爱玲《私语》第23页，花城出版社1990年版。
[12] 张爱玲《私语》第17页，花城出版社1990年版。
[13] 张爱玲《私语》第20页，花城出版社1990年版。
[14] 张爱玲《私语》第22页，花城出版社1990年版。
[15] 张爱玲《私语》第34页，花城出版社1990年版。
[16] 张爱玲《私语》第110页，花城出版社1990年版。
[17] 张爱玲《私语》第311页，花城出版社1990年版。
[18] 张爱玲《传奇》第5页，人民文学出版社1986年版。
[19] 张爱玲《小艾》第252页，江苏文艺出版社1987年版。
[20] 张爱玲《传奇》第36页，人民文学出版社1986年版。
[21] 张爱玲《传奇》第90页，人民文学出版社1986年版。
[22] 张爱玲《传奇》第93页，人民文学出版社1986年版。
[23] 张爱玲《传奇》第128页，人民文学出版社1986年版。
[24] 张爱玲《传奇》第147页，人民文学出版社1986年版。
[25] 张爱玲《传奇》第176页，人民文学出版社1986年版。
[26] 张爱玲《传奇》第178页，人民文学出版社1986年版。
[27] 张爱玲《传奇》第164页，人民文学出版社1986年版。

作品分析

谢泳的文章一向是隽永耐读的，这篇评论张爱玲的文章也不例外。作为一个学者，他的文章走的是朴素的路线，这就使他的文章显得平易近人；而不是那种看上去高深莫测，名词术语一大堆，实际上却又没有把问题分析透彻的文章，这种文章读者看了，也是云里雾里，甚至不知所云。

从细微处入手，以小见大，进行深入细致的分析，是这篇文学评论的最大特点，也是最值得学习的地方。

作者在引言部分就认为，“月亮”是张爱玲小说众多意象中“最多，最典型，也最有特色”的；而且，他认为，“破解张爱玲小说中‘月亮’的不断出现，对于了解张爱玲的创作心理与她早年生活的关系，从而深刻地把握张爱玲小说的艺术特征可能都是有帮助的”。

文章的第一部分，作者论述了张爱玲的独特价值与她的身世的关系。谢泳认为：“张爱玲是孤独的，她的被遗忘完全与她自己的文学观念密切相连，她是一个艺术天分很高的人，而且喜欢凭直觉去体味艺术。”“她的小说有一种内在的悲剧力量，不论她表现什么样的题材，都流露出生活无望的情绪，平凡的人物能够把握住现在已属不易，对于未来的憧憬可能根本就是海市蜃楼般的梦幻，张爱玲小说的不朽力量和现代感即体现在这种情绪中。”在引述了川端康成关于作家、艺术家成长的观点后，介绍了张爱玲的身世与体质等方面内容与她最后成长为一个作家的关系。

第二部分，作者主要分析了“月亮”这个意象“是进入张爱玲小说世界的一个门槛”。而跨过这个门槛，“在总体上就可以把握张爱玲小说基本的艺术特征”。为了更充分地证明这个看法，作者在这部分主要举了张爱玲散文中的例子，更深刻地证明了“月亮”意象与张爱玲生命历程的关联。作者以此证明，即使是在散文作品中，“月亮”这个意象也是经常在张爱玲的作品中出现的，这就更有力地证明张爱玲小说中的“月亮”意象与她早年生活的关系，也更有利于理解和把握张爱玲小说的艺术特征。

在文章的第三部分，作者列举分析了张爱玲小说中大量“月亮”的意象例子。经过分析，作者得出结论，“月亮”这个意象是“新颖的，独特的，又是丰富的，它只属于张爱玲这一独特的世界。这个意象在描绘环境气氛，刻画人物心理，扩大叙述空间等方面都起到很大的作用，另外，这个意象的不断浮现，也有利于读者走进张爱玲小说的艺术世界”。

此外，大量的举例也是这篇文章的一个特色。这些例子几乎贯穿全文，这就使文章的立论有坚实的基础，这种基于实例的细致分析是构成谢泳文章隽永风格的一个主要原因，他的文章几乎都有这个特点，这种文章在给读者提供新颖独到见解的同时，也给读者提供了丰富的文史知识，提供写作方法的借鉴，所有这些，都是值得我们深入体会、加以学习的。

思考与练习

1. 请举例分析本文以小见大的风格特点。
2. 找出作者关于张爱玲小说的主要观点。

回　答

北　岛[1]

卑鄙是卑鄙者的通行证，
高尚是高尚者的墓志铭，
看吧，在那镀金的天空中，
飘满了死者弯曲的倒影。

冰川纪过去了，
为什么到处都是冰凌？
好望角发现了，
为什么死海里千帆相竞？

我来到这个世界上，
只带着纸、绳索和身影，
为了在审判之前，
宣读那被判决了的声音：

告诉你吧，世界
我——不——相——信！
纵使你脚下有一千名挑战者，
那就把我算作第一千零一名。

我不相信天是蓝的，
我不相信雷的回声，
我不相信梦是假的，
我不相信死无报应。

如果海洋注定要决堤，
就让所有的苦水都注入我心中，
如果陆地注定要上升，
就让人类重新选择生存的峰顶。

新的转机和闪闪星斗，
正在缀满没有遮拦的天空。
那是五千年的象形文字，

那是未来人们凝视的眼睛。

据《北岛诗选》，北岛著，新世纪出版社，1986 年

注 释

[1] 北岛：1949 年生于北京，原名赵振开，祖籍浙江湖州，现居香港。当代著名诗人，朦胧诗代表之一。先后获瑞典笔会文学奖、美国西部笔会中心自由写作奖等，并被选为美国艺术文学院终身荣誉院士。代表作品有《北岛诗选》、《波动》(小说集)、《失败之书》(散文集)等。

作品分析

北岛 1978 年同诗人芒克创办《今天》杂志，标志着“朦胧诗”新诗潮的开始。兴起于 20 世纪 70 年代末至 80 年代初的朦胧诗，是当时思想与文学“解放”潮流的重要组成部分，同时，也是当代新诗革新的起点。其中最具代表性的诗人是北岛、舒婷、顾城、江河、杨炼、梁小斌等，他们经历过“文化大革命”的洗礼，普遍有一种被荒谬的历史所嘲弄的虚无感，以往盲目的迷信化作了深刻的怀疑和否定。诗作多强调个体的自我意识，并带有浓厚的理想主义信念，但主旨都是揭示一代青年的心灵历程。艺术上借鉴一些西方现代派的表现技巧，将象征、暗示、通感、蒙太奇等手法运用到自己的作品中，给诗蒙上了一层朦胧的色彩，且蕴含着伤感情调和反叛精神。

北岛的《回答》是朦胧诗的代表作之一，写于 1976 年清明前后，最初刊登于《今天》创刊号(1978 年 12 月 23 日)，后作为第一首公开发表的朦胧诗刊载于《诗刊》(1979 年)。《回答》反映了从迷惘到觉醒的一代青年的心声，一句“我不相信”的呐喊，震醒了迷梦中的人们，并同时向世人宣告与那个特定时代的彻底诀别。

全诗以“卑鄙是卑鄙者的通行证，/高尚是高尚者的墓志铭”开篇，诗人发自内心的呐喊，像匕首一样直刺那个黑白颠倒、是非不分的时代的心脏。“卑鄙”是“通行证”，“高尚”是“墓志铭”，这里诗人借用隐喻和对比，将自己对生活的决绝的批判表现得淋漓尽致，具有振聋发聩的效果，至此，读者不禁会问：这是一个怎样的社会，怎样的世界呢？“看吧，在那镀金的天空中，/飘满了死者弯曲的倒影”，“镀金”意味着虚假，“弯曲的倒影”暗指冤魂，二者形成鲜明的对照，再用“飘满了”来修饰“倒影”，似乎瞬间将读者带到了尸体满布天空的凄惨世界，诗人的忧愤之情溢于言表。

第 2 节：“冰川纪过去了，/为什么到处都是冰凌？/好望角发现了，/为什么死海里千帆相竞？”这里诗人选取了“冰川纪”“冰凌”“好望角”“死海”等一系列具有鲜明色彩的象征性意象，表达了对当时黑白混淆、乌烟瘴气的现实社会的否定。此时此刻，他想说：既然人情极度冷暖的时期已经过去，为什么人与人之间还要互相攻击、互相伤害呢？既然我们有了新的希望，为什么还要在死气沉沉、毫无生机的死海里你争我夺呢？诗人通过隐喻和对比，对“文革”前后荒诞的历史进行了深刻的反思。

第 3 节：诗人“只带着纸、绳索和身影”来到这个世界，究竟要做什么？“为了在审判之前，/宣读那判决了的声音。”原来，他是来判决这虚伪的世界的，是用自己的诗，还是用绳索，或是自己的生

命？我们无从知道答案，但是，诗人随时准备反抗的决心不容置疑，为了社会的公平与公正，他义不容辞。

第4节："告诉你吧，世界/我——不——相——信！"诗人诗意的呐喊惊天动地，将回答的对象直指"世界"，"我——不——相——信"四个大字，语气之强，意志之坚，令人震撼，中间三个破折号进一步加重了语气。对话式的抒情，为自己的感情寻找了一个宣泄口。"纵使你脚下有一千名挑战者，那就把我算作第一千零一名"，一个所向披靡、勇者无畏的挑战者形象跃入眼帘，令人敬佩。

第5节："我不相信……"一连串的排比句，把诗人对那个病态社会、虚伪时代的怀疑和否定推向极致，那是善良与正义的呼声，那是觉醒了的人的声音，诗人冷峻凄怆的笔触，令读者叹为观止。

第6节："如果海洋注定要决堤，/就让所有的苦水都注入我心中。"表达了诗人对待困难的态度，大无畏的气魄和英雄式的悲剧情结萦绕于心。"如果陆地注定要上升，/就让人类重新选择生存的峰顶。"诗人的心中充满了期望，豪迈之情洋溢其中。

第7节："新的转机和闪闪星斗，/正在缀满没有遮拦的天空。/那是五千年的象形文字，/那是未来人们凝视的眼睛。"句中"新的转机和闪闪星斗"是暗喻，它是"五千年的象形文字"（代表中国文化），是"人们凝视的眼睛"（代表未来的希望），诗人站在历史和现实的双重平台上预言：一个旧的时代终将崩溃，一个新的时代即将开始。诗人仿佛在中国五千年的文化中找到了新的希望，现在我们所做的一切都会在未来的历史中得到印证。诗行间透露出人民必胜，希望在前的坚定信念。

总之，诗人以强烈的责任感和忧患意识，对那个黑白颠倒、险恶丛生的荒谬时代进行了决绝的批判、否定和毫不妥协的反抗，集中表现了一代人所特有的心声。

《回答》在艺术上有其独到之处。首先，注重意象的选择及象征手法的运用。诗人通过象征性的意象组合，表达特定的内涵，如第1节借助"卑鄙"和"通行证"、"高尚"和"墓志铭"等意象抒发对黑暗社会的不满；第2节借用"冰川纪""冰凌""好望角""死海"等象征性意象组合，对"文革"的历史进行自我反思等。鲜明的意象和丰富的情感巧妙结合，使全诗意蕴深远。其次，综合运用比喻、对比、排比等修辞手法，突出主题，增强表达效果。如"卑鄙是卑鄙者的通行证，/高尚是高尚者的墓志铭"，通过隐喻和对比产生震撼人心的艺术力量，早已成为汉语新诗的经典。第5节"我不相信……"一连串的排比，既增强了语势，又将一个"坚决否定、大胆怀疑"的无畏者形象展现在读者面前。再次，在抒情方式上，以自己独特的"冷抒情"方式——出奇的冷静和深刻的思辨性，深深地感染读者。在率真的直接抒情中，诗人的忧愤诗情表露无遗，一个觉醒的个体人格的形象从语词的意象组合中凸显出来。

思考与练习

1. 诗中哪些词句突出地表现了诗人对荒谬时代的怀疑、否定和批判？

2. 本诗的结尾有何含义？

一 代 人

顾 城[1]

黑夜给了我黑色的眼睛
我却用它寻找光明

据《顾城诗全集》，顾城著，江苏文艺出版社，2010 年

注 释

[1] 顾城：(1956—1993)，上海人，生于北京，中国当代朦胧诗的代表人物，被称为以一颗童心看世界的“童话诗人”。1977 开始发表作品。有《黑眼睛》《顾城诗集》《顾城诗全编》等。

作品分析

顾城的整个少年时代是在远离闹市浮尘的海边度过的，特殊的经历给了他创作的灵性和纯净的诗情，十五岁创作的《生命幻想曲》，奠定了他独特的创作风格：清新，优美，富有想象力。他的诗歌带有浓重的童话色彩，因此被誉为“童话诗人”。他的出现，犹如璀璨星空中升起的一颗光芒四射的星星。

但是，在顾城充满梦幻的诗歌中暗含着淡淡的忧伤，这忧伤不仅是诗人个人的忧伤，更是备受冷落和嘲弄的一代人觉醒后的忧伤。因为在“文化大革命”疯狂的动乱中，社会失去了自控，人们失去了自我，一切美好的希望刹那间化为泡影……在这样的历史背景下，顾城的《一代人》应运而生。

《一代人》写于 1979 年 4 月，是顾城诗歌作品中最短的一首。1980 年在《星星》第 3 期发表后立即震动了整个诗坛，不管是对朦胧诗持肯定或抱否定态度的人，都被它高度的历史概括性和强烈的艺术力量所震撼。“黑夜给了我黑色的眼睛，我却用它寻找光明”和北岛《回答》中“卑鄙是卑鄙者的通行证，/高尚是高尚者的墓志铭”两句成为整整一代青年的精神写真，这四行诗至今广为传诵，成为中国新诗的经典名句。

“黑夜给了我黑色的眼睛，/我却用它寻找光明”，短短两行诗，诗人没有直抒胸臆，也没有实叙景象，更没有追求完整的意境，他只是借助象征性的意象和隐喻，在黑夜与光明的对立统一中，将抽象的哲学意蕴通过直观意象富有魅力地呈现于世。这种魅力，体现在标题、意蕴和主旨三个方面。

博大的题目。顾城是属于中国，属于那个特定时代的，他和那一代青年有过金色的童年，有过美好的憧憬，然而“文革”来得那样迅猛，那样荒诞，迷信与欺骗、掠夺与血污充斥着他们的每一根神经，他们感到眩晕和痛楚。但是这一代人并没有屈服，而是在黑暗中苦苦挣扎，顽强求索。顾城是“这一代青年”的杰出代表，他要寻求纯净的美的天国，以自己独特的方式来表达对异化的污秽的

现实的愤懑和抗争,因此,以"一代人"作为标题,不仅内涵丰富,而且耐人寻味。

深远的意蕴。《一代人》短短两行诗,何以打动读者?这得益于诗人在意象的组合上别具匠心,加上象征手法的运用,极大地丰富了人们的想象空间。有限中表现出无限,单纯中包孕着深厚,这是诗歌的特有规律,《一代人》很好地印证了这一点。

"黑夜给了我黑色的眼睛,/我却用它寻找光明",通过一个简单的意象群"黑夜—眼睛—光明"构成了一个开放时空。诗中的两个"黑"字用得极为巧妙,因为"黑"实际上并不是色彩,它是扼杀光明的结果,"黑夜"便是光明的坟墓,它象征着那个特定时代中失落了青春的一代人压抑、迷惘、苦闷的主观感受。"黑色的眼睛"内涵更丰富,一方面,它暗示一代人身上承受着我们这个民族的沉重的苦难,他们明亮的双目被浓重的"黑夜"熏染成黑色;另一方面,指这双眼睛在被欺骗之后发生了深刻的怀疑,他们痛苦,甚至绝望,但经过深沉冷峻的思索后,这双眼睛又具有了超强的洞察力和穿透力,于是它成了"黑夜"的叛逆。"黑色的眼睛"这一象征性意象最传神,最精彩,它勾起读者无尽的想象,使诗歌骤然增色。"寻找光明"象征着一代人坚强不屈的独立意志和顽强的求索精神,他们——由特定的黑色时代中走来的"一代人",正在坚定的穿过黑暗,走向光明。诗中"黑暗"与"光明"形成强烈的色彩反差,"黑色的眼睛"凸显在黑色的背景上,构成全诗深远的意境,"黑夜—眼睛—光明"这特殊的意象组合起来,造成触目惊心的艺术效果。在这首诗中,诗人既还原历史的真实,又抒发一代人独特的人生体验,在深厚的意蕴中凸显历史的厚重。

庞大的主题。在漫漫长夜中,忍住心灵的伤痛,不断探索,不断追求,寻找着美和光明,这是顾城早期诗歌的主旋律。《一代人》作为诗人早期创作的典范,集中概括了从"文革"中挣扎过来的一代人的命运、遭际以及顽强求索、追求光明的精神,它是"一代人的呼声",是一代人充满激情的"宣言"。

顾城的《一代人》揭示了一代青年的心灵历程,以及他们面对窒息时代的反叛姿态和永不放弃理想的艺术追求,这也正是朦胧诗的艺术魅力。

思考与练习

1. 分析诗歌表现的主题。
2. 诗人选择了哪些意象?它们有何象征意义?

严重的时刻

里尔克[1]

此刻有谁在世上某处哭，
无缘无故在世上哭，
在哭我。

此刻有谁夜间在某处笑，
无缘无故在夜间笑，
在笑我。

此刻有谁在世上某处走，
无缘无故在世上走，
走向我。

此刻有谁在世上某处死，
无缘无故在世上死，
望着我。

据《图像与花朵》，波德莱尔、里尔克著，陈敬容译，湖南文艺出版社，2012 年

注 释

[1] 里尔克：全名莱内・马利亚・里尔克（Rainer Maria Rilke，1875—1926），奥地利著名诗人。代表作有诗集《图像集》《祈祷书》《新诗集》等，以及晚年创作的两部极富影响力的诗作《杜伊诺哀歌》和《献给奥尔甫斯的十四行诗》。

作品分析

里尔克是一个终生居无定所、浪迹天涯的诗人。9 岁时双亲离异，童年寂寞而黯淡。26 岁那年他和女雕塑家克拉拉结婚，然而终因经济拮据，难以为继，次年夫妻便分居从事各自的艺术。他终其一生都没有一个稳定的职业，靠稿费和友人的周济过活，一生为贫困所迫。他是喧嚣尘世中的一个孤独者，终生都在寻找精神的故乡。他的诗歌大多充满孤独痛苦的情绪和悲观虚无思想，但诗歌的艺术造诣很高。

《严重的时刻》这首诗原出自里尔克的早期作品《图像集》(1902)，该诗集试图利用“图像”把全

诗从结构上固定下来，标志着诗人的创作已从传统写法转到了象征主义的写法上来。

象征主义是19世纪中叶产生于法国的一个文学流派，法国诗人波德莱尔和美国诗人爱伦·坡是它的先驱。象征主义的主要特点是：注重挖掘人的精神世界，使抽象意蕴和具体形象相融合，赋予形象以超越自身意义的思想内涵，并升华为哲理。这一特点决定了象征主义诗歌的另一个特点——神秘性。

作为象征主义诗歌的代表作，这首《严重的时刻》就是一首神秘的诗歌。说它神秘，是因为这首诗结构非常简单，语言朴实无华，字面上没有任何艰深难懂的字眼，但是这样浅显的词、句组成的诗，却显得晦涩高深，让人一下子不知从何解读起，而心里却隐隐感觉到了一种不知从何而来的疼痛、悲哀，甚至恐惧。其实，这是象征手法给读者带来的最初的阅读体验。象征首先是一种符号，象征所要表达的往往不是它本身那样一个具体的个别事物，而是它所暗示的普遍性的事物。象征主义诗歌的语言、形式，都只是一种外在的"符号"，它隐隐向我们展露出"诗想"的神秘微光，就像一把打开诗义的钥匙，能不能打得开，终究倚赖于读者自己的合理读解。这种读解，需要充分利用语言、形式这些符号的"暗示"性，通过联想体验形象所传达的含义，调动我们的多种感官从各个角度去捕捉形象的意义。下面我们就尝试用这种方法来层层剖析这首诗，最终抵达里尔克的内心世界。

这首诗共四小节，每小节都是三句，每一节的文字几乎完全相同，细微的变化就是四个动词——"哭、笑、走、死"。这四个动作一旦从诗歌中抽离出来，我们不难发现，它们不就是人生状态的最精炼的概括吗？我们哭着降临人世，欢笑伴随着成长，长大后学会独立行走人生的旅途，一路上风风雨雨，我们有哭有笑，最后终点到了，我们死于人生之路的尽头。因此可以基本确定这首象征诗观照的就是人生、生命这一对象。

那么，人生的什么属性引起诗人的思索呢？我们不妨沿着"哭、笑、走、死"这条线索继续探寻。这时，我们的目光很可能定格在这四个动词前面的同一个修饰语上，这个词在诗中重复出现了四次，而且都出现在每个小节完全相同的位置上。这个词就是"无缘无故"，有的版本也译作"无端端"。初读这首诗，我们那种无名的恐惧感大概就是来自这个词吧。"无缘无故"的意思就是"没有缘由地，不知什么原因地"，它是一个主体无法预知、无法把握的未知数。"无缘无故"地"哭、笑、走、死"，也就是说生命的整个过程，都是"没有缘由的"、不可捉摸的。原来，这个贯穿整首诗的关键词，也贯穿整个人生，贯穿了整个人生的所有哭哭笑笑、生生死死。我们来到世界上并未获得我们的允可，命运将我们强行带来；我们终极的死到底隐藏在时间的哪个细节里，我们又无法把握，一切爱恨情仇都在生命的不同刻度上意外地降临。生命当中到底有多少突如其来的幸福和风雨在等候着我们呢？从根本上说，人无法把握这一切。现在我们豁然开朗了，这首诗中令诗人思索、苦闷、惊颤的一个发现，原来就是西方文学从古希腊神话就一直延伸至今的永恒命题——命运的偶然性和荒诞性。

诗中的"我"，指的是每一个生存的个体；"谁"与"我"相对和互补，指的是"我"以外的任何他人。"谁"和"我"共同构成了人类的全体。"谁"通过"哭""笑""走""望"这几个动作对"我"产生作用，暗示着世界上人与人之间相互联系、相互影响的关系。而人世间的大部分奥秘就来自这种自我和他人的神秘联系之中，我们不同的人生都在发生着不同的联系，并因此而影响、改变着各自的人生。而个体也就在这种联系之中将自己的生命慢慢展开，又慢慢地老去。

诗中重复出现的"此刻"，意指"现在""此时"，既是诗人写作的时刻，也是读者读诗的时刻，它其实指向了人类生存的任何时间。同理，"某处"，没有地域、没有国界，它指向了人类生存的所有空间。所有时间和所有空间，叠加起来，就是整个"宇宙"。

至此，诗歌的主题已趋明朗，那个冥冥之中存在着的命运之神，是铺天盖地、无所不在的。它辽无际涯、广阔无边，它不仅是你的，不仅是我的，它是这宇宙里所有苍生共同的命运。而在这所有苍生里面，只有人类不但被命运支配着，而且还能够意识到这种被支配。这种对全能的命运的清醒"意识"，然而又无能为力的无奈，便是生命的孤独、恐惧和疼痛，是生命中各种复杂微妙的情感的来源。

所以，当孤独的诗人了悟到宇宙间这种无可逆转的奥秘后，怎能不心生恐惧，倍增了人生多少的凄凉和无奈，从而觉出了生命悲剧的深刻严重性呢？于是也就有了这样的诗题——"严重的时刻"。

从艺术性来看，全诗采用了非同寻常的回环手法：四节诗，每节的字数安排、语速节奏都和另外三节完全一致。诗中几个关键词"此刻""谁""在世上""无缘无故"反复出现在相同的位置上，造成视觉上大面积、一成不变的重复。这在传统诗歌创作中实为大忌。然而这种手法在这里却是一种象征意味很强的暗示，它曲折地表达出诗人心里这种彻底的无奈：人生无奈地重复着，现实一成不变、毫无突破，甚至包括创造这个世界的上帝，都无法改变这种状态。这可谓达到了表现形式与思想感情的高度统一。

从诗的语言来看，此诗语言质朴、简练、精粹，却蕴含着很深的哲理；语言的张力在看似平淡的语流中悄悄酝酿、攒积，通过变化出现的动词"哭""笑""走""死"迸发出来，流露出一种精神的焦灼和对人生终极意义的追问，也给了我们无尽的遐想和思索。

思考与练习

1. 联系本诗，分析象征主义诗歌的特点。
2. 简要分析这首诗的艺术手法。

延展阅读

不要抛弃学问

胡　适

诸位毕业同学：

你们现在要离开母校了，我没有什么礼物送给你们，只好送你们一句话罢。

这一句话是："不要抛弃学问。"以前的功课也许有一大部分是为了这张毕业文凭不得已而做的。从今以后，你们可以依自己的心愿去自由研究了。趁现在年富力强的时候，努力做一种专门学问。少年是一去不复返的，等到精力衰时，要做学问也来不及了。即为吃饭计，学问绝不会辜负人的。吃饭而不求学问，三年五年之后，你们都要被后进少年淘汰掉的。到那时再想做点学问来补救，恐怕已太晚了。

有人说："出去做事之后，生活问题亟须解决，哪有工夫去读书？即使要做学问，既没有图书馆，又没有实验室，哪能做学问？"

我要对你们说：凡是要等到有了图书馆方才读书的，有了图书馆也不肯读书。凡是要等到有了实验室方才做研究的，有了实验室也不肯做研究。你有了决心要研究一个问题，自然会撙衣节食去买书，自然会想出法子来设置仪器。至于时间，更不成问题。达尔文一生多病，不能多做工，每天只能做一点钟的工作。你们看他的成绩！每天花一点钟看十页有用的书，每年可看三千六百多页书，三十年可读十一万页书。

诸位，十一万页书可以使你成为一个学者了。可是，每天看三种小报也得费你一点钟的工夫；四圈麻将也得费你一点半钟的光阴。看小报呢，还是打麻将呢，还是努力做一个学者呢？全靠你们自己的选择！

易卜生说："你的最大责任是把你这块材料铸造成器。"

学问便是铸器的工具。抛弃了学问便是毁了你自己。

再会了！你们的母校眼睁睁地要看你们十年之后成什么器。

注：本文是胡适 1929 年给中国公学 18 级的毕业赠言。原题《中国公学十八年级毕业赠言》，选自《胡适学术文集·教育》，胡适著，姜义华主编，中华书局，1998 年。

说读书之重要

唐君毅

(一)

学问之道,本不限于读书。德性的修养,内心的开悟,是一种学问。这并不必须要读书。所以不识字的武训,可以成圣成贤;不识字的慧能,亦能悟道。艺术的创造、诗歌的写作,亦是一种学问。然天才的艺术家与诗人,亦可不必读许多书,识许多字。如八指头陀作诗中有酒壶,写不出壶字,即画上一酒壶,仍不碍其为一绝代的诗人。此外,办事才能的训练,人情世务的洞达,亦并非必须多读书。科学上的观察实验,为求科学真理之要道,此亦不是读书。听人演讲,与人讨论学术,亦是做学问,而非读书。而且,我们还可说,一切对自然宇宙、对人生社会的知识,最初都是由人之仰观俯察,思想反省而得。所谓"尧舜以前,更读何书?"当初原只有自然宇宙人生社会一部大书。我们所谓书,乃人类思想文化已发展至某阶段才有的后起之物。则"何必读书,然后为学"呢?

(二)

但是,我们须知,我们不是尧舜以前。我们是生于已有书的时代之后。我们既生于有书的时代之后,我们就必须要由读书以了解人类文化,通过人造的书之了解,去进一步求更了解自然宇宙人生社会那部大书。武训、慧能、八指头陀,固不识字或未读多少书;但是我们今日仍只可由书上以知武训、慧能与八指头陀。已往的人,如何训练其办事才能,如何洞达人情世务,与科学的观察,实验之报告,哲学思想之纪录,亦大多皆载在书中。如果你有特殊办事才能,或对自然宇宙人生社会有特殊的观察实验及思想,你亦必将希望写成文字,著成书,以行远而垂久。由此便知,书籍虽是后于人类文化而有,然而却是整个人类文化之镜子。人必须要从此镜子中,才能了解整个人类文化之大体,而由自然世界走入人文之世界。这不是很明白的吗?

(三)

我们千万不要以为我们不读书,只凭我们之天赋的聪明智慧或思想能力,真可直接去读自然宇宙人生社会这部大书,而自己读出其深微广大的意义来。这部大书,似易懂而实难。其所以似易懂,是因为我们自己心灵的聪明智慧思想能力,亦可说是一面镜子,因而对此大书之内容,总能照见一些。其所以实难,是因这本大书,早经无数古往今来的有更高聪明智慧思想能力之人读过了,经无数更好的心灵之镜子照过了,还未照清楚而读懂哩。

(四)

然而书籍之为一镜子,却是一大镜子。从此大镜子中,可以了解整个人类之文化之大体,亦即可以了解古往今来无数有聪明智慧思想能力的人,其心灵之镜巾,所照见的世界中之事物与真理。读书,即是把我们的小镜子,面对书籍之大镜子,而重去反映古往今来无数聪明智慧的心灵,所已照见之世界中之事物与真理,于我们之小镜子中。

一个心灵之镜子,照不见的事物与真理,另一心灵之镜子,可以照见。如果我们能透过书籍,而将无数的心灵之镜子所照见者重加反映，我们不是更能了解自然宇宙人生社会这部大书，而把我们之小镜子亦变成大镜子一般大了吗？这是从读书以增加思想之广度上说。但是更重要的是：只有读书才可以增加我们思想之深度。

（五）

读书之可以增加我们思想之深度，这可以读者与著者之心灵之镜之光明，互相渗透，则光之强度增加，来作比喻。但最好足以不同凹凸之度的镜子互相反映，则可看见我们原看不见之事物作比喻。

我们都知道，显微镜与望远镜之所以能使人看见更细微更深远之事物，乃由于利用凹凸镜之互相重叠，乃能使光线深入事物内部，将物内部之情形，清楚地反映出来，为我们所见。但是我们常不知读书正是使我们心灵自身化为重叠凹凸镜之一，而使我们之聪明智慧的光辉，能照察到更细微更深的自然宇宙人生社会之事物与真理者，由此才培养出我们思想之深度。

直接单纯的一个思想，从来不会深的。只有对一个思想再加思想，才能使思想深。读书即是在思想古往今来的他人的思想。人只有走过他人所已走过的，才走得远。人亦只有思想过前人所思想的，才能思想得深。我思想前人的思想，而前人的思想，又是思想更前之人的思想来的。人类的文化史与思想史，是无尽的后代人，对于以前人之思想再加思想之成果。当人思想前人所思时，其心灵是凹镜。凹镜聚合一切来的光线。当人表出其思想，留给后人交与他人时，其心灵是凸镜，而分散出光线。重重叠叠的心灵之凹凸镜之互相反映，形成人类之思想史与文化史，人乃对自然宇宙人生社会中之真理，一步一步，更能达微显幽，而极深知远。人不经显微镜与望远镜，只凭肉眼，莫有人能了解细胞之构造，亦莫有人能看清天上的星云。人不多读书，只凭自己一点聪明智慧，去判断自然宇宙人生社会，又如何能达于细微深远之事物与真理？所以不多读人所著的书，而以直接读大书自许，这只是学人的懒惰，必将误人误己。

好多年来，因中国社会急遽变化，许多人主张读书不是学问中最重要的。所谓死读书，读死书，读书死。这诚然有毛病。但是不读书，而只自恃聪明智慧以思想一切，判断一切，亦恒不免肤浅。这样虽未必死，但亦是不能真活的。必须要以自己之活的聪明智慧，兴书中人聪明智慧合起来，书活了，我自己亦才真活了。

据《青年与学问》，唐君毅著，广西师范大学出版社，2005 年

我的世界观

爱因斯坦

我们这些总有一死的人的命运多么奇特！我们每个人在这个世界上都只作一个短暂的逗留；目的何在，却无从知道，尽管有时自以为对此若有所感。但是，不必深思，只要从日常生活就可以明白：人是为别人而生存的——首先是为那样一些人，我们的幸福全部依赖于他们的喜悦和健康；其次是为许多我们所不认识的人，他们的命运通过同情的纽带同我们密切结合在一起。我每天上百次地提醒自己：我的精神生活和物质生活都是以别人（包括生者和死者）的劳动为基础的，我必须尽力以同样的分量来报偿我所领受了的和至今还在领受着的东西。我强烈地向往着俭朴的生活。并且时常发觉自己占用了同胞的过多劳动而难以忍受。我认为阶级的区分是不合理的，它最后所凭借的是以暴力为根据。我也相信，简单淳朴的生活，无论在身体上还是在精神上，对每个人都是有益的。

我完全不相信人类会有那种在哲学意义上的自由。每一个人的行为不仅受着外界的强制，而且要适应内在的必然。叔本华说："人虽然能够做他所想做的，但不能要他所想要的。"这句格言从我青年时代起就给了我真正的启示；在我自己和别人的生活面临困难的时候，它总是使我们得到安慰，并且是宽容的持续不断的源泉。这种体会可以宽大为怀地减轻那种容易使人气馁的责任感，也可以防止我们过于严肃地对待自己和别人；它导致一种特别给幽默以应有地位的人生观。

要追究一个人自己或一切生物生存的意义或目的，从客观的观点看来，我总觉得是愚蠢可笑的。可是每个人都有一些理想，这些理想决定着他的努力和判断的方向。就在这个意义上，我从来不把安逸和享乐看作生活目的本身——我把这种伦理基础叫作猪栏的理想。照亮我的道路，是善、美和真。要是没有志同道合者之间的亲切感情，要不是全神贯注于客观世界——那个在艺术和科学工作领域里永远达不到的对象，那么在我看来，生活就会是空虚的。我总觉得，人们所努力追求的庸俗目标——财产、虚荣、奢侈的生活——都是可鄙的。

我有强烈的社会正义感和社会责任感，但我又明显地缺乏与别人和社会直接接触的要求，这两者总是形成古怪的对照。我实在是一个"孤独的旅客"，我未曾全心全意地属于我的国家、我的家庭、我的朋友，甚至我最为接近的亲人；在所有这些关系面前，我总是感觉到一定距离而且需要保持孤独——而这种感受正与年俱增。人们会清楚地发觉，同别人的相互了解和协调一致是有限度的，但这不值得惋惜。无疑，这样的人在某种程度上会失去他的天真无邪和无忧无虑的心境；但另一方面，他却能够在很大程度上不为别人的意见、习惯和判断所左右，并且能够避免那种把他的内心平衡建立在这样一些不可靠的基础之上的诱惑。

我的政治理想是民主政体。让每一个人都作为个人而受到尊重，而不让任何人成为被崇拜的偶像。我自己一直受到同代人的过分的赞扬和尊敬，这不是由于我自己的过错，也不是由于我自己的功劳，而实在是一种命运的嘲弄。其原因大概在于人们有一种愿望，想理解我以自己微薄的绵力，通过不断的斗争所获得的少数几个观念，而这种愿望有很多人却未能实现。我完全明白，一个组织要实现它的目的，就必须有一个人去思考、去指挥，并且全面担负起责任来。但是被领导的人不应当受到强迫，他们必须能够选择自己的领袖。在我看来，强迫的专制制度很快就会腐化堕落。因为暴力所招引来的总是一些品德低劣的人，而且我相信，天才的暴君总是由无赖来继承的，这是一条千古不易的规律。就是由于这个缘故，我总强烈地反对今天在意大利和俄国所见到的那种制度。像欧洲今天所存在的情况，已使得民主形式受到怀疑，这不能归咎于民主原则本身，而是由于政府的不稳定和选举制度中与个人无关的特征。我相信美国在这方面已经找到了正确的道路。他们选出了一个任期足够长的总统，他有充分的权力来真正履行他的职责。另一方面，在德国政治制度中，为我所看重的是它为救济患病或贫困的人作出了可贵的广泛的规定。在人生的丰富多彩的表演中，我觉得真正可贵的，不是政治上的国家，而是有创造性的、有感情的个人，是人格；只有个人才能创造出高尚的和卓越的东西，而群众本身在思想上总是迟钝的，在感觉上也总是迟钝的。

讲到这里，我想起了群众生活中最坏的一种表现，那就是使我厌恶的军事制度。一个人能够洋洋得意地随着军乐队在四列纵队里行进，单凭这一点就足以使我对他鄙夷不屑。他所以长了一个大脑，只是出于误会；光是骨髓就可满足他的全部需要了。文明的这种罪恶的渊薮，应当尽快加以消灭。任人支配的英雄主义、冷酷无情的暴行，以及在爱国主义名义下的一切可恶的胡闹，所有这些都使我深恶痛绝！在我看来，战争是多么卑鄙、下流！我宁愿被千刀万剐，也不愿参与这种可憎的勾当。尽管如此，我对人类的评价还是十分高的，我相信，要是人民的健康感情没有遭到那些通过学校和报纸而起作用的商业利益和政治利益的蓄意败坏，那么战争这个妖魔早就该绝迹了。

我们所能有的最美好的经验是奥秘的经验。它是坚守在真正艺术和真正科学发源地上的基本感情。谁要体验不到它，谁要是不再有好奇心，也不再有惊讶的感觉，谁就无异于行尸走肉，他的眼睛便是模糊不清的。就是这样奥秘的经验——虽然掺杂着恐惧——产生了宗教。我们认识到有某种为我们所不能洞察的东西存在，感觉到那种只能以其最原始的形式接近我们的心灵的最深奥的理性和最灿烂的美——正是这种认识和这种情感构成了真正的宗教感情；在这个意义上，而且也只是在这个意义上，我才是一个具有深挚的宗教感情的人。我无法想象存在这样一个上帝，它会对自己的创造物加以赏罚，会具有我们在自己身上所体验到的那种意志。我不能也不愿去想象一个人在肉体死亡以后还会继续活着；让那些脆弱的灵魂，由于恐惧或者由于可笑的唯我论，去拿这种思想当宝贝吧！我自己只求满足于生命永恒的奥秘，满足于觉察现存世界的神奇结构，窥见它的一鳞半爪，并且以诚挚的努力去领悟在自然界中显示出来的那个理性的一部分，倘若真能如此，即使只领悟其极小的一部分，我也就心满意足了。

（许良英 译）

原题《我的信仰》，据《我的信仰》（B卷），林贤治编选，贵州人民出版社，1999年

在我们日渐畏缩的世界里

塞菲里斯

此时此刻我深感矛盾。瑞典文学院决定我用世代享誉但目前并不广泛的语言所写成的作品有资格得到这项殊荣。这是对我的祖国的语言的敬意——而我却只能用外语表示感谢作回报。我希望各位能够接受我的歉意。

我来自一个小国。在地中海边的悬岩海角，除了那里人民的辛劳、海洋和阳光，没有什么可以宣扬。希腊虽然是个小国，但其传统源远流长，世代相传，从未间断；希腊语的使用也从没有任何间断。这一传统是基于人类的爱，以正义为其规范。在严谨的古典悲剧中，超越其限度的人，便会受到复仇女神的惩罚。而这一正义的规范，即使在自然领域内也是牢不可破的。

赫拉克利特说过："赫利俄斯不敢超越他的限度，否则，复仇女神——正义的使者，便会找上他的。"现代科学家可以从这位爱奥尼亚哲学家的这句格言中获得启迪。我为这样的现实所感动：正义感深深扎入希腊人的内心，以致成为物质世界的法律。我的一位老师在上世纪初就曾大声疾呼："我们之迷失，是因为我们已无公理。"他原来目不识丁，直到35岁才开始学文。但在我们今天的希腊，口述传统可追溯到与书写传统一样的长远，诗也是如此。我发觉有意义的是，瑞典所称颂的不仅仅是这些诗，而且推崇具有普遍意义的诗，即使它只是少数民间的创作。因为我认为，对于我们受到恐惧和忧虑折磨的现代世界，诗确是必要的。诗，根植于人类的气息——而假如我们的气息减弱，我们将会如何呢？诗是信心的表现——而谁知道我们是否不安，不是由于缺乏信心所致？

去年，就在这讲坛上，有人说现代科学的发现与文学的发现，两者之间存在着巨大的差别，而现代戏剧与古希腊戏剧之间则鲜有差异。诚然，人类的行为似乎并没有什么改变。但我要加一句：今天我们需要倾听人类的声音，即我们称之为诗的东西；这声音虽常常处于因缺乏爱而散失的危险之中，但它总是会再生的。受到威胁时，诗总能找到避难处；遭到拒绝时，诗总会本能地根植于意想不到之处。诗不识世界的大小事物，但它却能居于全世界人们的心中。诗还有摆脱各种旧俗的魅力。我感谢瑞典文学院明了这些事实，明了流传不广的语言不该成为抑制人心跳动的障碍，而应该成为一个真正的法庭，能够"以严肃、真实、常不如意的命运来判决"的法庭，我引用了这句雪莱的话。据说就是雪莱启发了阿尔弗雷德·诺贝尔，使他那宏伟的心正弥补了他那难免的暴力之心。

在我们日渐畏缩的世界里，每个人都需要其他所有的人。我们必须寻找他，无论他在哪里，只要能够发现他。当底比斯·俄狄浦斯在途中遇到斯芬克司时，他对谜语的解答就是"人"。这个简单的字眼就消灭了怪物。今天我们也有许多怪物要去消灭，还是让我们好好想想俄狄浦斯的答案吧。

据《我的信仰》(B卷)，林贤治编选，贵州人民出版社，1999年

「单元二」

艺术荣光

导读

对于人类来说，艺术是古老的。著名人类学家林惠祥在《文化人类学》一书中认为：艺术在原始生活中的地位——出于普通的意见之外，在实用的技术与科学还极幼稚的原始生活中，审美的艺术却大为发达，其重要与普遍非文明民族所可比。可以说没有一个蛮族无审美的感情，没有一个不晓得装饰和音乐的。艺术的活动(artistic activities)在蛮族中实在比文明人较盛，它影响了较多的个人，并构成了较大部分的文化内容。

从原始艺术开始认识艺术也许更能够理解艺术与人类生活的关系，正如林惠祥教授所认为的："在蛮族生活中，每个人便是一个艺术家。"

实际上，在现代化以前，艺术可以说是与人类息息相关的。这一点，人类学家和社会学家给我们提供了许多有益的记录，有些还是很精彩的描写。潘年英在《故乡信札》一书中就描写了他故乡人的生活，而他的故乡可以说就是一个艺术之乡。潘年英是侗族人，他的故乡盘村，成为他一再书写的地方。潘年英说："也许同一些'故乡'相比，我的故乡是不值一提的，地方偏僻、狭小、遥远，千百年来也从未出过任何使地方闻名的物产或名人，说起来，这地方没一样是值得我引以为骄傲和自豪的东西。"但是，就是这样贫穷落后的盘村人，却天生是个音乐家，盘村的侗族人从一开始学说话，就开始唱歌。

在20世纪80年代以前，许多地方还有山歌对唱，三十余年过去，能够唱山歌的人已经极为罕见了。可能只有在经济社会发展还比较落后的地方，这种依靠传统继承的艺术形式还依稀存在。

现在，人们谈到艺术，总觉得是有天赋的人才能去学习去欣赏，艺术教育也变成一种专业。

可是，艺术又是与人类密切相关的一种存在。无论在什么时候，人们会喜欢倾听自己喜欢的音乐，欣赏喜欢的绘画，等等。在城市，人们有机会时，总会去看看画展，听听音乐，品评建筑和雕塑，观看话剧等。文学也是艺术门类之一。无论什么时候，人们总还是喜欢看看文学作品。比如2012年莫言获得诺贝尔文学奖后，边缘化已久的文学又似乎被注入了强心剂，阅读莫言成为2012年中国文坛的一件盛事。

在大学教育陷入强化职业训练的今天，艺术似乎是专业人士的事情；而实际上，艺术在今天仍然是人文素质教育的重要组成部分，在这个技术主义和商业主义甚嚣其上的时代，显得尤为重要。

正是出于这种考虑，本单元所选诗文均与艺术相关。这些描述、抒写艺术的文字，无论是诗歌，还是散文，无论是关于舞蹈的、绘画的，还是关于建筑的、园林的，等等，都为大家打开了通往艺术天地的一扇窗子，当然也可能是一扇大门，如果你真的被这些文字所吸引，被倾倒，陶醉其中。这种结果是我们所乐于想望的。

《简兮》选自《诗经》。《诗经》是我国最早的诗歌总集，是能唱的诗歌。最早的诗是与音乐、舞蹈关联在一起的，也就是说，诗歌、音乐、舞蹈是同源的。后来随着社会的发展，这三者才逐渐分离，朝自己独特的方面发展。对于这点，朱光潜先生有很好的论述，他说："诗歌、音乐、舞蹈原来是混合的。它们的共同命脉是节奏。在原始时代，诗歌可以没有意义，音乐可以没有'和谐'(melody)，舞蹈可以不同姿态，但是都必有节奏。后来三种艺术分化，每种均保存节奏，但于节奏之外，音乐尽量向'和谐'方面发展，舞蹈尽量向姿态方面发展，诗歌尽量向文字意义方面发展，于是彼此距离遂日渐其远了。"

《简兮》这首诗比较特别，因为这首诗本身是写舞蹈的，所以读这首诗，不仅可以感受诗歌本身的美，还可以了解到《诗经》时代舞蹈的历史情况。此外，这首诗还是一首爱情诗，写一个女子爱恋一个舞师，这个女子是看了舞师的表演而表达她的爱慕，那个舞师是不知道的，因此这个爱恋实际上是暗恋。这也说明当时男女之间的爱情是比较自由的，女的喜欢男的也是可以的。

李白、杜甫、白居易长期以来被认为是唐代诗人中最有代表性的，本单元也选了他们的作品，而且都是关于舞蹈的诗歌。《白纻辞》是关于白纻舞的，《观公孙大娘弟子舞剑器行并序》是关于健舞的，《胡旋女》也是关于健舞的。

白纻舞起源于汉末，到唐代仍盛行不衰。舞者着白色舞衣，质地细腻，色彩洁白，袖子修长。白纻舞的动作以手和袖的功夫见长，步法分轻缓和快节奏。当节奏开始时，舞者轻轻起步，两手高举好像白鹄在飞翔。舞者有时折腰转身，有时脚步轻移，舞姿飘逸，舞衣洁白，光彩照人。舞蹈者还善于运用眼神，含笑流盼，如诉如怨，产生了勾魂摄魄的魅力。可见是具有很高的艺术价值的舞蹈。

唐代舞蹈分为健舞、软舞两大类。健舞主要表现矫健之美，软舞主要表现柔和之美。公孙大娘是唐代著名的健舞舞蹈家，尤善《西河剑器》《剑器浑脱》，技艺超绝。通过阅读《观公孙大娘弟子舞剑器行并序》，可以了解唐代的健舞和公孙大娘及其弟子的健舞艺术。

胡旋舞经西域康居国传入内地后风靡一时。唐玄宗天宝年间，长安城内学胡旋舞成为一种时尚。唐玄宗对胡旋舞十分偏爱。在这种背景下，白居易的讽喻诗《新乐府·胡旋女》应运而生。这首诗带有讽喻意味，有批评唐代统治者耽于享乐导致国家衰败的意思在里面。

本单元除了这些首诗外，还选了四篇散文。《乐本》选自《乐记》，是我国古代关于音乐的较早的文献，具有极大的理论价值；司马光的《独乐园记》是关于私家园林的记述。私家园林在我国历史悠久，宋代的私家园林极为有名，其中司马光的独乐园即是其中之一。李格非（李清照父亲）的《洛阳名园记》也有关于独乐园的记录：

> 司马温公在洛阳自号迂叟，谓其园曰“独乐园”。卑小不可与他园班。其曰“读书堂”者，数十椽屋。“浇花亭”者，益小。“弄水种竹轩”者，尤小。曰“见山台”者，高不过寻丈。曰“钓鱼庵”、曰“采药圃”者，又特结竹杪，落蕃蔓草为之尔。温公自为之序，诸亭台诗，颇行于世。所以为人欣慕者，不在于园耳。

李格非的《洛阳名园记》是园林史上的名文，他所记的绝大部分是私家园林。这一段关于独乐园的文字，与司马光所记当然简单多了，但是能够想见其园林的形状。而且，显然作者对独乐园的主人更相称道。

刘海粟是现代著名画家、美术教育家，名槃，字季芳，号海翁。1912 年与乌始光、张聿光等创办上海图画美术院，后改为上海美术专科学校，刘海粟任校长。1914 年在上海美专开设人体写生课，舆论哗然。被某女校校长骂为“艺术叛徒”“教育界之蟊贼”。1920 年 7 月，刘海粟聘请到了女模特陈晓君进行教学。有人评论说：“上海出了三大文妖，一是提倡性知识的张竞生，二是唱毛毛雨的黎锦晖，三是提倡一丝不挂的刘海粟。”因此之故，刘海粟的艺术境界与当时的世俗有许多冲突之处，但也成就了刘海粟作为“艺术叛徒”的成就。他的绘画——无论油画还是国画，都取得了巨大的成功。此外，刘海粟还是著名的书法家。所以，读一读这样一个艺术家谈油画的文章也是极有意思的。就像一切杰出的艺术家谈论艺术一样，刘海粟以他杰出的艺术创作为出发点，发表他对油画艺术的看法，是深谙油画艺术之三昧的。

陈从周是学文学出身的，但后来成为著名的建筑、园林研究专家，同时擅长文史，写过《徐志摩年谱》，影响深远，此外兼及诗词、绘画等。1952 年高校院系调整后成为同济大学教授、博士生导师。陈从周在园林研究方面卓有建树。他的《说园》,能使读者较为全面地了解中国园林的特点。这对于提高大学生对中国传统文化的理解也有很大的帮助。一般人讲到中国传统文化,很习惯局限在诸子百家,《诗经》、楚辞,或唐诗、宋词,或四大名著等,殊不知,古代建筑、园林等也有丰富的传统文化的底蕴。

虽然,本单元的诗文还不能涵盖所有的艺术门类,从表现手段和方式来说,艺术的门类有表演艺术,如音乐、舞蹈等;视觉艺术,如绘画、摄影等;造型艺术,如雕塑、建筑等;视听艺术,如电影电视等;语言艺术,如文学——诗歌、散文、小说、戏剧等。但是,基本上是比较全面地选择了多种艺术的诗文,阅读这些艺术味道浓郁的诗文,可以大大提高我们对艺术的了解,尤其是那些由艺术家写作的文字,更给我们至深的艺术的享受。我们深知,艺术在今天这样一个时代绝不是可有可无的存在,艺术本身具有的精神品质和精神价值,将引导我们经验庸常人生,提高我们体验看似平凡的生活之美。我们深知,教育并不只是接受枯燥的知识,而是精神的飞升,而艺术,就是这种使人的精神飞升的最为重要的手段或方式。

主讲课文

简　兮

《诗经》[1]

简兮简兮[2]，方将万舞[3]。日之方中，在前上处。
硕人俣俣[4]，公庭万舞[5]。有力如虎，执辔如组[6]。
左手执籥[7]，右手秉翟[8]。赫如渥赭[9]，公言锡爵[10]。
山有榛，隰有苓[11]。云谁之思？西方美人[12]。彼美人兮，西方之人兮！

据阮元刻《十三经注疏》本《毛诗正义》

注　释

[1]《诗经》：我国第一部诗歌总集，收入自西周初年至春秋中叶约五百年的诗歌305篇，分为风(160篇)、雅(105篇)、颂(40篇)三部分。表现手法主要有赋、比、兴。《诗经》是我国现实主义文学的源头，对后世产生了深远的影响。《简兮》选自《诗经·邶风》。邶在今河南汤阴县东南。

[2] 简：鼓声。或形容舞师武勇的样子。

[3] 万舞：舞名，一种大规模的舞蹈，包括文舞、武舞两部分。跳文舞用雉羽和籥，跳武舞用盾和板斧。

[4] 硕人：身材高大的人，此处指舞师。俣俣(yǔ)：魁伟，俊伟。

[5] 公庭：国君宗庙的厅堂或朝堂。

[6] 组：编织成的丝带。此句形容缰绳柔如组(丝带)。

[7] 籥(yuè)：古乐器。《礼记》郑玄注："籥，如笛，三孔。舞者所吹也。"

[8] 秉：拿。翟(dí)：野鸡毛。

[9] 赫：赤貌。渥(wò)：沾润，浸渍。赭(zhě)：红土。

[10] 公：指卫国的君主。锡：通"赐"，赏赐。爵：古代酒器。锡爵：指舞停后用酒赏赐。

[11] 隰(xí)：低湿的地方。苓(líng)：苓耳，一种植物名。朱熹认为是甘草。此句以大树与小草对举，是隐语。以木喻男，以草喻女。

[12] 西方：指周，因周在卫国西面。美人：指舞师。

作品分析

《诗经》是我国最早的诗歌总集，它内容丰富，题材多样。所录诗歌时间跨度长，涵盖地域广。尤其是"国风"部分更是其中的精华，它反映的生活内容广阔，生活气息浓厚。有的诗歌反映当时社会崇尚的礼乐，有的诗歌甚至直接描述民间乐舞的情态。《邶风·简兮》就是其中的代表。

《诗经·邶风》反映的社会生活大致在春秋战国时期，此时正是"礼崩乐坏"、民间乐舞大为兴盛的时期。社会的变革，使人获得了更多的自由，于是民间乐舞活动比以往任何时候都频繁、兴盛。本诗所描写的万舞只是其中的一种，它包括文舞和武舞两部分。文舞采用雉羽和一种叫作籥的乐器，武舞则用盾和板斧。万舞有时由贵族自己表演，有时由舞师在国君的"公庭"作礼仪性演出，本诗应该属于后一种。

《简兮》是一首描写公庭万舞盛大场面的诗歌。它通过观舞女子的视觉，将高大英武的舞师形象和盛大的万舞场面展现在我们面前，表达对舞师的赞美和爱慕之情。

全诗共四章。第一章写卫国宫廷举行大型舞蹈，交代了舞名、时间、地点和领舞者的位置。"简兮简兮，方将万舞"，首先描写了壮观的万舞场面的远景，吸引观众眼球。"日之方中"写出了舞者的时间，太阳在头顶的正中间。"在前上处"写出了领舞者在行列前方的显著位置。红日当头，万舞即将拉开序幕，那个让她心仪的男子马上就要开始跳舞了。

第二章写舞师武舞时的威武和矫健。"硕人俣俣"，一个高大魁梧的舞师出场，只见他勇猛如虎，执辔自如，张弛有度，宛如真正的驾驭马车的情景，驾车场面表演得惟妙惟肖。伟岸的身躯、健美的舞姿令观者赞美有加，拍手叫好。

第三章写舞师文舞时的雍容和优雅，"左手执籥，右手秉翟"，道具的呈现将仪态优雅、风度翩翩的美男子跃然纸上。"赫如渥赭"这红光满面的特写，更令观舞女子浮想联翩，心生爱慕。舞师的表演如此动人，乃至"公言锡爵"，国君都赐酒以示赞赏。如此英俊潇洒、多才多艺的舞师，天下哪个女子不喜欢呢？

第四章写女子的爱慕情思，点破主题。诗歌以"山有榛，隰有苓"托兴，以树喻男，以草喻女，隐喻男女相爱。"云谁之思？西方美人"着力刻画女子的怦然心动，我心目中那个朝思暮想的他是谁啊？就是那个从西方来的英俊舞师。"彼美人兮，西方之人兮"，回环的句式将女子低回缠绵、柔肠寸断的相思之情展露无遗。"西方之人"还包含了这个英俊的舞师远在遥远的地方，这次见到以后，不知道什么时候才能再次见到。实际上，对舞师的爱慕只能深藏在女子的心里，这一份单相思的苦恋，确实充满了悲剧意味。

艺术上，本诗第一至三章采用赋的手法，第四章采用兴的手法。既成功地塑造出一个高大魁梧、雄壮勇猛、雍容优雅的舞师形象，又生动地刻画了一个贤淑善良、热爱生活、温柔多情的女子形象，二者相互映衬，相得益彰。凸显出本诗的主题。另一方面，如同电影的蒙太奇，利用视点视觉的变化将人物刻画和场面描写有机结合，生动地刻画人物形象。结尾言有尽而意无穷，留给读者无尽的想象。

思考与练习

1. 分析诗中人物形象。
2. 结合课文，探讨本诗主旨。
3. 背诵本首诗。

白纻辞三首

李　白[1]

其一

扬清歌，发皓齿，北方佳人东邻子[2]。且吟《白纻》停《绿水》[3]，长袖拂面有君起[4]。寒云夜卷霜海空，胡风吹天飘塞鸿[5]，玉颜满堂乐未终。

其二

馆娃日落歌吹蒙[6]，月寒江清夜沉沉。美人一笑千黄金，垂罗舞縠扬哀音[7]。郢中《白雪》且莫吟[8]，《子夜吴歌》动君心[9]。动君心，冀君赏。愿作天池双鸳鸯[10]，一朝飞去青云上。

其三

吴刀剪彩缝舞衣[11]，明妆丽服夺春晖[12]。扬眉转袖若雪飞，倾城独立世所稀[13]。《激楚》《结风》醉忘归[14]，高堂月落烛已微，玉钗挂缨君莫违[15]。

据宋刻本《李太白文集》

注释

[1] 李白(701—762)：字太白，号青莲居士。祖籍陇西成纪(今甘肃)，少居四川。我国伟大的浪漫主义诗人，与杜甫并称“李杜”，人称“诗仙”。李白诗歌飘逸奔放，纵横百代，天才超绝。著有《李太白集》。

[2] 北方佳人东邻子：借指美女。李延年《佳人曲》：“北方有佳人，绝世而独立，一顾倾人城，再顾倾人国。宁不知倾城与倾国，佳人难再得。”司马相如《美人赋》：“臣之东邻，有一女子，云发丰艳，蛾眉皓齿，颜盛色茂，景曜光起，恒翘翘而西顾，欲留臣而共止。”

[3] 白纻：指《白纻曲》或《白纻舞》。《宋书》卷十九载：“又有《白纻舞》，按舞词有巾袍之言。纻本吴地所出，疑是吴舞也。”绿水：古代舞曲。

[4] “长袖”句：出自沈约《四时白纻歌·冬白纻》：“长袖拂面为君施。”

[5] “寒云”两句：全句语出鲍照《代陈思王京洛篇》：“春吹回白日，霜高落塞鸿。”霜海：形容霜降地域之大。

[6] 馆娃：春秋时期吴国宫名。吴王夫差于砚石山建宫以馆西施。馆娃宫就是美女居住之宫。故址在今江苏苏州市西南灵岩山。

[7] 縠：轻纱。哀音：哀伤动人的乐声。

[8] 郢中白雪：指美妙的音乐。郢：春秋楚国都城。白雪，古乐曲名。宋玉《对楚王问》：“客有歌于郢中者，其始曰下里巴人，国中属而和者数千人，其为阳阿薤露，国中属而和者数百人，其为阳春白雪，国中属而和者不过数十人。”后指高雅音乐。

[9] 子夜吴歌：吴兢(670—749)《乐府古题要解》里《子夜》条目中，引用旧史说，晋有女子曰子夜，所作声至哀，后人因为四时行乐之词，谓之《子夜四时歌》，吴声也。

[10] 天池：天上之池。指不受世俗约束之地。

[11] 吴刀：吴地出产的剪刀。彩：一作“绮”，意为舞衣的面料。

[12] 明妆丽服：在修辞上为互文，即明丽的服装。夺：胜过。

[13] 倾城：美女。李延年《佳人曲》：“北方有佳人，绝世而独立，一顾倾人城，再顾倾人国。宁不知倾城与倾国，佳人难再得。”

[14] 激楚、结风：皆歌曲名。司马贞《史记索隐》：“激楚，急风也。结风，回风，亦急风也。楚地风既飘疾，然歌乐者犹复依激结之急风以为节，其乐促迅哀切也。”

[15] 玉钗：司马相如《美人赋》：“玉钗挂臣冠，罗袖拂臣衣。”挂缨：江总《和衡阳殿下高楼看妓诗》：“挂缨银烛下，莫笑玉钗长。”

作品分析

李白是我国伟大的浪漫主义诗人，他的诗歌豪迈奔放，清新飘逸，想象丰富，意境奇妙，语言轻快。他独特的诗风对后代产生了极为深远的影响。

《白纻辞》，乐府《舞曲歌辞》旧题。诗中所吟诵的舞蹈是指《白纻舞》，白纻舞是一种起源于汉末的舞蹈，晋、南朝各代十分盛行，到了唐代仍经久不衰。舞者着白色舞衣，翩翩起舞。舞蹈者还善于运用眼神，含笑流盼，如诉如怨，产生了勾魂摄魄的魅力。白纻舞发展到后来，舞衣已经不再局限于白色。历代诗人留下了许多赞叹《白纻舞》的诗篇，如南朝诗人鲍照《代白纻舞歌辞》(四首)、沈约《四时白纻歌》(五首)。李白的《白纻辞》就是其中的代表。

李白的《白纻辞》共三首。

第一首诗盛赞舞者貌美如花、歌声清亮、舞姿优美。前五句正面描写舞者。女子美若天仙，如北方佳人和东邻子那样倾国倾城，举世无双。她轻启皓齿，便唱出了高亢清亮的歌曲，吟出《白纻》与《绿水》诗。“长袖拂面为君起”，仿佛让我们看到了穿上轻薄柔软的长袖舞衣，为君轻轻起舞，令君陶醉的画面。后三句以环境描写反衬《白纻舞》舞袖的姿态所带来的美感。犹如寒云夜卷霜海，一片空蒙；又如胡风吹天，飘摇塞鸿。此时此刻，屋内舞者忘情，听者沉醉，满堂的欢快还没有终结。全诗营造出一片浓浓的情意，给人飘逸空灵的美感。

第二首诗写舞者用曼妙的舞姿、悠扬的歌声打动君心。美丽的馆娃，日日歌吹，夜夜起舞。其后两句运用反衬，以静衬动，极写乐声的悠扬。又到日落时分，月寒江清，夜色沉沉，馆娃宫中传来阵阵歌声。歌女笑容娇美，一笑值千金。她舞动丝绸舞衣，唱出了动人哀伤的曲子。无须高唱郢中《阳春》《白雪》那样优雅的乐曲，吴歌《子夜》最易打动君心。别无他意，只希望得到君主的赏赐。愿与君王做天池的一双鸳鸯，有朝一日飞去青云上。字里行间，歌女的多情可见一斑。

第三首诗写舞者与听者互生情愫，难舍难分。“吴刀剪彩缝舞衣，明妆丽服夺春晖”，诗人从舞衣的描绘着笔，使一位飘逸的舞女呼之欲出，她穿着七彩舞衣，明妆丽服，比今日的春光更加光彩照人。她举手投足令人着迷，倾国倾城的容貌世间罕见。“扬眉转袖若雪飞”，仅此一句便传神地突现其神韵，用语精妙。舞至夜深人静时，高唱《激楚》《结风》曲，情趣更浓，兴致更高，节拍更快，加之月落烛微，舞者与听者助酒酣醉，喜极相拥，难舍难分。末句“玉钗挂缨君莫违”，其情致、其韵味已无须言表。

综上所述，李白的《白纻辞》三首达到了“盛称舞者之美，宜及芳时行乐”(《乐府题解》)的艺术效果。诗中歌者人美、神美、舞美，令人叹服。诗人传神的语言、形象的描绘、丰富的想象令诗境飘逸若仙，韵致无穷。

思考与练习

1. 分析三首诗中舞者的形象。
2. 背诵本首诗。

观公孙大娘弟子舞剑器行并序

杜　甫[1]

大历二年十月十九日[2]，夔府别驾元持宅，见临颍李十二娘舞剑器[3]，壮其蔚跂[4]。问其所师，曰："余公孙大娘弟子也[5]。"开元五载[6]，余尚童稚，记于郾城，观公孙氏舞剑器浑脱[7]，浏漓顿挫，独出冠时[8]。自高头宜春、梨园二伎坊内人，洎外供奉[9]，晓是舞者，圣文神武皇帝初[10]，公孙一人而已。玉貌锦衣，况余白首，今兹弟子，亦匪盛颜[11]。既辨其由来，知波澜莫二[12]。抚事慷慨，聊为《剑器行》[13]。往者吴人张旭，善草书书帖，数尝于邺县见公孙大娘舞西河剑器[14]，自此草书长进。豪荡感激，即公孙可知矣[15]。

昔有佳人公孙氏，一舞剑器动四方。
观者如山色沮丧，天地为之久低昂[16]。
㸌如羿射九日落，矫如群帝骖龙翔[17]。
来如雷霆收震怒，罢如江海凝青光[18]。
绛唇珠袖两寂寞，晚有弟子传芬芳[19]。
临颍美人在白帝，妙舞此曲神扬扬[20]。
与余问答既有以，感时抚事增惋伤[21]。
先帝侍女八千人，公孙剑器初第一[22]。
五十年间似反掌，风尘澒洞昏王室[23]。
梨园子弟散如烟，女乐余姿映寒日[24]。
金粟堆南木已拱，瞿唐石城草萧瑟[25]。
玳筵急管曲复终，乐极哀来月东出[26]。
老夫不知其所往，足茧荒山转愁疾[27]。

据仇兆鳌《杜少陵集详注》

注　释

[1] 杜甫(712—770)：字子美，自号少陵野老。后世称为杜工部。原籍襄阳，生于河南巩县。杜甫先后担任京兆兵曹参军、左拾遗、西川节度参谋、检校工部员外郎，是我国伟大的现实主义诗人，被后世尊称为"诗圣"。著有《杜少陵集》。

[2] 大历二年：大历是唐代宗李豫的年号，大历二年是公元767年。

[3] 别驾：官名，是州刺史的佐吏。元持：人名。临颍：县名，今河南临颍县西北。李十二娘：即公孙大娘弟子。剑器：唐代剑舞之一。由女子持剑戎装起舞，舞姿雄健有力。

[4] 蔚跂(qǐ)：雄浑多彩。

[5] 公孙大娘：唐玄宗李隆基开元年间(713—741)著名的女舞蹈家。

[6] 开元五载：公元717年，时杜甫六岁。"五载"，一作"三载"。

[7] 郾城：在临颍南。浑脱：唐武舞之一。从胡舞

《泼寒胡戏》演变出来，舞姿与剑器一样雄壮。剑器浑脱：是剑器与浑脱二舞的综合。

[8] 浏漓顿挫：灵活而有节奏。独出冠时：指公孙大娘的舞技超绝，名列第一。

[9] 高头：即前头，此指皇帝的近侍或歌舞于皇帝面前的人。伎坊：即教坊，宫廷内教习音乐歌舞的机构。洎：及。外供奉：不属伎坊，随时入宫承应娱乐的艺人。此句意谓包括皇帝内廷宜春、梨园二伎坊的宫人和伎坊以外的一切伎艺人。

[10] 圣文神武皇帝：指唐玄宗(712—756 在位)。

[11] 玉貌锦衣：指公孙大娘。鲍照《芜城赋》："东都妙姬，南国丽人。蕙心纨质，玉貌绛唇。"匪：同"非"。

[12] 波澜莫二：意为一脉相传，她的舞技与公孙大娘没有什么两样。

[13] 慷慨：同"感慨"。

[14] 张旭(675—750?)：唐代著名书法家，世称"草圣"。李肇《国史补》：旭常言："始吾见公主担夫争路而得笔法之意，后见公孙氏舞剑器而得其神。"邺县：今河北省临漳县西南。西河剑器：剑器舞的一种，因产生于西河地区而得名。

[15] 即：犹"则"。

[16] 动四方：名动四方。色沮丧：失色。指为公孙大娘的舞技所震惊。低昂：上下起伏。

[17] 㸌(huò)：光芒闪烁的样子。九日：《淮南子》："尧时十日并出，尧令羿射中九日，乌皆死，坠其羽翼。"群帝：群神。骖龙翔：驾龙飞翔，用此来形容舞姿的凌空飞舞。

[18] 江海凝青光：此用水色喻剑光。

[19] 绛唇：指公孙大娘。珠袖：指公孙大娘之舞。两寂寞：人与舞俱亡。

[20] 临颍美人：指李十二娘。白帝：即白帝城。《元和郡县志》："公孙述至鱼复，有白龙出井中，因号鱼复为白帝城。"《太平寰宇记》："公孙述据蜀，自以承汉土运，故号曰'白帝城'。"今重庆市奉节县东的白帝山上，即唐代的夔州府东。

[21] 以：根由、原委。

[22] 先帝：指唐玄宗。八千人：极言侍女之多。

[23] 五十年：自开元五年(717)至大历二年(767)，共五十一年。风尘澒(hōng)洞：指安史之乱。澒洞：绵延，相连。

[24] 女乐：精于乐舞的女子，此指李十二娘。余姿：指弟子从公孙大娘学得的舞姿。寒日：十月天凉，故曰寒日，兼含日暮途穷之意。

[25] 金粟堆：指金粟山(今陕西蒲城县东北)，玄宗葬于此。玄宗死于 762 年，至此已五年多，故曰"木已拱"。《左传》："穆公曰'尔何知，中寿，尔墓之木拱矣'。"瞿唐石城：指夔州。

[26] 玳筵：以玳瑁装饰坐具的宴席，指丰盛豪华之宴。玳瑁是一种似龟的海生动物，其甲可用作装饰品。乐：此指宴乐之欢。哀：此指抚事感时之悲。

[27] 足茧：长满厚茧的脚板。《战国策》："苏子足重茧，日百里而后舍。"

作品分析

杜甫是我国唐代伟大的现实主义诗人，与"诗仙"李白并称为"李杜"，并同时被誉为唐朝诗坛的双子星座。他的诗以古体、律诗见长，风格多样，"沉郁顿挫"四字准确概括出他的作品风格。由于生活在唐朝由盛转衰的历史时期，他的诗多涉笔社会动荡、政治黑暗、人民疾苦，全方位地反映唐由盛到衰的过程，因而他的诗又被称为"诗史"。

唐代舞蹈盛行，人们按其不同风格特点，将流传在宫中、贵族士大夫家中及民间的各种舞蹈，分为健舞、软舞两大类。健舞主要表现矫健之美，软舞主要表现柔和之美。诗中提及的《剑器》《剑器浑脱》都属于健舞，风格英武豪健。公孙大娘是唐代著名的舞蹈家，尤善《西河剑器》《剑器浑脱》，其技艺"冠绝一时"。

《观公孙大娘舞剑器行并序》是杜甫大历二年(767)寓居夔州时所写的一首诗。当时安史之乱虽已平定,但社会局势动荡不安,长安岌岌可危。此时的唐王朝早已失去了“开元盛世”的繁荣,而诗人长期漂泊在外,居无定所,生计维艰,壮志难酬。诗人感时抚事,有感而发。

“序言”是全诗的引子,充分体现了杜甫以诗为文的特点。诗人先叙述自己在夔州别驾元持府观看公孙大娘弟子表演的《剑器》舞,并闻其先师,进而忆起童年时在郾城观看公孙大娘舞《剑器》《浑脱》及开元盛世的盛景,并以吴人张旭见舞而书法大有长进作点缀。诗人触景生情,抚今追昔,写下《剑器行》。序言交代了诗人的写作动机。

全诗共26句,可分为四部分。

第1—8句为第一部分,追叙公孙大娘高超的舞技。前4句写她舞《剑器》的名声传遍四面八方,观舞者个个大惊失色,连天地都为之起伏低昂。后4句用一系列生动的比喻,酣畅淋漓地描绘了公孙大娘的舞态,那强劲的剑舞,光芒四射,有如后羿射日;那矫健的舞姿,有如群仙乘龙飞翔。起舞时如雷震般的威猛激烈,收舞时又如江海凝波,水光清静。这样磅礴的气势,健美的舞姿,不禁使人惊心动魄。

第9—14句为第二部分,写公孙大娘死后《剑器》舞的沉寂以及弟子李十二娘流落白帝妙舞的伤感。“妙舞此曲神扬扬”,仅此一句,凸显弟子对当年公孙大娘神采飞扬气概的传承。与公孙大娘弟子的一席对话,引发了诗人无限的伤感和追思,结构上自然地领起了下文。

第15—20句为第三部分,诗人抚今追昔,联系到时代变化的沧桑。回想开元初年,经济繁荣,国势强盛,宫廷内外歌舞女乐八千人中,公孙大娘的《剑器》舞号称第一。可是五十年的风云变幻,一场安史之乱将大唐帝国掀得天翻地覆,整个王朝顿时陷入动荡迷茫之中,当年唐玄宗精心挑选和培养的梨园弟子也在战乱中烟消云散,流落民间。如今在这萧瑟的凄风冷雨中,只有公孙大娘的传人——李十二娘的舞姿辉映在这寒日的余光里。对于历经过开元盛世的杜甫来说,这仅有的“余姿”或许是一份精神慰藉。可“余姿”与“八千人”的对比,衰败与强盛的对照,又是多么地令人黯然神伤啊。这段是全诗的高潮部分,诗人用乐舞的盛衰概括了历史的沧桑变化和广阔的社会内容。

第21—26句为第四部分,也是全诗的尾声。主要是承接上文,叹世事的沧桑,感身世的悲凉。在此,诗人由乐舞联系到国事,以此为引线,表示对玄宗的哀悼。“玳筵急管曲复终,乐极哀来月东出”,以急管繁弦作为陪衬,在月色的笼罩中,这一旋律显得愈发凄凉。面对此景,诗人“乐极哀来”,四顾茫然,怅惘无依,不知所往。一个人拖着久病的身躯,在荒寂的山野中踟蹰徘徊,内心的忧更深、愁更重。“转愁疾”三字将全诗收住,足见其漂泊茫然。结句震撼着每个读者的心灵。

整首诗歌以“感时抚事”为主旨,通过对公孙大娘及其弟子精湛舞技的热情赞美,抒发了昔盛今衰的无限感慨。诗人将身世的悲凉和国运的衰落结合起来,表达了诗人忧国忧民的情怀。

经历了社会急剧动荡后的杜甫,笔下的歌舞多为悲乐哀舞,他将世事的沧桑表现得沉痛深厚,动人心魄。全诗气势雄浑,沉郁悲壮,意境大开大合,音节顿挫多变。从乐舞之今昔对比中表现五十年的兴衰战乱,非一般人所能企及。诗序的“浏漓顿挫”之语,便是对这首诗艺术风格的最好诠释。

思考与练习

1. 诗序末尾写张旭书法的长进有何用意?
2. 体会并分析作品的主题。
3. 背诵诗歌。

胡旋女

天宝末，康居国献之。

白居易[1]

胡旋女，胡旋女。心应弦，手应鼓。
弦鼓一声双袖举，回雪飘颻转蓬舞[2]。
左旋右转不知疲，千匝万周无已时。
人间物类无可比，奔车轮缓旋风迟。
曲终再拜谢天子，天子为之微启齿。
胡旋女，出康居，徒劳东来万里余[3]。
中原自有胡旋者，斗妙争能尔不如。
天宝季年时欲变，臣妾人人学圆转[4]。
中有太真外禄山，二人最道能胡旋[5]。
梨花园中册作妃，金鸡障下养为儿[6]。
禄山胡旋迷君眼，兵过黄河疑未反。
贵妃胡旋惑君心，死弃马嵬念更深[7]。
从兹地轴天维转，五十年来制不禁[8]。
胡旋女，莫空舞，数唱此歌悟明主。

据《四部丛刊》景日本翻宋大字本《白氏长庆集》

注释

[1] 白居易(772—846)：字乐天，号香山居士。祖籍山西太原，生于河南新郑(今郑州新郑)。我国唐代伟大的现实主义诗人，有“诗魔”和“诗王”之称。著有《白氏长庆集》。

[2] 飘颻：即飘摇。形容舞女的衣袖随着急速旋转的舞姿飘动的样子。转蓬：随风飘转的蓬草。

[3] 康居：古西域国名。约在今巴尔喀什湖和咸海之间。

[4] 天宝季年：即唐玄宗天宝末年。圆转：指《胡旋舞》。

[5] 太真：杨玉环(719—756)，字太真，蒲州永乐(今山西芮城)人。《全唐诗》收有杨玉环《赠张云容舞》一诗：“罗袖动香香不已，红蕖袅袅秋烟里。轻云岭上乍摇风，嫩柳池边初拂水。”禄山：即安禄山。胡旋：即胡旋舞。

[6] 金鸡障：以锦鸡的羽毛装饰而成的屏障。

[7] 马嵬：即马嵬坡，今陕西兴平市西。安史之乱起，唐玄宗西逃成都途中，杨贵妃在此被缢死。

[8] 地轴天维转：此指时间的流逝。五十年来：指安史之乱(755—763)发生至作此诗的时间。

作品分析

白居易是中国文学史上负有盛名且影响深远的诗人和文学家，是中唐新乐府诗歌运动的领袖，提出“文章合为时而著，歌诗合为事而作”(《与元九书》)的文学主张。他说：“总而言之，为君、为臣、为民、为物、为事而作，不为文而作也。”(《新乐府序》)他的诗歌题材广泛，形式多样，语言平易通俗。白居易是“讽喻诗”概念的最早提出者，也是讽喻诗创作的积极实践者，他的讽喻诗强调诗歌的批判现实功能，与社会政治紧密关联。《新乐府五十首》和《秦中吟十首》更是被誉为新乐府发展史上的典范之作。

胡旋舞属于唐代舞蹈中的健舞，其特点是动作轻盈、急速旋转、节奏鲜明，胡旋舞因为跳舞时须快速不停地旋转而得名。胡旋舞是由西域康居国传来的民间舞蹈，传入内地后风靡一时。唐天宝年间，长安城内学胡旋舞成为一种时尚，约五十年盛行不衰。唐玄宗李隆基对胡旋舞十分偏爱。在这种背景下，白居易的讽喻诗《新乐府·胡旋女》应运而生。

本诗生动形象地描绘了胡旋女急速旋转的舞姿，并以批判的笔法指出了唐王朝因迷惑胡旋舞一蹶不振的事实，表达诗人“戒近习”“悟明主”的强烈愿望。

全诗共32句，可分为三部分。

第1—12句为第一部分，生动形象地描绘胡旋女的舞姿。随着鼓乐声响起，胡旋女急速起舞，她两脚足尖交叉、左手叉腰、右手擎起，全身彩带飘逸，像雪花在空中飘摇，像蓬草迎风飞舞。“弦鼓一声双袖举，回雪飘飖转蓬舞”，乐与舞配合的默契，舞女旋转的美感，让人眼前一亮。“左旋右转不知疲，千匝万周无已时”用夸张的手法突出了舞者旋转之多，她根本不知疲倦，转了无数个圈都无法停止。不仅如此，舞者旋转之快更令人目不暇接，“人间物类无可比，奔车轮缓旋风迟”，飞奔的车轮、急速的旋风与胡旋舞比起来，都显得逊色。真可谓“舞因动而美，心因舞而飞”，观众眼花缭乱，难辨面背，胡旋女如此曼妙的舞姿自然得到了天子的喜爱。

第13—29句为第二部分，点明胡旋舞的由来，指出杨玉环、安禄山以胡旋舞惑君心、乱纲纪，致使唐王朝衰败的事实。从康居来的胡旋女“徒劳东来万里余”，无法与中原的胡旋者“斗妙争能”，因为中原最能舞胡旋的是唐玄宗的宠妃杨玉环、宠臣安禄山。诗人认为，胡旋舞的盛行是“天宝季年时欲变”的征兆，正是因为杨玉环和安禄山以胡旋舞“迷君眼”“惑君心”，才使唐玄宗迷恋歌舞，无心朝政，导致唐王朝遭受劫难，“从兹地轴天维转，五十年来制不禁”。这里，诗人的看法或许有失偏颇之处，因为唐王朝的衰退并不仅仅是因为唐玄宗迷恋胡旋舞，安史之乱的发生也是多种原因造成的，所以今人不妨辩证地认识胡旋舞。

最后3句为第三部分，诗人用感叹的情调和劝谕的语词提出了禁止胡旋舞的愿望，点破主题。“胡旋女，莫空舞，数唱此歌悟明主”，鲜明地指出创作本诗的目的是启悟明主，显示出诗人“惟歌生民病，愿得天子知”的良苦用心。

纵观全诗，本诗语言浅显通俗，多白描，少雕饰；叙事和抒情议论相结合，卒章显其志；借助比喻、通感、夸张等修辞手法塑造鲜明的艺术形象，很有感染力。诗歌较好地体现了白居易讽喻诗的特点。当然，白居易的诗在语言运用上也太过急切，有失含蓄之美。

思考与练习

1. 从诗句“天宝季年时欲变，臣妾人人学圆转”中可以听到哪些弦外之音？
2. 本诗体现了白居易讽喻诗的哪些特点？

乐　本

《乐记》[1]

凡音之起[2]，由人心生也。人心之动，物使之然也。感于物而动，故形于声；声相应，故生变，变成方[3]，谓之音；比音而乐之[4]，及干戚羽旄[5]，谓之乐。

乐者，音之所由生也，其本在人心之感于物也。是故其哀心感者，其声噍以杀[6]；其乐心感者，其声啴以缓[7]；其喜心感者，其声发以散[8]；其怒心感者，其声粗以厉[9]；其敬心感者，其声直以廉[10]；其爱心感者，其声和以柔[11]。六者，非性也，感于物而后动。

是故先王慎所以感之者。故礼以道其志[12]，乐以和其声，政以一其行，刑以防其奸。礼、乐、刑、政，其极一也，所以同民心而出治道也。

凡音者，生人心者也。情动于中，故形于声，声成文[13]，谓之音。是故治世之音安以乐，其政和；乱世之音怨以怒，其政乖；亡国之音哀以思，其民困。声音之道与政通矣。

宫为君，商为臣，角为民，徵为事，羽为物[14]。五者不乱，则无怗懘之音矣[15]。宫乱则荒[16]，其君骄；商乱则陂[17]，其官坏；角乱则忧，其民怨；徵乱则哀，其事勤；羽乱则危，其财匮。五者皆乱，迭相陵[18]，谓之慢[19]。如此，则国之灭亡无日矣。

郑卫之音[20]，乱世之音也，比于慢矣。桑间濮上之音[21]，亡国之音也，其政散[22]，其民流[23]，诬上行私而不可止也[24]。

凡音者，生于人心者也；乐者，通伦理者也。是故知声而不知音者，禽兽是也；知音而不知乐者，众庶是也。唯君子为能知乐。是故审声以知音，审音以知乐，审乐以知政，而治道备矣。是故不知声者不可与言音，不知音者不可与言乐。知乐，则几于礼矣。礼乐皆得，谓之有德。德者，得也。

是故乐之隆[25]，非极音也[26]；食飨之礼[27]，非致味也[28]。《清庙》之瑟[29]，朱弦而疏越[30]，壹倡而三叹[31]，有遗音者矣；大飨之礼，尚玄酒而俎腥鱼[32]，大羹不和[33]，有遗味者矣。是故先王之制礼乐也，非以极口腹耳目之欲也，将以教民平好恶而反人道之正也[34]。

人生而静[35]，天之性也；感于物而动，性之欲也。物至知知[36]，然后好恶形焉。好恶无节于内，知诱于外，不能反躬，天理灭矣。夫物之感人无穷，而人之好恶无节，则是物至而人化物也[37]。人化物也者，灭天理而穷人欲者也。于是有悖逆诈伪之心[38]，有淫泆作乱之事。是故强者胁弱，众者暴寡，知者诈愚，勇者苦怯[39]，疾病不养，老幼孤独不得其所，此大乱之道也。

是故先王之制礼乐，人为之节。衰麻哭泣[40]，所以节丧纪也[41]；钟鼓干戚[42]，所以和安乐也；昏姻冠笄[43]，所以别男女也；射乡食飨[44]，所以正交接也[45]。礼节民心，乐和民声，政以行之，刑以防之。礼乐刑政，四达而不悖，则王道备矣。

据阮元校刻《十三经注疏》本《礼记正义》

注　释

[1]《乐记》：中国儒家音乐理论专著，西汉成帝时戴圣所辑《礼记》第十九篇的篇名。

[2]音：曲调。《乐记》中，“音”与“声”“乐”相对，郑玄以为宫、商、角、徵、羽五音相杂调和谓之音，单出谓之声。

[3]方：按照一定的方式、形式有组织地排列组合。

[4]比：排列、排比。乐(yuè)：配上乐器演奏。

[5]干戚羽旄：干，盾；戚，斧；羽，雉羽；旄，牦牛尾。古人武舞执干戚，文舞执羽旄。

[6]噍(jiào)：急促。以：而。杀(shà)：衰微、细小。

[7]啴(chǎn)：宽绰。缓：舒缓。

[8]发：悠扬。散：自由。

[9]粗以厉：粗猛而凌厉。

[10]直以廉：正直而清明。

[11]和以柔：温和而柔婉。

[12]道：通“导”，引导。

[13]文：文采、文理。“成文”与第1自然段中的“成方”意同，指组合成一定的形式，即曲调。

[14]宫、商、角(jué)、徵(zhǐ)、羽：我国古代五声音阶中的五个音级，相当于简谱中的1、2、3、5、6，称为“五音”或“五声”。这里的宫、商、角、徵、羽，不是指五个单音，而是曲调的调式。

[15]怗(zhān)懘(chì)：败坏，不和谐。

[16]荒：乐调散漫。

[17]陂(bì)：倾斜。

[18]迭：互。陵：侵犯。

[19]慢：无节制，指乱到无以复加。

[20]郑卫之音：指春秋时期郑、卫两地的音乐，抒情、少节制，与体现中和之美的雅乐相左，受到儒家贬斥。

[21]桑间濮上之音：桑间是地名，在濮水之上，属卫地。传说殷纣王命师延制作了一套靡靡之乐，不久国亡，师延也在桑间的濮水上投河自杀。后来，卫灵公和师涓去晋国，途经桑间。夜半之时，听到濮水上飘着鼓琴之声，师涓就将其曲谱默记于心。到了晋国，师涓为晋平公演奏这一曲子，师旷不等他奏完，就说：“这是亡国之音呀！你一定是从桑间濮上听来的吧！”后世多用为靡靡之音的代称。

[22]散：散乱。

[23]流：流离失所。

[24]诬上行私：欺瞒君上，图谋私利。

[25]隆：隆盛。

[26]极音：极尽声音之美。

[27]食(sì)飨(xiǎng)：即下文的“大飨之礼”，在太庙中合祭先王之礼，供品极其丰富。

[28]致味：极尽美味。

[29]《清庙》：《诗经·周颂》篇名，是周人祭祀文王的乐歌。

[30]朱弦：用煮过的朱丝做成的弦，声音低沉稳重，符合宗庙音乐的需求。疏：疏通。越(huó)：瑟底部的小孔，有调音的作用，孔小则声急促，孔大则声舒迟。

[31]壹倡而三叹：一人领唱，三人应和咏叹。

[32]玄酒：指水。水色玄，故名。在祭祀中以水当酒。俎(zǔ)：祭祀时的礼器。腥鱼：生鱼。

[33]大(tài)羹不和(hè)：大羹：煮肉的清汤。不和：不加盐、菜和佐料。

[34]平好(hào)恶(wù)：节制、平衡好恶。反：通“返”。

[35]静：平静，指人初生时没有外物的影响，还没有情感、欲望的躁动。

[36]知(zhì)知：前“知”同“智”，心智；后一个“知”，感知、知晓。

[37]人化物：人被物化，即人的本性受外物影响而异化。

[38]悖逆诈伪：犯上作乱，欺诈虚伪。

[39]勇者苦怯：胆大的人折磨胆小的人。

[40]衰(cuī)麻哭泣：有关丧服、哭泣的规定。衰麻，指丧服，用粗麻布制成。

[41]丧纪：丧事。

[42]钟鼓干戚：钟鼓是乐器；干戚是舞具。

[43]昏姻：即婚姻。昏：同“婚”。

[44]射：大射礼。乡：乡饮酒礼。食飨：此指设宴招待宾客。

[45]正交接：规范交际。

作品分析

《乐记》是中国最早的音乐理论著作,郑玄《礼记目录》云:"名曰'乐记'者,以其记乐之义。"文中所谓的"乐"不同于今天的音乐,它包含音乐、舞蹈(或兼诗歌)等表现形式。关于《乐记》的作者和成书年代,历来存在分歧。有观点认为是战国初期孔子的再传弟子公孙尼子所作;有观点认为出于汉儒之手,是汉儒采取先秦诸家有关音乐的言论编纂而成;有观点认为是汉武帝时代的河间献王刘德所作;也有观点认为是汉代刘向、刘歆父子校先秦古籍所得。虽然众说纷纭,但是基本可以认定《乐记》成书于西汉,其思想资料来源于先秦诸子言乐事者。

《乐记》包括音乐思想、音乐创作、器乐演奏、乐器制作、乐律研究、音乐人物、音乐言论等音乐领域极其广泛的内容。旧传有二十三篇,现存其前十一篇,分别为"乐本""乐论""乐礼""乐施""乐言""乐象""乐情""魏文侯""宾牟贾""乐化""师乙",同时保存在《礼记》和《史记·乐书》之中。《乐本》是其首篇,主要论及乐的起源,提出声、音、乐意义的不同,并谈及乐的社会功能。

第1段,首先讲了"音"的产生,即"音"的缘起,是从人心所产生的,而人心的变动是外界事物触发的结果。然后具体阐述了声、音、乐三者的不同及其关系。人心有感于外物而变动,就会用"声"表现出来;声非一种,有同有异,同声相应,异声相杂,错综变化,这些错综变化的"声"按照一定方式组织起来,就叫"音";把这些"音"按照顺序加以演奏,再配上舞蹈,就叫"乐"。

第2段,主要讲了"乐"的本源。指出"乐"是从音产生的,所以它的本源在于人心对外界事物有所感应。人心起了哀、乐、喜、怒、敬、爱等不同的感应,就会发出不同的声音。这些不同的声音并非人们内心原来就有,而是受到外界事物感动才发生的。

第3段,提出"乐"可以调和人的性情,为政治服务。古代先王十分注重能够影响、感动人心的外界事物:用礼来引导人们的意志,用乐来调和人们的性情,用政令来统一人们的行动,用刑法来防止人们做坏事。礼、乐、政、刑,手段虽然不同,但终极目的是一样的,就是要统一民心而实现天下大治。

第4段,指出"声音"与政治相通,"声音"风格可以反映当时的社会环境。太平盛世之音,曲调安详而欢乐,反映了政治的和谐;混乱世道之音,曲调怨恨而愤怒,反映了政治的紊乱;亡国之音,曲调哀伤而忧虑,反映了人民的困苦。

第5段,阐述用音乐来象征政治,宫、商、角、徵、羽五种调式分别象征君、臣、民、事、物,指出五种调式都不混乱,就不会出现不和谐的曲调。如果宫调混乱,则其音散漫,象征着国君骄纵;如果商调混乱,则其音倾颓,象征着官吏腐败;如果角调混乱,则其音忧郁,象征着百姓不满;如果徵调混乱,则其音哀伤,象征着役事劳苦;如果羽调混乱,则其音危殆,象征着物资匮乏。如果五种调式都发生混乱,彼此互相侵凌干扰,就叫作"慢",到了这一地步,国家灭亡的日子也就不远了。

第6段,举例说明乱世、亡国之音。指出郑、卫两地的音乐,就属于乱世之音,已经接近于"慢"音了。桑间濮上的音乐,就是亡国之音,它反映了国家政治的散乱,人民百姓的流离失所,臣下犯上欺上、图谋私利而无法遏止。

第7段,主要阐述了君子才能够真正懂得"乐",明白"乐"与社会伦理相通,进而通过审察"乐"而懂得政事,从而有了完备的治国方法。君子懂得乐,也就近乎懂得礼了,礼、乐都懂,就是有德,即在精神上的完美获得。

第8段，举例阐明先王制礼作乐，并不是要穷极人们口腹耳目等感官的欲望，而是教导人民平衡好恶之心，回到做人的正道上来。

第9段，具体阐述了好恶的形成以及不加节制的后果。指出人生之初心静，这是天赋的本性；受到外物影响而心动，这是本性所派生出来的欲求。外界事物纷至沓来，心智加以感知，然后心中就表现出爱好和憎恶两种态度。如果好恶在心中没有适当的节制，而为人所感知的外物又不断诱惑，不能自我反省和正确对待，那么人的天性就丧失了。本来外界事物就在不断地影响着人，如果再加上人在主观上对自己的好恶反应不加限制，那么随着外物的到来人就渐渐被物化了。人被物化，就会泯灭天性而穷尽欲求，于是就会出现各种乱事，导致天下大乱。

第10段，举例阐明先王制作礼乐就是为了节制人的欲求，防止人欲横流而酿成大乱。用礼来节制民心，用乐来调和民性，用政令加以推行，用刑罚加以防范。礼、乐、行、政四事通行而不相悖，那么王道之治就完备了。

本文揭示了音乐的本源，即"心""物"感应是音乐起源的根本，认为音乐是客观世界的主观反映，体现了朴素唯物主义的观点。同时强调音乐艺术中思想感情的表达，从人出发，这是儒家以人为中心的美学思想的反映。进而阐明了音乐与政治的关系，认为音乐与政治是相通的，音乐作为表达人们思想感情的一种语言，可以反映当时的政治状况。同时文中又强调了音乐的教化作用，"教民平好恶而反人道之正""乐和其声"，认为音乐具有社会教育的意义，可以为政治服务，体现了先秦音乐美学的社会功利主义倾向。

当然，其中也有不足。例如，通篇用"君子"的眼光来看问题，从其本阶级的立场出发，认为只有"君子"才懂"乐"，只有统治阶级才有文化。因此其对音乐审美观念的认识是有鲜明的阶级标准的，因而有着明显的局限性。正因为其阶级局限性，文中认为只有合乎其提倡的伦理道德的音乐才是美的音乐，因而崇尚雅乐、排斥俗乐，提出"乱世之音""亡国之音"等作为压制进步音乐的借口，对古代音乐文化的发展产生了一定的消极影响。

总之，本文所包含的音乐美学思想和哲学思想，至今仍值得我们深思和批判地继承。

思考与练习

1. 分析本文中"乐"的内容。
2. 谈谈你对文中"乐"的本质的看法。
3. 谈谈文中音乐美学的社会功利主义倾向。

独乐园记

司马光[1]

孟子曰："独乐乐，不如与人乐乐；与少乐乐，不如与众乐乐。"[2]此王公大人之乐，非贫贱者所及也。孔子曰："饭疏食饮水，曲肱而枕之，乐亦在其中矣。"[3]颜子"一箪食，一瓢饮""不改其乐"[4]。此圣贤之乐，非愚者所及也。若夫鹪鹩巢林，不过一枝；偃鼠饮河，不过满腹[5]，各尽其分而安之，此乃迂叟之所乐也[6]。

熙宁四年，迂叟始家洛。六年，买田二十亩于尊贤坊北，辟以为园。其中为堂，聚书出五千卷[7]，命之曰"读书堂"。堂南有屋一区[8]，引水北流，贯宇下。中央为沼，方深各三尺[9]，疏水为五派，注沼中，状若虎爪。自沼北伏流出北阶[10]，悬注庭下，若象鼻。自是分而为二渠，绕庭四隅，会于西北而出，命之曰"弄水轩"。堂北为沼，中央有岛，岛上植竹，圆周三丈，状若玉玦[11]，揽结其杪[12]，如渔人之庐，命之曰"钓鱼庵"。沼北横屋六楹，厚其墉茨[13]，以御烈日。开户东出，南北列轩牖，以延凉飔[14]，前后多植美竹，为清暑之所，命之曰"种竹斋"。沼东治地为百有二十畦，杂莳草药，辨其名物而揭之[15]。畦北植竹，方径丈，状若棋局，屈其杪，交相掩以为屋，植竹于其前，夹道如步廊，皆以蔓药覆之，四周植木药为藩援[16]，命之曰"采药圃"。圃南为六栏，芍药、牡丹、杂花，各居其二，每种止植二本，识其名状而已，不求多也。栏北为亭，命之曰"浇花亭"。洛城距山不远，而林薄茂密，常若不得见，乃于园中筑台，构屋其上，以望万安、轩辕，至于太室[17]，命之曰"见山台"。

迂叟平日多处堂中读书。上师圣人，下友群贤；窥仁义之原，探礼乐之绪[18]；自未始有形之前，暨四达无穷之外[19]。事物之理，举集目前。所病者，学之未至，夫又何求于人，何待于外哉！志倦体疲，则投竿取鱼，执衽采药[20]，决渠灌花，操斧剖竹，濯热盥手，临高纵目，逍遥相羊[21]，唯意所适。明月时至，清风自来，行无所牵，止无所柅[22]，耳目肺肠，悉为己有，踽踽焉、洋洋焉[23]，不知天壤之间复有何乐可以代此也。因合而命之曰"独乐园"。

或咎迂叟曰："吾闻君子之乐必与人共之，今吾子独取足于己，不以及人，其可乎？"迂叟谢曰："叟愚，何得比君子？自乐恐不足，安能及人？况叟之所乐者，薄陋鄙野，皆世之所弃也，虽推以与人，人且不取，岂得强之乎？必也有人肯同此乐，则再拜而献之矣，安敢专之哉！"

据《四部丛刊》景宋绍兴本《温国文正公文集》

注释

[1] 司马光(1019—1086)：字君实，号迂夫，晚号迂叟，陕州夏县(今属山西)涑水乡人，世称涑水先生。北宋政治家、文学家、史学家，卒赠太师、温国公，谥文正。他主持编纂了中国历史上第一部编年体通史《资治通鉴》。

[2] "孟子曰"句：出自《孟子·梁惠王下》，文字有出入。原文是——(孟子)曰："独乐乐，与人乐乐，孰乐？"(梁惠王)曰："不若与人。"曰："与少乐乐，与众乐乐，孰乐？"曰："不若与众。"前一个"乐(yuè)"，名词用如动词，指欣赏音乐；后一个"乐(lè)"，名词，快乐，乐趣。

[3] 孔子曰："饭疏食饮水，曲肱而枕之，乐亦在其中

矣。”参看《论语·述而》。

[4] 颜子“一箪食,一瓢饮”“不改其乐”。颜子:即颜回,字子渊,春秋时期鲁国人。是孔子最赞赏的弟子,贫而好学,以德行著称。引文参看《论语·雍也》。

[5] “若夫鷦鷯巢林”句,典出《庄子·逍遥游》:“鷦鷯巢于深林,不过一枝;偃鼠饮河,不过满腹。”原意是鷦鷯在森林中筑巢,不过占用一根树枝;鼹鼠到大河边饮水,不过喝满肚子。这里意指欲望不大,自适即可。鷦鷯(jiāo liáo),一种小型、短胖、善于筑巢的小鸟。

[6] 迂叟:作者晚年自号。

[7] 聚书出五千卷:聚书,家中藏书。出,分出。当时私园大多择取风景胜地或空隙地营建,多远离宅居,故言从家藏书中分出五千卷,移入园中读书堂。

[8] 一区:表数量,指一块田地或一所宅院。

[9] 方深:方圆和深度。

[10] 伏流:隐蔽流出,指暗流。

[11] 玉玦(jué):古代佩玉的一种,为圆环形状,有一缺口。玉有缺则为玦。

[12] 杪(miǎo):树枝的细梢。

[13] 厚其墉(yōng)茨(cí):加厚了墙壁和屋顶。墉:墙壁。茨:用茅或苇覆盖房子。

[14] 飔(sī):凉风。

[15] 揭:标识。

[16] 藩援:谓屏卫之助,此处指藩篱。

[17] 万安、轩辕、太室:均为山名,位于洛阳东南。

[18] 绪:开端。

[19] 暨(jì):到、至。

[20] 衽(rèn):衣襟。

[21] 相羊:徜徉,安闲自得貌。

[22] 柅(nǐ):阻止。

[23] 踽(jǔ)踽焉:小步慢行貌。洋洋焉:舒缓貌。

作品分析

宋神宗熙宁年间(1068—1077),司马光与王安石政见不合,上疏请求外任。熙宁四年(1071),判西京御史台,自此居洛阳十五年,不问政事。期间,司马光在洛阳尊贤坊北国子监侧故营地买田二十亩,修造了一处私家园林,取名独乐园。这里既是他的寓所,也是《资治通鉴》书局所在地。独乐园环境优雅,格调简素,司马光在那里自得其乐,并写下了这篇《独乐园记》。

本文第一段引用了孟子、孔子的话,并化用《庄子·逍遥游》中的“鷦鷯巢于深林,不过一枝;偃鼠饮河,不过满腹”。表达了司马光“各尽其分而安之”的自得之乐——独乐。这段看似不直接描写独乐园,却是全文不可缺少的部分。司马光认为,孟子所谓“独乐乐,不如与人乐乐;与少乐乐,不如与众乐乐”是王公之乐,非贫贱者能比得上。“王公之乐”毕竟不是普通人所能达到的,这里不仅有物质上的差异,也有心态上的差异;实际上,王公之乐要与贫贱者相通,实在是难乎其难。司马光虽然也是官场中人,但也认为不能达到王公之乐的境地,这当然与他当时的心态有关。“孔颜之乐”则是圣贤之乐,司马光认为,这种“圣贤之乐”非愚者所及也。这当然也与司马光的心境有关,自然也是他的谦逊心态的表现。

第二段介绍独乐园的内部建筑。司马光是宋神宗熙宁四年迁到洛阳的,熙宁六年,买了二十亩地,修建了七处园林景观,分别为读书堂、弄水轩、钓鱼庵、种竹斋、采药圃、浇花亭、见山台。从文中可以看出,独乐园整体呈南北走势,地势南高北低。这七处园林景观以“读书堂”为中心,它们各有功用:“读书堂”是读书编书之地,“钓鱼庵”是休憩之所,“种竹斋”是夏日纳凉之处,“采药圃”是种植和采集中草药的地方,“浇花亭”“弄水轩”是闲适自娱之地,“见山台”是登高远眺之处。这七处景观融水、岛、台、竹、花草、林木、建筑等为一体,不失为一处幽静闲雅之地。司马光《独乐园七题》七首古风,就是以园中七景为题所作。

第三段写“独乐园”命名由来。虽然司马光此处园林的景点命名高雅，但与当时众多园林相比，独乐园仍是比较简陋朴素的。李格非《洛阳名园记》记载，“独乐园极卑小，不可与他园班”：“读书堂”者，数十椽屋；“浇花亭”者，益小；“弄水”“种竹轩”者，尤小；“见山台”者，高不逾寻丈；“钓鱼庵”“采药圃”者，又特结竹杪落蕃蔓草为之尔。形制简小，与文中“薄陋鄙野，皆世之所弃也”相印证。虽然“极卑小”，可是司马光却能够自得其乐。他“平日多处堂中读书，上师圣人，下友群贤，窥仁义之原，探礼乐之绪，自未始有形之前，暨四达无穷之外，事物之理，举集目前”。可见司马光在这园中读书思考，窥仁义之原，探礼乐之绪，孜孜以求。作为园林，二十亩也不算大，但司马光在其中读书生活，却足够舒适了，况且能够做到“唯意所适”——“志倦体疲，则投竿取鱼，执衽采药，决渠灌花，操斧剖竹，濯热盥手，临高纵目，逍遥相羊”。因为司马光在此可以做到“行无所牵，止无所柅”，能够“耳目肺肠，悉为己有，踽踽焉、洋洋焉，不知天壤之间复有何乐可以代此也”，所以命名为“独乐园”。

最后一段阐述“独乐”之义。司马光将自建园林名为“独乐园”，体现了司马光与世无争、与人无争的心境。之所以称之为“独乐园”，是因为司马光谦虚地称不敢比君子，不能及人，所以“独乐”，所谓“自乐恐不足，安能及人”是也。其实更重要的原因是自己所乐“虽推以与人，人且不取，岂得强之乎”，他即使想和别人同乐，也没有人愿意，委婉地表达了不被理解的感慨，自伤不得与众同，所以只能“独乐”。显然，“独乐园”的命名也是司马光当时状况的一种反映。实际上，司马光只是不愿与世俗同流合污，超凡高洁的思想既然无人理会，他只能将这份情怀寄情于山水。独乐却不是在独自享乐，而是缺少知己，渴望有人能够与他志同道合。

在对独乐园的记述上，全篇从园中布局着手，既有分区又有联系，园中七景各自成趣又浑然一体；既点明景观特点，又兼记景点功能；既有方位介绍又有形状描摹，形象生动，妙趣横生。结构上，文章首尾相合，明确自己的生活态度——“各尽其分而安之”，表明“独乐”缘由——“人且不取”，所以独善其身。

思考与练习

1. 阅读全文，勾勒独乐园的景观图。
2. 谈谈你对司马光“独乐”的看法。

谈油画艺术

刘海粟[1]

(一)油画的民族化

六十多年前,康有为老先生对我说过:“在拉斐尔出现之前[2],欧洲各国绘画皆隶属宗教,技法板滞,徒具外形而少韵味。中国宋代设有画院,并曾以画取士,故宋代画风极盛,画家见于史籍者千人,论画名著在五十种以上。惜乎元代之后,侈言写神弃形,攻宋院画为匠笔,中国画遂衰。愿有英才,取欧画写形之精,以补吾国之短,合中西而成新体。”院体画有不少佳作,也有八股文式的匠笔,这里不去细论。但康老先生“合中西”而成新体的设想,是极有见地的。对我们讨论油画民族化,有不少启示。

“油画民族化”的提法是近三十年的事。我们追求贯通中西的创作方法却要早得多。

任何一种艺术形式,包括油画在内,都不能墨守成规,内容形式均要不断更新。一位大画家,全部作品要有统一的风格,每一件作品又要有独特之个性,较之旧作,要有所发展,臻于神品,需要百折不挠。在探索中,我多次遇到恼人的难题,有过短暂的彷徨,也欣逢过许多难忘的乐事,在劳动中常有所突破,鼓舞着我继续前驱。真是喜悦莫名!

油画实现民族化,才能反映我们民族的气质和感情,方能在中国扎根长成乔木,不会在国内外成为浮萍。

九五六年八月九日,我到达庐山,从碧雾香霭中步行三里多路,来到含鄱口。这儿地处五老峰背面山下的星子县,因天殒巨石于湖中而得名。阳光隔着层云投射在潋滟的波光上,远望陨石像个小岛。我用石涛的笔调[3],驱使油彩,横扫在画布上,求得国画的风神,同时又是油画,虽未臻理想,朋友们看了都说不生硬,还具有藏露合度、虚实相成的国画特色。

次日天更酷热,穿杉林,取道丛莽中小径,攀缘六华里,登铁船峰入静观亭,极目远眺,双石兀立,层峦叠翠,瀑布高悬,喷雪奔雷,腾空震荡,那便是我想画的石门瀑布了。站在亭中八个多小时,手不停挥,连吃饭也忘记了。画上的石头很险怪,有马牙皴[4]、斧劈皴的味道,但又不尽相同,湖面润湿,山石高燥,质感不同,用的也是水墨画法。

耸立在崇山峻岭上的古老长城,正是我们前辈劳动人民用血泪构成的。这伟绩,常常被人用来代表中华民族。我画八达岭长城很强调中华民族的历史自豪感。利用油画色块的体积感、雕塑感去造形,不太侧重国画笔法,因为他的外貌,便是民族化的东西。为世界任何国家所无,外国人来登临,也不会有我们东方人的感受。我们也有怀古之情,但没有忧郁暗淡,而是以明快、浓郁的色彩,雄健奇伟的气魄来表现乐观的精神和非凡的创造力。

一九六二年七月初,气温在三十七度,我在富春江边一天画三张油画,满身痱子,又痒又燥,火燎燎地,手也破了皮,绑上手套,挥毫不止。这不仅因为久病中风,出门写生,心情激动;同时也是想在油画民族化上做些实验。微小的进步,有时候也要经历很多失败方能换得。那些画虽不成功,但实践是很有意义的。

西湖是我在解放前常去写生的地方,那时的油画,以《风雨凄凄放鹤亭》为题的这幅画便足以概括。蔓草丛生的荒原,寂寞颓败的庙宇,怎么能不叫人忧郁呢?我这次处理画面时,远树、远屋保留用线，留空白地方更多，用灿烂悦目的鲜艳色块，想画成具有民族气魄与广泛人情味相结合的诗篇。我强调：一个国家的风景画即是一个国家的写照，因此要典型化，要概括。在光与色的分析上，我不反对借鉴印象派的东西[5]，用来画夹道的萱花、大丽花和萋萋碧草，显得很有生气。但是，大红大绿又要有国画那样的柔和清新，我吸收了董其昌没骨山水的用色[6]，用笔也有雨点皴的意味，这都是尝试。许多甘苦，难以表达。

我去过欧洲，很喜欢"后期印象派"画家们的画[7]。"四人帮"说印象派是反动的，我不知为此吃了多少苦。其实印象派是革命的，是创新的。印象派起初叫"外光派"，自然中物体的颜色不是一律的，它要受外界各种光线和颜色的约制。如果画出来的脸色千篇一律，就没有血肉。

我在北京展览会里的许多作品中，显出过两种形式的互相影响。有些国画的皴法、焦墨山水[8]，花的线条、勾勒、运笔，黄山和荷花的泼彩、运笔，在一定程度上，我感到有塞尚、高更、凡高、莫奈、篷那等强烈的色彩和简练线条的影响。我在中国画里吸收这些东西，不是生搬硬套，也不是故意做作，只是有意无意在笔墨中流露了出来。受别人的影响，但又要有自己的东西，这非常重要。说到底，各人应该要有自己的面目。

我在某些油画上的线条、色彩的运用，也使观众联想到来自传统的中国画。我于一九五四年画过一幅《太湖疗养院雪景》，我自己感觉到，也有人这样提过：有石溪的味道[9]。我也不是故意学石溪的作画方法，平常读画很重要，看多了，就会自然而然地从笔端流露出来，但又不完全是石溪的原貌，而是按照自己的需要筛选过的。

我在南京画梅园新村[10]，站了两个半天。有人劝说："刘老啊，你年纪大了，不要站着，当心出毛病。"我说："不！一股感情啊！周总理在梅园为全国的解放事业斗争，四周还全是特务呢！"梅园的房子和它前面的两棵青松，我用强烈的色彩和简练的线条做了充分的描绘，衬托出在阳光下的红房子、红瓦。画好了，觉得意犹未尽，我题了一句：气壮青松千秋在。画房子不是照样子描，我要用国画味很浓的笔触，把周总理的精神画出来，要使人回想不断。

一九七八年我在桂林、阳朔作油画写生，完全用中国画的方法，主要是用简练的线条和丰富的色彩来画油画。有的地方房屋也不画了，有几张我在空白的布上题两首诗，有许多画布上没画到，就是意到笔不到。有一张《伏波山望漓江》，我天也不画，题了一首《水调歌头》：

> 万里扶摇去，一笑偶相逢。画友刘关周邓，落笔起飘风。老海平江汗漫[11]，虎步西洋东海，妒杀米南宫[12]。上下三千载，笔墨任纵横。
>
> 从鸥约，添鹤算，未龙钟。笔歌色舞，要写胸次一轮红。剪取漓江青黛，装点神州新貌，留待后人宗。绝巘我能上[13]，谈笑步高峰。

一九七九年，我在北京西山画红叶，叶子的画法也用了些没骨的技法。因为天头空白不多，我在一旁题了一首七绝："诗情画意两无心，红叶苍松境自深；兴到图成秋思远，人间又道是高更。"这种在油画上题诗的做法，前人没有先例，我这样做，是想使油画更靠拢我们的欣赏习惯。

西方画商收购油画，很注重颜料上得厚不厚，总是以厚为好。有些人技巧很好，但不懂意到笔不到的道理，加了又加，后来就弄得僵死似雕琢了。境界要生动，油画也是这样，油画中稀有明快的颜色，简洁、概括的笔，要形成浑厚有力的中国民族气派。我说的"贯通中外""融合中西"，绝不是生吞活剥，不是一半西洋画，一半中国画，硬拿来拼凑；而是让二者不同程度的精神结合起来，在表现技法和构成画意上应有明显的民族风格，它的形式当然还是油画，但是中国人画的油画，应具有注入中华民族精神、民族气质的油画。话要说回来，这也是要用功的，一定要有基础。我也下过功夫的。在巴黎时，我每天下午去画素描。几十年来，我尊重中国民族传统，尊重民族气质，尊重中国画和油画特殊的创新，但我绝不是为创新而创新，而是融合种种的因素使它出乎自然的新，并要追求新面貌、新憧憬。比如画桂林山水，各人画法是不同的，但用“四王”的笔法去画永远也画不好[14]。每座山的线条、石纹、石质、地质形貌都是不同的。六法中有“应物象形”[15]，不能拿老一套的东西乱加在它的上面。细细刻划也不对，要画它的气魄，写它的基本倾向、特征，表现出它的精神气质。

中国画和油画只是工具不同。我们中国人画的油画，要有自己的风格。人类总是喜欢新的东西，老一套就没有意思了。但新东西要为保守派所承认，也要经历着斗争。

百花齐放，当然各种风格都可以有。例如“院体派”，“院体”是个基础，我们都要进学校，叫“院体”。中国也有“院体”。以前考状元写的字就是馆阁体，乌亮沉稳，没有生气，也可以算是书法中老资格的“院体”派，做文章是八股，弄来弄去就是这一套。所以有些状元字都写得不好，学死了。跑进去花了很多时间，跑出来就难了。我们要跑进去又要跑出来。就像画黄山一样，深入黄山又要跳出黄山。这非常重要。

我决不学时髦，不搞抽象派……绘画是造型艺术，抽象夸张得连造型也没有了，很少人能欣赏，我不赞成；但绝对保守我也不赞成。几十年来，我一贯主张艺术革新，主张青年接受艺术新思潮，反对院体派，但也没有提倡五花八门的现代主义艺术。我对于油画的创新不是没有原则的。我也学习写实主义、浪漫主义。我嘉奖后期印象主义的色块、线条和造型方法的许多优点，把这和中国绘画的优良传统结合起来，合成有我心境的第三者。

早在三十年代，百岁老人马相伯先生给我题过十六个字[16]：“西崇实体，中尚虚神，以薪传薪，谁主谁宾。”很值得回味。

（二）油画的色彩

绘画离不开形和色。

发挥形和色本身的作用，摆脱某些概念，有利于欣赏者去发掘艺术作品的内涵。

色彩刺激欣赏者的视觉，产生喜怒哀乐等情绪，但不能持久。只有引起了欣赏者的精神活动，并且用美学素养与生活阅历去补充直觉的时候，认识得到深化，方能产生深刻持久的感染力。

近代自然科学家发现了色彩可以影响植物的发育，以致有人试验用它当作一种有机物来治疗精神病，虽然暂时尚无统一结论，但可以肯定：随着对光谱的分析和对人类视觉本身的研究，色彩学必然会有重大的突破。

谈色彩学之前必须用点篇幅来谈谈形，孤立地谈色是不科学的。

形是客观存在的，是变化的、运动的。近百年来，人们开始厌弃过分追求描摹外形的自然主义绘画，为了表达艺术家内心的体验，也在开始寻找不似之似的传神方法。经过高度选择与概括，艺术家在不失真实的前提下，对描绘对象做些变形。如同古文讲的“遗貌取神”，这是完全允许的。但也有些黔驴技短的末流，片面追求感官的刺激，远离理性，把描摹对象的形变得完全失真，花样翻新，扯起不少派别的旗号，层出不穷，转瞬即逝，正好反映了追求商业利润，造成了某些艺术的没落，有背于表达人类积极向上的健康情绪，这是应当扬弃的。

对于二十世纪世界艺坛上引起很大争论的毕加索[17]，我很喜欢他早期的素描，画得准确、完美，蓝色时期的东西[18]，反映穷苦不幸的人世百图，同样引起我们强烈的共鸣。

从有形无神，到神形兼备的过程中，必然还会有许多过渡性的中间形，摄取什么，恰好反映了作者的修养。不能满足于中间形，要向完美的境界开拓。

抓形，首重构图，由大量印象积累组合而成的个别形象，必须服从全面。

构图时，可以采用古老的几何图形，但必须有时代精神，富于诗意。

后期印象派代表人物塞尚(1839—1905)所作《群女野浴图》，全画大体作三角形布局，基调显得蓬勃向上。这样，经过周密的思考、对比，创造出来的每个人物之间，呼应关系既明确而又含蓄，颇为耐看。

形定下来后，色彩就更能发挥作用。比如黄三角形与色均极鲜明，青圆色与形都很浑厚。色与形性质不一，如黄圆与青三角也可以产生新的调和，种类很多，难以尽述。

不分浓淡冷暖，用某一纯色来纪录形象，会使欣赏者心神恍惚，境界模糊。

要搞清颜色之间的明确界限，才能互相辉映，运用自如。远观近赏，都富于美感。色彩归纳起来有四类：暖而明，暖而暗，寒而明，寒而暗。

黄色暖，有亲近观赏者的运动性。

青色寒，有远离观赏者的运动性。

试画青、黄色圆形各一：黄圆有外散之势，具远心的运动性；青圆有内敛之势，有向心的运动性。黄色有前进之象，宛若壮夫自强不息。但久看则生逼迫不安之感，过浓产生苦觉，如尝柠檬酸味，如闻重浊的风琴声。

青色沉着，消退之性与浓俱深，如闻远笛，有超越自然之感。

青黄合成绿色，相反之动性相消而生不动的印象，故有安静之感。唯久看则生厌倦，具浅易自足之性，有似庸人，如听小提琴平稳的中音。

白色明，黑色暗，一进一退，二者运动性相异。故混白于黄，混黑于青，均能增长其特性。在自然界呈暗黄色的物体不多，也可以证明二色相反。唯黑、白进退之性过度，皆不免趋于消极，遂归沉默。但白中潜伏未来能生之力，犹如音乐当中偶尔出现的停顿；黑色有休止符之感。黑、白合成灰色，不像绿色富于潜力，呈阴郁的静止感。

赤色特性显著，蕴含着郁勃的动力，暖赤色(朱)与中庸之黄色相同，有得势胜利之感，如乐器内粗声的胡笳，冷赤色(茜色)与其他冷色相同，愈浓则意味愈深，活动要素愈淡，纯洁如小提琴奏出的高音。赤与绿俱无外向动性，一则内热，一则潜伏，可设相对。赤加黄变橙，即有外部动性，赤可制黄色之放纵，如有自制力的男子，喻以音乐则似大提琴及暮钟。赤加青成紫(说到性质和谐，冷赤配伍忌黄，暖赤忌青)，若燃息之赤，有悲哀之感，此与音乐中角笛声相仿佛。紫下橙相反对。

上述八种系根本色，合之成色环，性质很易见。

油画布、绢、宣纸、报纸等等质地不同，用色先要摸清个性，才能用得准确。

据《刘海粟散文》，沈虎编，花城出版社，1999年

(注：本文原文有“小引”，编入本书时删除了“小引”。)

注释

[1] 刘海粟(1896—1994)：现代画家、美术教育家。原名槃，字季芳，号海翁。擅长国画、油画、书法，并从事美术理论研究。他是中国现代美术和美术教育的开拓者，一生历任上海美术专科学校校长、华东艺术专科学校校长、南京艺术学院院长、中国文联委员等职。著有《海粟黄山谈

艺录》《中国绘画上的六法论》《刘海粟齐鲁谈艺录》《刘海粟存天阁谈艺录》及专辑《刘海粟艺术文选》《刘海粟大师论艺类辑》等，并出版有几十种画集。

[2] 拉斐尔·桑齐奥（Raffaello Sanzio，1483—1520）：意大利画家、建筑师。与列奥那多·达芬奇和米开朗基罗合称“文艺复兴艺术三杰”。

[3] 石涛（1642—1707?）：清代画家、中国画一代宗师。法名原济，一作元济。本姓朱，名若极。字石涛，又号苦瓜和尚、大涤子、清湘陈人等。擅花卉、蔬果、兰竹，兼工人物，尤善山水，主张“笔墨当随时代”，画山水者应“脱胎于山川”“搜尽奇峰打草稿”，进而“法自我立”。其画讲求新格，面目独具，一反当时仿古之风。

[4] 皴（cūn）：中国画技法之一，涂出物体纹理或阴阳向背。

[5] 印象派：19世纪重要的艺术流派之一，兴起于19世纪60年代，因莫奈的《日出·印象》而得名。主张艺术革新，将光与色的科学观念引入绘画，倡导走出画室，描绘自然景物，以迅速的手法把握瞬间的印象，使画面呈现出新鲜生动的感觉。

[6] 董其昌（1555—1636）：字玄宰，号思白、思翁，别号香光居士，松江华亭（今上海松江）人。明朝书画家。绘画长于山水，注重师法传统技法，追求平淡天真的格调，讲究笔致墨韵，墨色层次分明，拙中带秀，清隽雅逸。其绘画对明末清初的画坛影响很大，并波及近代画坛。没（mò）骨，中国画技法名称，指不用墨线勾勒，直接以水墨或彩色描绘物景。

[7] 后期印象派：19世纪末，许多曾受到印象主义鼓舞的艺术家开始反对印象派，他们反对完全客观的观察方法和表现方法，不满足于刻板片面地追求光色，而更多地赋予绘画以象征意味和主观表现色彩。代表人物为凡高、高更和塞尚。

[8] 焦墨：指国画中的枯笔技法，亦即纯用浓墨而不借助于水的渗化作用的一种画法。

[9] 石溪（1612—1692）：明末清初画家。清初四僧之一。俗姓刘，武陵（今湖南常德）人，法名髡残，字石溪。善画山水，亦工人物、花卉。

[10] 梅园新村：位于南京市汉府街。

[11] 汗漫：广大，漫无边际。

[12] 米南宫：米芾（1051—1107），北宋书法家、画家、书画理论家。世号米颠。徽宗诏为书画学博士，故人称“米南宫”。能诗文，擅书画，精鉴别。书画自成一家，为“宋四书家”（苏、黄、米、蔡）之一。

[13] 巘（yǎn）：山峰。

[14] 四王：清代著名绘画流派，其成员为王时敏、王鉴、王翚（huī）、王原祁四人，因画风接近，又皆姓王，故称四王。其画以山水为主，崇尚摹古，具有“中和”之美。

[15] 六法：中国古代绘画术语。南朝齐（479—502）画家、理论家谢赫《古画品录》归纳整理的绘画社会功能以及品评绘画的六条标准：气韵生动、骨法用笔、应物象形、随类赋彩、经营位置、传移模写。

[16] 马相伯（1840—1939）：原名志德，又名建常，改名良，以字行，晚号华封先生，江苏丹徒人。近代中国著名教育家、政治活动家，天主教耶稣会神父，以及震旦学院、复旦公学、辅仁大学的创始人。

[17] 巴勃罗·鲁伊斯·毕加索（Pablo Ruiz Picasso，1881—1973）：西班牙画家、雕塑家，立体画派创始人，西方现代派绘画的主要代表人物之一。

[18] 蓝色时期：指1901年至1904年之间，毕加索以蓝与蓝绿为主色调作画的时期，这一时期，他的作品多表现一些贫困窘迫的下层人物，常显现出阴郁的感觉。

作品分析

刘海粟先生是我国现代著名的艺术大师。在他的美术实践中，一贯以“融合中西以创新”和“沟通传统，并迎合世界潮流”为准绳，这正是中国新美术运动发展的方向。他在《拭目待天葩》一文中说："既要有历史眼光，纵览上下二千年的画论画迹，又要有囊括中外的世界眼光，凡属健康向上可以吸收的东西，都要拿过来，经过冶炼升华，作我们民族艺术的血肉，对古人和外国人都要不亢不卑，冷静客观，要厚积薄发，游刃有余，随心所欲不逾矩，达到自由和必然统一的境界。"因此他的油画富有国画的内涵，突出的主题、明显的线条和近于国画笔墨的笔触，加上画景的诗意，使他的油画别具一格；而他的国画，既有传统的章法和笔墨，又有西洋画的质感和空间感，色彩鲜丽，光荫交融，使国画出现了新的突破。

刘海粟先生不仅在绘画上锐意进取，独树一帜，创作了大量的艺术珍品，而且广泛涉猎古今中外美学论著，融汇时代的精神，切合自身独创的艺术实践，善于概括、提炼，逐步形成了丰富的具有独到见解的理性认识，对中国现代绘画的理论框架建构贡献巨大。《谈油画艺术》即是他众多理论研究成果中的典范之作。

《谈油画艺术》是一篇充满了作者人生感悟和绘画体验的随笔，由"油画的民族化"和"油画的色彩"两部分组成。从表面上看，这两部分似乎并不相干，一部分谈的是油画如何贯通中西，谈油画中国式发展的必要性和要求；另一部分谈的则是油画创作中形与色的应用。然而，细细读来，这两部分却是有机的统一体，是密不可分的。"油画的民族化"强调"中国人画的油画"所应具有的"精、气、神"，它的历史气节和民族风骨、时代精神和价值追求、文化气度和艺术创造，在油画的中西合璧中如何体现"自强不息"的创造精神和"厚德载物"的文化底蕴，如何体现奋发向上的民族情感和灵魂。在"民族化"的要求下，作者进一步从形和色两方面来建构"中国式"油画的形式，把"民族化"和"构图""色彩"融为一炉，开拓了"中国式"油画的新境界。

第一部分，油画的民族化。

第 1 段以康有为的一段话来引领油画民族化的必要性。"合中西而成新体"的设想，指出了中国画发展的必由之路。

第 2—4 段，从他人的议论转到自己绘画的体会。先进行总括："任何一种艺术形式，包括油画在内，都不能墨守成规，内容形式均要不断更新。"创新是艺术的生命，它需要百折不挠的探索；创新的关键是民族化，在创作中充溢民族的气质和感情，方能使中国油画稳固根本。

第 5—9 段，作者从自身的实践过程来诠释油画民族化的体验。把庐山的秀美与奇幻以国画的技法"横扫在画布上"；利用"油画色块的体积感、雕塑感"为长城造形，"以明快、浓郁的色彩，雄健奇伟的气魄来表现乐观的精神和非凡的创造力"；用灿烂悦目的鲜艳色块来突出西湖的蓬勃生气，又吸收董其昌没骨山水的用色来展现它的柔和清新。作者强调"一个国家的风景画即是一个国家的写照，因此要典型化，要概括"，所以，同一个写生的地方——西湖，在解放前和解放后画来便会大有不同。这些尝试与体验，个中自有许多甘苦，只有艺术家本人才能体会，而这于艺术家也是最难能可贵的财富。

第 10—12 段，插叙自己对中西两种绘画形式的认识。西方印象派对光色的理解和控制与国画的运笔和用色，既有相似，更有区别。而作者却将其融会贯通，"受别人的影响，但又要有自己的东西"，形成独特的风格，关键在于平时对中西名家画作的研究，亦即"读画"；"看多了，就会自然而然地从笔端流露出来"。可见，油画民族化的根本是不倦的学习研究和实践创新。

第 13—15 段，叙述自己在南京画梅园新村、在桂林和阳朔作油画写生、在北京西山画红叶时，在画作中体现民族精神和气质的往事，把前文对线条、色彩的认识具体化并升华到了意境的高度。如何使油画更靠拢国人的欣赏习惯？如何在油画中造出中国式意境？作者提及方法之一——题画。题画是国画的艺术特色之一，题中有画，画中有诗，能起到画龙点睛、深化主题的作用。而在油画上题诗，“前人没有先例”，更强化了油画民族化的创新和神韵。

第16—20段，作者在叙述的基础上又回到议论，通过“论”来深化油画民族化的理性认识，强调“贯通中外”“融合中西”绝不是生吞活剥，而是二者精神的结合。中国人画的油画，在表现技法和构成画意上应具有明显的民族风格，应当注入中华民族的精神和气质。作者强调艺术必须创新，反对没有生气的“院体派”。然而，创新不是没有原则的，作者对于“连造型都没有”的不符合我国大众欣赏习惯的抽象派绘画持保留态度，强调将西方“崇实体”的形式上的优点与中国“尚虚神”的优良传统有机结合，“合成有我心境的第三者”，从而真正实现油画的民族化。

第二部分，油画的色彩。

这一部分是对“油画的民族化”的具体化和拓展，因为“绘画离不开形和色”。这一部分可分为三小节。第一节总论形和色在绘画中的地位与作用，强调形和色“有利于欣赏者去发掘艺术作品的内涵”。第二节侧重谈形，谈构图。强调绘画要达到“神形兼备”，对形的选择取舍需要不断地探索，“不能满足于中间形，要向完美的境界开拓”；同样地，为了臻于完美，构图时必须有时代精神并富于诗意。在形定下来以后，在第三节，作者侧重于谈色。“不分浓淡冷暖，用某一纯色来纪录形象，会使欣赏者心神恍惚，境界模糊。”因此，作者将色彩归纳为暖而明、暖而暗、寒而明、寒而暗四类，举八种根本色（赤橙黄绿青蓝紫茜）为例，从运动性、情感的角度，细化分析颜色的功能，并充分运用中国古代哲学中的“阴阳五行”学说来拓展对各种颜色特性的理解。文末，虽只有一句，即“油画布、绢、宣纸、报纸等等质地不同，用色先要摸清个性，才能用得准确”，把颜色的个性与绘画材料的个性相结合，强调用色的准确，不仅体现了作者的细致，也是对“油画的色彩”这一部分最严谨的总结。

作为艺术随笔，本文作者善于结合自己的绘画实践经验，采取夹叙夹议的方法，娓娓道来，又使人深受启发。从庐山到长城，从富春江畔到西子湖边，从南京到桂林，从一九五六年到一九七九年，作者引入丰富的个人创作体验，以自己的具体画作为例，细致说明“民族化”油画线条色彩的运用与意境的营造，这对于画坛后进晚生技艺的提高必然大有裨益。此外，在关于形与色的论述中，作者充分运用了比喻手法，以乐声、味觉作丰富譬喻，化抽象理论为具体体验，把形与色的作用说活、说透。在说明色彩的不同性质时，作者又注意着重举黄、青、黑、白四种性质相反的颜色为例，在对比中突出不同颜色各自的特性，帮助读者明确颜色之间的界限，欣赏色彩丰富而独特的美感。这一切，都是艺术家的独具匠心之处，值得细心体味。

思考与练习

1. 课文第一部分“油画的民族化”末尾，作者提到马相伯先生的题词“西崇实体，中尚虚神，以薪传薪，谁主谁宾”“很值得回味”，请结合本文内容，谈谈你的理解。

2. 试具体分析第二部分“油画的色彩”中比喻手法的运用。

说　园[1]

陈从周[2]

我国造园具有悠久的历史，在世界园林中树立着独特风格，自来学者从各方面进行分析研究，各抒高见，如今就我在接触园林中所见闻掇拾到的，提出来谈谈，姑名“说园”。

园有静观、动观之分，这一点我们在造园之先，首要考虑。何谓静观，就是园中予游者多驻足的观赏点；动观就是要有较长的游览线。二者说来，小园应以静观为主，动观为辅，庭院专主静观；大园则以动观为主，静观为辅。前者如苏州网师园[3]，后者则苏州拙政园差可似之[4]。人们进入网师园宜坐宜留之建筑多，绕池一周，有槛前细数游鱼，有亭中待月迎风，而轩外花影移墙，峰峦当窗，宛然如画，静中生趣。至于拙政园径缘池转，廊引人随，与“日午画船桥下过，衣香人影太匆匆”的瘦西湖相仿佛[5]，妙在移步换影，这是动观。立意在先，文循意出。动静之分，有关园林性质与园林面积大小。像上海正在建造的盆景园，则宜以静观为主，即为一例。

中国园林是由建筑、山水、花木等组合而成的一个综合艺术品，富有诗情画意。叠山理水要造成“虽由人作，宛自天开”的境界。山与水的关系究竟如何呢？简言之，模山范水，用局部之景而非缩小（网师园水池仿虎丘白莲池[6]，极妙），处理原则悉符画本。山贵有脉，水贵有源，脉源贯通，全园生动。我曾经用“水随山转，山因水活”与“溪水因山成曲折，山蹊随地作低平”来说明山水之间的关系，也就是从真山真水中所得到的启示。明末清初叠山家张南垣主张用平冈小陂、陵阜陂阪[7]，也就是要使园林山水接近自然。如果我们能初步理解这个道理，就不至于离自然太远，多少能呈现水石交融的美妙境界。

中国园林的树木栽植，不仅为了绿化，且要具有画意。窗外花树一角，即折枝尺幅；山间古树三五，幽篁一丛，乃模拟枯木竹石图。重姿态，不讲品种，和盆栽一样，能“入画”。拙政园的枫杨、网师园的古柏，都是一园之胜，左右大局，如果这些饶有画意的古木去了，一园景色顿减。树木品种又多有特色，如苏州留园原多白皮松[8]，怡园多松、梅[9]，沧浪亭满种箬竹，各具风貌。可是近年来没有注意这个问题，品种搞乱了，各园个性渐少，似要引以为戒。宋人郭熙说得好：“山水以山为血脉，以草为毛发，以烟云为神采。”草尚如此，何况树木呢？我总觉得一地方的园林应该有那个地方的植物特色，并且土生土长的树木存活率大，成长得快，几年可茂然成林。它与植物园有别，是以观赏为主，而非以种多斗奇。要能做到“园以景胜，景因园异”，那真是不容易。这当然也包括花卉在内。同中求不同，不同中求同，我国园林是各具风格的。古代园林在这方面下过功夫，虽亭台楼阁，山石水池，而能做到风花雪月，光景常新。我们民族在欣赏艺术上存乎一种特性，花木重姿态，音乐重旋律，书画重笔意等，都表现了要用水磨功夫，才能达到耐看耐听，经得起细细的推敲，蕴藉有余味。在民族形式的探讨上，这些似乎对我们有所启发。

园林景物有仰观、俯观之别，在处理上亦应区别对待。楼阁掩映，山石森严，曲水湾环，都存乎此理。“小红桥外小红亭，小红亭畔、高柳万蝉声。”“绿杨影里，海棠亭畔，红杏梢头。”这些词句不但写出园景层次，有空间感和声感，同时高柳、杏梢，又都把人们视线引向仰观。文学家最敏感，我们造园者应向他们学习。至于“一丘藏曲折，缓步百跻攀”，则又皆留心俯视所致。因此园林建筑物的顶，假山的脚，水口，树梢，都不能草率从事，要着意安排。山际安亭，水边留矶，是能引人仰观、俯观的方法。

我国名胜也好，园林也好，为什么能这样勾引无数中外游人，百看不厌呢？风景洵美，固然是重要原因，但还有个重要因素，即其中有文化、有历史。我曾提过风景区或园林有文物古迹，可丰富其文化内容，使游人产生更多的兴会、联想，不仅仅是到此一游，吃饭喝水而已。文物与风景区园林相结合，文物赖以保存，园林借以丰富多彩、两者相辅相成，不矛盾而统一。这样才能体现出一个有古今文化的社会主义中国园林。

中国园林妙在含蓄，一山一石，耐人寻味。立峰是一种抽象雕刻品，美人峰细看才像。九狮山亦然。鸳鸯厅的前后梁架，形式不同，不说不明白，一说才恍然大悟，竟寓鸳鸯之意。奈何今天有许多好心肠的人，惟恐游者不了解，水池中装了人工大鱼，熊猫馆前站着泥塑熊猫，如做着大广告，与含蓄两字背道而驰，失去了中国园林的精神所在，真太煞风景。鱼要隐现方妙，熊猫馆以竹林引胜，渐入佳境，游者反多增趣味。过去有些园名，如寒碧山庄[10]、梅园、网师园，都可顾名思义，园内的特色是白皮松、梅、水。尽人皆知的西湖十景，更是佳例。亭榭之额真是赏景的说明书。拙政园的荷风四面亭，人临其境，即无荷风，亦觉风在其中，发人遐思。而对联文字之隽永，书法之美妙，更令人一唱三叹，徘徊不已。镇江焦山顶的别峰庵[11]，为郑板桥读书处，小斋三间，一庭花树，门联写着"室雅无须大；花香不在多"。游者见到，顿觉心怀舒畅，亲切地感到景物宜人，博得人人称好，游罢个个传诵。至于匾额，有砖刻、石刻，联屏有板对、竹对、板屏、大理石屏，外加石刻书条石，皆少用画面，比具体的形象来得曲折耐味。其所以不用装裱的屏联，因园林建筑多敞口，有损纸质，额对露天者用砖石，室内者用竹木，皆因地制宜而安排。住宅之厅堂斋室，悬挂装裱字画，可增加内部光线及音响效果，使居者有明朗清静之感，有与无，情况大不相同。当时宣纸规格、装裱大小皆有一定，乃根据建筑尺度而定。

园林中曲与直是相对的，要曲中寓直，灵活应用，曲直自如。画家讲画树，要无一笔不曲，斯理至当。曲桥、曲径、曲廊，本来在交通意义上，是由一点到另一点而设置的。园林中两侧都有风景，随直曲折一下，使行者左右顾盼有景，信步其间使距程延长，趣味加深。由此可见，曲本直生，重在曲折有度。有些曲桥，定要九曲，既不临水面(园林桥一般要低于两岸，有凌波之意)，生硬屈曲，行桥宛若受刑，其因在于不明此理(上海豫园前九曲桥即坏例[12])。

造园在选地后，就要因地制宜，突出重点，作为此园之特征，表达出预想的境界。北京圆明园，我说它是"因水成景，借景西山"，园内景物皆因水而筑，招西山入园，终成"万园之园"。无锡寄畅园为山麓园[13]，景物皆面山而构，纳园外山景于园内。网师园以水为中心。殿春簃一院虽无水，西南角凿冷泉，贯通全园水脉，有此一眼，绝处逢生，终不脱题。新建东部，设计上既背固有设计原则，且复无水，遂成僵局，是事先对全园未作周密的分析，不假思索而造成的。

园之佳者如诗之绝句，词之小令，皆以少胜多，有不尽之意，寥寥几句，弦外之音犹绕梁间(大园总有不周之处，正如长歌慢调，难以一气呵成)。我说园外有园，景外有景，即包括在此意之内。园外有景妙在"借"，景外有景在于"时"，花影、树影、云影、水影、风声、水声、鸟语、花香，无形之景，有形之景，交响成曲。所谓诗情画意盎然而生，与此有密切关系(参见拙作《建筑中的借景问题》)。

万顷之园难以紧凑，数亩之园难以宽绰。紧凑不觉其大，游无倦意；宽绰不觉局促，览之有物。故以静、动观园，有缩地扩基之妙。而大胆落墨，小心收拾(画家语)，更为要谛，使宽处可容走马，密处难以藏针(书家语)。故颐和园有烟波浩渺之昆明湖，复有深居山间的谐趣园，于此可悟消息。造园有法而无式，在于人们的巧妙运用其规律。计成所说的"因借"(因地制宜，借景)，就是法。《园冶》一书终未列式。能做到园有大、小之分，有静观、动观之别，有郊园、市园之异，等等，各臻其妙，方称"得体"(体宜)。中国画的兰竹看来极简单，画家能各具一格；古典折子戏，亦复喜看，每个演员演来不同,就是各有独到之处。造园之理与此理相通。如果定一式使学者死守之,奉为经典,则如画谱之有"芥子园"[14],文章之有八股一样。苏州网师园是公认为小园极则,所谓"小而精,以少胜多"。其设计原则很简单,运用了假山与建筑相对而互相更换的一个原则(苏州园林基本上用此法。网师园东部新建反其道,终于未能成功),无旱船、大桥、大山,建筑物尺度略小,数量适可而止,亭亭当当,像一个小园格局。反之,狮子林增添了大船[15],与水面不称,不伦不类,就是不"得体"。清代汪春田重葺文园有诗:"换却花篱补石阑,改园更比改诗难;果能字字吟来稳,小有亭台亦耐看。"说得透彻极了,到今天读起此诗,对造园工作者来说,还是十分亲切的。

园林中的大小是相对的,不是绝对的,无大便无小,无小也无大。园林空间越分隔,感到越大,越有变化,以有限面积,造无限空间,因此大园包小园,即基此理(大湖包小湖,如西湖三潭印月)。是例极多,几成为造园的重要处理方法。佳者如拙政园之枇杷园、海棠坞,颐和园之谐趣园等,都能达到很高的艺术效果。如果入门便觉是个大园,内部空旷平淡,令人望而生畏,即入园亦未能游遍全园,故园林不起游兴是失败的。如果景物有特点,委宛多姿,游之不足,下次再来。风景区也好,园林也好,不要使人一次游尽,留待多次,有何不好呢?我很惋惜很多名胜地点,为了扩大空间,更希望一览无余,甚至于希望能一日游或半日游,一次观完,下次莫来,将许多古名胜园林的围墙拆去,大是大了,得到的是空,西湖平湖秋月、西泠印社都有这样的后果。西泠饭店造了高层,葛岭矮小了一半。扬州瘦西湖妙在瘦字,今后不准备在其旁建造高层建筑,是有远见的。本来瘦西湖风景区是一个私家园林群(扬州城内的花园巷,同为私家园林群,一用水路交通,一用陆上交通),其妙在各园依水而筑,独立成园,既分又合,隔院楼台,红杏出墙,历历倒影,宛若图画。虽瘦而不觉寒酸,反窈窕多姿。今天感到美中不足的,似觉不够紧凑,主要建筑物少一些,分隔不够。在以后的修建中,这个原来瘦西湖的特征,还应该保留下来。拙政园将东园与之合并,大则大矣,原来部分益现局促,而东园辽阔,游人无兴,几成为过道。分之两利,合之两伤。

本来中国木构建筑,在体形上有其个性与局限性,殿是殿,厅是厅,亭是亭,各具体例,皆有一定的尺度,不能超越,画虎不成反类犬,放大缩小各有范畴。平面使用不够,可几个建筑相连,如清真寺礼拜殿用勾连搭的方法相连,或几座建筑缀以廊庑,成为一组。拙政园东部将亭子放大了,既非阁,又不像亭,人们看不惯,有很多意见。相反,瘦西湖五亭桥与白塔是模仿北京北海大桥[16]、五龙亭及白塔,因为地位不够大,将桥与亭合为一体,形成五亭桥,白塔体形亦相应缩小,这样与湖面相称了,形成了瘦西湖的特征,不能不称佳构,如果不加分析,难以辨出它是一个北海景物的缩影,做得十分"得体"。

远山无脚,远树无根,远舟无身(只见帆),这是画理,亦造园之理。园林的每个观赏点,看来皆一幅幅不同的画,要深远而有层次。"常倚曲阑贪看水,不安四壁怕遮山",如能懂得这些道理,宜掩者掩之,宜屏者屏之,宜敞者敞之,宜隔者隔之,宜分者分之,等等,见其片断,不逞全形,图外有画,咫尺千里,余味无穷。再具体点说:建亭须略低山巅,植树不宜峰尖,山露脚而不露顶,露顶而不露脚,大树见梢不见根,见根不见梢之类。但是运用上却细致而费推敲,小至一树的修剪,片石的移动,都要影响风景的构图。真是一枝之差,全园败景。拙政园玉兰堂后的古树枯死,今虽补植,终失旧貌。留园曲溪楼前有同样的遭遇。至此深深体会到,造园困难,管园亦不易,一个好的园林管理者,他不但要考查园的历史,更应知道园的艺术特征,等于一个优秀的护士对病人作周密细致的了解。尤其重点文物保护单位,更不能鲁莽从事,非经文物主管单位同意,须照原样修复,不得擅自更改,否则不但破坏园林风格,且有损文物,关系到党的文物政策问题。

郊园多野趣,宅园贵清新。野趣接近自然,清新不落常套。无锡蠡园为庸俗无野趣之例[17],网师园属清新典范。前者虽大，好评无多；后者虽小，赞辞不已。至此可证园不在大而在精，方称艺术上品。此点不仅在风格上有轩轾[18]，就是细至装修陈设皆有异同。园林装修同样强调因地制宜，敞口建筑重线条轮廓，玲珑出之，不用精细的挂落装修，因易损伤：家具以石凳、石桌、砖面桌之类，以古朴为主。厅堂轩斋有门窗者，则配精细的装修。其家具亦为红木、紫檀、楠木、花梨所制，配套陈设，夏用藤棚椅面，冬加椅披椅垫，以应不同季节的需要。但亦须根据建筑物的华丽与雅素，分别作不同的处理。华丽者用红木、紫檀，雅素者用楠木、花梨：其雕刻之繁简亦同样对待。家具俗称"屋肚肠"，其重要可知，园缺家具，即胸无点墨，水平高下自在其中。过去网师园的家具陈设下过大功夫，确实做到相当高的水平，使游者更全面地领会我国园林艺术。

古代园林张灯夜游是一件大事，屡见诗文，但张灯是盛会，许多名贵之灯是临时悬挂的，张后即移藏，非永久固定于一地。灯也是园林一部分，其品类与悬挂亦如屏联一样，皆有定格，大小形式各具特征。现在有些园林为了适应夜游，都装上电灯，往往破坏园林风格，正如宜兴善卷洞一样[19]，五色缤纷，宛或餐厅，几不知其为洞穴，要还我自然。苏州狮子林在亭的戗角头装灯[20]，甚是触目。对古代建筑也好，园林也好，名胜也好，应该审慎一些，不协调的东西少强加于它。我以为照明灯应隐，装饰灯宜显，形式要与建筑协调。至于装挂地位，敞口建筑与封闭建筑有别。有些灯玲珑精巧不适用于空廊者，挂上去随风摇曳，有如塔铃，灯且易损，不可妄挂。而电线电杆更应注意，既有害园景，且阻视线，对拍照人来说，真是有苦说不出。凡兹琐琐，虽多陈音俗套，难免絮聒之讥，似无关大局，然精益求精，繁荣文化，愚者之得，聊资参考！

据《说园》，同济大学出版社，1984 年

注 释

[1] 本文是作者 1978 年春应上海植物园所请的讲话稿，经整理而成。

[2] 陈从周(1918—2000)：浙江杭州人，原名郁文，晚年自称梓翁。当代著名古建筑学家、园林艺术家、散文家，工诗词书画。历任圣约翰大学、苏州美专、之江大学教职，同济大学教授，曾任中国园林学会顾问、美国贝聿铭建筑事务所顾问等。主持设计、建造有美国大都会博物馆的明轩、上海豫园东部、云南昆明楠园等。主要著述有《中国建筑史图集》《园林谈丛》《说园》《苏州园林》《扬州园林》《中国名园》《梓室余墨》等。

[3] 网师园：苏州园林中古典山水宅园代表作品，为典型的宅园合一的私家园林。始建于宋孝宗淳熙元年(1174)，始称"渔隐"。乾隆三十年(1765)前后，定名为"网师园"，并形成现状布局。几易其主，园主多为文人雅士，且各有诗文碑刻遗于园内。

[4] 拙政园：苏州园林中面积最大的古典山水园林。始建于明朝正德年间(1506—1521)，今园辖地面积约 83.5 亩。与苏州留园、北京颐和园、承德避暑山庄并称中国四大名园，全国重点文物保护单位，被誉为"中国园林之母"，1997 年被联合国教科文组织列为世界文化遗产。

[5] 瘦西湖：位于扬州市北郊，现有游览区面积 100 公顷左右，1988 年被国务院列为"具有重要历史文化遗产和扬州园林特色的国家重点名胜区"。

[6] 虎丘：位于苏州城西北郊，相传春秋时吴王夫差葬其父于此，葬后三日有白虎踞其上，故名。山高约 36 米，古树参天，山小景多，千年虎丘塔矗立山巅，享有"吴中第一名胜"的美誉。

[7] 陵阜陂阪：高大的土山和倾斜不平的山坡。陵，大土山。阜，土山。陂(pō)，倾斜不平的。

阪(bǎn),山坡。

[8] 留园:中国著名古典园林,位于苏州,以园内建筑布置精巧、奇石众多而知名。中国四大名园之一。

[9] 怡园:位于苏州,清光绪年间所建,因建园较晚,吸收了诸园所长,如复廊、鸳鸯厅、假山、石舫等。

[10] 寒碧山庄:留园一景,以其中多植白皮松,故名寒碧山庄。

[11] 焦山:位于镇江市区东北,以山水天成、古朴幽雅闻名于世,因东汉焦光隐居山中而得名。

[12] 豫园:位于上海市黄浦区,建于明世宗嘉靖三十八年(1559),是明朝时期的私人花园,充分展现了中国古典园林的建筑与设计风格,是江南园林中的一颗明珠。

[13] 寄畅园:坐落在无锡市西郊东侧的惠山东麓,是江南著名的古典园林,始建于明嘉靖初年,园名取自王羲之《答许椽》诗:"取欢仁智乐,寄畅山水阴。"

[14] 画谱之有"芥子园":指《芥子园画谱》,它是一部中国传统绘画的经典课本。近、现代的一些画坛名家如黄宾虹、齐白石、潘天寿等,都把它作为进修的范本。

[15] 狮子林:苏州四大名园之一,至今已有650多年的历史。因园内"林有竹万,竹下多怪石,状如狻猊(狮子)者",故名"狮子林"。

[16] 北海:指北京北海公园,原是辽、金、元所建离宫,明、清辟为帝王御苑,是中国现存最古老、最完整、最具综合性和代表性的皇家园林之一,1925年开放为公园。是中国保留下来的最悠久最完整的皇家园林。

[17] 蠡园:位于无锡市风光秀美的蠡湖之滨,是国家重点名胜区太湖的主要景点之一。相传春秋时越国大夫范蠡偕美人西施泛舟于此,湖因人而得名,园因湖而得名。

[18] 轩轾(xuān zhì):车前高后低为"轩",车前低后高为"轾",喻指高低轻重。

[19] 善卷洞:著名石灰岩溶奇洞,宜兴"三奇"之首。位于宜兴城西南,面积约为5 000平方米,全洞由上、中、下、后四洞组成,洞洞奇异而相通。

[20] 戗角(qiàng jiǎo):中国古建筑中,歇山或四合舍房屋转角处之屋面结构,称之为戗角。

作品分析

陈从周不仅是著名古建筑专家,更是一位学养深厚的"杂家"。他学文史出身,师承"一代词宗"夏承焘教授。他编著的《徐志摩年谱》是研究徐志摩的重要参考文献。他的绘画拜张大千为师,攻山水人物花卉,30岁时在上海开个人画展,引起画坛瞩目。后又从绘画美术切入到园林和古建筑专业,全靠自修,终成大家,在造园理论和实践上形成了一套完整而独特的园林美学思想。《说园》系列是陈从周先生的代表作,一共有五篇,1984年结集成书,由同济大学出版社出版,后又被译成英、法、日等多国语言在国外出版。这是一部古园林研究的理论著作,其中融入了陈从周几十年来对园林建筑的思考、感受和心得,同时又是一辑俊逸清雅、人文气息浓厚的小品,熔文史、书画、音乐、戏剧艺术和园林理论于一炉,体现了陈从周深厚的文学艺术功底和独到的学术见解。

本文是《说园》系列的第一篇,在内容上可分为五个部分。

第一部分(第1自然段),开宗明义,概括我国园林的特点——历史悠久,风格独特。

第二部分(第2自然段),阐述造园的动静之理,指出"园有静观、动观之分",这是在造园之先首要考虑的。以苏州网师园和拙政园为例,说明造园之先,设计者要根据园林的性质和面积的大小来确定园林该以静观为主,还是以动观为主。

第三部分(第3—5自然段)指出中国园林是一个综合艺术品,其间建筑、山水、花木的设计和布置要富有诗情画意。

由于深得中国古典文学和传统文化的精髓，陈从周非常重视园林的意境美，强调园中每一景观的营造都要寓诗情、参画意。例如，他说“叠山理水要造成‘虽由人作，宛自天开’的境界”。模山范水，要“用局部之景而非缩小，处理原则悉符画本”。园中的树木栽植，“不仅为了绿化，且要有画意”。至于树木的选择，他认为不讲究品种，重在突出姿态，要和盆栽一样，能“入画”才好。园林的景物，在空间、层次上应着意安排，以便不管俯视或者仰观，都能让游人领略到“绿杨影里，海棠亭畔，红杏梢头”“一丘藏曲折，缓步百跻攀”这样的诗情画意。

陈从周还认为，要营造出园林的意境美，就应“接近自然”，不能“离自然太远”。从真山真水中，他得到“水随山转，山因水活”的启示。“山贵有脉，水贵有源，脉源贯通，全园生动”，这就是师法自然的效果，只有让园林之景禀得自然之真趣，才能呈现水石交融的美妙境界。在这里，陈从周先生不仅在谈如何造园，还告诉我们什么是美——自然之真才是美。

第四部分(第6—8自然段)指出园林要有文化内涵。中国的园林和名胜是融自然景观和人文景观于一体、浸透了传统文化和历史精神的综合艺术，因此能吸引无数中外游人、令人百看不厌。中国园林的厚重文化凝固在历代文人的笔迹和思想中，以对联、匾额、字画、题辞的形式与园林景观融为一体，丰富了园林艺术的文化底蕴。

陈从周指出，含蓄是中国园林艺术的一大特点。美人峰、九狮山“细看才像”，鸳鸯厅“不说不明白，一说才恍然大悟”，这些都是立峰的成功范例，它们都做到了抽象含蓄，耐人寻味。按照陈从周的观点，景露则境界小，景隐则境界大。所以“水池中装人工大鱼”“熊猫馆前站着泥塑熊猫”，就太煞风景，“失去了中国园林的精神所在”。

对于园林的“曲”与“直”，作者也是很讲究的。“曲中寓直”“曲直自如”，这不仅符合中国画的画理，而且“随意曲折一下，使行者左右顾盼有景，信步其间使距程延长，趣味加深。由此可见，曲本直生，重在曲折有度”这一点作者讲得非常有哲理。

第五部分(第9—16自然段)笔锋落到实处，作者谈造园过程中的具体处理方法。这一部分又可以分为以下三个层次：

第一层(第9—10自然段)，说明造园要因地制宜，突出重点。北京圆明园“因水成景”，无锡寄畅园“面山而构”，这些都是园林家就地取材，巧夺天工的作品。此外，因地制宜还包括向大自然“借景”的技巧。圆明园“借景西山”，招西山入园，终成“万园之园”；寄畅园“纳园外山景于园内”，这些手法都是通过巧“借景”来组织和伸展空间，以产生园外有园、景外有景的深远意境。

第二层(第11—14自然段)强调造园有法无式，在于巧妙运用规律。

对于造园的方法，陈从周认为没有一式可以死守，在古代造园专著《园冶》一书中，造园家计成也没有列出通用的造园方式。因为“园有大、小，有静观、动观之别，有郊园、市园之异”，各有各的特点，无法用一种定式来建造。

谈到造园之法，陈从周很推崇“隔景”一法。他认为园林中的大小也是相对的，“无大便无小，无小便无大”，关键在于空间的分隔，“园林空间越分隔，感到越大，越有变化”，这样就能以有限面积，造无限空间。“隔景”是造园的重要处理方法，善于运用，能达到很高的艺术效果。但现实中许多园林景点的设计却没有处理好大与小的关系，为扩大空间而将围墙拆去，“大是大了，得到的是空”，让作者惋惜不已。

第三层(第15—16自然段)在园林的装修陈设方面，陈从周也强调要因地制宜，接近自然。

就装修和摆设来说，敞口建筑和室内建筑不同，亭台廊阁和厅堂轩斋有别。敞口建筑怕风吹日晒，不用精细的挂落装修，家具以石凳、石桌为主；厅堂轩斋有门窗，就可以配上精细的装修，家具用红木、紫檀、花梨等高档实木。园林的灯饰也是一个重要的细节。先生认为灯的大小、类型、安装的位置都关乎一个园林的整体风格，灯光装饰应审慎一些，注意与建筑的协调。

《说园》具有独特的艺术风格，作者陈从周是一位才华横溢的学者、艺术家，他打通了各种艺术之间的界限，将中国的园林艺术纳入传统文化之中，使园境、画境、诗境、曲境、书法之境相得益彰。比如，他说："园之佳者如诗之绝句，词之小令，皆以少胜多，有不尽之意，寥寥几句，弦外之音犹绕梁间（大园总有不周之处，正如长歌慢调，难以一气呵成）。"此处，作者指出园林意境与诗歌、绘画、戏曲的意境在美学上具有共通之处，都贵在从有限中见出无限，都追求象外之象、景外之景。又比如，他深谙园林布局结构与书法布局结构的同一性原理，运用书法之理来说明园林中的景致安排，指出要"大胆落墨，小心收拾（画家语）""使宽处可容走马，密处难以藏针（书家语）"，甚为精辟。

《说园》文笔优美，充满文人雅趣，即使不是园林专业的人，阅读起来也能得到美的享受。

思考与练习

1. 本文从哪些方面体现了陈从周的园林意境观？

2. 有学者评论陈从周是一位极具"立体感"的学者和艺术家。请结合《说园》谈一谈你是如何理解的？

延展阅读

洛阳名园记(节选)

李格非

富郑公园

洛阳园池，多因隋唐之旧，独富郑公园最为近辟，而景物最胜。游者自其第东出探春亭，登四景堂，则一园之景胜可顾览而得。南渡通津桥，上方流亭，望紫筠堂而还。右旋花木中，有百余步，走荫樾亭，赏幽台，抵重波轩而止。直北走土筠洞，自此入大竹中。凡谓之洞者，皆斩竹丈许，引流穿之，而径其上。横为洞一，曰土筠；纵为洞三，曰水筠，曰石筠，曰榭筠。历四洞之北，有亭五，错列竹中，曰丛玉、曰披风、曰漪岚、曰夹竹、曰兼山。稍南有梅台，又南有天光台。台出竹木之杪。遵洞之南而东，还有卧云堂。堂与四景堂并，南北左右二山，背压通流。凡坐此，则一园之胜，可拥而有也。郑公自还政事归第，一切谢宾客，燕息此园，凡二十年。亭台花木，皆出其目营心匠，故逶迤衡直，闿爽深密，皆曲有奥思。

苗帅园

节度使苗侯既贵，欲极天下佳处，卜居得河南。河南园宅，又号最佳处，得开宝宰相王溥园，遂构之。园既古，景物皆苍老，复得完力藻饰出之，于是有欲凭陵诸园之意矣。园故有七叶二树，对峙，高百尺，春夏望之如山然，今创堂其北。竹万余竿，皆大满二三围。疏筠琅玕，如碧玉椽，今创亭其南。东有水，自伊水派来，可浮十石舟，今创亭压其溪。有大松七，今引水绕之。有池宜莲荇，今创水轩，板出水上。对轩有桥亭，制度甚雄侈。然此犹未尽得王丞相故园。水东为直龙图阁赵氏所得，亦大创第宅园池其间。稍北曰“郑鄏陌”，陌列七丞相之第。文潞公、程丞相宅旁皆有池亭，而赵韩王园独可与诸园列。

水北胡氏园

水北胡氏二园，相距十余步，在邙山之麓，瀍水经其旁。因岸穿二土室，深百余尺，坚完如埏埴，开轩窗其前，以临水上。水清浅则鸣漱，湍瀑则奔驶，皆可喜也。有亭榭花木，率在二室之东。凡登览徜徉，俯瞰而峭绝，天授地设，不待人力而巧者，洛阳独有此园耳。但其亭台之名，皆不足载。载之目乱实。如其台四望，尽百余里，而萦伊缭洛乎其间。林木荟蔚，烟云掩映，高楼曲榭，时隐时见，使画工极思不可图，而名之曰“玩月台”；有庵在松桧藤葛之中，辟旁牖，台之所见，亦毕陈于前，避松桧，搴藤葛，的然与人目相会，而名之曰“学古庵”。其实皆此类。

独乐园

司马温公在洛阳，自号迂叟，谓其园曰“独乐园”。卑小不可与它园班。其曰“读书堂”者，数十椽屋。浇花亭者，益小。弄水种竹轩者，尤小。曰“见山台”者，高不过寻丈。曰“钓鱼庵”、曰“采药圃”者，又特结竹杪，落蕃蔓草为之尔。温公自为之序，诸亭台诗，颇行于世。所以为人欣慕者，不在于园耳。

湖园

洛人云，园圃之胜不能相兼者六：务宏大者，少幽邃；人力胜者，少苍古；多水泉者，艰眺望。兼此六者，惟湖园而已。予尝游之，信然。在唐为裴晋公宅园。园中有湖，湖中有堂，曰“百花洲”，名盖旧，堂盖新也。湖北之大堂曰“四并堂”，名盖不足，胜盖有余也。其四达而当东西之蹊者，桂堂也。截然出于湖之右者，迎晖亭也。过横地，披林莽，曲径而后得者，梅台、知止庵也。自竹径望之超然，登之翛然者，环翠亭也。渺渺重邃，犹擅花卉之盛，而前据池亭之胜者，翠樾轩也。其大略如此。若夫百花酣而白昼眩，青苹动而林阴合，水静而跳鱼鸣，木落而群峰出，虽四时不同，而景物皆好，则又其不可殚记者也。

吕文穆园

伊、洛二水自东南分注河南城中，而伊水尤清彻，园亭喜得之。若又当其上流，则春夏无枯涸之病。吕文穆园在伊水上流，木茂而竹盛。有亭三，一在池中，二在池外，桥跨池上，相属也。

洛阳又有园池中有一物特可称者，如大隐庄“梅”、杨侍郎园“流杯”、师子园“师子”是也。“梅”盖早梅，香甚烈而大。说者云自大庾岭移其本至此。“流杯”水虽急，不旁触，为异。“师子”非石也，入地数十尺。或以地考之，盖武后天枢销铄不尽者也。舍此又有“嘉猷”“会节”“恭安”“溪园”等，皆隋唐官园，虽已犁为良田，树为桑麻矣。然宫殿池沼，与夫一时会集之盛，今遗俗故老犹有识其所在而道其废兴之端者，游之亦可以观万物之无常，览时之倏来而忽逝也。

据明《古今逸史》本《洛阳名园记》

论中国建筑之几个特征

林徽因

中国建筑为东方最显著的独立系统，渊源深远，而演进程序单纯，历代继承，线索不紊，而基本结构上又绝未因受外来影响致激起复杂变化者。不止在东方三大系建筑之中，较其他特广，而艺术又独臻于最高成熟点。即在世界东西各建筑派系中，相较起来，也是个极特殊的直贯系统。大凡一例建筑，经过悠长的历史，多参杂外来影响，而在结构，布置乃至外观上，常发生根本变化，或循地理推广迁移，因致渐改旧制，顿易材料外观，待达到全盛时期，则多已脱离原始胎形，另具格式。独有中国建筑经历极长久之时间，流布甚广大的地面，而在其最盛期中或在其后代繁衍期中，诸重要建筑物，均始终不脱其原始面目，保存其固有主要结构部分，及布置规模，虽同时在艺术工程方面，又皆无可置议的进化至极高程度。更可异的是：产生这建筑的民族的历史却并不简单，且并不缺乏种种宗教上、思想上、政治组织上的叠出变化；更曾经多次与强盛的外族或在思想上和平的接触（如印度佛教之传入），或在实际利害关系上发生冲突战斗。

这结构简单、布置平整的中国建筑初形，会如此的泰然，享受几千年繁衍的直系子嗣，自成一个最特殊、最体面的建筑大族，实是一桩极值得研究的现象。

虽然，因为后代的中国建筑，即达到结构和艺术上极复杂精美的程度，外表上却仍呈现出一种单纯简朴的气象，一般人常误会中国建筑根本简陋无甚发展，较诸别系建筑低劣幼稚。这种错误观念最初自然是起于西人对东方文化的粗忽观察，常作浮躁轻率的结论，以致影响到中国人自己对本国艺术发生极过当的怀疑乃至鄙薄。好在近来欧美迭出深刻的学者对于东方文化慎重研究，细心体会之后，见解已迥异从前，积渐彻底会悟中国美术之地位及其价值。但研究中国艺术尤其是对于建筑，比较是一种新近的趋势。外人论著关于中国建筑的，尚极少好的贡献，许多地方尚待我们建筑家今后急起直追，搜寻材料考据，作有价值的研究探讨，更正外人的许多隔膜和谬解处。

在原则上，一种好建筑必含有以下三要点：实用，坚固，美观。实用者，切合于当时当地人民生活习惯，适合于当地地理环境。坚固者，不违背其主要材料之合理的结构原则，在寻常环境之下，含有相当永久性的。美观者，具有合理的权衡（不是上重下轻巍然欲倾，上大下小势不能支；或孤耸高峙或细长突出等等违背自然律的状态），要呈现稳重、舒适、自然的外表，更要诚实地呈露全部及部分的功用，不事掩饰，不矫揉造作、勉强堆砌。美观，也可以说，即是综合实用、坚稳两点之自然结果。

一，中国建筑，不容疑义的，曾经包含过以上三种要素。所谓曾经者，是因为在实用和坚固方面，因时代之变迁已有疑问。近代中国与欧西文化接触日深，生活习惯已完全与旧时不同，旧有建筑当然有许多跟着不适用了。在坚稳方面，因科学发达结果，关于非永久的木料，已有更满意的代替，对于构造亦有更经济精审的方法。

已往建筑因人类生活状态时刻推移，致实用方面发生问题以后，仍然保留着它的纯粹美术的价值，是个不可否认的事实。和埃及的金字塔，希腊的巴瑟农庙（Parthenon）一样，北京的坛、庙、宫、殿，是会永远继续着享受荣誉的，虽然它们本来实际的功用已经完全失掉。纯粹美术价值，虽然可以脱离实用方面而存在，它却绝对不能脱离坚稳合理的结构原则而独立的。因为美的权衡比例，美观上的多少特征，全是人的理智技巧，在物理的限制之下，合理地解决了结构上所发生的种种问题的自然结果。

二，人工制造和天然趋势调和至某程度，便是美术的基本，设施雕饰于必需的结构部分，是锦上添花；勉强结构纯为装饰部分，是画蛇添足，足为美术之玷。

中国建筑的美观方面，现时可以说，已被一般人无条件地承认了。但是这建筑的优点，绝不是在那浅现的色彩和雕饰，或特殊之式样上面，却是深藏在那基本的，产生这美观的结构原则里，及中国人的绝对了解控制雕饰的原理上。我们如果要赞扬我们本国光荣的建筑艺术，则应该就它的结构原则和基本技艺设施方面稍事探讨；不宜只是一味的，不负责任，用极抽象或肤浅的诗意美谀，披挂在任何外表形式上，学那英国绅士骆斯背（Ruskin）对高矗式（Gothic）建筑，起劲地唱些高调。

建筑艺术是个在极酷刻的物理限制之下老实的创作。人类由使两根直柱架一根横楣，而能稳立在地平上起，至建成重楼层塔一类作品，其间辛苦艰难的展进，一部分是工程科学的进境，一部分是美术思想的活动和增富。这两方面是在建筑进步的一个总题之下同行并进的。虽然美术思想这边，常常背叛他们的共同目标——创造好建筑——脱逾常轨，尽它弄巧的能事，引诱工程方面牺牲结构上诚实原则，来将就外表取巧的地方。在这种情形之下时，建筑本身常被连累，损伤了真正的价值。在中国各代建筑之中，也有许多这样的证例，所以在中国一系列建筑之中的精品，也是极罕有难得的。

大凡一派美术都分有创造、试验、成熟、抄袭、繁衍、堕落诸期，建筑也是一样。初期作品创造力特强，含有试验性。至试验成功，成绩满意，达尽善尽美程度，则进到完全成熟期。成熟之后，必有相当时期因承相袭，不敢，也不能逾越已有的则例；这期间常常是发生订定则例章程的时候。再来便是在琐节上增繁加富，以避免单调，冀求变换，这便是美术活动越出目标时。这时期始而繁衍，继则堕落，失掉原始骨干精神，变成无意义的形式。堕落之后，继起的新样便是第二潮流的革命元勋。第二潮流有鉴于已往作品的优劣，再研究探讨第一代的精华所在，便是考据学问之所以产生。

中国建筑的经过，用我们现有的极有限的材料作参考，已经可以略略看出各时期的起落兴衰。我们现在也已走到应作考察研究的时代了。在这有限的各朝代建筑遗物里，很可以观察、探讨其结构和式样的特征，来标证那时代建筑的精神和技艺，是兴废还是优劣。但此节非等将中国建筑基本原则分析以后，是不能有所讨论的。

在分析结构之前，先要明了的是主要建筑材料，因为材料要根本影响其结构法的。中国的主要建筑材料为木，次加砖石瓦之混用。外表上一座中国式建筑物，可明显地分作三大部：台基部分；柱梁部分；屋顶部分。台基是砖石混用。由柱脚至梁上结构部分，直接承托屋顶者则全是木造。屋顶除少数用茅茨、竹片、泥砖之外自然全是用瓦。而这三部分——台基、柱梁、屋顶——可以说是我们建筑最初胎形的基本要素。

《易经》里："上古穴居而野处，后世圣人易之以宫室，上栋。下宇。以待风雨。"还有《史记》里："尧之有天下也，堂高三尺……"可见这"栋""宇"及"堂"（基）在最古建筑里便占定了它们的部分势力。自然最后经过繁重发达的是"栋"——那木造的全部，所以我们也要特别注意。

木造结构，我们所用的原则是"架构制"（Framing system）。在四根垂直柱的上端，用两横梁两横枋周围牵制成一"间架"（梁与枋根本为同样材料，梁较枋可略壮大。在"间"之左右称柁或梁，在间之前后称枋）。再在两梁之上筑起层叠的梁架以支横桁，桁通一"间"之左右两端，从梁架顶上"脊瓜柱"上次第降下至前枋上为止。桁上钉椽，并排栉篦，以承瓦板，这是"架构制"骨干的最简单的说法。总之“架构制”之最负责要素是：(一) 那几根支重的垂直立柱；(二) 使这些立柱，互相发生联络关系的梁与枋；(三) 横梁以上的构造，梁架、横桁，木椽，及其附属木造，完全用以支承屋顶的部分。

“间”在平面上是一个建筑的最低单位。普通建筑全是多间的且为单数。有“中间”或“明间”“次间”“稍间”“套间”等称。

中国“架构制”与别种制度(如高矗式之“砌拱制”或西欧最普通之古典派“垒石”建筑)之最大分别：(一) 在支重部分之完全依赖立柱，使墙的部分不负结构上重责，只同门窗隔屏等，尽相似的义务——间隔房间，分划内外而已；(二) 立柱始终保守本质不似古希腊之迅速代之以垒石柱，且增加负重墙(Bearing wall)，致脱离“架构”而成“垒石”制。

这架构制的特征，影响至其外表式样的，有以下最明显的几点：(一) 高度无形的受限制，绝不出木材可能的范围。(二) 即使极庄严的建筑，也是呈现绝对玲珑的外表。结构上既绝不需要坚厚的负重墙，除非故意为表现雄伟的时候，酌量增用外(如城楼等建筑)，任何大建，均不需墙壁堵塞部分。(三) 门窗部分可以不受限制，柱与柱之间可以完全安装透光线的细木作——门屏窗牖之类。实际方面，即在玻璃未发明以前，室内已有极充分光线。北方因气候关系，墙多于窗，南方则反是，可伸缩自如。

这不过是这结构的基本方面，自然的特征。还有许多完全是经过特别的美术活动，而成功的超等特色，使中国建筑占极高的美术位置的，而同时也是中国建筑之精神所在。这些特色最主要的便是屋顶、台基、斗拱、色彩和均称的平面布置。

屋顶本是建筑上最实际必需的部分，中国则自古不殚烦难地使之尽善尽美。使切合于实际需求之外，又特具一种美术风格。屋顶最初即不止为屋之顶，因雨水和日光的切要实题，早就扩张出檐的部分。使檐突出并非难事，但是檐深则低，低则阻碍光线，且雨水顺势急流，檐下溅水问题因之发生。为解决这个问题，我们发明飞檐，用双层瓦椽，使檐沿稍翻上去，微成曲线。又因美观关系，使屋角之檐加甚其仰翻曲度。这种前边成曲线，四角翘起的“飞檐”，在结构上有极自然又合理的布置，几乎可以说它便是结构法所促成的。

如何是结构法所促成的呢？简单说：例如“庑殿”式的屋瓦，共有四坡五脊。正脊寻常称房脊，它的骨架是脊桁。那四根斜脊，称“垂脊”，它们的骨架是从脊桁斜角，下伸至檐桁上的部分，称由戗及角梁。桁上所钉并排的椽子虽像全是平行的，但因偏左右的几根又要同这“角梁平行”，所以椽的部位，乃由真平行而渐斜，像裙裾的开展。

角梁是方的，椽为圆径(有双层时上层便是方的，角梁双层时则仍全是方的)。角梁的木材大小几乎倍于椽子，到椽与角梁并排时，两个的高下不同，以致不能在它们上面铺钉平板，故此必需将椽依次地抬高，令其上皮同角梁上皮平，在抬高的几根椽子底下填补一片三角形的木板称“枕头木”。

这个曲线在结构上几乎不可信的简单和自然，而同时在美观方面不知增加多少神韵。飞檐的美，绝用不着考据家来指点的。不过注意那过当和极端的倾向常将本来自然合理的结构变成取巧与复杂。这过当的倾向，外表上自然也呈出脆弱，虚张的弱点，不为审美者所取，但一般人常以为愈巧愈繁必是愈美，无形中多鼓励这种倾向。南方手艺灵活的地方，过甚的飞檐便是这种证例。外观上虽是浪漫的姿态，容易引诱赞美，但到底不及北方的庄重恰当，合于审美的最真纯条件。

屋顶曲线不止限于挑檐，即瓦坡的全部也不是一片直坡倾斜下来，屋顶坡的斜度是越往上越增加。

这斜度之由来是依着梁架叠层的加高，这制度称做“举架法”。这举架的原则极其明显，举架的定例也极其简单只是叠次将梁架上瓜柱增高，尤其是要脊瓜柱特别高。

使檐沿作仰翻曲度的方法，在增加第二层檐椽，这层檐甚短只驮在头檐椽上面，再出挑一节，这样则檐的出挑虽加远，而不低下阻蔽光线。

总的说起来，历来被视为极特异神秘之屋顶曲线，并没有什么超出结构原则和不自然造作之处，同时在美观实用方面均是非常的成功。这屋顶坡的全部曲线，上部巍然高举，檐部如翼轻展，使本来极无趣、极笨拙的屋顶部，一跃而成为整个建筑的美丽冠冕。

在周礼里发现有“上欲尊而宇欲卑；上尊而宇卑，则吐水疾而霤远”之句。这句可谓明晰地写出实际方面之功效。

既讲到屋顶，我们当然还是注意到屋瓦上的种种装饰物。上面已说过，雕饰必是设施于结构部分才有价值，那么我们屋瓦上的脊瓦吻兽又是如何？

脊瓦可以说是两坡相联处的脊缝上一种镶边的办法，当然也有过当复杂的，但是诚实地来装饰一个结构部分，而不肯勉强地来掩饰一个结构枢纽或关节，是中国建筑最长之处。

瓦上的脊吻和走兽，无疑的，本来也是结构上的部分。现时的龙头形“正吻”古称“鸱尾”，最初必是总管“扶脊木”和脊桁等部分的一块木质关键，这木质关键突出脊上，略作鸟形，后来略加点缀竟然刻成鸱鸟之尾，也是很自然的变化。其所以为鸱尾者还带有一点象征意义，因有传说鸱鸟能吐水，拿它放在瓦脊上可制火灾。

走兽最初必为一种大木钉，通过垂脊之瓦，至“由戗”及“角梁”上，以防止斜脊上面瓦片的溜下，唐时已变成两座“宝珠”，在今之“戗兽”及“仙人”地位上。后代鸱尾变成“龙吻”，宝珠变成“戗兽”及“仙人”，尚加增“戗兽”“仙人”之间一列“走兽”，也不过是雕饰上变化而已。

并且垂脊上戗兽较大，结束“由戗”一段，底下一列走兽装饰在角梁上面，显露基本结构上的节段，亦甚自然合理。

南方屋瓦上多加增极复杂的花样，完全脱离结构上任务纯粹的显示技巧，甚属无聊，不足称扬。

外国人因为中国人屋顶之特殊形式，迥异于欧西各派，早多注意及之。论说纷纷，妙想天开。有说中国屋顶乃根据游牧时代帐幕者，有说象形蔽天之松枝者，有目中国飞檐为怪诞者，有谓中国建筑类儿戏者，有的全由走兽龙头方，无谓的探讨意义，几乎不值得在此费时反证，总之这种曲线屋顶已经从结构上分析了，又从雕饰设施原则上审察了，而其美观实用方面又显著明晰，不容否认。我们结论实可以简单地承认它艺术上的大成功。

中国建筑的第二个显著特征，并且与屋顶有密切关系的，便是“斗拱”部分。最初檐承于椽，椽承于檐桁，桁则架于梁墙。此梁端既是由梁架延长，伸出柱的外边。但高大的建筑物出檐既深，单指梁端支持，势必不胜，结果必产生重叠木“翘”支于梁端之下。但单籍木翘不够担全檐沿的重量，尤其是建筑物愈大，两柱间之距离也愈远，所以又生左右岔出的横“拱”来接受“檐桁”这前后的木翘，左右的横拱，结合而成的“斗拱”全部（在拱或翘昂的两端和相交处，介于上下两层拱或翘之间的斗形木块称“科”）。“昂”最初为又一种之翘，后部斜伸出斗拱后用以支“金桁”。

斗拱是柱与屋顶的过渡部分。伸支出的房檐的重量渐次集中下来直到柱的上面。斗拱的演化，每是技巧上的进步，但是后代斗拱（约略从宋元以后），便变化到非常复杂，在结构上已有过当的部分，部位上也有改变。本来斗拱只限于柱的上面（今称柱头斗），后来为外观关系，又增加一攒所谓“平身科”者，在柱与柱之间。明清建筑上平身科加增到六七攒，排成一列，完全成为装饰品，失去本来功用。“昂”之后部功用变废除，只余前部形式而已。

不过当复杂的斗拱，的确是柱与檐之间最恰当的关节，集中横展的屋檐重量，到垂直的立柱上面，同时变成檐下的一种点缀，可作结构本身变成装饰部分的最好条例。可惜后代的建筑多减轻斗拱的结构上重要，使之几乎纯为奢侈的装饰品，令中国建筑失却一个优越的中坚要素。

斗拱的演进式样和结构限于篇幅不能再仔细述说，只能就它的极基本原则上在此指出它的重要及优点。

斗拱以下的最重要部分，自然是柱及柱与柱之间的细巧的木作。魁伟的圆柱和细致的木刻门窗对照，又是一种艺术上的得意之点。不止如此，因为木料不能经久的原始缘故，中国建筑又发生了色彩的特征。涂漆在木料的结构上为的是：(一) 保存木质抵制风日雨水。(二) 可牢结各处接合关节。(三) 加增色彩的特征。这又是兼收美观实际上的好处，不能单以色彩作奇特繁华之表现。彩绘的设施在中国建筑上，非常之慎重，部位多限于檐下结构部分，在阴影掩映之中。主要彩色亦为"冷色"如青蓝碧绿，有时略加金点。其他檐以下的大部分颜色则纯为赤红，与檐下彩绘正成反照。中国人的操纵色彩可谓轻重得当。设使滥用彩色于建筑全部，使上下耀目辉煌，必成野蛮现象，失掉所有庄严和调谐，别系建筑颇有犯此忌者，更可见中国人有超等美术见解。

至彩色琉璃瓦产生之后，连黯淡无光的青瓦，都成为片片堂皇的黄金碧玉，这又是中国建筑的大光荣，不过滥用杂色瓦，也是一种危险，幸免这种引诱，也是我们可骄傲之处。

还有一个最基本结构部分——台基——虽然没有特别可议论称扬之处，不过在全个建筑上看来，有如许壮伟巍峨的屋顶如果没有特别舒展或多层的基座托衬，必显出上重下轻之势，所以既有那特种的屋顶，则必需有这相当的基座，架构建筑本身轻于垒砌建筑，中国又少有多层楼阁，基础结构颇为简陋，大建筑的基座加有相当的石刻花纹，这种花纹的分配似乎是根据原始木质台基而成，积渐施之于石。与台基连带的有石栏、石阶、辇道的附属部分，都是各有各的功用而同时又都是极美的点缀品。

最后的一点关于中国建筑特征的，自然是它的特种的平面布置。平面布置上最特殊处是绝对本着均衡相称的原则，左右均分的对峙。这种分配倒并不是由于结构，主要原因是起于原始的宗教思想和形式，社会组织制度，人民俗习，后来又因喜欢守旧仿古，多承袭传统的惯例。结果均衡相称的原则变成中国特有的一个固执嗜好。

例外于均衡布置建筑，也有许多。因庄严沉闷的布置，致激起故意浪漫的变化，此类若园庭、别墅，宫苑楼阁者是平面上极其曲折变幻，与对称的布置正相反其性质。中国建筑有此两种极端相反布置，这两种庄严和浪漫平面之间，也颇有混合变化的实例，供给许多有趣的研究，可以打消西人浮躁的结论，谓中国建筑布置上是完全的单调而且缺乏趣味。但是画廊亭阁的曲折纤巧，也得有相当的限制。过于勉强取巧的人工虽可令寻常人惊叹观止，却是审美者所最鄙薄的。

在这里我们要提出中国建筑上的几个弱点。(一) 中国的匠师对木料，尤其是梁，往往用得太费。他们显然不明了横梁载重的力量只与梁高成正比例，而与梁宽的关系较小。所以梁的宽度，由近代的工程眼光看来，往往嫌其太过。同时匠师对于梁的尺寸，因没有计算木力的方法，不得不尽量地放大，用极大的 factor of safety，以保安全，结果是材料的大糜费。(二) 他们虽知道三角形是唯一不变动的几何形，但对于这原则极少应用。所以中国的屋架，经过不十分长久的岁月，便有倾斜的危险。我们在北平街上，到处可以看见这种倾斜而用砖墙或木桩支撑的房子。不唯如此，这三角形原则之不应用，也是屋梁费料的一个大原因，因为若能应用此原则，梁就可用较小的木料。（三）地基太浅是中国建筑的大病。普通则例规定是台明高之一半，下面再垫上几点灰土。这种做法很不彻底，尤其是在北方，地基若不刨到结冰线（Frost Line）以下，建筑物的坚实方面，因地的冻冰，一定要发生问题。好在这几个缺点，在新建筑师的手里，并不成难题。我们只怕不了解，了解之后，要去避免或纠正是很容易的。

结构上细部枢纽，在西洋诸系中，时常成为被憎恶部分。建筑家不惜费尽心思来掩蔽它们。大者如屋顶用女儿墙来遮掩，如梁架内部结构，全部藏入顶篷之内；小者如钉，如合叶，莫不全是要掩藏的细部。独有中国建筑敢袒露所有结构部分，毫无畏缩遮掩的习惯，大者如梁，如椽，如梁头，如屋脊；小者如钉，如合叶，如箍头，莫不全数呈露外部，或略加雕饰，或布置成纹，使转成一种点缀。几乎全部结构各成美术上的贡献。这个特征在历史上，除西方高矗式（Gothic）建筑外，唯有中国建筑有此优点。

现在我们方在起始研究，将来若能将中国建筑的源流变化悉数考察无遗，那时优劣诸点，极明了地陈列出来，当更可以慎重讨论，作将来中国建筑趋途的指导。省得一般建筑家，不是完全遗弃这已往的制度，则是追随西人之后，盲目抄袭中国宫殿，作无意义的尝试。

关于中国建筑之将来，更有特别可注意的一点：我们架构制的原则适巧和现代“洋灰铁筋架”或“钢架”建筑同一道理，以立柱横梁牵制成架为基本。现代欧洲建筑为现代生活所驱，已断然取革命态度，尽量利用近代科学材料，另具方法形式，而迎合近代生活之需求。若工厂、学校、医院及其他公共建筑等为需要日光便利，已不能仿取古典派之垒砌制，致多墙壁而少窗牖。中国架构制既与现代方法恰巧同一原则，将来只需变更建筑材料，主要结构部分则均可不有过激变动，而同时因材料之可能，更作新的发展，必有极满意的新建筑产生。

据《林徽因讲建筑》，林徽因著，陕西师范大学出版社，2004 年

（注：本文原载《中国营造学社汇刊》第三卷 1 期，1932 年 3 月，署名是林徽音。）

海岳名言(节选)

米　芾

历观前贤论书,征引迂远,比况奇巧,如“龙跳天门,虎卧凤阁”,是何等语?或遣辞求工,去法逾远,无益学者。故吾所论,要在入人,不为溢辞。

吾书小字行书,有如大字。唯家藏真迹跋尾,间或有之,不以与求书者。心既贮之,随意落笔,皆得自然,备其古雅。壮岁未能立家,人谓吾书为集古字,盖取诸长处总而成之。既老,始自成家,人见之,不知以何为祖也。

葛洪“天台之观”飞白,为大字之冠,古今第一。欧阳询“道林之寺”,寒俭无精神。柳公权国清寺,大小不相称,费尽筋骨。裴休率意写牌,乃有真趣,不陷丑怪。真字甚易,唯有体势难,谓不如画算,勾,其势活也。

字之八面,唯尚真楷见之,大小各自有分。智永有八面,已少钟法。丁道护、欧、虞笔始勾,古法亡矣。柳公权师欧,不及远甚,而为丑怪恶札之祖。自柳,世始有俗书。

唐官告在世,为褚、陆、徐峤之体,殊有不俗者。开元已来,缘明皇字体肥俗,始有徐浩,以合时君所好,经生字亦自此肥,开元已前古气,无复有矣。

唐人以徐浩比僧虔,甚失当。浩大小一伦,犹吏楷也。僧虔,萧子云传钟法,与子敬无异,大小各有分,不一伦。徐浩为颜真卿辟客,书韵自张颠血脉来,教颜“大字促令小,小字展令大”,非古也。

石刻不可学,但自书使人刻之,已非已书也,故必须真迹观之,乃得趣。如颜真卿每使家僮刻字,故会主人意,修改波撇,致大失真。唯吉州庐山题名,题讫而去,后人刻之,故皆得其真,无做作凡差,乃知颜出于褚也。又真迹皆无蚕头燕尾之笔,与郭知运《争坐位帖》有篆、籀气,颜杰思也。柳与欧为丑怪恶札祖,其弟公绰乃不俗于兄,筋骨之说出于柳,世人但以怒张为筋骨,不知不怒张,自有筋骨焉。

凡大字要如小字,小字要如大字。褚遂良小字如大字,其后经生祖述,间有造妙者。大字如小字,未之见也。

世人多写大字时用力捉笔,字愈无筋骨神气,作圆笔头如蒸饼,大可鄙笑。要须如小字,锋势备全,都无刻意做作,乃佳。自古及今,余不敏,实得之。榜字固已满世,自有识者知之。

石曼卿作佛号,都无回互转摺之势,小字展令大,大字促令小,是颠教颜真卿谬论。盖字自有大小相称,且如写“太一之殿”,作四窠分,岂可将“一”字肥满一窠,以对“殿”字乎?盖自有相称,大小不展促也。余尝书“天庆之观”，“天”“之”字皆四笔，“庆”“观”字多画在下，各随其相称写之，挂起气势自带过，皆如大小一般，虽真，有飞动之势也。

书至隶兴，大篆古法大坏矣。篆籀各随字形大小，故知百物之状，活动圆备，各各自足，隶乃始有展促之势，而三代法亡矣。

欧、虞、褚、柳、颜皆一笔书也。安排费工，岂能垂世。李邕脱子敬，体乏纤浓。徐浩晚年力过，更无气骨，皆不如作郎官时《婺州碑》也。《董孝子》《不空》皆晚年恶札，全无妍媚，此自有识者知之。沈传师变格，自有超世真趣，徐不及也。御史萧诚书《太原题名》，唐人无出其右，为司马系《南岳真君观碑》，极有钟、王趣，余皆不及矣。

字要骨格，肉须裹筋，筋须藏肉，帖乃秀润生。布置稳不俗，险不怪，老不枯，润不肥。变态贵形不贵苦，苦生怒，怒生怪；贵形不贵作，作入画，画入俗，皆字病也。

“少成若天性，习惯若自然”，兹古语也。吾梦古衣冠人授以摺纸书，书法自此差进。写与他人都不晓。蔡元长见而惊曰：“法何太遽异耶！”此公亦具眼人。章子厚以真自名，独称吾行草，欲吾书如排算子，然真字须有体势乃佳尔。

一日不书，便觉思涩。想古人未尝片时废书也。因思苏之才《恒公至洛帖》字明意，殊有工，为天下法书第一。

学书须得趣，他好俱忘，乃入妙；别为一好萦之，便不工也。

海岳以书学博士召对，上问本朝以书名世者凡数人，海岳各以其人对，曰：“蔡京不得笔，蔡卞得笔而乏逸韵，蔡襄勒字，沈辽排字，黄庭坚描字，苏轼画字。”上复问：“卿书如何？”对曰：“臣书刷字。”

据明刻《百川学海》本《海岳名言》

用儿童的眼光看生活

马蒂斯

创造是美术家真正的职责：没有创造就没有美术。但是，把这种创造力归于天赋的才能将是一种误解。在美术中，真正的创造者不仅是一位具有天赋才能的生灵，而且是一位为了特定的目标、成功地把各种功能综合安排在一起的人，美术作品就是这种活动的成果。

因而美术家用观看来开始创造。观看本身就是一种创造性的行为，需要某种努力。我们在日常生活里看到的每一事物，或多或少被已经养成的习惯歪曲了，这种情况，在我们这个世纪或许更加明显，电影广告和杂志每天向我们提供了大量供眼睛看的现成的形象，它们的作用就如同偏见对心灵的作用一样。

希望不带偏见地观看事物的努力，需要勇气这类东西。这种勇气对要像头一次看东西时那样看每一事物的美术家来说是根本的：他应该像他是孩子时那样去看生活，假如他丧失了这种能力，他就不可能用独创的方式(也就是说，用个人的方式)去表现自我。

举例说吧。我觉得对一位真正的画家来说，没有比描绘一朵玫瑰花更困难的事了，在他能那么做之前，他首先必须忘掉一切画出过的玫瑰花，我常问那些到旺斯来看我的客人们是否注意到了路边的蓟，没有人注意它们。他们全都能认出柯林斯式柱头上的莨苕叶形装饰，但记忆中的柱头妨碍了他们在自然中看到蓟。看出每一事物的真实面目是通向创造的第一步，这需要持续不断的努力。创造就是表现存在于我们自身中的东西，每一创造性的成果都来自其中。我们也应当培育我们的感情，而要做到这一点我们只能依靠从我们周围的世界中获得的材料。这是如下的一种过程：美术家同外部世界联合，进而渐渐地使自我与外部世界同化，直到素描表现的客观对象变成他生命的一部分，直到他把它融入自身中，从而能把它作为自己的创造物表现在油画上。

当我画一幅肖像时，我一次次回到草图上，每次我都是在画一幅新的肖像：这不是一幅修改的肖像，而是重新开始的完全不同的一幅肖像。每次我都从同一人物中提取出一个不同的生命。

为了使我的研究更圆满，我时常借助于同一人物不同年龄时的照片，最终使肖像可能会显示出一个更年轻或有一种不同神态动作的人物，这个人物形象同他或她当模特儿时显示的样子不太相同，原因是我觉得这种神态动作最真实，最好地揭示了模特儿真正的个性。

因而，一件美术作品就是长期准备工作的最终顶点。当美术家画的对象出现在其构图中时，直接或类推地，他从周围的环境中捕捉一切能滋养他内心所看到的东西。这样一来，他就把自己置于一种能创造的地位上。他用所掌握的全部形象来丰富自己的内心，从而有一天他将会创造一种新的节奏。

正是通过表现这种新的节奏，美术家的作品才真正成为有创造性的。为了实现这一点，他必须精选而不是集聚细节，例如，从所有可能的组合中，挑选出使绘画有生命力的最富于表现力的线条来；他必须去寻找合适的措辞以便把自然的事实转化成美术。

在我的《有木兰花的静物》中，我把绿色的大理石桌画成红色的，在另一处，我必须用黑色来暗示太阳在海面上的反射，所有这些转换移位丝毫也不是偶然的或一时兴致所至。而是一系列研究的结果，这是考虑到它们同整个作品中其他部分的关系，我觉得那些色彩是必要的，只有这样才能产生我想获得的效果。色彩与线条都是力量，创造的秘密就在于利用并平衡这些力量。

旺斯小礼拜堂是我早些时候的研究成果，在它上面，我尝试实现各种力量的协调。玻璃不同的蓝色、绿色、黄色形成了小礼拜堂内部的一种光，严格地说，这种光不是由选用的色彩中任何一种色彩形成的，而是它们共同混合在一起的生动的产物。意图是使由色彩形成的这种光在玻璃窗对面的墙壁上的黑白两色缕印的图案花纹表面上（这表面上的线条有意地隔得很宽）奏出音乐般的效果来。对比使我能把光的明暗配合发挥到最活跃的境地，使它成为本质的因素，使整个建筑结构具有丰富的色彩、温暖的感觉和生动的气氛，其目的就是使整个建筑具有一种无限广阔的空间效果，尽管它并不大。整个小礼拜堂的每一根线条和每一个细部都是为这种效果服务的。

我觉得，就是在这个意义上，可以说美术是模仿自然的，也就是通过创造性的作者把生命力灌注于作品之中来模仿自然。这么一来，美术品就会显得那么丰富，具有那么令人震撼的力量和那么光辉灿烂的美，就像我们在自然的作品中发现的那样。

为了实现这种效果，需要伟大的爱，需要一种能够激起并保持对真理不懈追求的爱，一种能够激起并保持对伴随一件美术品诞生的强烈和分析的深刻的爱。不过，难道爱不是一切创造的本源吗？

据《马蒂斯论艺术》，[美] 杰克·德·弗拉姆编，欧阳英译，河南美术出版社，1987 年

#「单元三」

行 走 中 国

导读

大自然的丽景到处都是，造物主伟大的创造难以诉说。从古到今，名山大川，江河湖海，无数作家艺术家留下足迹，他们大笔书写，泼洒笔墨，浇灌心灵。他们留下的文字，许多成为绝世经典，充满人文关怀，他们或隐或藏的心灵，无论宁静，无论风暴，都记录了他们当时的想法……这就是旅游文学的魅力，这是心灵与自然的交会，这是风景在人们心中唤起的美感与共鸣。这时候，旅游文学就不仅仅是文学，而是充满人文意味的文字。

旅游文学有广义和狭义之分。广义的旅游文学是指以旅游为题材的文学作品，凡涉及旅游的诗歌、散文都是旅游文学，也包括与旅游相关的故事、传说、楹联、戏曲、小说，乃至于人物传记等。狭义的旅游文学主要指的是游记。由于篇幅所限，以及考虑到大学语文课程的性质，本单元主要选择游记，并选择了部分诗词。对于广义的旅游文学里的一些类别，酌情选择一些作为课外阅读提供给同学们学习参考。

王国维在《人间词话》中说："昔人论诗词，有景语、情语之别。不知一切景语，皆情语也。""一切景语皆情语"——王国维这话是论诗词的，但是，用来形容旅游文学实在是再恰切不过了。实际上，对旅游文学来说，纯粹的风景描写是很少很少的，在风景描写背后，往往有作者真正要表达的意思。在这个意义上说，旅游文学是真正的寓一切"情语"于"景语"的文学。

但是，写"景语"是很困难的。世界上的风景，姿态万千，形态各异，更有各种名物，动物的，植物的，山川的，名物尚且难以知道完全，要真实描写又是谈何容易。从这个意义上说，旅游文学实在是最难以精确描写的文学，因为"语言"有很大的局限。也许有人会发问，在这个图像、影像发达的时代，还需要阅读有极大局限的由语言写出的旅游文学作品吗？

历史学家萨孟武先生教自己的孩子作文，从来不出游记之类的题目。萨孟武认为，游记不容易写。欧阳修的《喜雨亭记》不过是借题发挥，苏东坡的前后《赤壁赋》也是一样，何曾写到风景，纵写风景也不过寥寥数语而已。

然而，因此就放弃旅游文学了吗？显然不能。毕竟，在历代优秀的文学作品里，还是可以找到写得不错的旅游文学作品。尽管，从风景描写的精确程度来看，要找到完美的作品并不是件容易的事。

我们再回到萨孟武先生对游记的观点，萨孟武先生的话也许是有道理的，尤其是他作为一个历史学家，他对文章的要求更多地追求精确性。因此，他的看法有他的专业背景在里面。要讲精确，游记之类的旅游文学的确不如照相机、摄影机精确，甚至不如绘画作品来得精确。我们须知，语言是模糊的，但语言的模糊却不是它的缺点，或许正是它的优点。正是语言的不精确，使通过语言所描写的"风景"显得更富有浪漫的性格，它虽然不如图像、影像、绘画来得精确，却能给我们更大的想象的余地，也许正是这种余地，给我们更大的美的感受。文字和图像，各有所长，亦各有所短，这是它们能够共存的原因。

我们也不能不认识到，游记等的旅游文学作品，最难的是如何从"景语"到"情语"，"景语"已经很困难达到精确，至于"情语"，要与"景语"相融，达到"一切景语皆情语"的境界，这是多么困难的事。

所幸的是，中国的作家们，似乎最擅长"一切景语皆情语"的艺术。他们善于在景语中将自己的情感熔铸其中，善于在景语中寄托自己的情感。实际上，不含情语的景语是没有价值的，而优秀的诗人、作家在景语中熔铸情感在其中是很自然的事情。

此外，旅游文学能够给读者带来丰富的知识和美的享受，尤其是那些描写精彩、意在言外的旅游文学作品。虽然，如萨孟武先生说的，他不喜欢游记一类的旅游文学，但是，我们也不能不说柳宗元的游记确乎是游记中的精品，我们也不能不说苏轼的前后《赤壁赋》确实写得好。此外，大量的旅游文学作品都在彰显出旅游文学的魅力。尽管语言有许多的不足，但是，正是有许多不足的语言创造了文学的奇迹，也创造了旅游文学的奇迹。

本单元所选的旅游文学作品，虽然不能说篇篇经典，字字珠玑，但也是从繁花似锦的旅游文学作品中精选出来的华章丽文，所涉及的景点也多数是极为有名的。熟读这些旅游文学作品，感受山川的秀丽瑰伟，得到美的享受，其间滋味，只有在细细品读后方能体会。

因为本单元所选的多为游记，现将游记再略为说明。

我国的游记文学渊源久远。东汉马第伯的《封禅仪记》、孙绰的《游天台山赋并序》是游记的雏形；鲍照的《登大雷岸与妹书》、郦道元的《水经注》标志游记文学已初具规模；柳宗元的《永州八记》意味着游记文学的成熟。宋代的游记深受理学影响，游记中多有性理。名作如王安石《游褒禅山记》、苏轼《石钟山记》、苏辙《黄山快哉亭记》等。明清两代是游记文学的鼎盛期。尤其是晚明公安派、竟陵派等作家的游记追求性灵，在山水游记中表达对人生世界的看法。明代游记名作家有公安三袁——袁宗道、袁宏道、袁中道。袁宗道的游记作品如《游西山》《大别山》等，袁宏道的《西湖杂记》《满井游记》等，袁中道的《西山十记》等。还有王思任的《游敬亭山记》《游天台山记》等，谭元春的《游南岳记》等，张岱的《西湖七月半》《湖心亭看雪》等，都是明代游记中的佳作。至于徐霞客的游记更是明代游记的佼佼者，不仅有着极高的地理科学价值，也有独特的文学审美价值。清代的桐城派古文作家中，写游记的也不少，如戴名世、方苞、刘大櫆、姚鼐，以及林纾等大师都有游记传世。像方苞的《游雁荡记》、姚鼐的《登泰山记》、林纾的《游西溪记》等，其他如袁枚的《游武夷山记》等，名作如林，不可计数。

游记文学一般有两种，一种如柳宗元的《永州八记》，所谓"心游万仞""托兴寄怀"。这种游记往往在文字背后表达作者对人生世相的看法，或者寄托自己的思想。第二种如陆游的《入蜀记》、徐霞客的《徐霞客游记》，这种游记往往类于绘画中的写生之作，充满了自然纯真之美。

本单元所选与游记相关的诗词四首，分别是孟浩然的《与诸子登岘山》、辛弃疾的《水龙吟》。都是名家名作，是我国文学史上有着重要地位的作品。在此不一一赘述。

柳宗元是唐宋八大家之一，文章自有过人之处。尤其是他的游记，更是成就非凡。这一篇《钴鉧潭西小丘记》是柳宗元著名的《永州八记》之一，其余七篇分别是《始得西山宴游记》《钴鉧潭记》《至小丘西小石潭记》《袁家渴记》《石渠记》《石涧记》《小石城山记》。柳宗元在《钴鉧潭西小丘记》显然别有寄托，而不仅仅是写钴鉧潭西小丘而已，这是阅读时要注意的。

欧阳修是北宋文学的重要代表之一，也是唐宋八大家之一。他的《丰乐亭记》写于他贬在滁州太守任上，另外一篇写于滁州的名文是《醉翁亭记》，这两篇文章可以对照起来阅读，皆为散文杰作也。金圣叹高度评价《丰乐亭记》："记山水，却纯述圣宋功德；记功德，却又纯写徘徊山水。寻之不得其迹，曰：只是不把圣宋功德看得奇怪，不把徘徊山水看得游戏。此所谓心地浮厚，学问真到文字也。"

朱熹是理学的集大成者，学识渊深。他的《百丈山记》写的是今天福建省建阳市的百丈山，作为理学大师的朱熹，在这篇游记中，并没有着力在理趣方面，而是重点描写百丈山的美丽风景，层次清楚，细致生动，显见作者高超的观察力，语言运用也精到。

余秋雨的《柳侯祠》是文化散文，这种散文在20世纪90年代以来持续至今，一直为文坛作者喜爱，读书界也很喜欢此类作品。余秋雨以《文化苦旅》掀起文化散文的浪潮，自然有他的贡献。这种文化散文，往往站在现代角度，审视历史文化，并往往借助游记这种形式，因而别开生面。本文就是这样，它不仅写柳侯祠，也写了柳宗元的悲剧命运，这就比一般游记有了更深刻的内涵，又比一般人物传记更有文学性。好读，有意思，大概是这种文章的特点。

朱以撒是福建师范大学美术学院教授，博士生导师。他既是杰出的书法家，也是著名的散文家。朱以撒是中国书法的研究者和实践者，他的书法研究著作早已在学术界产生重大影响，他的书法作品更是声名远播。实际上，朱以撒的散文可以认为是书法研究之余的成果。从这个角度来说，他的散文大概可以划入学者散文之列。他的许多散文都有书法艺术的背景，即便是可以归入游记类的散文也是如此。《兰亭情结》就是这样的一篇特别的游记。《兰亭情结》不仅有书法艺术的痕印，还有游记的因子，又有作者独特的生命哲学表达，所有这些，都赋予这篇散文乃至于朱以撒老师的其他散文别致的风味。

旅游文学有什么特点呢?

首先是知识性。旅游文学都是描写旅游景点为核心的文学，越是有名气的景点，留下的文学作品也越多。旅游诗词、楹联等与它们的篇幅有关，自然不能包含过细的景点知识——包括景点的历史知识、地理知识、文化知识等等，所涉及的景点知识往往需要背景知识的补充。而游记、故事、传说等，则往往含有丰富的景点知识，借此增长见闻，加增知识，这也是人们愿意阅读旅游文学作品的原因之一。

第二是抒情性。不否认有的以白描为主的旅游文学，往往情感表达比较隐藏，不够直接。但是，旅游文学毕竟是文学，而抒情是文学的主要使命。好的文学作品，都有抒情性，旅游文学也不例外。而且，“一切景语皆情语”也正是旅游文学尤其是游记文学的特点，即使是纯景物描写的游记文学，也往往都有作者的情感在里面。

第三是理趣性。理趣是指理智上的趣味，也指理智上的收获。前面讲过，宋代的游记往往有理趣，像王安石的《游褒禅山记》、苏轼的《石钟山记》等，这些游记往往借助游记的形式表达义理，读者读完可以享受理智上的愉悦。其实，旅游文学作品的知识性也是理趣之一种，因为获得知识也是理趣上的满足。所以，理趣也有两种：一种是知识上的满足，一种是哲理上的满足。很难说哪一种比较好，哪一种比较不好，不同的读者有不同的需求，或者能够同时得到知识上和哲理上的满足。

第四是审美性。文学作品都能够给人美的享受，旅游文学也是如此。旅游本身就是一种富于审美性的活动，旅游文学作品对景点的描写——即使是白描——也能给读者以美的享受。旅游文学的审美性包括景点的自然美，也包括旅游文学作品的语言美，以及旅游文学作品的哲理。自然美、语言美和哲理一起构成了旅游文学的审美性。

旅游文学，开启你的心灵之旅……

主讲课文

与诸子登岘山[1]

孟浩然[2]

人事有代谢，往来成古今。
江山留胜迹[3]，我辈复登临。
水落鱼梁浅[4]，天寒梦泽深[5]。
羊公碑尚在[6]，读罢泪沾襟。

据宋刻本《孟浩然诗集》

注 释

[1] 岘山：山名，一名岘首，在湖北襄阳城南，是当地名胜。

[2] 孟浩然（689—740）：盛唐著名山水田园诗人，与王维合称“王孟”。襄阳（今湖北襄阳）人，故世称“孟襄阳”。著有《孟浩然集》。

[3] 胜迹：指名胜古迹。此处特指堕泪碑。

[4] 鱼梁：鱼梁洲，沙洲名，其地在襄阳。

[5] 梦泽：即云梦泽，古代大泽名。云泽在江北，梦泽在江南，合称云梦泽。这里泛指湖泊。

[6] 羊公碑：西晋名将羊祜曾驻岘山，其死后，百姓建碑纪念他。《晋书·羊祜传》：祜乐山水，常造岘山。尝叹曰：“自有宇宙，便有此山。由来贤达胜士，登此远望，如我与卿者多矣！皆湮灭无闻，使人悲伤。如百岁后有知，魂魄犹应登此也。”祜卒后，襄阳百姓于岘山建碑立庙，岁时飨祭焉。望其碑者莫不流涕，杜预因名为“堕泪碑”。

作品分析

孟浩然一生未曾入仕，生平经历相对简单，他的诗歌创作题材也不宽，多写山水田园和隐逸、行旅等内容。孟诗已摆脱初唐应制，多抒写个人抱负。

由于孟浩然生当盛唐，早年有用世壮志，然而仕途困顿，终不被用，而以隐居终老。在求官与归隐的矛盾中，孟浩然的内心充满痛苦，在他的山水田园诗之外，也不无愤世感慨之作。本诗即是一首触景伤情的感怀之作。

这首五言律诗为怀古伤今之作。此诗是孟浩然隐居鹿门山时游览岘山凭吊羊公碑而作，作者因求仕不遇、壮志难伸而心情苦闷，登上岘山，吊古感今，于是借古抒怀，情感深沉。

孟浩然登上岘山，触景生情生理，吊古而伤今，感时而伤怀，不仅感慨人生无常的自然真理，而且想到自己空有抱负却壮志难酬，不禁分外悲伤，泪湿衣襟。首联“人事有代谢，往来成古今”，凭空落笔，点明人生至理，引发人生感慨。人间世事更替变化，古往今来，沧海桑田，这是亘古不变的自然法则。诗歌落笔即写理，开首便流露出诗人心事茫茫、惆怅无限。颔联“江山留胜迹，我辈复登临”写事，江山留下历代名胜古迹，如今我们又重新登临。此联叙述作者自己与友人一起登临古人曾登临过的名山。该联承接首联，“江山留胜迹”即写古，同时又引出颈联，“我辈复登临”是写今，颈联的景物就是此处“登临”所见。颔联出语自然，承上启下，在诗中起到了纽带的作用。颈联“水落鱼梁浅，天寒梦泽深”是写景。草木凋零，河水清浅，由于“水落”，鱼梁洲更多地呈露出水面，故曰“浅”；更远处，云梦泽无边无际、辽阔广远，天寒水清，冷气阴森，让人更觉湖泊之“深”。这是诗人登山所见，景象萧森，也烘托出作者心境的哀伤。尾联“羊公碑尚在，读罢泪沾襟”，意为羊祜堕泪碑依然巍峨矗立，读完碑文让人落泪，感慨万千。此联抒情，不仅伤悼古代贤明，同时也为自己不能像羊祜那样建功立业而悲哀。一个“尚”字，指明羊祜因政绩卓著而令后人仰慕，留名后世。联想自己，自觉亦怀匡世济国之志，却仕途坎坷，求仕而不遇，报国但无门，不得已而隐逸终了一生，无所作为，功不成名不就，死后难免如羊祜所言“湮灭无闻”。作者拿羊祜和自己对比，前人流芳千古，自己却默默无闻，于是引发身世之感，不由黯然神伤，不禁潸然泪下。

全诗抒发了自己的历史感叹，寄寓着作者因仕途失败而不能施展抱负的哀伤。这首诗将理、事、景、情融为一体，开篇说理，收尾抒情，情理呼应，结构独特。同时，此诗语言平易通俗，情感真挚动人。全诗平淡自然，却意蕴丰厚，韵致深婉，正所谓于平淡之中见深远，体现了孟浩然诗歌的古澹清远的风格。

思考与练习

1. 首联看似闲笔却不是闲笔，请你结合尾联说说这“闲笔”的最大妙处是什么？
2. 背诵这首诗。

水　龙　吟

登建康赏心亭[1]

辛弃疾[2]

楚天千里清秋，水随天去秋无际。遥岑远目[3]，献愁供恨，玉簪螺髻[4]。落日楼头，断鸿声里，江南游子。把吴钩看了[5]，栏杆拍遍，无人会，登临意。

休说鲈鱼堪脍，尽西风，季鹰归未[6]？求田问舍，怕应羞见，刘郎才气[7]。可惜流年，忧愁风雨[8]，树犹如此[9]！倩何人、唤取红巾翠袖[10]，揾英雄泪？

据元大德刻本《稼轩长短句》

注　释

[1] 建康：今江苏南京。赏心亭，《景定建康志》：赏心亭在下水门城上，下临秦淮，尽观赏之胜。王辟之《渑水燕谈录·书画》："祥符中，丁晋公出典金陵，真宗以《袁安卧雪图》赐之，真古妙手，或言周昉笔，亦莫可辨。至陵，择城之西南隅旷绝之地，建赏心亭，中设巨屏，置图其上，遂为金陵奇观。"

[2] 辛弃疾(1140—1207)：南宋词人，历城(今山东济南)人。字幼安，号稼轩。他一生坚决主张抗金复国，但政治上不得志，曾长期落职闲居江西。辛弃疾是豪放派代表人物，与苏轼并称"苏辛"。著有《稼轩长短句》。

[3] 遥岑：远处的小山。岑：小而高的山。

[4] 玉簪螺髻：玉簪，碧玉簪，古代妇女的一种首饰。螺髻，螺旋盘结的发髻。均形容远山秀美。

[5] 吴钩：钩，兵器之一，似剑而弯曲。吴钩，春秋吴国人铸造的钩。李贺《南园》："男儿何不带吴钩，收取关山五十州。"暗指收复北方失地之意。

[6] 季鹰，《晋书·张翰传》："翰因见秋风起，乃思吴中菰菜、莼羹、鲈鱼脍，曰：'人生贵得适志，何能羁宦数千里以要名爵乎？'遂命驾而归。"意思是张翰(季鹰)在洛阳做官，见秋风起，于是思念家乡吴中的鲈鱼等美味，遂弃官而归。

[7] 求田问舍，怕应羞见，刘郎才气：《三国志·魏书·陈登传》载，许汜向刘备抱怨陈登看不起他，"久不相与语，自上大床卧，使客卧下床"。刘备批评许汜在国家危难之际只知置地买房，说"如小人(刘备自称)欲卧百尺楼上，卧君于地，何但上下床之间邪"。求田问舍，置地买房。刘郎，刘备。

[8] 忧愁风雨，苏轼《满庭芳》："百年里，浑教是醉，三万六千场。思量，能几许，忧愁风雨，一半相妨。"风雨，比喻飘摇危迫的国势。

[9] 树犹如此，《世说新语·言语》："桓公北征，经金城，见前为琅邪时种柳，皆已十围，慨然曰：'木犹如此，人何以堪！'"攀枝执条，泫然流泪。

[10] 红巾翠袖：女子装饰，代指女子。

作品分析

辛弃疾从23岁南归，虽然一片爱国真心，但是并不受到南宋朝廷的重用。他在26岁时上《美芹十论》，又不被采纳。他在吴江流落两年，心情苦闷。29岁时，他在建康府做通判时，写下了这首词。

上片写辛弃疾登建康赏心亭所见，表达出内心难言的悲哀与愤怒。“楚天千里清秋”写作者登临的地点、时间。“楚天”指楚地的天空，泛指南方地区。“千里”极言所见极其广阔。“清秋”写秋天，一方面指天空明净清朗，也指秋天的萧瑟凄凉。“水随天去秋无际”写长江之水浩浩荡荡，连绵不断，同时也写出作者的连绵的忧愁。悲秋情绪，一览无余。所以有后面的“遥岑远目，献愁供恨，玉簪螺髻”。辛弃疾在赏心亭遥望远山，他看到的是被金兵占领的大好河山，心情忧郁。“遥岑远目”实为“远目遥岑”，“献愁供恨，玉簪螺髻”实为“玉簪螺髻，献愁供恨”，这自然是用拟人的手法，作者不说自己心情不好，而说“玉簪螺髻”在为他自己“献愁供恨”。这种写法，更深沉地写出了作者内心的悲苦。接下来“落日楼头，断鸿声里，江南游子”三句是辛弃疾当时的情境的写照。写辛弃疾这个流离江南的“游子”，在落日洒照的赏心亭里，在失群的断鸿声中，是何等孤单。在这里，“落日”象征着南宋江山的岌岌可危，而“断鸿”象征辛弃疾流离江南的身世，也指作者怀才不遇、英雄无用武之地。辛弃疾从北方到南方，是为了精忠报国，收复山河，但现实一次次击碎他的理想，这怎不叫他伤怀？最后四句“把吴钩看了，阑干拍遍，无人会，登临意”写出了辛弃疾的孤独感。吴钩是吴国铸造的宝刀，也指作者的武功和才华，这是说自己空有才华，却毫无用处，吴钩看了一遍又一遍，伤悲情绪，涌上心头。“阑干拍遍”就是“拍遍阑干”，这是写他的悲愤之深切，内心之激愤。“无人会，登临意”再次写作者的孤独寂寞。走笔至此，人们仿佛看见一个爱国者在赏心亭里极目远眺，内心充满了无限的孤独与寂寞。

下片承续“无人会，登临意”，用三个典故表达自己的内心所思所感，表达他的苦闷与伤感。“休说鲈鱼堪脍，尽西风，季鹰归未”用的是西晋张翰的典故。张翰(季鹰)是苏州人，他在洛阳做官，见秋风起而思念故乡的菰菜、莼羹、鲈鱼脍，就辞官回家了。李白《行路难》(其三)中的“君不见，吴中张翰称达生，秋风忽忆江东行。且乐生前一杯酒，何须身后千载名?”也用了这个典故。辛弃疾用这个典故是说家乡的美味让人思念，但因为北方早已沦陷，自己有家难归。也流露出对南宋朝廷的萎靡不振、不思复国的忧愤。但是，辛弃疾在此不是要学季鹰辞官回家，而是希望自己能够报效祖国，收复山河。“求田问舍，怕应羞见，刘郎才气”用了《三国志》陈登的典故。东汉末年，许汜拜访陈登。陈登胸怀豪气，许汜与他见面时，谈的都是“求田问舍”之事。陈登看不起他，晚上睡觉时，陈登睡在大床上，叫许汜睡在下床。许汜把这件事告诉了刘备。刘备听了后说：“如小人(刘备自称)欲卧百尺楼上，卧君于地，何但上下床之间邪!”辛弃疾用这个典故是表达自己既不像张季鹰为了吃鲈鱼而回家乡，也不会像许汜是为了求田问舍。表明作者胸怀壮志，不做像许汜那样不关心国事的人。“可惜流年，忧愁风雨，树犹如此!”典故出自刘义庆的《世说新语》：“桓公北征，经金城，见前为琅邪时种柳，皆已十围，慨然曰：‘木犹如此，人何以堪!’攀枝执条，泫然流泪。”“可惜流年”写时光飞逝；“忧愁风雨”写处境艰危；“树犹如此”写自己年华老大宏图不展。这就是辛弃疾“登临”赏心亭之“意”，可惜这种“登临意”却“无人会”。因此，辛弃疾注定是孤独的。最后作者写道：“倩何人、唤取红巾翠袖，揾英雄泪。”“倩”即请。“红巾翠袖”代指美人。意思是请谁去叫这些美女为自己擦拭英雄之泪水，这是作者伤怀知音难觅的孤独感。男儿有泪不轻弹，辛弃疾确实有无限的伤感，导致他泪水淋漓；加上没有知音擦拭自己的泪水，他内心的孤独与忧愤也就可想而知了。

这首词通过登临建康赏心亭抒发了作者内心的孤独与苦闷，塑造了一个怀抱才华的孤独英雄的形象，也是托物寄兴的典范之作。作者由写景到抒情，由现实到历史，在怀古伤今中表达自己的情怀，虽然沉痛，但不绝望，整首词的基调依然慷慨激昂，表现出辛弃疾词作的豪放特色。另外，喜欢用典是辛弃疾词作的特点，这首词也用了三个典故，这三个典故用得非常贴切。好的典故往往能够使作品含蕴深刻丰富，情致更为深沉。

思考与练习

1. 辛弃疾是豪放派的代表人物之一，试分析这首词如何体现其豪放特色？
2. 历来有人说辛弃疾喜欢掉书袋，试分析本词所用的三个典故是辛弃疾掉书袋的表现吗？
3. 背诵这首词。

钴鉧潭西小丘记

柳宗元[1]

得西山后八日[2]，寻山口西北道二百步，又得钴鉧潭[3]。西二十五步，当湍而浚者为鱼梁[4]。梁之上有丘焉，生竹树。其石之突怒偃蹇[5]，负土而出，争为奇状者，殆不可数。其嵚然相累而下者[6]，若牛马之饮于溪；其冲然角列而上者，若熊罴之登于山。

丘之小不能一亩，可以笼而有之。问其主，曰："唐氏之弃地，货而不售。"问其价，曰："止四百。"余怜而售之。李深源、元克己时同游[7]，皆大喜，出自意外。即更取器用，铲刈秽草，伐去恶木，烈火而焚之。嘉木立，美竹露，奇石显。由其中以望，则山之高，云之浮，溪之流，鸟兽之遨游，举熙熙然回巧献技，以效兹丘之下。枕席而卧，则清泠之状与目谋，瀯瀯之声与耳谋[8]，悠然而虚者与神谋，渊然而静者与心谋。不匝旬而得异地者二，虽古好事之士，或未能至焉。

噫！以兹丘之胜，致之沣、镐、鄠、杜[9]，则贵游之士争买者，日增千金而愈不可得。今弃是州也，农夫渔父过而陋之，贾四百[10]，连岁不能售。而我与深源、克己独喜得之，是其果有遭乎？书于石，所以贺兹丘之遭也。

据宋刻本《河东先生集》

注释

[1] 柳宗元(773—819)：字子厚，河东(今山西永济)人，世称柳河东。因官至柳州刺史，又称柳柳州。中唐著名文学家、哲学家。著有《柳河东集》。

[2] 西山：在永州(今湖南永州市零陵区)城西五里。

[3] 钴鉧：熨斗。因潭形似熨斗，所以叫钴鉧潭。一说钴鉧是鼎具。

[4] 浚：深。鱼梁：用石头筑成的拦水堰，中间留有空缺，以放置捕鱼用的工具。

[5] 偃蹇：屈曲婉转的样子。

[6] 嵚然：山势高峻的样子，这里指石头高耸。

[7] 李深源、元克己：李深源，生卒年不详，字幼清，当时贬居永州。元克己，生卒年不详，当时贬居永州。二人均是柳宗元的朋友。

[8] 瀯瀯：水回流声。

[9] 沣、镐、鄠、杜：四地名，均在长安附近，系豪门贵族聚居地。沣，水名，这里借沣指酆(fēng)。周文王建都处，在今陕西省户县东。镐，周武王建都处，在今陕西省西安市西南。鄠，今陕西户县北。杜，杜陵，在今陕西省西安市东南。

[10] 贾：同"价"。

作品分析

柳宗元和韩愈一起同为中唐古文运动的领袖人物，也是古文运动的先驱者和优秀代表。他出身仕宦名门，从小受到良好的教育，21岁就考中进士，可谓少年得志。但这一切似乎都没有为他赢得平步青云的仕途之路，反而因为参与王叔文革新，成为革新主要人物而被贬到永州，后又被贬到更为荒僻的柳州。正因为有这样崎岖的人生经历，使柳宗元的散文具有冷峻、幽清、激愤的风格特征。或许正如韩愈所说："大凡物不得其平则鸣。"柳宗元亦可归入"不平则鸣"者行列。

柳宗元于唐宪宗元年(806)被贬到永州任司马，在永州期间，柳宗元写下著名的《永州八记》，本文是其中的第三篇。文章记叙了发现及购置、整修钴鉧潭西小丘的经过，描写了小丘的奇山异水、怪石美竹，对小丘的不幸遭遇寄予了深切的同情，抒发了作者怀才不遇、横遭贬谪的抑郁之情。其写景抒情、寄情于景已臻化境，柳宗元不愧为一个卓有成就的古文大家，并名列"唐宋八大家"之一而光照千古。

文章第一段记叙发现钴鉧潭西小丘的经过，并集中描写了小丘奇石之美。作者写小丘奇石"突怒偃蹇，负土而出"或有寄托，小丘奇石的耸立突起，盘曲起伏，它们从土中倔强而出，这就写出了奇石的非凡。接着作者又连用比喻，描写了奇石的形状，写出了奇石的神态。仁者乐山，山的主体却是石，作者注目于小丘上的奇石，因而被各色形态的奇石所吸引，这也突出了柳宗元郁积心中的情感。也可以说，正是这小丘上的奇石陡然唤起了他对小丘的关注，并进而与小丘的心灵融为一体。

第二段写购置和整修小丘的经过，以及作者沉浸于小丘优美怡然的情境。小丘是"唐氏之弃地"，唐氏或可解为李唐王朝，小丘因为小，又在偏僻处，故为"弃地"。柳宗元则为一"弃人"。"弃人"遇见"弃地"，怎能不有共命运之感？因为"弃地"卖不掉，价格又便宜，于是"弃人"柳宗元喜而购之。买下小丘后，柳宗元又与同被贬谪的李深源、元克己同游小丘，并"大喜"。足以见出他们同为贬谪者是同气连枝的。于是一起"铲刈秽草，伐去恶木，烈火而焚之"。作者虽只用极俭省的文字写整理小丘经过，但却能使人想象其情景。经过一番整理，"嘉木立，美竹露，奇石显"，风景已大不相同，于是，柳宗元在小丘极目骋望，欣赏美景去了。最后，作者"枕席而卧"，进入目、耳、神、心与小丘相融为一体的深层境界。自然美景与作者的感观心灵高度融合在一起。

第三段抒写作者的感慨。柳宗元在此抒发的感慨有表里两个层次。表层是感慨胜景小丘被弃在永州的不幸遭遇，不仅"农夫渔父过而陋之"，而且"贾四百，连岁不能售"。假使小丘在沣、镐、鄠、杜等地，那么，将"日增千金而愈不可得"。这表层的意思是写胜景小丘的不幸，而小丘的"幸"则在于遇到了柳宗元、李深源、元克己等伯乐，因而购置、整修，使小丘获得新生，彰显出其佳美姿容。但这都不是主要的，柳宗元在此表达的深层次(里)的意思是借小丘被弃永州来表达自己(包括李深源、元克己)怀才不遇的"弃人"遭遇，而且，柳宗元比小丘更不幸，小丘有柳宗元他们发现其价值，而柳宗元却没有能够遇到明君，因而横遭贬谪的"弃人"命运也就难以更改了。

古人写作，多数是有所寄托的，即便是纯粹写景之作，也莫不如此，也因为这种寄托，更使文字显得悠远遥深，含蓄蕴藉。《钴鉧潭西小丘记》正是寄意遥深之作。"弃地"小丘与"弃人"柳宗元，一物一人，结成同构关系。从这个同构关系看，"小丘"者，即为柳宗元，"弃地"者犹"弃人"也。这也是把景物人格化的一种写法。此外，本文言辞精洁，洗练传神，值得反复吟咏，值得反复玩味，这对于理解本文深意，意义尤为深远。

思考与练习

1. 阅读课文，谈谈本文以丘写人、以得意写失意的表现手法。
2. 如何理解作者"贺小丘而伤自己"的思想感情。

丰乐亭记

欧阳修[1]

修既治滁之明年[2]，夏，始饮滁水而甘。问诸滁人，得于州南百步之近。其上则丰山耸然而特立[3]，下则幽谷窈然而深藏，中有清泉，滃然而仰出[4]。俯仰左右，顾而乐之。于是疏泉凿石，辟地以为亭，而与滁人往游其间。

滁于五代干戈之际，用武之地也。昔太祖皇帝[5]，尝以周师破李景兵十五万于清流山下[6]，生擒其将皇甫晖、姚凤于滁东门之外[7]，遂以平滁。修尝考其山川[8]，按其图记[9]，升高以望清流之关，欲求晖、凤就擒之所。而故老皆无在者，盖天下之平久矣。自唐失其政，海内分裂，豪杰并起而争，所在为敌国者[10]，何可胜数！及宋受天命，圣人出而四海一。向之凭恃险阻，铲削消磨，百年之间，漠然徒见山高而水清。欲问其事，而遗老尽矣。

今滁介于江淮之间，舟车商贾、四方宾客之所不至，民生不见外事，而安于畎亩衣食[11]，以乐生送死。而孰知上之功德，休养生息，涵煦百年之深也[12]。

修之来此，乐其地僻而事简，又爱其俗之安闲。既得斯泉于山谷之间，乃日与滁人仰而望山，俯而听泉。掇幽芳而荫乔木[13]，风霜冰雪，刻露清秀[14]，四时之景无不可爱。又幸其民乐其岁物之丰成，而喜与予游也。因为本其山川，道其风俗之美，使民知所以安此丰年之乐者，幸生无事之时也。

夫宣上恩德，以与民共乐，刺史之事也。遂书以名其亭焉。庆历丙戌六月日右正言知制诰知滁州军州事欧阳修记。

据宋周必大刻本《欧阳文忠公文集》

注 释

[1] 欧阳修(1007—1072)：庐陵(今江西吉安)人，字永叔，号醉翁，六一居士，谥号文忠。北宋政治家、文学家、史学家，“唐宋八大家”之一，北宋诗文革新运动的领袖。主要著作是《新唐书》(与宋祁合著)、《新五代史》、《欧阳文忠公文集》。本文是欧阳修被贬到滁州时所写。

[2] 修：作者自称。治：管理，治理。滁：即滁州。

[3] 则：是，就是。丰山：山名，在滁州。

[4] 滃然：水大而盛的样子。滃：形容水盛大。

[5] 太祖皇帝：指宋太祖赵匡胤(927—976)，北宋第一个皇帝，960—976年在位。

[6] 周：指五代之一的后周。建立者为后周太祖郭威(904—954)，951—954年在位。李景：即李璟(916—961)，字伯玉，南唐中主，943—961年在位。

[7] 皇甫晖：南唐大将，江州节度使。姚凤：南唐将军，团练使。

[8] 考：考核，考察。

[9] 按：考察。图记：地图与文字的记载。

[10] 敌国：与国相匹敌的势力。敌：匹敌，相当。

[11] 畎亩：田地，田间。畎：田间的水沟。

[12] 涵煦：滋润覆育，滋润化育。煦：温暖。

[13] 掇：拾取，摘取。幽芳：香草。

[14] 刻露：清楚地显露。

作品分析

欧阳修是北宋文学大家，尤其是他的散文，成就极为突出，是“唐宋八大家”之一。

这篇散文，是欧阳修被贬到滁州后的庆历六年(1046)所作，欧阳修之所以会被贬到滁州，是因为“庆历新政”失败，新政的主要大臣范仲淹等被贬职，欧阳修也因为为范仲淹等人辩护而被贬。欧阳修在滁州期间，写下了《醉翁亭记》《丰乐亭记》等名文。

学习本文，应该抓住“乐”字——这是全文的“文眼”。

第一段写作者“乐”饮滁水，“乐”探丰山，“乐”建丰乐亭，与滁人“乐”游其间。作者因为饮滁水而知道滁水的甘甜，由滁水的甘甜又引起这位刺史大人对甘甜滁水水源的兴趣，于是来到丰山，发现了于丰山深谷中的清泉，这个发现带给了欧阳修至深之乐。所谓仁者乐山，智者乐水，欧阳修可谓两者兼得。于是，“疏泉凿石，辟地以为亭”，且“与滁人往游其间”。而且，写出了“丰乐”的深意：一是丰山建亭之乐，二是丰乐亭乃是因“乐”而建，建亭后又因为刺史大人与滁人往游其间而乐，极写“乐”之多，且写出与民同乐之意。

第二段写滁州由五代时的战乱到大宋的和平之变迁，虽不写一“乐”字，但却写出了“乐”之久远与“乐”之渊源。滁州在五代，乃是“干戈”“用武”之地，百姓所受到的“苦”真是一言难尽。赵匡胤率领后周军队平定了滁州，活捉了南唐大将皇甫晖、姚凤。然后“宋受天命，圣人出而四海一”。天下太平，百姓安乐。欧阳修到滁州任职时，距离滁州平定已近百年，所谓沧海桑田，欧阳修想寻访旧时陈迹已不可得，而昔日战火硝烟中的滁州，经过百年承平，已经“山高而水清”，这就写出了滁州之“乐”的久远与“乐”之渊源。

第三段具体描写当时滁州百姓之“乐”的景况。“今滁介江淮之间，舟车商贾，四方宾客之所不至，民生不见外事，而安于畎亩衣食，以乐生送死。”滁州百姓之“乐”除了滁州优越的地理位置外，最主要的表现就是“安于畎亩衣食，以乐生送死”。滁州的百姓不喜欢出门谋生，因为在家乡就足以能够达到安居乐业，养生送死无憾的小康生活。当然，这种“乐”活，在欧阳修看来，是由于大宋天子休养生息的缘故，即所谓“涵煦于百年之深也”。

第四段写欧阳修与滁人同乐，表达他对滁州的喜爱，也表达他对贬谪的达观态度。作者虽然被贬到滁州，但他“乐其地僻而事简，又爱其俗之安闲”。可见滁州给这个被贬谪的人以极大的精神安慰。正因为有这样的心态，所以才能“日与滁人仰而望山，俯而听泉”。作者喜爱滁州的景色，“四时之景无不可爱”，作者更高兴的是“其民乐其岁物之丰成，而喜与予游也”。这种“与民同乐”的情景，已经达到至高的境界。作为一州行政长官，欧阳修能够做到与百姓同乐，一方面表现了他高超的行政才能，因为如果没有欧阳修的善政，又怎么会有老百姓的安居乐业，又怎么会与欧阳修这样的政府官员同乐呢？另一方面，也表现了他的人生理想，因为“与民同乐”是儒家治国的最高境界。但是，作者并未自诩，而是将这种与民同乐更多地归功于和平的环境。其谦谦君子的高尚品德，已彰显无遗。

所以，就有了文章的最后一段，作者回到他作为一个政府官员的身份，将这种“乐”归因于朝廷，所谓“宣上恩德，以与民共乐”，其用意无非是告诉人们，在享受“乐”的同时，不要忘记皇上的恩德，要珍惜这种“乐”的生活。

这篇散文，语言简洁生动，文意含蓄深远。叙述精简，描写生动，抒情真切。作者从现实写到历史，又从历史写到现实，多方面多角度地写出了“丰乐亭”之“乐”的表现和含义。是一篇言语简省而含义丰厚的好文章，值得反复玩味，仔细体察。

思考与练习

1. 作者是如何写与滁人同乐的？试举例分析。
2. 将本文与《醉翁亭记》一起阅读，体会作者在“乐”与“醉”之中表达的情感。

百丈山记

朱 熹[1]

登百丈山三里许[2]，右俯绝壑，左控垂崖[3]；叠石为磴[4]，十余级乃得度。山之胜盖自此始。循磴而东，即得小涧，石梁跨于其上[5]。皆苍藤古木，虽盛夏亭午无暑气；水皆清澈，自高淙下[6]，其声溅溅然[7]。度石梁，循两崖，曲折而上，得山门[8]，小屋三间，不能容十许人。然前瞰涧水，后临石池，风来两峡间，终日不绝。门内跨池又为石梁，度而北，蹑石梯数级入庵[9]。庵才老屋数间，卑庳迫隘[10]，无足观，独其西阁为胜。水自西谷中循石罅奔射出阁下，南与东谷水并注池中，自池而出，乃为前所谓小涧者；阁据其上流，当水石峻激相搏处，最为可玩。乃壁其后[11]，无所睹。独夜卧其上，则枕席之下，终夕潺潺[12]，久而益悲，为可爱耳。

出山门而东，十许步，得石台，下临峭岸[13]，深昧险绝[14]。于林薄间东南望[15]，见瀑布自前岩穴瀵涌而出[16]，投空下数十尺。其沫乃如散珠喷雾，日光烛之，璀璨夺目，不可正视。台当山西南缺，前揖芦山[17]，一峰独秀出，而数百里间峰峦高下，亦皆历历在眼。日薄西山，余光横照，紫翠重叠，不可殚数。旦起下视，白云满川，如海波起伏；而远近诸山出其中者，皆若飞浮来往，或涌或没，顷刻万变。台东径断，乡人凿石容磴以度[18]，而作神祠于其东，水旱祷焉。畏险者或不敢度，然山之可观者，至是则亦穷矣。

余与刘充父、平父、吕叔敬、表弟徐周宾游之。既皆赋诗以纪其胜[19]，余又叙次其详如此。而最其可观者，石磴、小涧、山门、石台、西阁、瀑布也，因各别为小诗以识其处[20]，呈同游诸君，又以告夫欲往而未能者。

年月日记。

据《四部丛刊》景明嘉靖本《晦庵先生朱文公文集》

注释

[1] 朱熹(1130—1200)：字元晦，一字仲晦，号晦庵、晦翁、考亭先生、云谷老人、沧州病叟、逆翁。祖籍南宋江南东路徽州府婺源县(今江西婺源)，出生于南剑州尤溪。宋高宗绍兴十八年(1148)进士及第，曾任荆湖南路安抚使，仕至宝文阁待制。南宋著名的思想家、教育家，闽学派的代表人物，世称朱子。主要撰著有《四书章句集注》《楚辞集注》及门人所辑《朱子大全》《朱子语录》等。

[2] 百丈山：今福建建阳东北与今武夷山市交界处，海拔690米。

[3] 控：控扼，引接。

[4] 磴：石台阶。

[5] 石梁：石桥。

[6] 淙：流水的声音。

[7] 溅溅：水急流时发出的声音。

[8] 山门：寺庙多在山林，在通往庙宇的引道上设立外门，称“山门”。

[9] 蹑：踩。

[10] 卑庳：低矮。迫隘：狭窄。

[11] 乃：而，却，表示转折语气。壁：石壁。其：指西阁。

[12] 潺潺：流水声。

[13] 峭岸：悬崖峭壁。

[14] 深昧：深谙。

[15] 林薄：草木丛杂的地方。

[16] 瀵涌：水同源分流喷出。这句是说，看见瀑布由前方岩石洞穴中喷涌而出。

[17] 芦山：芦峰山，在福建建阳西北，与百丈山东西遥对。

[18] 凿石容磴：在山壁上凿出石级为路。

[19] 既皆赋诗以纪其胜：朱熹有《游百丈山以徙倚弄云泉分韵赋诗得云字》。

[20] 各别为小诗：每一处另外写了一首小诗。《百丈山六咏》是六首五言绝句。如《瀑布》："巅崖山飞泉，百尺散风雨。空质丽清晖，龙鸾共掀舞。"识(zhì)：记。

作品分析

朱熹是著名的思想家、理学大师，他在文学上也有很多的创造，他的诗词散文都有自己的特色。写于宋孝宗淳熙元年(1174)六月的《百丈山记》就是一篇山水游记的好文章。

第一段写作者登百丈山所见到的风景，重点写西阁及听潺潺水声的悲喜心情。朱熹没有详写登山的过程，直接从"登百丈山三里许"开始，因为这才是百丈山胜景的开始，这里"左俯绝壑，右控垂崖，叠石为磴"，显然这是颇为险要的所在。接着，朱熹着重写了踏石磴、过小涧、度石梁、得山门、入庵庙、得西阁的过程，重点描写西阁周边环境的优美。朱熹夜卧西阁，听涧水"终夕潺潺"，"久而益悲，为可爱耳"。又悲又爱，可谓悲喜交加。朱熹究竟悲什么，文中没有说。写此文时朱熹45岁，大概是人到中年的一种感慨吧。他又为什么感到可爱呢，也没有说，大概是独自享受这样的流水潺潺的声音而觉得可爱吧。或者也仅仅只是作为思想家、文学家的朱熹的一种感受生活之美的趣味而已。

第二段写出山门后所见之景，主要写瀑布、峰峦、夕照、云海，语言简洁而又生动。如写瀑布"自前岩穴瀵涌而出，投空下数十尺。其沫乃如散珠喷雾，日光烛之，璀璨夺目，不可正视"。确实壮丽非常。其余写峰峦、夕照、云海者，都能写出各自特点：写峰峦突出其挺拔高耸，写夕照突出其绚丽，写云海突出其变化。而这些也正是百丈山的胜景所在。

第三段简述游玩百丈山的情况，并交代写作本文的目的。朱熹与刘充父等人一起游玩百丈山，又各有诗作记之。朱熹似乎在为百丈山做导游，他说百丈山"最其可观者，石磴、小涧、山门、石台、西阁、瀑布也，因各别为小诗以识其处"。

最后的"年月日记"省去了具体的写作时间。据陈道南的《朱熹生平活动年表》，此文当写于1174年6月23日以后。

总的说，这篇游记写得重点突出，引人入胜；语言简洁生动，又有些许理趣。作者在文中没有做大段的说理，但也在行文中略有精简的议论。如"山之胜盖自此始""畏险者或不敢度，然山之可观者，至是则亦穷矣""最其可观者，石磴、小涧、山门、石台、西阁、瀑布也"，这是对百丈山景点的一种判断，当然带有朱熹个人的看法，但也足以给读者参考。

思考与练习

1. 本文的游踪主要在第1、第2段，仔细阅读课文，写出作者游百丈山的主要景点。
2. 分析本文的写作特色。

柳侯祠

余秋雨[1]

一

客寓柳州，住舍离柳侯祠仅一箭之遥。夜半失眠，迷迷顿顿，听风声雨声，床边似长出齐膝荒草，柳宗元跨过千年飘然孑立，青衫灰黯，神色孤伤。第二天一早，我便向祠中走去。

挡眼有石塑一尊，近似昨夜见到神貌。石塑底座镌《荔子碑》《剑铭碑》[2]，皆先生手迹。石塑背后不远处是罗池，罗池东侧有柑香亭，西侧乃柳侯祠。祠北有衣冠墓。这名目，只要粗知宗元行迹，皆耳熟能详。

祠为粉墙灰瓦，回廊构架。中庭植松柏，东厢是碑廊。所立石碑，皆刻后人凭吊纪念文字，但康熙前的碑文，都已漫漶不可辨识。由此想到，宗元离去确已很远，连通向他的祭祀甬道[3]，也已截截枯朽。时值清晨，祠中寥无一人，只能静听自己的脚步声，在回廊间回声，从漫漶走向清晰，又从清晰走向漫漶。

二

柳宗元到此地，是公元 815 年夏天[4]。当时这里是远未开化的南荒之地，朝廷贬放罪人的所在，一听地名就叫人惊栗，就像后来俄国的西伯利亚。西伯利亚还有那分开阔和银亮，这里却整个被原始野林笼罩着，潮湿蒸郁，暗无天日，人烟稀少，瘴疫猖獗[5]。去西伯利亚的罪人，还能让雪橇划下两道长长的生命曲线，这里没有，投下多少具文人的躯体，也消蚀得无影无踪。面南而坐的帝王时不时阴惨一笑，御笔一划，笔尖遥指这座宏大无比的天然监狱。

柳宗元是赶了长路来到这里的。他的被贬，还在 10 年之前，贬放地是湖南永州。他在永州待了 10 年，日子过得孤寂而荒凉。亲族朋友不来理睬，地方官员时时监视。灾难使他十分狼狈，一度蓬头垢面，丧魂落魄。但是，灾难也给了他一分宁静，使他有足够的时间与自然相晤，与自我对话。于是，他进入了最佳写作状态，中国文化史拥有了《永州八记》和其他篇什，华夏文学又一次凝聚出了高峰性的构建。

照理，他可以心满意足，不再顾虑仕途枯荣。但是，他是中国人，他是中国文人，他是封建时代的中国文人。他已实现了自己的价值，却又迷惘着自己的价值。永州归还给他一颗比较完整的灵魂，但灵魂的薄壳外还隐伏着无数诱惑。这年年初，一纸诏书命他返回长安，他还是按捺不住，欣喜万状，急急赶去。

当然会经过汨罗江，屈原的形貌立即与自己交叠起来。他随口吟道：

南来不做楚臣悲，
重入修门自有期。
为报春风汨罗道，
莫将波浪枉明时。

（《汨罗遇风》）

这样的诗句出自一位文化大师之手，读着总让人不舒服。他提到了屈原，有意无意地写成了

"楚臣",倒也没有大错。同是汨罗江畔,当年悲悲戚戚的屈原与今天喜气洋洋的柳宗元,心境不同,心态相仿。

个人是没有意义的,只有王朝宠之贬之的臣吏,只有父亲的儿子或儿子的父亲,只有朋友间亲疏网络中的一点,只有战栗在众口交铄下的疲软肉体,只有上下左右排行第几的坐标,只有社会洪波中的一星波光,只有种种伦理观念的组合和会聚。不应有生命实体,不应有个体灵魂。

到得长安,兜头一盆冷水,朝廷厉声宣告,他被贬到了更为边远的柳州。

朝廷像在给他做游戏,在大一统的版图上挪来移去。不能让你在一处滞留太久,以免对应着稳定的山水构建起独立的人格。多让你在长途上颠颠簸簸吧,让你记住:你不是你。

柳宗元凄楚南回,同路有刘禹锡。刘禹锡被贬到广东连州,不能让这两个文人待在一起。到衡阳应该分手了,两位文豪牵衣拱手,流了很多眼泪。宗元赠别禹锡的诗句是:"今朝不用临河别,垂泪千行便濯缨[6]。"到柳州时,泪迹未干。

嘴角也绽出一丝笑容,那是在嘲谑自己:"十年憔悴到秦京,谁料翻为岭外行[7]。"悲剧,上升到滑稽。

这年他四十三岁[8],正当盛年。但他预料,这个陌生的柳州会是他的丧葬之地。他四处打量,终于发现了这个罗池,池边还有一座破损不堪的罗池庙。

他无法预料的是,这个罗池庙,将成为他的祠,被供奉千年。

不为什么,就为他破旧箱箧里那一札皱巴巴的诗文。

三

屈原自没于汨罗江,而柳宗元则走过汨罗江回来了。幸好回来,柳州、永州无所谓,总比在长安强,什么也不怕,就怕文化人格的失落。中国,太寂寞。

在柳州的柳宗元,宛若一个鲁滨逊。他有一个小小的贬谪官职,利用着,挖了井,办了学,种了树,修了寺庙,放了奴婢。毕竟劳累,在四十七岁上死去。

柳宗元晚年所干的这些事,一般被称为政绩。当然也对,但他的政绩有点特别,每件事,都按着一个正直文人的心意,依照所遇所见的实情作出,并不考据何种政治规范;作了,又花笔墨加以阐释,疏浚理义,文采斐然,成了一种文化现象。在这里,他已不是朝廷棋盘中一枚无生命的棋子,而是凭着自己的文化人格,营业着一个可人的小天地。在当时的中国,这种有着浓郁文化气息的小天地,如果多一些,该多好。

时间增益了柳宗元的魅力。他死后,一代又一代,许多文人带着崇敬和疑问仰望着这位客死南荒的文豪,重蹈他的覆辙的贬官,在南下的路途中,一想到柳宗元,心情就会平适一点。柳州的历代官吏,也会因他而重新检点自己的行止。这些都可以从柳侯祠碑廊中看到。柳宗元成了一个独特的形象,使无数文官或多或少地强化了文人意识,询问自己存在的意义。如今柑香亭畔还有一石碑,为光绪十八年间柳州府事蒋兆奎立[9],这位长沙籍官员写了洋洋洒洒一大篇碑文,说他从柳宗元身上看到了学识文章、自然游观与政事的统一。"夫文章政事,不判两途,侯固以文章而能政事者,而又以游观为为政之具,俾乱虑滞志,无所容入,然后理达而事成,故其惠化至今。"为此,他下决心重修柑香亭,没有钱,就想方设法,精打细算,在碑文中报了一笔筹款明细账。亭建成后,他便常来这里思念柳宗元,所谓"每于公退之暇,登斯亭也,江山如是,蕉荔依然,见实闻花,宛如当日",不能不说,这府事的文化意识和文化人格,因柳宗元而有所上升。

更多的是疑问。重重石碑发出了重重感叹、重重疑问,柳宗元不断地引发着后人苦苦思索:

文字由来重李唐，
如何万里竟投荒？

池枯犹滴投荒泪，
邈古难传去国神……

自昔才名天所扼，
文章公独耀南荒……

旧泽尚能传柳郡，
新亭谁为续柑香？

这些感叹和疑问，始终也没有一个澄明的归结。旧石碑模糊了，新石碑又续上去。最新的石碑树在衣冠墓前，郭沫若题，时间是 1974 年 12 月。当时，柳宗元变成了“法家”，衣冠墓修得很漂亮。

倒是现任柳州市副市长的几句话使我听了眼睛一亮。他说：“这两年柳州的开放和崛起，还得感谢柳宗元和其他南下贬官。他们从根子上使柳州开通。”这位副市长年岁尚轻，大学毕业，也是个文人。

四

我在排排石碑间踽踽独行。中国文人的命运，在这里裸裎。

但是，日近中天了，这里还是那样宁静。游人看是一个祠堂，不大愿意进来。几个少年抬起头看了 会石碑，他们读不懂那些碑文。石碑固执地怆然肃立，少年们放轻脚步，离它们而去。

静一点也好，从柳宗元开始，这里历来宁静。京都太嘈杂了，面壁十年的九州学子，都曾向往过这种嘈杂。结果，满腹经纶被车轮马蹄捣碎，脆亮的吆喝填满了疏朗的胸襟。唯有在这里，文采华章才从朝报奏折中抽出，重新凝入心灵，并蔚成方圆。它们突然变得清醒，浑然构成张力，生气勃勃，与殿阙对峙，与史官争辩，为普天下皇土留下一脉异音。世代文人，由此而增添一成傲气，三分自信。华夏文明，才不至全然黯暗。朝廷万万未曾想到，正是发配南荒的御批，点化了民族的精灵。

好吧，你们就这么固执地肃立着吧。明天，或许后天，会有一些游人，一些少年，指指点点，来破读这些碑文。

据《文化苦旅》，东方出版社，1992 年

注释

[1] 余秋雨：1946 出生，浙江余姚人，艺术理论家，中国文化史学者、散文家。曾任上海戏剧学院院长、教授。散文代表作是《文化苦旅》《山居笔记》等。文艺论著有《艺术创造工程》等。“柳侯祠”位于广西柳州市。

[2]《荔子碑》：原名《柳州罗池庙碑》。因碑上是宋代大文豪苏轼的书法，写的是韩愈《柳州罗池庙碑》中供祭祀柳宗元吟唱的《迎享送神诗》，因韩愈、柳宗元、苏轼皆为绝代文豪，故有“三绝碑”之称。文中说“石塑底座镌《荔子碑》《剑铭碑》，

皆先生手迹”有误。《剑铭碑》：即《龙城石刻》，现存的是复制品，长一尺多，高六寸。上刻：“龙城柳，神所守；驱厉鬼，出匕首，福四民，制九丑。元和十二年。柳宗元。”因《龙城石刻》挖出来时，旁边有一把短剑，故又称“剑铭碑”。

[3] 甬道：大的院落或墓地中间对着厅堂、坟墓等主要建筑物的路，多用砖石砌成，又称甬路。

[4] 公元 815 年：即唐宪宗元和十年。

[5] 瘴疫：即瘴疠，热带或亚热带潮湿地区流行的恶性疟疾等传染病。

[6][7] 出自柳宗元《衡阳与梦得分路赠别》：“十年憔悴到秦京，谁料翻为岭外行。伏波故道风烟在，翁仲遗墟草树平。直以慵疏招物议，休将文字占时名。今朝不用临河别，垂泪千行便濯缨。”

[8] 这年：指唐宪宗元和十年(815)。

[9] 蒋兆奎(1729—1802)：字聚五，陕西渭南人，清初大臣。本文说法有误。光绪十八年是 1892 年。

作品分析

余秋雨是当代散文名家，由他开创的文化散文拓展了散文的艺术空间，对当代散文的发展影响深远。当《文化苦旅》在 1992 年结集出版后，一时成为读书界的阅读热点，余秋雨也一跃成为家喻户晓的散文大家。他的文化散文，往往站在现代的高度，来对文化历史进行反思，又往往借助游记这种历史久远的散文体裁，这就使他的游记散文大大区别于传统的游记散文，使他的游记散文获得了现代意义。他的种种散文在读书界风靡一时后，也引起了创作界的极大反应，作家们纷纷创作这种文化散文，有的侧重文化现象，有的侧重历史事件和历史人物，因而，文化散文又往往被称为文化历史散文，或者干脆称为大散文。

本文就是余秋雨的一篇文化散文，它通过记游柳州柳侯祠古迹，描述了柳宗元两遭贬谪、漂泊荒蛮之地的悲剧命运，表现了中国文人在横遭贬谪的个人不幸中，依然倔强地表达自己的文化人格，展现自己的精神价值。也就是说，作为仕途上的柳宗元是个失败者，但是，作为知识分子的柳宗元却是个成功者。历史也一再地证明，能够在文学史上作出较大贡献的学者和作家，其仕途往往是不平坦的。屈原、司马迁、陶渊明、李白、杜甫、韩愈、柳宗元、苏轼等，无不如此。

本文一共四部分。

第一部分写游历柳侯祠。作者因为客寓柳州，夜半失眠，迷迷顿顿中“看见”“柳宗元跨过千年，青衫灰黯，神色孤伤”。这是一种想象，也是一种神交。实际上交代了作者去游览柳侯祠的缘由。于是第二天一早，他就去柳侯祠了。作者写柳侯祠的石塑、碑铭；写柳侯祠的架构；更写出柳侯祠的寂静与寂寞。或许作者在想，他才是柳宗元真正的知己吧。

第二部分写柳宗元的两次贬谪，抒发作者对文人独立人格的价值意义的思索与探究。作者先写了当时柳州的蛮荒：暗无天日、人烟稀少、瘴疫猖獗。这是一个天然监狱。作者以文学的笔法写出了帝王代表的封建政权对文人的流放：“南面而坐的帝王时不时阴惨一笑，御笔一划，笔尖遥指这座宏大无比的天然监狱。”而柳宗元恰好成为帝王御笔一划之中的一个。因为柳宗元被贬柳州是他第二次被贬，所以作者又回顾了柳宗元第一次被贬湖南永州的经历。被贬永州，使柳宗元“十分狼狈”“蓬头垢面”“丧魂落魄”；但也因此“给了他一分宁静，使他有足够的时间与自然相晤，与自我对话”。于是，柳宗元“进入了最佳写作状态，中国文化史拥有了《永州八记》和其他篇什，华夏文学又一次凝聚出了高峰性的构建”。这是柳宗元的不幸，又是柳宗元乃至华夏文学的幸运，但是如果华夏文学的每一个“高峰性的构建”都要付出这样高昂的代价，是不是一个悲剧呢？难道文学的发展真的需要文人付出如此高昂的生命代价吗？这又是值得今天的人们深思的。接着，作者再次写柳宗元被贬柳州的经过，当然是简省的文字，但也写得形象生动。同时写出了传统文人的个体性灵魂的缺失，在重视集体的东方文明传统下面，个体性的丧失几乎是必然的结局。余秋雨写道："朝廷像在给他做游戏，在大一统的版图上挪来移去。不能让你在一处滞留太久，以免对应着稳定的山水构建起独立的人格。多让你在长途上颠颠簸簸吧，让你记住：你不是你。"柳宗元没有选择，他身上带有过于浓厚的儒家文化的因子，他做不到像陶渊明挂印而去的潇洒，他接受了朝廷的安排，到柳州去了。

第三部分作者述评了柳宗元作为文化官员的"政绩"，以及柳宗元对后人的影响。儒家的"穷则独善其身，达则兼善天下"的信条在柳宗元身上得到突破，柳宗元不仅是"达则兼善天下"，而且是"穷也兼善天下"。在余秋雨看来，这就是体现在柳宗元身上的"文化人格"。所以，身居柳州的柳宗元"宛若一个鲁滨逊"，他利用柳州刺史这个职务，挖井、办学、种树、修庙、放婢……作者认为，柳宗元的政绩有点特别，他做的每件事，"都按着一个正直文人的心意，依照所遇见的实情作出，并不考据何种政治规范"，而且，柳宗元做了这些事后，"又花笔墨加以阐释，疏浚理义，文采斐然，成了一种文化现象"。这时候的柳宗元已经不是"朝廷棋盘中的一枚无生命的棋子，而是凭着自己的文化人格，营业着一个可人的小天地"。这虽是个小天地，但也能成为一个大世界，因为柳宗元的魅力随着时间的推移而增添，一直到现在。

第四部分回到现实，作者借柳侯祠的冷清进一步抒发自己的感慨，作者对柳宗元为代表的中国文人的命运进行了思考。柳州虽然宁静，宁静到寂静，宁静到荒凉。但是，"唯有在这里，文采华章才从朝报奏折中抽出，重新凝入心灵，并蔚成方圆。它们突然变得清醒，浑然构成张力，生气勃勃，与殿阙对峙，与史官争辩，为普天下皇土留下一脉异音。世代文人，由此而增添一成傲气，三分自信"。也是在这里，以及许多像这里的地方　比如说柳宗元曾经贬谪过的永州，"华夏文明，才不至全然黯暗。朝廷万万未曾想到，正是发配南荒的御批，点化了民族的精灵"。这或许是善于施展淫威的朝廷没有想到的吧。最后，作者以不确然的语句，告诉人们，即使柳侯祠很寂寞很冷清，但是，仍然会有真正理解他的人来到这里，"会有一些游人，一些少年，指指点点，来破读这些碑文"。"破读碑文"就是破读柳宗元，破读柳宗元所昭示出来的独立的文化人格，独立的文化意识。唯其如此，华夏文明才有可能生生不息，永远延续。就这个意义看来，柳宗元是不朽的，他永远站立在这里，站立在柳州，站立在华夏大地的每一个地方，昭示出他的精神人格的高大与伟岸。

迄今为止，余秋雨的文化散文依然创造了一个相当的高度，他的文化散文是比较纯粹的文化散文，他对史料的运用也比较节制，他的文化散文的文学性也比较强，所有这些，都值得我们揣摩学习。

思考与练习

1. 作者将柳州与西伯利亚对比的目的是什么？
2. 文中"在这里，他已不是朝廷棋盘中一枚无生命的棋子"有什么含义？

兰亭情结

朱以撒[1]

喜爱书法的人们大多把书法史切成两段，以唐为中心，分为唐前、唐后两个世界。如果要说出个缘由来的话，大抵前者供人品味的多却难以言诠，而后者更多地可以用法则、概念来条分缕析。我选择了前者。我喜欢凝重古拙的金文，它常使我想起涂抹在神秘岩洞里的古怪巫画；我又很喜欢马王堆的帛书，那里洋溢着的诡秘奇幻和神灵气息，也常使我如同听到孤寂幽怨的人生感唱。但是这些于我来说都只是留下一个个闪烁无定的印象，直到徜徉在魏晋丰富而幽深的书法长廊里，才感到了有一个难以解开的情结，这就是兰亭。据说日本书法家到中国来，都要到兰亭去走动走动，捧着他们背熟了的《兰亭序》，去那儿凭吊一代书圣，是十分虔诚的。前几年有位朋友从兰亭回来，说我有一篇用小楷书写的《兰亭序》被挂在那儿的陈列室里。我弄不清楚什么时候创作了这件作品，又怎样到了兰亭，于是几次外出开会想趁便去那儿看看，只是后来，我打消了这个念头。

据书上说，兰亭在现今的绍兴西南二十七里的兰渚山麓。由于公元353年暮春，王羲之[2]、谢安[3]、支道林[4]、孙绰[5]等四十余位东晋名流在那儿修祓禊[6]之理，兰亭遂成了书法中人心上的情结。传闻千古绝唱的《兰亭序》就是在这次春游中写成的，因此兰亭又成了心中某种象征。清康熙十二年重建的兰亭遗迹[7]，加上这些年的几度修葺，更增添了它的风采，只是我很怕亲临实地凭吊会破坏我心中所有的兰亭印象。我的兰亭印象是从《兰亭序》中形成的。这篇优美的散文，其景让人闭上眼睛都可以感到是那样的亲切。“此地有崇山峻岭，茂林修竹；又有清流急湍，映带左右”“是日也，天朗气清，惠风和畅。仰观宇宙之大，俯察品类之盛”，这是一种纯天然的景观，不是人工营构所可以替代的，由于毫不掺杂才可以使这些风流雅士的诗兴大发，逸兴遄飞。如果用一个字来概括当时的景象，非“清”字莫属。修竹清嘉，山泉泠泠作响；峻岭清翠，空气清新而润泽；而暮春之初吹拂的风，无疑是清风了。这种感觉在晋人身上是很明显的，就连他们的某些癖好也是如此。王羲之好鹅，支道林好鹤，王子猷好竹[8]，陶渊明好菊，顾彦先好琴[9]，都是很有清雅特征的。不过，后人的兰亭情绪，主要还是集中在书法《兰亭序》身上，赏评文字、临摹作品不计其数，如果退一步说，《兰亭序》诚为某些专家论为伪作，那么这次雅集，能给我们留下什么呢？在魏晋书法长廊待久了，你就会发现，兰亭雅集只不过是众多的文人活动中的一次罢了，实在没有可以称奇之处。晋人把《老子》《庄子》《周易》称为“三玄”，讨论和阐述对“三玄”的见解是生活的一部分，我见到几张前人的画，那种手执麈尾以助谈锋的形象实在是很有风度的，不像我们以食指点着对方的脸说话。玄学思想的泛滥是文人早熟的酵母，因此兰亭雅集，是文人玄理的辩论，讲文论德的一种活动方式，和“竹林之游”是一样的。现在这些都随风而逝了，只剩下一篇可爱的《兰亭序》，可见人们的偏爱有时也受到遮蔽。

晋人的生死观，可以从《兰亭序》中窥见一二。当我们还沉浸在暮春之初的温馨时，王羲之已将笔锋一转，哀叹起人生之须臾来了。“向之所欣，俯仰之间，已为陈迹”，读过很是一阵苍凉。通常，人们以活得长久为坦然，常常为某人享有长寿而称奇，为某人仅活了三四十岁而唏嘘不已，却很少考虑生命的质量。从能够查到的几位晋书家的年龄来看，他们并没有因为选择了书法而长寿。他们早熟，同时也早夭，王羲之活了五十八岁，王献之活了四十二岁[10]，王珣活了四十九岁[11]，都只相当现代人的中年时期。他们明显地感到了恐慌，因而也抓紧时机享受生活，包括消极和放荡。他们也麻醉自己，用酒，像阮籍居然可以一醉六十天[12]。他们也企盼长寿、成仙，因此服食紫石脂、赤石脂这类原料炼成的五石散[13]，王羲之曾高兴地对一术士写道："服足下五石散身轻如燕。"却不料反短了卿卿性命。不过，他们投射在书法艺术上的生命能量却是让后人汗颜的，在那么短暂的生命旅途上，开拓了一个崭新的审美空间，让一些平庸之辈虽尽毕生精力都难以到达。晋人是用他们的生命浇灌书法的，成仙无望，轮回无望，只有艺术永恒。这样，他们投向书法艺术的生命光束就特别强烈、灼热，穿透力也就特别强大。我感叹晋人在那样的年龄挥洒出那样的线条来，趁着闲暇，一遍又一遍地翻动这些华采乐章，倾听从里面传来的心声；又像在读一幅幅流动的风景，《兰亭序》《伯远帖》[14]，都那么充溢着青春的气息。只是回到现实中来，这如画的风景就转瞬即逝了。现代生活已琐碎得让人思行匆匆，生命投向的光束分外分散。我们也有过许多时间来闲聊，属于市井的"卖嘴皮子"，而不是思维机敏的训练，内在智慧的挖掘。生活中的每一个部分都需要人们去创造，书法艺术也一样。人们往往在生活的载浮载沉中时而需要时而弃之，无法建构成一个可供精神栖息或舒展的家园，即便垂垂老矣也难得些许书法真谛。我很惊奇王献之的明理，他在十五六岁时就会对父亲说："古之章草，未能宏逸，颇异诸体。今穷伪略之理，极草纵之致，不若稿行之间，于往法固殊，大人宜改体。"这样的话就今人来理解，怎么也不像小青年的口吻。现在我站在大学的讲台上，对着十八九岁的大学生，反而很难撩开书理这层面纱，只能絮絮叨叨地讲解一点一横怎么写这样一些"小儿科"的常识。我常在这时走神，眼前闪动同一年龄层次的晋人笔走龙蛇的风采。记得这学期给一个文秘培训班强化书法学习，以每周六节课来进行，以《兰亭序》来疏瀹[15]，到了学期末，我又旧话重提，随便问了一句："王羲之是哪个时代的？"下面大眼瞪小眼，然后参差不齐地应道："唐代"或者"宋代"。听着这样的回答，我脑海里不禁冒出王勃《滕王阁序》中的两句："兰亭已矣，梓泽丘墟。"

在魏晋幽深的长廊中漫行，你会感到这些书法家们都有点古古怪怪的味儿，这大概是他们笔法夭矫不群的原因。晋书家都不太好接近，山涛"介然不群"[16]，阮籍"任情不羁"，嵇康"高亮任性"[17]，刘伶"放情肆志"[18]，阮咸"任达不拘[19]"，都有或这或那的怪癖。他们品藻人物，凭自己好恶来使用青眼或白眼。这些脾性，导致了他们在书法创作上各行其是，标新立异。王羲之开始从卫夫人学书[20]，后以为"徒费年月"，就不再学她了。王献之不愿在其父声名下过日，自己来创"破体"，庾翼为了把自己的字与王羲之区别开来[21]，使己书为"家鸡"，王书为"野鹜"。魏晋书法长廊的热热闹闹，都是由这些书家的脾性引发的。他们的合群是暂时的，只是玩玩而已，更多的是鸟兽散，该做什么做什么。怀旧使我发觉时代不同的书法家脾性有了许多不同，现在是先做一个四平八稳的生活中人，是"乡愿"，然后才是书法家。有一位画家向我抱怨每日应酬不及，如何赶画也赶不上众人求索。他谁也不愿意得罪，宁可劳累也要让求者欢喜。他的精力向外投射太多，以至于无法建构自己的内部精神空间，这就使生活场景中多了一个大好人，而艺术领域少了一个有个性的画家。我早些年也喜欢絮絮叨叨地向求书者解释自己的苦衷，什么没有时间啦，精力不足啦，请你原谅啦。后来发现解释的可怜，晋人殷浩不是说得很好么："我与我周旋久，宁作我[22]！"

只有在魏晋书法长廊中徜徉，我们才会把兰亭看得很重，它使我们透过历史风云，看到晋人的个性追求和对生命的认识，当然，技巧也是不容忽视的，它使书法风格得到一次决定性的转捩，从古厚到灵秀，从拙重到轻盈。书法中人不断地推崇《兰亭序》，乐意到兰亭这个地方走走，步古人之遗迹，怀古人之幽思，都是很自然地。只是时隔事迁，历史风云如苍狗白云般幻变，人们对兰亭的含意也转多穿凿了，那深层的，带有书法意识的象征在心灵上已被淡化得不像个样子了。现在，兰亭在大多数人眼里，只不过是一个风景点，如此而已。这大概也是我乐于在书中追寻古兰亭，让山阴道上的清风在梦中吹拂，却不愿趁便下车去看看今日兰亭的一个原因吧！

据《古典幽梦》，东方出版中心，2004年

注释

[1] 朱以撒：1953出生，福建泉州人。当代杰出书法家，福建师范大学美术学院教授，博士生导师。他还是福建省政协委员、福建省书法家协会副主席、中国书法家协会学术委员会委员、中国作家协会会员、中国青年书法理论家协会副主席、中国硬笔书法家协会常务理事、学术委员等。专著有《书法创作论》《中国历代行草名作赏评》《书法审美表现论》《中国书法名作100讲》等十余部；散文集有《古典幽梦》《俯仰之间》《纸上思量》，本文选自《古典幽梦》（该书荣获首届“冰心散文奖”）。“兰亭”位于浙江绍兴兰渚山下。

[2] 王羲之（321？—379？）：字逸少，琅琊临沂（今山东临沂）人。晋室南渡后，王羲之迁至会稽山阴（今浙江绍兴）。官至右军将军，故世称“王右军”。其书博采众长，自成一家，后世尊其为“书圣”。主要作品为《兰亭序》《快雪时晴帖》等。

[3] 谢安（320—385）：字安石，号东山。祖籍阳夏（今河南太康）人。东晋政治家，军事家。历任吴兴太守、侍中兼吏部尚书兼中护军等职。世称谢太傅、谢公。

[4] 支道林：（314？—366），本名支遁，字道林。陈留（今河南开封）人，东晋佛学高僧。与谢安、王羲之等交游，好谈玄理。著有《即色游玄论》《释即色本无义》等。

[5] 孙绰（314—371）：字兴公，太原中都（今山西平遥）人。东晋著名玄言诗人、书法家。著有《孙廷尉集》。

[6] 祓禊：古人在春秋两季，有到水滨举行祓除不祥的祭礼习俗。三国时定为三月初三。这就是祓禊。

[7] 康熙十二年：1673年。

[8] 王子猷：王徽之，字子猷，王羲之的第五个儿子。

[9] 顾彦先：顾荣，字彦先，三国时吴国人。

[10] 王献之（344—386）：字子敬，王羲之第七子，与其父并称为“二王”。

[11] 王珣（349—400）：字元琳，小字法护，东晋人，王洽之子，王羲之之侄。董其昌评其书法：“王珣潇洒古澹，东晋风流，宛然在眼。”

[12] 阮籍（210—263）：字嗣宗，陈留尉氏（今河南尉氏）人，是“建安七子”之一阮瑀的儿子。曾为步兵校尉，故世称阮步兵，“竹林七贤”之一。著有《阮步兵集》。

[13] 五石散：是一种中药散剂。主要成分是石钟乳、紫石英、白石英、石硫黄、赤石脂，另有一些辅料。相传为张仲景发明。

[14]《伯远帖》：王珣写的一封信件，纸本，行书。原文：“珣顿首顿首，伯远胜业情期群从之宝。自以羸患，志在优游。始获此出意不克申。分别如昨永为畴古。远隔岭峤，不相瞻临。”

[15] 疏瀹：即洗涤。

[16] 山涛（205—283）：字巨源，河内怀县（今河南武陟西）人，官至吏部尚书，“竹林七贤”之一。

[17] 嵇康（223—262）：字叔夜，三国时期魏国文学家，魏晋玄学的代表人物之一，精通音律。曾任中散大夫，故世称嵇中散，“竹林七贤”之一。著有《嵇中散集》。

[18] 刘伶：字伯伦，沛国（今安徽淮北市）人，“竹林七贤”之一，曾为建威参军。

[19] 阮咸：字仲容，陈留尉氏（今河南尉氏）人，“竹林七贤”之一。

[20] 卫夫人（272—349）：河东安邑（今山西夏县）人。名铄，字茂漪。东晋女书法家，尤擅长隶书。汝阴太守李矩之妻，世称卫夫人。有《名姬帖》《卫氏和南帖》等传世。王羲之曾跟她学习书法。

[21] 庾翼（305—345）：字稚恭，颍川鄢陵（今河南鄢陵）人。与殷浩等才名冠世，官至南郡太守、荆

州刺史。

[22] 殷浩(303—356)：字渊源，陈郡长平(今河南西华)人。年少即有美名，官至建开将军、尚书令。东晋文学家，有著作传世。

作品分析

朱以撒先生是当代杰出书法家，教授，博导，也是当代著名的散文作家。他是属于那种很纯粹的学者，亲自聆听过朱以撒老师书法课的人，很少不为他的气质所吸引。在他身上显透出来的浓郁的书卷气息，具有吸引人心的力量。这种感觉在阅读他的散文时也会时时显现出来。"文如其人"这句话用在朱老师的身上，实在是太恰切了。他站在那里，本身就是一部耐读的书。

《古典幽梦》是朱以撒在书法教学研究之余写作的第一部散文集，其中的不少篇章都与书法艺术的体悟有关。《兰亭情结》就是这样的精彩华章。这篇散文发表在《散文》月刊 1995 年第 10 期，朱以撒老师说，《兰亭情结》是他散文创作的真正起点。正因为如此，这篇散文在朱以撒老师的散文创作历程中具有特别的意义。在很大程度上，这篇散文的风格成为他散文创作的风格。在这篇散文中，作者通过描述对兰亭的情结，更多地表达了他的古典情怀，表达了他的生命哲学，同时也表达了对肤浅浮华的现实的批评。

第 1 段写兰亭成为作者难以解开的情结。由于朱以撒老师长期浸淫书法，这篇散文又是写兰亭的，自然从书法说起。从书法史的角度，书法以唐代为中心，分为唐前、唐后两个世界。作者选择了前者。然后，才说"直到徜徉在魏晋丰富而幽深的书法长廊里，才感到了有一个难以解开的情结，这就是兰亭"，这算是点题之笔。既然兰亭是作者的情结，作者书写的《兰亭序》还被挂在兰亭，应该去看看啊，因为连日本的书法家到中国来都要去兰亭走走。可是，作者说，他"打消了这个念头"。俗话说"百闻不如一见"，但看来这个俗话有时候并不正确，至少，对于朱以撒老师之于兰亭是如此。这个情感的转折，使文章陡然起了波折，就像是书法中的一折，蜿蜒着生出许多的美感来。

第 2 段写兰亭及其相关的书法与人的关系，也写了作者心中的兰亭印象。兰亭为什么成为书法中人的情结呢？原来与王羲之、谢安等人在 353 年的雅集有关。因为这次雅集，才有了《兰亭序》。接着，作者写了他心中的兰亭印象，作者心中的兰亭印象是从《兰亭序》中形成的，作者一遍一遍地阅读，一遍一遍地书写，一次一次地揣摩，一次一次地感悟，才形成作者心中的兰亭印象。这个印象按作者说是一个"清"字。并由《兰亭序》的"清"联想到晋人某些癖好的"清雅"。晋人的这种"清雅"又是与晋人喜好讨论和阐述"三玄"有关。作者到此自然而然地将晋人的"清雅"风度(手执麈尾以助谈锋)与今人的粗俗(以食指点着对方的脸说话)进行对比，其价值选择已在这轻捷的对比中彰显出来。

第 3 段写从《兰亭序》中看晋人的生死观，阐述了艺术永恒的观念，并与现时代人的庸俗无聊琐碎的市井人生观进行比较，表达了"兰亭已矣"的怅惘之情。魏晋时代，政治高压，人——尤其是知识分子生活得并不惬意，甚至是艰难的。《兰亭序》的作者在描写了兰亭的清景后，笔锋一转，就写到哀叹人生的短暂了。朱以撒认为，晋代书法家们"并没有因为选择书法而长寿"，他们和现代人相比较显得短暂的生命却活得很有质量，作者说，"在那么短暂的生命旅途上，开拓了一个崭新的审美空间，让一些平庸之辈虽尽毕生精力都难以到达。晋人是用他们的生命浇灌书法的，成仙无望，轮回无望，只有艺术永恒"，对此，作者也与现代人进行了对比，他说："现代生活已琐碎得让人思行匆匆，生命投向的光束分外分散。我们也有过许多时间来闲聊，属于市井的'卖嘴皮子'，而不是思维机敏的训练，内在智慧的挖掘。”接着，作者写了王献之年纪小小就能与父亲探讨书法理论，而当代的大学生，反而连和他们说书理都很难了。甚至有的学生连王羲之是哪个时代的人都不知道，这怎么能不让人感慨良深呢？20世纪90年代中期有个关于人文精神失落的讨论，现在看来，人文精神的衰微依然，难怪作者会引用《滕王阁序》“兰亭已矣，梓泽丘墟”来发表感慨。

第4段作者进而写了魏晋书法家的古怪性情与他们书法艺术的关系。魏晋书法家都是有个性的人，甚至都有些怪。山涛、阮籍、嵇康、刘伶、王羲之、王献之等都是有“怪癖”的人，但朱以撒认为，正是这些脾性，“导致了他们在书法创作上各行其是，标新立异”。魏晋书法的热闹，全由这些脾性各异的人物形成。作者自然而然地又联想到现代社会中的书画家，包括自己早年都陷于过多的应酬，于艺术的创作是有害的。所以，他引了殷浩的话表达了自己的看法——“我与我周旋久，宁作我！”只有这样，艺术家的独立性才能建立，也只有这样，才能更潜心于艺术的创作，而不会陷于烦琐无谓的人事中。

最后，作者再一次表达了兰亭的意义，透过兰亭，“看到晋人的个性追求和对生命的认识”。但显然地，作者也表达了他的忧虑，因为对兰亭的附会穿凿太多了；而且，对许多人来说，兰亭不过是一个风景点而已。那么，真正懂得兰亭、真正懂得王羲之、真正懂得魏晋书法家的精神的人一定是很少很少的吧。朱以撒先生也一定是这极少极少真正懂得兰亭的人。正因为懂，所以，他才会选择不去兰亭凑那份尘世的喧哗，在游人如织的热闹里丧失那份纯正的对于兰亭的理解。因为，兰亭是属于真正懂得的人的，心中的兰亭，就让它留在心中吧。

本文在艺术上的最大特点是使用了对比手法。这是作者的艺术精神与他的艺术表达的呼应。此外，作者在全文浸染着浓厚的文化意识与文化情怀也是很明显的，值得细细体会，进而更深地理解作者的文化精神。

思考与练习

1. 从文中的哪一句可以看出作者对当今浮华喧嚣生活的厌恶？
2. 从“我与我周旋久，宁作我！”这句话中你会得到怎样的启示？

延展阅读

黄州快哉亭记

苏 辙

江出西陵，始得平地，其流奔放肆大。南合沅、湘，北合汉沔，其势益张。至于赤壁之下，波流浸灌，与海相若。清河张君梦得，谪居齐安，即其庐之西南为亭，以览观江流之胜，而余兄子瞻名之曰"快哉"。

盖亭之所见，南北百里，东西一舍。涛澜汹涌，风云开阖。昼则舟楫出没于其前，夜则鱼龙悲啸于其下。变化倏忽，动心骇目，不可久视。今乃得玩之几席之上，举目而足。西望武昌诸山，冈陵起伏，草木行列，烟消日出，渔夫樵父之舍，皆可指数：此其所以为快哉者也。至于长洲之滨，故城之墟，曹孟德、孙仲谋之所睥睨，周瑜、陆逊之所骋骛，其流风遗迹，亦足以称快世俗。

昔楚襄王从宋玉、景差于兰台之宫，有风飒然至者，王披襟当之，曰："快哉此风！寡人所与庶人共者耶？"宋玉曰："此独大王之雄风耳，庶人安得共之！"玉之言盖有讽焉。夫风无雌雄之异，而人有遇不遇之变；楚王之所以为乐，与庶人之所以为忧，此则人之变也，而风何与焉？

士生于世，使其中不自得，将何往而非病？使其中坦然，不以物伤性，将何适而非快？今张君不以谪为患，窃会计之余功，而自放山水之间，此其中宜有以过人者。将蓬户瓮牖，无所不快；而况乎濯长江之清流，揖西山之白云，穷耳目之胜以自适也哉！不然，连山绝壑，长林古木，振之以清风，照之以明月，此皆骚人思士之所以悲伤憔悴而不能胜者，乌睹其为快也哉！

元丰六年十一月朔日，赵郡苏辙记。

据《四部丛刊》景明嘉靖蜀藩活字本《栾城集》

武夷精舍记

韩元吉

武夷在闽粤直北，其山势雄深磅礴。自汉以来，见于祀事。闽之诸山，皆后出也。其峰之最大者，丰上而敛下，岿然若巨人之戴弁。缘隙磴道，可望而不可登。世传避秦而仙者蜕骨在焉。溪出其下，绝壁高峻，皆数十丈。岸侧巨石林立，磊落奇秀。好事者一日不能尽，则卧小舟抗溪而上，号为九曲，以左右顾视，至其地，或平衍，景物环会，必为之停舟，曳杖，徙倚而不忍去。

山故多王孙，鸟则白鹇、鹧鸪，闻人声或磔磔集崖上，散漫飞走，而无惊惧之态。水流有声，其深处可泳，草木四时敷华。道士即溪之穷，仅为一庐，以待游者之食息，往往酌酒未半，已迫曛暮，而不可留矣。

山距驿道才一二里许，逆旅遥望，不惮仆夫马足之劳，幸而至老氏之宫宿焉。明日始能裹饭命舟，而溪之长，复倍于驿道之远。促促而来，遽遽而归，前后踵相属也。余归家闽中，为宦于建安，盖亦遽归之一耳。

吾友朱元晦居于五夫山，去武夷一舍而近，其若外圃。暇则游焉，与其门生弟子挟书而诵，取古诗三百篇及楚人之词，哦而歌之，潇洒啸咏，留必数日。盖山中之乐，悉为元晦之私也，予每愧焉。

淳熙之十年，元晦既辞使节于江东，遂赋祠官之禄。则又曰："吾今营其地，果尽有山中之乐矣。"盖其游益数，而于其溪之五折，负大石屏，规之以为精舍，取道士之庐犹半也。诛锄草茅，仅得数亩，面势幽清，奇水佳石，揖揖映带，若阴相而遗我者。使弟子具畚锸，集瓦竹，相率成之。元晦躬画其处，中以为堂，旁以为斋，高以为亭，密以为室，讲书肄业，琴歌酒赋，莫不在是。予闻之，恍然如寐而醒，醒而后，隐隐犹记其地之美也。且曰："其为我记之。"

夫元晦，儒者也。方以学行其乡，善其徒。非若畸人、隐士，遁藏山谷，服气茹芝，以慕夫道家者流也。然秦汉以来，道之不明也久矣。吾夫子所谓志于道，亦何事哉？夫子，圣人也，其步与趋莫不有则，至于登泰山之巅，而诵言于舞雩之下，未常不游，胸中盖自有地。而一时弟子鼓瑟铿然，春服既成之咏，乃独为圣人所予。古之君子息焉者，岂以是拘拘乎？元晦既有以识之，试以教夫来学者，相与酬酢于精舍之下。俾或自得，其视幔亭之风，抑以为何如也。

是岁八月，颍川韩元吉记。

据《游记精华》，卞孝萱主编，巴蜀书社，1999年

游天台山记

洪亮吉

天台山者，山水清深，灵奇栖止之所也。其径路迴殊，卉草亦别，霜霰异色，风霜态歧。

山最幽者为琼台。沈埋沧冥，凌历世宙。金碧之影见层霄之中，云霞之光衣九地之表。山花抽篮，圆叶疑扇；林翼接翠，和声同琴；樵踪蛇纡，升降数十；石脊猱奋，回皇半时。岩果润肺，作朝霞之红；灵泉清心，漾夕涧之绿。双阙峙其前，绝壑振其表。霜同剥藓，偶印来踪；云与昔贤，难停去影。登陟既疲，久坐石室，作华陀五禽戏乃返。

最奇者为石梁。长不计丈，狭仅盈咫。潜蛇窥而甲悚，飞鸟过而魄堕。余斋心既空，往志益奋。青苔十层，去履不啮；飞瀑万仞，来目未眩。遂休神于蓝桥，啸咏于碧涧。飞花积衣，重至盈寸；惊笋碍帽，长皆及寻。至鱼鳖啖其影，而步不移；猿猱摄其神，而坐不返。盖浑浑乎身世两忘焉。

最高者为华顶。此山本斜侵东溟，高压南峤。乌兔重叠，交辉于其巅；鱼龙万千，出没乎其趾。于是山栖谷汲、餐松饵柏之士，无不萃焉。结茅以居者至七十二所，类皆委形神于土木，冀寿命于金石者也。灵雨界山，春霰迷谷，余与清凉僧振屧欲往。笠飘于上，衣裂于下；隔岁槲叶，横来吓人；径时飓风，险欲飞客。土人云："海雾至重，即上亦无所睹也。"重以松桧拔地，振龙鸾之吟；尘霾蔽天，现蛟螈之影。凛然瑟然，半道乃返，距顶尚百步耳。

最丽者为赤诚。水复注水，云头已穿；山仍戴山，日脚亦碍。途经百盘，望乃咫尺。施丹埤垷之上，焕采乾坤之中。晴日堕而转红，冻雨洗而逾赤。游客十憩，方臻松扃；巢食百飞，乃届石窦。一塔冠斗，双桥冒虹。降尊万树，疑飞仙之饭桃；元宫一区，云化人之委蜕。心神澄澈，视听凝一，而游遂止于此矣。

凡居山者五日，耳疲于听，而鸿蒙之响，万劫不停；目倦于观，而倘恍之形，六时屡变。手劳于笺记，而腕不欲休；心瘁于描摩，而兴不可遏。遂至揭藏经之纸，竞写记游；坐团蕉之僧，愿传诗诀。亦可谓方外之胜游，尘表之奇福矣。

凡宿清凉寺、方广寺、桐柏宫者各一夕，雨阻国清寺者二夕。所历者，为腾空岭，万年岭，寒风岭，桐柏南峰、北峰，赤诚上寺坡、下寺坡，共得诗三十首。

时嘉庆十年二月十一日也。

据清光绪三年洪氏授经堂增修本《更生斋集》

绿杨城郭忆扬州

冯其庸

我最早认识扬州，是从诗词里认识的。杜牧的《寄扬州韩绰判官》："青山隐隐水迢迢，秋尽江南草未凋。二十四桥明月夜，玉人何处教吹箫？"大概是给我以扬州的美好印象的第一首诗。后来读姜白石的《扬州慢》词："淮左名都，竹西佳处，解鞍少驻初程。过春风十里，尽荠麦青青。自胡马窥江去后，废池乔木，犹厌言兵。"这首词，虽然给我以兵后扬州荒凉的景象，然而，我对扬州的印象却更深了。

在我的印象里，扬州是美，扬州是诗，扬州也是芍药、牡丹和琼花。总之，扬州确实美得不得了。

但是，在我印象里的扬州，也有悲剧的一面，最有名的鲍照的《芜城赋》，就是写的扬州，那是一片荒凉的景象；其次就是上面提到的姜白石的那首词了，也是一片战火下的扬州。

我从小就爱读《浮生六记》，记得作者沈三白的妻子陈芸——一位非常可爱的中国古典美的女性，她在坎坷中死去后，就埋在扬州。仿佛给扬州立下了一个悲剧的标记。

我还未到扬州，脑子里就已经装满了扬州的各种各样的印象了。

扬州确实是美的，那瘦西湖的纤影，既窈窕而又清雅，你如果从虹桥漫步过去，如果是初春的时节，你可以看到柳回青眼，桃报红靥，春波漾绿，岸草铺碧。真是，你会感到春从所有可以冒出来的地方一齐冒出来了。特别是湖上的一抹轻烟，仿佛山水画家将眼前的画面淡淡地染上了几笔，使得这些景色，都带上了一层朦胧的美，缥缈、空灵、清淡、幽雅……当你跨过虹桥，一眼见到这幅江南早春的画面时，我保证你会被陶醉，你会驻步不前，仔细品味。

然而，当你展眼往远处看去，你会看到这袅袅婷婷的瘦西湖，身材确实是那么婀娜多姿，湖面曲曲弯弯，有时是掩映半面，似断还续，两岸古树垂柳，加上隔年的枯芦苇干，还有偶尔露出水面的新芦笋尖，甚至在曲折掩映的湖面上，有时还露出半篙扁舟，湖畔也可能碰到垂钓者。总之，一眼望去，分明是一幅水墨画，一卷山水图，而且满纸是烟水野渡的气息。

这样的景色，才是瘦西湖的本色。她不同于杭州的西湖，西湖多少有点人工味和富贵气；也不同于南京的玄武湖，玄武湖似乎略少姿态。瘦西湖我觉得有点像《西青散记》里的贺双卿，粗服乱头，雅秀天成，不假雕饰，完全是诗人本色。

当然，你走过了徐园，走过了小金山，到五亭桥时，则又是一番景色。五亭桥黄瓦朱柱，桥上五亭，桥下十五个卷洞，洞洞相通，每到月中，则十五个卷洞中洞洞见月，成为奇观。五亭桥南为莲性寺，寺中白塔高耸，与五亭桥似相揖让。最难得的，无论是五亭桥还是白塔，都无富贵态，都还保持着朴雅的风格。五亭桥自以巧胜；白塔则以秀胜，远望亭亭玉立，如白衣大士，恰好与瘦西湖相配。如果此处的白塔如北京北海的白塔或阜成门内的白塔一样庄严隆重，那么，就会把瘦西湖压得抬不起头来，就会产生不协调之感。我深深佩服当时设计师的识力和巧妙的匠心。

扬州使我常挂在心的当然还是平山堂。每次到平山堂，总要令人想起这位文章太守六一翁和天才诗人东坡居士。我记得在平山堂厅后有横匾，题曰："远山来与此堂平。"每次去平山堂，总要找到此匾饱看一回。我觉得此匾题得实在妙极了，尤其是那个"来"字，简直写活了。不是堂与山去平，而是"远山"来与"此堂"平，字面上写的是山与堂平，读者的实际感觉上却是堂比山高，堂是主，山是宾，堂是端然不动，山是远处趋来。请看这简单的七个字，寓意多么丰富，感情色彩多么浓烈！

比之伊秉绶的“过江诸山到此堂下，太守之宴与众宾欢”一联，显然有上下床之别。伊撰联句上联显得太实太死，且失去了平山堂之意，下联则毫无新意，只是截取《醉翁亭记》的陈辞，这就无足观了。当然伊秉绶的书法是一代名家，可称银钩铁画，每当我遇见他的书法，总是低徊流连，不忍遽去。可惜原书不存，现在已是后人补书的了。

最可惜的是平山堂后石涛和尚的坟墓，已在“文革”中湮没，莫可踪迹，一代大师，竟然与烟云俱散，可胜浩叹！

扬州石塔寺的石塔，现在已经在马路中间了，一头是石塔，另一头是一棵古银杏，一条直线，居于马路正中，恰好把马路一分二，成为上下道的分界。石塔是唐代旧物，共五层，四面有雕像，古银杏大概也是唐代的遗物，看它那种婆娑龙钟的气派，也显得的是一位历史老人了。石塔寺最引人入胜的当然是王播的故事。王播《题惠昭寺木兰院》诗：“上堂已了各西东，惭愧阇黎饭后钟。二十年来尘扑面，如今始得碧纱笼。”王播微时，在此寺乞食，和尚们讨厌他，才饭后打钟，使他扑空，因而才有上面这首诗，而且“饭后钟”从此就成为故实。谁能想到当年的这座石塔，竟然会保存到现在。扬州是有名的兵火之城，历劫甚多，此塔能巍然独存，阅世千年，实在不易！也许是造物主特地把它留下，作为人情冷暖的见证，以警世人的吧？

我每次到扬州，必去梅花岭史公祠。记得第一次到扬州时，是“文革”后不久，梅花岭的史可法墓已破坏，梅花岭的题额也已不存。这样一位顶天立地的英雄，历史的脊梁骨，就连当年他的敌人也不敢不尊敬他，谁料三百年后的今天，竟还会让他遭受浩劫，连他的衣冠冢都不能保存。历史的颠倒，是非的颠倒，一至于此！幸而现今梅花岭已经全部复原，史公墓已修好如初，我在陈列室里看到了史公的手迹：两副对联。其书法的遒劲飘逸，迥非一般文人可比；就是当时的书家，也很难有他的这种气势。三百年后，对此手泽，我们可以想见其胸襟气度。这两副对子的联句是：

自学古贤修静节
唯应野鹤识高情

可　　法

涧雪压多松偃蹇
崖泉滴久石玲珑

下面的款识云：“辛巳宿焦山寺，书赠大明禅友，兼志寄好山水清奇，颇不相负耳。道邻可法。”两副对子都是草书，真是逸笔草草。第二副对子跋语，因原迹狂草，可能有个别字识读不确，但我仍愿把它记下来，以飨读者。我们从两副对子的联语中，也可以感受到这位“古贤”的高怀逸致，下一联联语似更可看出他当时艰危的处境和坚忍不拔的毅力。

扬州，可看的地方太多了。我还到过蜀冈上的炀帝迷楼旧址，现在的楼台当然不是当年的迷楼了。我也到过扬州郊区埋葬这位中国历史上最荒淫无耻的暴君的雷塘。在田野里，有一小片荒冢，只有几亩地，陵墓早已不像样子，只是仍高出于地面，在墓地隆起处，有一方歪斜的墓碑，书“隋炀帝陵”四字，为伊秉绶书，相传炀帝陵本已湮没，清嘉庆间为浙江巡抚、金石家阮元所发现，因请扬州知府伊秉绶书碑以为标志，一直保留到现在。想当年“紫泉宫殿锁烟霞，欲取芜城作帝家”的隋炀帝，意旨所至，锦帆天涯，何等的权力威势。谁知到头来只剩雷塘半丘，比起取代他的唐太宗之昭陵，简直是讽刺。这就是对历史人物的公正的历史结论！

最使我难忘的是有一次，由老友钱承芳同志陪同去西山寻找《浮生六记》作者沈三白的妻子陈芸的坟墓。我们跑了很多路，虽已接近西山，但终因暮色太重，一片苍茫，无从寻觅，只得回车。虽然没有找到，但我却记下了这位悲剧女性的埋骨之处。我希望有一天能重新将它修复，让人们凭吊。

我每次到扬州，总是住在西园宾馆，老友杨礼莘总是热情接待，使我到扬州，不仅是宾至如归，简直可以说是到了第二故乡。那大门外的水码头，说是当年乾隆到扬州的御码头，右手是“冶春”的水绘阁。我清早起来晓色朦胧的时候，一钩春月，倒影入池，而水阁茅檐下的灯火，映在水里，拉出一条长长的曲折动荡的光膨，连同水阁的倒影，简直是一幅绝妙的春晓图。

人们常常喜欢说《红楼梦》里的菜肴，我认为“红楼菜”实在是扬州菜的体系。西园宾馆的扬州菜是有名的，每次都能让我回味无穷。

扬州，给我精神上的慰藉太多了。春天的花，秋天的月，还有团团的螃蟹，到了冬天，还可以看到盛开的蜡梅。那瘦西湖上“月观”后面一个小园子里的一丛蜡梅，我曾欣赏过她盛放的丰容。旁边是一丛天竹，圆珠垂丹，艳然欲滴，与黄色的蜡梅相映成趣。这样的庭园景色在北方是无从领略的。

扬州，是美的化身。扬州，到处都是美。

至今我念着虹桥畔瘦西湖的瘦影，念着西园宾馆庭院里中天的月色，念着小丘上萧萧的修竹，念着御码头旁茅檐下早起的灯火，念着春雨迷蒙时扬州的朦胧面庞，念着朋友们的深情……

我深深地怀念着这座绿杨城郭。

1986年12月13日夜一时于宽堂

据《冯其庸文集》，青岛出版社，2012年

#「单元四」

儿童视界

导 读

1912 年，蔡元培担任教育总长时，范源濂是教育次长，他们俩对教育的看法不同。范源濂说："小学没有办好，怎么能有好中学？中学没有办好，怎么能有好大学？所以我们第一步，当先把小学整顿。"蔡元培则说："没有好大学，中学师资哪里来？没有好中学，小学师资哪里来？所以我们第一步，首先把大学整顿。"蔡元培在《自写年谱》中记录了他和范源濂的这段对话，并且说："把两人的意见合起来，就是自小学以至大学，没有一方面不整顿。不过他的兴趣，偏于普通教育，就在普通教育上多参加一点意见；我的兴趣，偏于高等教育，就在高等教育上多参加一点意见罢了。"

蔡元培和范源濂的这个故事说明教育的重要性，无论是小学教育、中学教育还是大学教育，都一样重要，很难说谁更重要。没有好的小学教育，确实没有好的中学教育和大学教育，因为小学教育是根基，根基不牢，要建造大厦是不可能的。从这个意义上说，越是基层的教育越是重要。那么，我们可以说，幼儿园教育是最重要的。

蔡元培和范源濂争论小学教育和大学教育谁更重要的时候，中国已经有近代意义上的幼儿园了。尽管古代中国也一直非常重视幼儿教育，但毕竟范围很小，古代幼儿的教育主要在家庭进行。俗话说"三岁看大，七岁看老"，这说明古人一直都非常重视幼儿的教育。历代的重要的思想家、教育家都非常重视幼儿的教育问题。然而，真正意义上的幼儿教育还是到近代后期才开始的。中国近代历史上第一所幼儿园建立于 1903 年，距今已 110 多年。这所幼儿园就是湖北幼稚园，它由湖广总督张之洞策划、湖北巡抚端方设立。地址在武昌阅马场寻常小学堂内，并聘请东京女子高等师范毕业的户野美知慧等三名日本教师任教。1904 年 1 月清政府颁布了由张之洞、张百熙、荣庆合订的《奏定学堂章程》，确定幼儿教学机构名称为蒙养院，随后北京、湖南、江苏、上海等地蒙养院诞生。到 1907 年全国有蒙养院 428 所，在园幼儿 4 893 人，可见当时幼儿园规模都很小。1912 年蒙养院改称蒙养园，1922 年蒙养园改为幼稚园。民国时，公私立幼稚园都得到一定程度的发展。如厦门集美幼稚园（1919，陈嘉庚）、北京香山慈幼院（1919，熊希龄）、南京鼓楼幼稚园（1923，陈鹤琴）、南京燕子矶乡村幼稚园（1927，陶行知，第一所乡村幼稚园）、上海大同幼稚院（1930，中国互济会）等等。中华人民共和国成立后，于 1951 年 10 月，国家政务院公布第一个学制《关于改革学制的决定》，以法令形式确立幼儿园的地位，将"幼稚园"改称"幼儿园"。改革开放后，幼儿园获得长足发展，各种体制的幼儿园快速发展起来。

幼儿园教育为什么非常重要呢？这当然因为幼儿是人生的开端，人一生的根基都在他的幼儿时期奠定。美国杰出舞蹈家邓肯甚至认为，"一个小孩子的性格，在母胎里便已注定了"。

1987 年 1 月，75 位诺贝尔奖获得者在巴黎聚会，有记者问其中一位诺贝尔奖获得者："您是怎样拥有今天的成就呢？"那位诺贝尔奖得主说："不是自己的东西不要拿；把自己的东西分一半给同伴；吃饭前要洗手；自己的东西要摆放整齐；做错了事应表示歉意；要仔细观察大自然……"记者不解地问："这些，不都是要求幼儿园小朋友做的吗？"这位诺贝尔奖得主回答说："伟大正是从渺小开始的。从'小'时候开始，从'小'事开始；从'小'时候，从'小'事中养成好的品性与修养，养成好的行为习惯，好的学习方法；从'小'时候就坚持年复一年地把'小'事做好，就能做成大事了。"显然，这位诺贝尔奖获得者并不是否认小学、中学、大学的重要性。他真正想要告诉人们的是受用一生的东西，是在幼儿园里学到的基本的处世道理和做人准则，这些事情看起来很渺小，但却非常重要。当然，这些品质与获得诺贝尔奖从逻辑上并不存在必然联系。但是，任何一个在幼儿园就接受了正确教育的人，即使不会在事业上取得所谓伟大的成功，他也一定会成为一个正直的人，成为一个善良的人，成为一个有益于家庭和社会的人。某种意义上说，成为一个正直、善良、有益于家庭和社会的人的价值甚至比成为诺贝尔奖获得者更加重要。因为成为一个诺贝尔奖获得者毕竟在人群中只占极少极少的比例，而成为一个正直、善良、有益于家庭和社会的人则关系到一个家庭、一个社群、一个民族的生活品质。

要做这样一个单元学习内容的时候，编者也踌躇过，需要在《大学语文教程》中做这样的内容吗？做其他的内容都不会有这种踌躇，唯独做“儿童视界”有这个踌躇，主要因为这个内容与教育相关。

但是，我们要知道，语文本是工具学科，它是跨专业的。在语文教材中始终贯穿工具性是我们语文学科的义务和责任，而且在长期以来的大学教育中，专业之间联通甚少。虽然，基本上只有学前教育的学生今后才有更大的可能从事幼儿教育，但是，幼儿教育既然这么重要，而我们绝大部分的人还得恋爱结婚，生养小孩，从最基本的方面了解幼儿教育的知识，确是百利而无一害的。而且，从语文教学角度上来说，幼儿文学乃是无尽的宝藏，从文学角度来选择内容，也不会伤到语文学科。

出于这种种考虑，就决定做“儿童视界”这个单元。之所以叫“儿童视界”而不叫“幼儿视界”或其他的“幼儿××”，主要考虑到“儿童”这个概念比“幼儿”涉及的面更广，一方面有利于我们选材，另一方面也有利于本教材学习者有更广阔的视野。

在这个单元，我们编选了《蒙台梭利论儿童》《理想的儿童》《雪孩子》《野葡萄》等，前两篇直接与幼儿或幼儿园有关，后两篇则是童话。

玛丽亚·蒙台梭利是意大利著名幼儿教育家，也是蒙台梭利教育法的创始人，她对幼儿教育的研究和实践是20世纪幼儿教育的重要遗产，值得人们去学习研究。但是，除了专业人士，真正了解蒙台梭利的人并不多，许多接受过高等教育的人也从未听说过她，这当然是一件遗憾的事情。所以，学习和了解蒙台梭利关于儿童的看法是很有必要的，对将要从事幼儿教育的人来说，自然是必须要了解乃至熟悉的，即使是其他专业的人士，也非常有必要来了解蒙台梭利对幼儿的看法。《蒙台梭利论儿童》这篇选文——我们从蒙台梭利的《童年的秘密》和《发现孩子》两本著作中选择材料组合成这篇文章，主要内容有对儿童的认识以及儿童的教育，里面有许多革命性的论述，尤其是对我们这个旧邦新命的国度的人们，显然可以纠正我们对儿童的看法。在我们的生活中，人们普遍认为，孩子生下来任由其成长就好了，即使在今天独生子女普遍的时代，许多人对儿童的教育也基本上是错误的，不是溺爱就是期望过高，这两者都对儿童的成长造成极大的不好影响。至于蒙台梭利有关幼儿教育的更加全面的内容，有兴趣的读者自然会去找到她的专著仔细阅读并深入研究。

《理想的儿童》选自《古罗马的儿童》，作者让-皮埃尔·内罗杜是法国埃克斯大学教授。人们不知道这个作者是很自然的，事实上的确如此，没有多少人听说过他。顾名思义，《古罗马的儿童》是研究古罗马儿童的专著。这部杰出的著作主要分析影响古罗马儿童的各种因素：儿童在历史中的现实地位和象征性作用；儿童与家庭的关系、与成人世界的关系、与城市和社会结构的关系。此外，还研究儿童的生活，从出生到死亡，以及儿童教育和游戏等。《理想的儿童》选自本书第二部分“有关儿童的论文”之第三章《灵魂》的第一篇。什么样的儿童才是理想的儿童，估计现在的家长们有各种各样的答案。那么，古罗马人心中的理想儿童是怎样的呢？古罗马人认为“理想的儿童”就是“儿童当前的特性与他将来的为人之间，以及儿童的天性与后天获得的知识之间的和谐”。具体的就需要去认真阅读这篇文章了。

稽鸿是著名童话作家，《雪孩子》是他最有名的童话作品。1980年，《雪孩子》由林文肖导演，上海美术电影制片厂制作完成，是国产动画片的经典之作。《雪孩子》的语言非常优美，意境也优美，故事情节的处理也是很有艺术性的。

葛翠琳是中华人民共和国成立后成长起来的著名童话作家，《野葡萄》是她的代表作，获得国内国际多种奖项。葛翠琳对童话有自己的看法，她在《童话漫谈》一文中说过："童话植根于生活，但比生活更美，更理想化。幻想的依据是现实。通过幻想，表现人类美好的愿望和信念。童话能表现的内容是很广泛的，大自然中的一切，无论是有生命的，还是无生命的，都可以作为童话中的人物来表现。风雨雷电、虫鱼鸟兽、日月星云……都可以具有人的思想感情，而又按照它们自身所具有的特点，反映人类社会的种种矛盾和现象，构成童话里的人物和故事。作者自己的立场、观点、见解、感受和愿望，通过自然界的物，形象地、曲折地表现出来，达到吸引和感染读者的目的。"可以说《野葡萄》是她关于童话看法的一个很好的说明，这个童话故事非常优美感人。葛翠琳善于在作品中营造优美的意境，这得力于她对语言的高超的驾驭能力，而且她善于从民间传说中吸取营养，从而使她的童话作品表现出传统的味道。这些都不难从葛翠琳的童话作品中感受到。

儿童是我们的希望，是人类的希望。每个家长都希望自己的孩子成为有用之才，从这个意义上说望子成龙望女成凤并没有错，只是要正确地去做，不要只凭自己的愿望，不采取正确的方法去要求孩子。这就需要了解儿童，认识儿童。这是国内外不同种族、不同民族都要面对的大问题。本单元课文也只能很粗浅地引导读者关注儿童的问题，即使只是粗浅，也总比完全不知道要好。我们须知，世界未来的状况，取决于今日儿童的状况。

主讲课文

蒙台梭利论儿童

蒙台梭利[1]

一

儿童从出生那一刻开始，就受到成人的压制。而可怕的是，人们居然对此毫无察觉。即便在我们这样具有所谓先进文明的开化社会中，也由于复杂的社会礼教、成人对儿童行为的强制约束、成人刻意限制孩子的自我发现，致使儿童与成人的对立关系更趋恶化。

如果一个孩子在由大人控制的环境下长大，那么他的许多需求是无法得到满足的。孩子的必要需求不只是来自身体方面，更重要的还有来自心理方面的。心理需求是否得到满足，对孩子今后智力和道德精神发展有着极为重要的影响。被比自己强大很多的大人压制着，孩子不仅不能够按照自己的意愿做事，而且还要被强迫去适应对自身不利的生活环境，而大人还总是天真地认为他们是在帮助孩子学会如何在社会上生活。然而，这些所谓的教学活动，全部采取了命令式的，有时甚至是暴力式的方法，以此来强迫儿童适应成人的生活世界。这些教学活动要求孩子必须完全服从大人的指示，这就等于否定了儿童作为一个独立个体的存在，对儿童来说是非常不公平的。儿童因此受到的身体和心理的打击和伤害，甚至是任何一个成人都无法忍受的。

成人对儿童的权威态度深深植根于家庭之中，就算那些极受宠爱的儿童也不能免受大人的权威压制。在学校中，与家庭类似的强权教育则表现得更为严重。学校采取的有组织的强权行为致使孩子们提早去适应成人的世界，然而实际上，这种教育只是为了孩子早些配合成人的生活。其实，学校里强制的行为规范和严格的功课标准，都跟孩子本该无忧无虑的童年生活格格不入，给他们的日常生活带来种种危机。对于缺乏反抗能力的孩子来说，学校和家长这种权威式的管教方式毫无疑问是一股强势的压力。在这样的氛围下，孩子胆怯不安地发出了求救声，却好像也从没得到成人的关注。孩子希望有人能来听听他们的意见，可他们弱小的心灵却不断地碰壁、受伤。时间长了，孩子不仅会变得不愿意顺从，还有可能会变得不爱惜自己，任凭自己做出危险的举动。

如果我们要让孩子幸福快乐，就应当采取妥善并且人道的做法，那就是为孩子建立一个不再压制他们的学习环境。这个环境应该与孩子的性情相适合，让孩子可以在其中自由地发展。任何一项教育制度的推行，都一定要从建立一个能够保护儿童的环境做起。这个环境应该好像暴风雨中的避风港、沙漠中的绿洲一样，成为儿童心灵的寄托；这个环境应该时时刻刻都能确保孩子可以健康正常地发展。

儿童在成人世界受到压制，这是一个在全世界范围内普遍存在的社会问题。历史上受到强权压迫的人，比如奴隶、仆人和工人，都是弱势群体，社会变革是他们翻身的唯一机会，除此以外别无他法。而社会变革通常发生在统治者和被压迫者之间进行了较量之后。美国的南北战争废除了黑奴制度，法国大革命推翻了君主专制政体。但是，这些可怕的战争是成人用暴力来掩饰错误，是成人实施强制的手段。

有关儿童的社会问题，并不是单纯的阶级、种族、国家的问题。如果一个儿童只会在成人身旁扮演附属角色，他将无法懂得如何在社会环境里生存。成人只顾自身的利益而压制儿童的做法，破坏了社会的整体性，不管从哪个方面来看，孩子都将成为受害者。所有关心儿童的人达成了一个共识：儿童是最无辜的受害者。被当作成人附属品的儿童根本没有能力为自己争取权益。儿童受到的伤害直接而又深刻，他们特别需要社会给予同情和空间。社会上经常有些讨论，将不幸的孩子和幸运的孩子、出身贫困的孩子和生活富裕的孩子、被抛弃的孩子和受到宠爱的孩子进行比较。这些讨论的结果都一致表明，人与人之间的个性差别早在童年时期就已经形成了，而且一个人的童年经历对其成年之后的生活确实有着深远的影响。

二

儿童是什么？从某种程度上来说，儿童是成人制造出来的。因此，成人也把儿童当成了一种私有财产。没有一个奴隶被主人拥有会像孩子被父母拥有那样完全；也没有一个仆人像孩子一样要永远服从他人的意志；更没有一个工人要像孩子那样，必须盲目地服从他人的命令，工人在下班后还可以找些方式消遣。从来没有任何人的权益像儿童的权益那样不受重视。我想，没有人会愿意处在儿童的地位。儿童被成人用许多严格而又专制的规定约束着：什么时间必须去做功课，什么时间才能出去玩……都得依照大人的规定。我们的社会从来没有把孩子当作独立的个体。所以，成人觉得住着舒服的地方都是孩子的家。在一个家庭里，妈妈在家洗衣做饭、爸爸外出工作赚钱，爸爸妈妈只需要量力而为地照顾孩子就可以了。一直以来，学校也尽可能地尊重这种家庭生活方式，因为人们始终觉得，这样就是为孩子提供的最好的照顾。

从古至今，所有道德思想和哲学理论几乎都以成人为中心，而与孩子童年有关的社会问题却都被忽视了。仿佛没有人想过孩子是有别于成人的独立个体，没有人去思考孩子也是具有独特性情的，也没有人关心孩子为取得其生命的非凡成就而应有的特别需要。大人只是把孩子当作无助的弱小者，认为他们应该按照自己的指令行事。让人感到遗憾的是，孩子这么能够吃苦受难，又体贴他人，却没有人能够真正了解他们。回顾人类的历史，有关孩子的记载是一片空白。我们期待有一天人类能够把这空白填满。

三

我们必须认识到这个最重要的现实：儿童拥有一种精神生命，这种生命的微妙表现尚未引起注意，它的活动方式会被成人无意识地破坏掉。

成人的环境对儿童来说并不是一种适宜的环境，而是一群障碍物，这群障碍物加强了儿童的防备，使他们的态度乖戾，并使他们易受成人的暗示。儿童心理学和儿童的教育一直是从成人的角度，而不是从儿童的角度来进行研究的。因此，它们的结论必须从根本上予以重新审查。正如我们所看到的，儿童每个不寻常的反应都给我们提供一个有待解决的问题。每次发脾气都是某种根深蒂固的冲突的外在表现，这种冲突并不能简单地解释成是对怀有敌意的环境的一种防御机制，而应该理解为一种更高尚的品质寻求自我展示的表现。发脾气也就像是一场暴风雨，它阻止了儿童的心灵从隐避处显露出来。

很明显，所有这些伪装把儿童的真实心灵都隐藏起来了。乖戾、挣扎和畸形的表现掩盖了儿童自我实现的努力，使他不能展示他的真正的个性。在这些不协调的外在表现背后，肯定存在着一个根据一个精确的计划正在发展的个体精神胚胎。就在这些外在表现底下，隐藏着一个尚未被认识的儿童，他必须获得自由。教育家所面临的最紧迫的任务，就是去了解这个尚未被认识的儿童，并把他从所有的障碍物中解放出来。

在心理分析的研究和这种对尚未被认识的儿童所做的心理研究之间的根本区别主要在于，成人潜意识的秘密是自我约束的某种东西，而儿童的秘密很少会被他的环境所掩蔽。要帮助一个成人，我们就必须帮助他解开在漫长的时期中形成的有关复杂的适应的一团乱麻。要帮助一个儿童，我们就必须给他提供一个使他能自由发展的环境。儿童正处于自我实现的阶段，完全应该为他敞开大门。事实上，他正在创造自我，也就是正处于从不存在到存在、从潜在能力到实际行动的过程中，处于这个阶段，他不可能是复杂的。由于儿童具有日益增强的能量，他在展现自我时就不会有很大的困难。

在一个不受约束的环境中，即在一个适宜于他年龄的环境中，儿童的精神生命会自然地得到发展，并揭示它的内在秘密。只有坚持这条原则，否则，所有未来的教育尝试只会导致一个人更深地陷入无止境的混乱之中。

新教育的基本目的就是发现和解放儿童。与之有关的首要问题就是儿童的存在；其次是，当他日趋成熟时，给他提供必不可少的帮助。这意味着必须有适合于儿童成长的环境。障碍物必须减少到最少，环境必须为那些发展儿童能量的活动的开展提供必要媒介。由于成人也是儿童环境的一部分，他们也应该使自己适应于儿童的需要。他们不应该是儿童独立活动的障碍物，他们也不应该代儿童去进行那些使儿童达到成熟的活动。

我们的教育体系的最根本的特征是对环境的强调。

我们学校教师的作用一直是一个值得注意和讨论的对象。教师被动地为儿童搬掉了由于他自己的活动和权威所造成的障碍物。这样，儿童就可以使他们自己变得主动起来。当教师看到儿童自我活动并取得进步时，便感到满意。所有这一切，没有一样东西可以被认为是教师自己的发明，他可能是受了施洗礼者圣约翰思想的激励："他必须增加，而我必须减少。"

我们的教育体系中的又一个特征是对儿童人格的尊重，并达到了以往从来没有过的程度。

这三条原则在最初以"儿童之家"而闻名的机构中得到了充分的展现，"儿童之家"这个名称带有家庭的含义。

新的教育体系被广泛地讨论，特别是涉及儿童和成人角色的颠倒——教师没有桌子，没有权威，几乎没有教学，而儿童是活动的中心，可以自由随意地到处走动，选择他自己的作业。有些人把这看作是一种乌托邦，而其他的人把它完全看作是一种夸大。

另一方面，其他一些革新措施得到赞同并被接受：一些跟儿童的身体相适应的物体、明亮的教室、装饰着花朵的低矮的窗户、仿制现代家庭的家具的微型家具、小桌子、小扶手椅、漂亮的窗帘、儿童可以方便地打开的小橱以及橱内存放儿童可以随意使用的各种物品。所有这些东西可以看作是实际的改进，并有助于儿童的发展。我相信，有更多的儿童之家会千方百计地保护这种令人欣喜和感到方便的外部特征，把它作为儿童之家的一个主要特征。

现在，经过对这些事物广泛的研究和大量的实验之后，再次对他们作考察，尤其对他们的起源作考察可能是很有价值的。

有人认为对儿童作实际的观察，就能使我们得出惊人的结论，即儿童拥有一种神秘的本性，对这个真理的直觉使我们构想出一种特殊学校和特殊的教育体系，其实这种想法是错误的。对某种仍然未知的东西作观察是不可能的。一个人通过一种简单的直觉，认为儿童拥有两种本性，并且企图用实验把它们展示出来，这也是不可能的。尚未被认识的东西应该通过它自己的能量展现出来，当它这样展现时，没有一个人会比最初目睹它的人持更大的怀疑态度。就像世上其余的人一样，他也拒绝新的东西，结果，这个迄今为止仍然未被认识的事实，在它被人们最终看见、承认和满腔热情地接受之前，必将不断地把它自己强加于他。那些被新的现象所震惊并最终接受它的人就会深深地迷恋于它，并且将他的生命奉献于它。他的激情是如此巨大，以致他认为他自己就是它的创造者，然而，实际上他只不过是对它的展现颇为敏感罢了。对我们来说，困难的是发现新的东西，更困难的是使我们自己相信我们所发现的东西的真实性，因为在新东西面前我们的感官大门却是关闭的。然而，当我们有了这样的发现并承认这个真理时，我们就变得像《福音书》中搜寻宝珠的那个商人。当我们找到一颗价值无比的宝珠时，为了能买下它我们就出售我们所拥有一切。

我们的智慧景观可以比作一位贵族画室的景色，这个房间对陌生人是不开的。如果要进去他必须由另一个已熟悉它的人陪同才行。因此，一个人如果没有人介绍，他只得砸坏紧闭着的门或偷偷摸摸溜进去。当他最终进入这房间时，他就成为轰动一时的新闻人物，伏打肯定是带着惊讶和怀疑的复杂心情[2]，注视着死青蛙肌肉的颤动，但是他坚持实验，认识了静电的作用。一件细小的琐事有时会开辟一个新的和无止境的领域。从本质上说，人是一个开拓者，只有通过对似乎是毫无意义的细节的发现，他才能前进。

在物理学和医学科学中，对新的现象的鉴定有着严格的标准。在这些领域中，一个新的发现就是对以前尚未被认识的事实作出了鉴定，很可能这个尚未被认识的事实一直是丝毫不受怀疑的。这种事实是客观的，并不依赖于个人的直觉。在验证这种事实时，有两个步骤：首先，必须把它分离出来，并在不同条件下进行研究；其次，它必须再现，并从不同的角度进行研究，以确定它完全不是一种幻觉，而是一个具有真正价值的有形资产。在第一所儿童之家里可以看到这样的例子，对这些似乎是无意义的事实的初步发现产生了巨大的结果。

注 释

[1] 蒙台梭利：全名玛丽亚·蒙台梭利（1870—1952），意大利幼儿教育家，蒙台梭利教育法的创始人。1896年毕业于罗马大学，成为意大利第一位女性医学博士。主要著作有《教育人类学》《蒙台梭利早期教育法》《蒙台梭利儿童教育手册》《童年的秘密》《发现孩子》等。本文第一、第二部分选自《发现孩子》（蒙台梭利丛书编委会编译），第三部分选自《童年的秘密》（马荣根译）。题目为编者所加。

[2] 伏打（1745—1827）：通译伏特，意大利物理学家，后受封为伯爵。

作品分析

玛丽亚·蒙台梭利是意大利幼儿教育专家，蒙台梭利教育法的创始人，也是享誉世界的幼儿教育家。蒙台梭利1870年出生于意大利安科纳（Ancona）的基亚拉瓦莱（Chiaravalle）小镇。她的父亲亚历山德鲁·蒙台梭利出身贵族，是一个保守的军人，母亲瑞尼尔·斯托帕尼是个博学多才的天主教徒。蒙台梭利5岁时随父母迁居罗马,并开始她的求学生涯。先后就读于米开朗基罗工科学校(13岁)、国立达芬奇工业技术学院(16岁)、罗马大学(21岁)。蒙台梭利在罗马大学开始学习生物学,后来转学医学。26岁时,蒙台梭利获罗马大学医学博士学位,是罗马大学也是意大利第一位医学女博士。获得博士学位后,蒙台梭利在罗马大学附属医院担任精神病临床助理医生,主要工作就是诊疗身心有缺陷的儿童(尤其是智障儿童),并开始研究身心有缺陷的儿童,她认为即使是身心有缺陷的儿童也应该和普通儿童一样接受教育。由于她确信自己对身心有缺陷的儿童的教育方法同样适用于普通儿童,她决定投入到普通儿童的教育工作。为此她还在1901年回到罗马大学学习哲学、教育学、实验心理学以及教育人类学。

1904—1907年,蒙台梭利在罗马大学教书。1907年,蒙台梭利在罗马贫民区建立"儿童之家",开始实践自己独创的儿童教育方法,取得了巨大的成功,一个伟大的儿童教育家在全球知名。1929年,"国际蒙台梭利协会"在丹麦成立,此后一直到去世,蒙台梭利担任了九届大会主席。"儿童之家"则风靡全世界。

作为一个伟大的幼儿教育家,蒙台梭利留下了一系列关于幼儿教育的作品。其中最值得阅读的是《发现孩子》《童年的秘密》等。学习蒙台梭利关于儿童及儿童教育的看法对今天的幼儿教育有着极为重要的意义。

本文共三部分。原文有小标题,第一部分是"受到成人压制的儿童",第二部分是"儿童是什么",第三部分是"儿童的教育"。虽然选自蒙台梭利的两本书,却可以成为一个整体来学习和感受蒙台梭利对儿童和儿童教育的看法。

在第一部分中,作者表达了两个主要的观点。一是"儿童从出生那一刻开始,就受到成人的压制",而且,"儿童在成人世界受到压制,这是一个在全世界范围内普遍存在的社会问题"。作者开宗明义表达了对儿童的看法。但更可怕的是,人们居然对此毫无察觉。作者说,如果一个孩子在由大人控制的环境下长大,那么他的许多需求是无法得到满足的。在这里,我们要特别注意一点,作者是意大利人,而意大利是文艺复兴的发源地;我们通常认为欧洲人对儿童的教育是比较先进的,他们比较注意人与人之间的平等精神。但是,从蒙台梭利这篇文章看来,即使在意大利,在欧洲,也存在成人压制儿童的状况,而且显然非常严重,否则作者怎么会说出这番话呢?我们中国的传统是家长制的,这种情况只会更加严重,有所谓"父叫子亡,子不得不亡"。而且这种压制还不仅仅存在于家庭,同样存在于学校,而且更加严重。作者认为,学校里强制性的行为规范和严格的功课标准,都跟孩子本该无忧无虑的童年生活格格不入。作者认为,"如果我们要让孩子幸福快乐,就应当采取妥善并且人道的做法,那就是为孩子建立一个不再压制他们的学习环境"。二是作者认为,"有关儿童的社会问题,并不是单纯的阶级、种族、国家的问题""成人只顾自身的利益而压制儿童的做法,破坏了社会的整体性,不管从哪个方面来看,孩子都将成为受害者"。中国人有句俗话叫"三岁看大,七岁看老",可见,儿童的教育是何等重要。正如蒙台梭利在本部分末尾表明的:"一个人的童年经历对其成年之后的生活确实有着深远的影响。"一个从小在压制下长大的儿童,他长大以后也一样会压制自己的孩子,压制他人的孩子,甚至压制孩子以外的其他人,假如他有机会这么做的话。

第二部分同样表达了作者对儿童的现状的悲哀。"儿童是什么?"作者认为,从某种程度说,儿童是成人制造出来的,因此,"成人也把儿童当成了一种私有财产"。儿童既是成人的财产,哪里还有自由可言?儿童的一切行动都得完全听从家长的规定。因此儿童的状况也就显得极为悲哀。作者说,我们的社会从来没有把孩子当作独立的个体。"仿佛没有人想过孩子是有别于成人的独立个体,没有人去思考孩子也是具有独特性情的,也没有人关心孩子为取得其生命的非凡成就而应有的特别需要。"这种状况尽管现在已经有所改善，但是，总的说来，改善的程度还很低。

第三部分讲儿童的教育。作者立论的基础是"儿童拥有一种精神生命"，但儿童的这种精神生命的微妙表现还没有引起注意，而且它的活动方式会被成人无意识地破坏掉。作者认为，儿童心理学和儿童的教育一直是从成人的角度，而不是从儿童的角度来进行研究的。因此需要从根本上重新审查这种从成人角度研究的儿童教育。作者提出了三个原则：第一个原则是儿童的精神生命会在一个适宜于他年龄的环境自然地发展，并揭示它的内在秘密；第二个原则是强调必须有适合于儿童成长的环境；第三个原则是最大限度地尊重儿童的人格。这三个原则在蒙台梭利创办的"儿童之家"得到了充分的体现。当然，这三个原则同样值得我们今天的从事教育尤其是儿童教育的人注意，也值得家长们尤其加以注意。作者接着分析了这种新的教育体系被广泛讨论的情况，比如教师和儿童关系的颠倒，儿童是活动的中心，而教师则没有权威——这在我们重视师道尊严传统的国度可能会引起更大的误解。但是，蒙台梭利所主张的儿童教育的一些革新措施得到赞同并被接受，比如"一些跟儿童的身体相适应的物体、明亮的教室、装饰着花朵的低矮的窗户、仿制现代家庭的家具的微型家具、小桌子、小扶手椅、漂亮的窗帘、儿童可以方便地打开的小橱以及橱内存放儿童可以随意使用的各种物品"。在蒙台梭利的时代，这些革新措施显然是相当先进的做法，即使在今天，也仍然值得大力推广。最后，蒙台梭利讨论了这些做法的起源，这种探讨作者认为是很有价值的。

蒙台梭利作为一个堪称伟大的幼儿教育家，她对儿童本身和儿童教育的观念是革命性的。从语言角度来说，尽管是译文，本文的文字仍然是颇见功力，观点鲜明，有些文段甚至也可以说是相当有文学性的。这一方面当然源于蒙台梭利的语言艺术，但也倾注了翻译家的心血。这是我们要深深感谢的。

思考与练习

1. 在充分阅读课文的基础上，分组讨论蒙台梭利对儿童和儿童教育的看法。
2. 课后阅读蒙台梭利的相关著作，写一份阅读报告。

理想的儿童

让-皮埃尔·内罗杜[1]

理想的儿童指的是儿童当前的特性与他将来的为人之间，以及儿童的天性与后天获得的知识之间的和谐。理想儿童最初的品质就是外表的美。他首先应该长得好看，这个要求不仅仅是美学性质的，还具有深刻的哲学性。

很早以前有一种理论认为："灵魂造就了躯体，同时灵魂也把自己的形状赋予躯体。"[2]这种思想是相面术的基础。相面术是一种根据相貌了解性格的技艺。这种古老的思想也使精神的美与肉体的美结合在一起。儿童的美是不持久的，是属于个人的，但他的美是宇宙中普遍的美，以及柏拉图所谓理念之"美"的一部分。这理念给人们一种关于完美的观念，所有人在灵魂深处都保有对美的理念的模糊记忆，只是在一段时间里，人们忘记了这个理念。人的躯体在遗忘中曾经久久地注视过这个理念。幼小的儿童迷人的优雅，或者纯粹的美，人们正是通过儿童的这种美领悟到了绝对的理念之"美"。"这个孩子具有卓越的美和超乎寻常的自制力。"小普林尼曾经这样评价一位朋友的儿子[3]。在这两种品质的结合中，包含着孩童之美的持久性。

另外一种外部的美是孩子在精神和肉体上与父亲或其他长辈的相似性内化的结果。这种美是暗藏的，父母亲之间美的特征的秘密融合构成了孩子的美；儿童的美可以通过模仿别人优雅的行为举止和说话、写作风格而获得。孩子与父亲相似对父亲本人来说是值得高兴的，他认为这样一来他在孩子身上重新找到了自己的影子，并且更加热爱自己。普林尼的一位朋友封达努斯因为女儿的死而悲痛欲绝。女儿13岁，从性格、相貌到眼神，与父亲异常相似。简单来说，简直就是另一个封达努斯。而且孩子与父亲的相似也证明了母亲的贞洁。与父亲相似是一个家庭优秀道德品质的首要标志。这种相似性也是孩子将来人生的预兆。卡图卢斯将这种相似当作祝福献给年轻的夫妇[4]：

> 小马里乌斯和他的父亲多么相似啊！不用提醒，所有人都能很容易认出他们是父子。孩子的特征证明了母亲的贞洁。这对母亲的美德是一种赞誉，也保证了血统的纯洁。就像忒勒马科斯，他不朽的声望得益于母亲珀涅罗珀超凡的美德。

品行的相似一部分是暗藏的，但是也应该通过培养使之趋于完善。这也是教育的目标之一。"我不能不期望，"小普林尼给一位女性朋友写道，"您的儿子有一天长得像您的先祖，最好像他母亲家里的长辈；当然，他有幸在父亲家族中有一位德高望重的长辈，而且他的父亲与叔父也有很高的声望。孩子将来要与这些长辈相像，必须经过严格的训练和培养。"

因此培养一个儿童应该使之与某位成年人相似，这个建议不是一种虔诚的心愿，它的精神与心理含义来自祖先一直以来对于这种教育原则的坚信。

完美的儿童体现了人们的希冀，人们希望一个典范式的成年人的精神和生命得到延续与重生；而完美的儿童必然具有温柔的态度。封达努斯的女儿激起普林尼温柔的回忆："她怎样热烈地扑向父亲的怀里啊！她怎样真诚而有所保留地拥抱我们！我们，她父亲的朋友！她对乳母、教师的热爱因人而异，但恰如其分！"

儿童的这些表现不仅让父母感到高兴，因为孩子的这种态度非常迷人，同时这种态度也揭示了美好的自然。它来自孩子的单纯，应该研究一下"单纯"这个词语的词源学：单纯指单一事物的品质，而不是双重或多重。儿童在学会作假之前不知道作假。儿童的可爱来自他天性的善良。

通过这种善良与教育，我们将会看到四种最重要的品德从中产生并发展起来：谦逊、克制、廉耻和恭敬。谦逊表示有分寸的意思，以及对适度原则的把握。谦逊不是儿童独有的品质，少年、妇女甚至某种情况下成年男子都会有这种品质。谦逊是每个人与别人相处时对自己位置的意识；这种与人相处，可以指与成年男子、妇女，年轻人以及社会地位与智慧方面高一层的人的相处。

克制是产生于谦逊的一种态度。一个人守在自己的位置上，保护自己宝贵的优点，以避免因为自己过于勇敢或随意而引起别人的注意。“克制”一词有时候指女人的贞洁，与罪恶相对。克制是儿童、少年和妇女共有的优点。保持克制才能保有良好的声誉。“声誉”也是一个重要的概念，而如今似乎显得陈旧、过时，无论如何也显得土里土气的，但在古代尤其在古罗马都非常重要。古罗马城为帝国的首都，从某些方面讲，罗马城依然保持乡下的土气。罗马城的公众舆论总是爱憎分明的。

拉丁语 uerecundia 与“克制”意义相近，法语词“廉耻”由这个词语而来。这个拉丁语词指对自己的尊重和对别人尊敬的畏惧。人们一般用 uerecundia 评价处女与处男的品质，但是成年男子也能体会这种感情。

所有这些感情和态度体现了一种崇高的道德价值观，pudor（意思是羞耻心、克制、敏感、内向、羞涩，或者指道德感、荣誉感）比“羞耻”“羞涩”和“羞愧”等词语的意思都重。Pudor 在不同的情况下有不同的含义，但无论哪种解释都不能穷尽 pudor 本身丰富的含义。Pudor 的其中一个意思表示“脸红”：人们看到一个儿童因为崇敬与羞涩而脸颊发红。马塞卢斯的儿子刚长成少年[5]，受到父亲一位同事勤勉作风的影响，从此一直保持沉默。后来被逼无奈终于承认父亲的这个同事其实是个虚伪的人，而他自己就是受害者。那个虚伪的人召集元老院的议员，他徒劳地大喊大叫。受到伤害的孩子因为羞耻而脸红和流泪，孩子的举动战胜了不认罪的凶手。当然，这个儿童的道德品质与所受的教育是非凡的。但是这种品质的外部表现毫不意味这个人本身具有这种品质：图密善一生保持发红的脸色[6]；他本人对此很高兴，因为他以此瞒过了所有人。当儿童长成少年时，又表现出小时候的易感性。这一点得到人们的赞许。塞内加如此叙述一个青年男子开始与自己进行关于哲学的谈话时如何局促不安[7]：

> 当他缓过劲时，他难以摆脱自身的窘迫，这对于年轻人是个好预兆；因为他脸色发红，证明了他内心深处懂得廉耻。

塞内加也讨论过这个问题，但是从色情的角度谈论的。在费德尔向希波吕托斯表达爱情时[8]，费德尔这样描述提修斯：

> 啊！他的美使他光彩四溢！……谦逊使他脸色红润，红润的颜色使他的脸色变得柔和。

提修斯那时已经是年轻人了，但费德尔谈起他就像谈论一个儿童，因为他还具有儿童那种精神上的纯洁，这也是费德尔喜爱希波吕托斯之处。

儿童的理想品质不仅仅属于儿童，少年和女人天生就与儿童一样具有这些品质，因为他们都是柔弱的人。此外，成年男子也能够具有这样的品质，但需要两个假设。儿童进入一个价值体系，这个体系决定了儿童的柔弱和对长辈的尊敬。这样一来，我们将会说，成年男子偶然的善行对儿童来说应该一直能做到；或者成人做到柔弱儿童特有的善行，我们将会说，成年人内心深处保存而且应该保存儿童的感情。在罗马共和国时期，当父亲行使自己的所有权时，他的成年儿子对于他来说永远都是孩子。在罗马帝国时期，尤其是 5 世纪，儿童受到的管束不那么严格了。奥索尼乌斯证明儿童的从属地位变成了一种感情[9]，晚辈一生都对父亲保存孩子般的感情，这是一种优良品质。

在这两种假设下产生了儿童的第四种品质：恭敬。法语“恭敬”和“同情”两个词便是由拉丁语的“恭敬”而来。意大利语的 pietà 一词也具有这两种含义。然而，法语和意大利语保存了这个拉丁语词在古代演变的历史，这也是古罗马人最重要的道德品质。恭敬首先指对神和父母的尊敬，也就是说恭敬表示人们承认和遵循社会中的等级。在这种意义下，恭敬是一种神圣义务。这个客观而且普遍的价值观的意义逐渐产生了一些变化，重要性也有所降低，而且越来越变成了一种深藏于内心的感情。恭敬一般是对于旁系亲属的态度，然后是对父亲或母亲、兄弟和配偶的态度。关于配偶之间的恭敬，不再是出于等级的原则，而是基于人的价值本身，宗教典礼或道德的原则都赋予个人的价值神圣的含义。奥维德就遵循这一原则[10]，他积极地赋予传统价值观感情上的意义。他给予“恭敬”一词类似“母爱”的意义。用内心的情感代替外部强加于人的义务，以及将社会秩序建立在感情而不是规则的基础上，这些做法都是一些乌托邦，但在之后的 2 世纪，这种观念实现了家庭内部的团结，并使这种团结具有情感性。无论如何恭敬最后终于成为对于儿童的一种态度，其意义在于承认儿童身上也有崇高与神圣之处，我却不知这是为什么。

据《古罗马的儿童》，张鸿、向征 译，广西师范大学出版社，2005 年

注 释

[1] 让-皮埃尔・内罗杜：法国学者，埃克斯大学教授，曾在美文出版社发表论文《罗马的青年》(1979)。他还关注艺术史，由他负责的《罗马艺术》于 1978 年出版。他与 L. 杜莱合著有《古罗马的城市规划和变迁》。

[2] 参见《论相面术》，拉丁无名氏著，法国大学图书文集，发行人 J. 安德烈。

[3] 小普林尼(61? —113?)：全名盖儿斯・普林尼・采西利尤斯・塞孔都斯，是一位罗马帝国元老和作家。

[4] 卡图卢斯(前 87? —前 54?)：古罗马诗人。出生于意大利，青年时期赴罗马，在传下的 116 首诗中，绘声绘色地描述了家庭和童年的欢乐。

[5] 马塞卢斯(? —166?)：罗马帝国的一位法学家。

[6] 图密善(51—96)：罗马帝国弗拉维王朝的最后一位皇帝，在公元 81 年继位，至被暗杀为止都是皇帝。生性残暴，是一位暴君。

[7] 塞内加(前 4? —65)：古罗马时代斯多葛学派哲学家。曾任尼禄皇帝的导师及顾问，62 年因躲避政治斗争而引退，但仍于 65 年被尼禄逼迫自杀。

[8] 费德尔、希波吕托斯・提修斯：古希腊悲剧家欧里庇得斯著名作品《希波吕托斯》里的两个主人公。希波吕托斯是雅典王提修斯的儿子，他的后母费德尔强烈地爱上了他。费德尔向他表白爱情，却遭到他的拒绝。费德尔羞愧欲死，但最后听从奶娘的劝告，向国王诬告了王子。国王请求海神惩罚了希波吕托斯，费德尔则受到良心谴责而自尽，临终时向国王吐露了真情。

[9] 奥索尼乌斯(310? —395?)：罗马诗人、修辞教师。他的诗作《书简诗集》《田园诗》体现了他是一个非常关心家庭和孩子、具有美好感情的正直的人。

[10] 奥维德(前 43—18)：行文冗长的诗人，才干过人，写了神话史诗《变形记》。后来遭流放，在《哀歌》和《黑海零简》中表达了被放逐的痛苦。

作品分析

古罗马文化是世界古典文化中的一块瑰宝，无论在政治、军事、法律，还是在建筑、美术、诗歌等

方面都对西方文明产生了深远的影响。恩格斯说过:“没有古希腊文化和罗马帝国奠定的基础,就没有现代欧洲。”这说明了古罗马文化是西方文化的渊源之一。

儿童在古罗马社会是一个独特的群体,儿童和国家、宗教之间存在密切的关系,对于法制思想、政治问题都有一定的影响。本书作者通过分析影响古罗马儿童特点的各种因素,反映了儿童在历史中的现实地位和象征作用,展现了古罗马时代西方人的宗教典礼、文化教育和家庭生活的面貌,也说明了古代社会是如何对现代社会产生影响的。

本文提出了“理想的儿童”这一概念,从外表和内在品性两方面展现出古罗马人眼中理想儿童的形象。从内容上可分为三个部分:

第一部分(第1—3自然段),揭示“理想的儿童”的含义,阐释了外表的美是理想儿童最初的品质。

古罗马人认为,理想的儿童就是“儿童当前的特性与他将来的为人之间,以及儿童的天性与后天获得的知识之间的和谐”。古罗马人很重视童年这段时期,因为童年是儿童与成年人之间的一个过渡,他们认为最“理想”的童年,就是儿童的“当前”与“将来”、“天性”与“后天”之间架起的一座“和谐”的桥梁,通过这座“桥”,儿童具备各种优良品质,走向一个典范式的优秀青年的精神和生命。

而在这种种优良品质当中,外表的美是理想儿童最初的品质。“他首先应该长得好看”,不错,古罗马人是非常注重人体外形美的,这甚至是从小孩一降生就开始的一个系统“工程”。古罗马有一套完整而丰富的“育儿学”,新生儿刚来到世界上,他的乳母就在医生的建议下遵循一种必要的美学原则不断地对其身体进行塑形。他们用白布紧紧包裹婴儿的四肢,以防止变形;婴儿三个月大,乳母开始经常抓住他的双脚,让两只脚轮流接触头部,或者作其他练习,以锻炼身体各部位机能以及柔韧性(参见《古罗马的儿童》P51)。经过塑形,婴儿的头部浑圆、鼻梁挺直、膝盖与脚踝形状优美。这种种努力,目的就是要使孩子成人时身材优美、比例匀称,各个细节都符合古典美学的标准。小男孩将来要长得像大理石雕成的美男子,女孩子则应该像古希腊的维纳斯,拥有柔美的胸脯、宽大的髋骨。古罗马人对外表美的追求,作者认为“不仅仅是美学性质的,还具有深刻的哲学性”,因为它体现了精神美与肉体美的结合,是属于宇宙中普遍的美的一部分。对“理想儿童”躯体的美的界定,形象地反映出古罗马人的美学原则,尤其是对人体美的探索,深深地影响到西方中世纪和文艺复兴时期的绘画和雕塑艺术。

理想的儿童另外一种外部的美是“孩子在精神和肉体上与父亲或其他长辈的相似性内化的结果”,这其实是一种遗传的美,相比体形的美,这种美是暗藏的。有意思的是,对儿童这种美的界定却是着重建立在父亲的体验上的,“孩子与父亲相似对父亲本人来说是值得高兴的,他认为这样一来他在孩子身上重新找到了自己的影子,并且更加热爱自己”。古罗马人与古代世界的许多民族一样为父系社会,父亲在家庭中有最高的权威,而妇女在家庭中则是丈夫的所有物,丈夫可以任意支配。这么一来,孩子的长相自然也应迎合父亲的审美观,孩子长得与父亲相似自然就是“美”的。此外,“孩子与父亲的相似也证明了母亲的贞洁”,甚至成为一个家庭优秀道德品质的首要标志。这些无不说明了,儿童的成长受到家庭、社会和民族传统观念的影响。

第二部分(第4—6自然段),强调通过教育使儿童从遗传中获得的优良品行趋于完善。完美的儿童代表了古罗马人一种虔诚的希冀,希望在父辈身上具有的优秀品质能够在下一代得到延续与重生,这种延续除了可通过遗传的因素达到,人们也意识到还应当通过严格的训练和培养使之趋于完善。于是教育就成了必要。

第三部分(第7—15自然段),写古罗马人通过教育和培养,使儿童具有四种最重要的品德:谦逊、克制、廉耻和恭敬。

古罗马人特别重视道德教育，文化知识教育在全部教育中所占的比重很少。他们的教育目标在于培养孩子的卓越德行，训练他们自觉弃恶从善。其中，谦逊、克制、廉耻和恭敬是古罗马道德中四种最重要的品德。

谦逊是“每个人与别人相处时对自己位置的意识”，培养儿童学会掌握“分寸”，把握“适度原则”。

克制，主要指对自己行为的克制，以避免因鲁莽或随意而损害了自己的优点。罗马演说家西塞罗说：“罗马教育的目标是培养一个有节制、自律的孩子”，后来“节制”和“自律”都成为西方文化中对人性美德的一种评定。

廉耻是指“对自己的尊重和对别人尊敬的畏惧”，也就是对自己懂得自尊，对他人懂得敬畏，包含了敏感、羞涩、克制和羞耻之心，关系到一个人内心深处的道德感和荣誉感。古罗马人认为这些感情和态度对一个人的心灵是非常重要而宝贵的，体现了“一种崇高的道德价值观”。具有廉耻品质的儿童还会常常在外表上显露出来：因为崇敬与羞涩而脸颊发红。作者举了法学家马塞卢斯的儿子为例，在这个例子里，儿童的纯真、善良与成人的虚伪、狡诈形成鲜明对比：“受到伤害的孩子因为羞耻而脸红和流泪，孩子的举动战胜了不认罪的凶手。”孩子天性的善良和精神上的纯洁是何其珍贵！但作者进而指出，这种理想的品质是源于柔弱，因此它不仅仅属于儿童，少年和女人天生也具有这样的品质。成年男子的身上偶然也能找到这样的品质。

最后，作者谈到了古罗马人最重要的道德品质——恭敬。这种品质的培养基于一种普遍存在的社会心理：人们承认和遵循社会中的等级。虔信神明、孝敬父母，是罗马人恭敬的第一要义；其次，是对旁系亲属和兄弟的恭敬，这些都是出于等级的原则。而配偶之间的感情，则在等级观念之外，是基于由宗教典礼和道德原则所赋予的人的价值本身而产生的恭敬。这种建立在人与人之间的感情基础之上的社会秩序，曾在某一段时间内发挥了积极的作用，因为它实现了家庭内部的团结。

本文用准确平实的语言再现了古罗马“理想儿童”的精神面貌，为我们研究儿童提供了一种独特的角度，同时也为我们洞悉古罗马社会、了解古代西方的文明打开了一扇窗。

思考与练习

1. 在古罗马，为什么理想的儿童首先应该长得好看？
2. 理想的儿童应该具有哪些道德品质？它们反映了古罗马什么样的社会价值观？

雪孩子

稽　鸿[1]

一

这场雪下得真大。雪花把树枝盖得满满的，压得弯弯的；地面上粉白粉白，积雪已经有几寸厚了；小木屋顶上，像铺了一条厚厚的白绒被。不过，到晌午时候，雪就渐渐地停了。

小木屋里住着兔妈妈一家。这一家也不过两口人：除了兔妈妈以外，就是她的孩子——小白兔了。现在，兔妈妈乘着雪停，打算上外面去找些吃的回来。她对小白兔说：

"孩子，家里萝卜没有了，妈……"

兔妈妈的话还没说完，小白兔就抢着说："妈妈，萝卜还有着呢！"说着，他挪动小板凳，爬了上去，伸手在墙上挂着的篮子里取下半个胡萝卜来，递给妈妈。

"这怎么够吃呀！孩子，"兔妈妈将胡萝卜放在桌上，"妈妈该到外面去找几个大萝卜来才行。"

她顺手从墙上取下篮子，"骨碌碌……"从里面滚出来两颗晶亮、乌黑的龙眼核。小白兔赶紧拾了起来，心疼地说：

"妈妈，这是雁姐姐从南方捎来送给我的。到了春天，我要把它们种在屋前，左边一棵，右边一棵，长出两棵龙眼树来呢！"说着，他把龙眼核小心地藏在胸前的衣袋里。

"噢，"兔妈妈一面应着，一面挎起篮子就往外走，"孩子，乖乖地在家里烤烤火吧……"话还没说完，就被小白兔一把扯住衣角。

"妈妈，我也去，我也去！"

"不，你不能去。"兔妈妈哄着小白兔说，"外面冷，冷得尾巴都会冻掉哩！孩子，家里多暖和！"说着，她蹲下来往火塘里添了几根柴。

"不，我要去，我要去！"小白兔扯住妈妈的衣角不放，并且哭起鼻子来了，"妈妈，你走了，我独个儿在家多寂寞呀！"

妈妈拉开屋门，凝望着外面一片白茫茫的积雪，忽然高兴地说："小宝贝，妈妈给你堆个雪人，你有了伴儿就不寂寞啦！"

"好，堆雪人！"小白兔揩着眼泪笑起来，跳着、蹦着。

于是，兔妈妈放下篮子，搀着小白兔走到外面，七手八脚地堆起雪人来。小白兔当小助手，捧着雪传递给妈妈。

不久，一个胖鼓鼓的、漂亮的雪孩子就站在他们的面前了。他的头顶上还长着几根褐色的头发，那是冬天仅有的野草。兔妈妈退后一步，对着雪孩子左看看，右看看，笑着说：

"多可爱的雪孩子，可惜没有眼珠儿，要不，他就活啦！"

小白兔摸摸胸前的口袋，忽然说："有，有眼珠儿啦！"说着，掏出那两颗龙眼核，攀住雪孩子的肩膀，小心地把它们安进他的眼眶。

雪孩子的眼珠儿刚刚安上，就转动起来了，他的鼻子和嘴唇也动起来。这时候，一只翠鸟飞来，站在他的头顶上喘着气。雪孩子摇了摇头，举起了右手，想去抓住头上的东西——他怎么能知道那是一个受不住寒冷、没法飞回家去的可怜朋友呢？——翠鸟只得吃力地飞走了。

这一切，小白兔和兔妈妈都没注意，因为他们正低着头在扒开周围的积雪，好让雪孩子站在一块干干净净的空地上。小白兔顺手抬起一根小竹竿，想把它插在雪孩子的手里。

雪孩子的右手抓了抓头，刚想放下，小白兔就已经来到他的面前。

“妈妈，快来！”小白兔奇怪地嚷着，“雪孩子的右手怎么举起来啦！刚才不是垂着的吗？”

趁小白兔回过头去说话的时候，雪孩子赶忙把右手放下。

兔妈妈走近一步，抬着头，对雪孩子仔细详端了一会儿，对小白兔说：“小宝贝，刚才你说什么来着？雪孩子的右手不是好好地垂着吗？”她笑着继续说，“不过，我说得并不过分，他真像活了一样！”

雪孩子眨眨眼，调皮地笑了笑。

小白兔似乎在雪孩子的脸上又发现了什么怪事，他凝视着。他并没有看到雪孩子的眨眼和笑，却发现了雪孩子的脸上缺少了一件重要的东西——一个鼻子，于是拔腿就往屋里奔去。

一会儿，他取来了半个红红的胡萝卜，往雪孩子的脸上一安，变成了一个往上翘的红鼻子。

雪孩子早就看到，安在他脸上的是半个胡萝卜，短短的。这个鼻子一点儿也不神气。趁小白兔背转身去的时候，他把鼻子拔下，呼地一声扔出去，恰好扔在小白兔的面前。

“咦！鼻子怎么掉了？”小白兔拾起萝卜，回转身躯又安在雪孩子的脸上。

雪孩子瞪了瞪眼，又把鼻子拔下来扔了。

小白兔再一次拾起萝卜，想了想，对雪孩子说：“噢，我懂了，雪孩子，你嫌鼻子太短，是吗？不要紧，妈妈会给你找个最好的鼻子回来的。现在，你暂且用一用这个鼻子吧！”一面说，一面把萝卜又按上了雪孩子的脸。

雪孩子不再扔鼻子了，并且还满意地点了点头，虽然小白兔并没有看到。

兔妈妈早就上屋里去了。这时候她正挎着篮子出门，对小白兔叫道：“孩子，回屋里烤烤火，别着了凉！”

“噢！”小白兔大声说，“妈妈，给雪孩子找个最漂亮的鼻子回来！”

“知道了，快回屋去吧！”兔妈妈答应着，渐渐地走远了。

小白兔回到屋里，推上门，向火塘里添了一大把柴，这才坐了下来。

火苗热烈地跳跃着，火光给小白兔添上了一层玫瑰色。他浑身暖乎乎的，打起哈欠来。

二

屋外，雪孩子舒展着腿和臂，开始跳起舞来。他跳着、跳着，渐渐地离开了那块空地，跳到树边去了。他踩在雪地上没有留下一点痕迹，也不会发出“吱吱”的声响，因为他是雪孩子呀。

忽然，从前面传来一阵低低的声音，声音里还夹着喘息：“哎哟！哎哟！我的腰给压坏啦！”

谁？雪孩子迎着声音悄悄地走近去，原来是一棵小树。沉重的积雪压在他的枝条上、树干上，把他的腰压得弯弯的，像个驼背老公公，看样子实在是够累的。

“哎哟！我的腰杆儿直不起来啦！”小树呻吟着。他并没有看见雪孩子，因为雪孩子在他的背后。

雪孩子悄悄地用手里的竹竿把小树上的积雪轻轻刮去了，小树的腰就挺了起来。

“这可好了，我的腰挺起来啦！”小树轻轻地吐了一口气，“不过，是谁帮了我的忙呢？”

当小树回过头来的时候，雪孩子却悄悄地溜走了。干吗要让小树知道呢？帮他这一点儿小忙算得了什么！

一棵老松树上有个树洞。小松鼠从树洞里探了探头，马上钻了出来。大雪天，他在洞里闷坏了，现在需要出来活动活动。当他跳上树杈的时候，冷不防脚下一滑，打从半空里摔下来。这时候正好雪孩子来到树下，他赶忙甩掉小竹竿，用双手把小松鼠托住，又立刻轻轻地把他放上树干。

小松鼠往上爬了两步，忽然想起，刚才他是从半空里摔下来的，怎么会站在树干上呢？他仿佛觉得是谁把他托住似的。

雪孩子正抬起右脚迈步，忽然听到小松鼠说："大概是你帮了我的忙吧？"就立刻不动了。那右脚还抬着呢。

"是你，是你！别装假了！"小松鼠笑着说。

雪孩子不动，也不吭声。

"噢，我明白了，你做了好事不想叫人知道，是不是？"小松鼠说，"好，我不看你，你去吧！要不，你的右脚抬着太累啦！"说着，连奔带跳地爬上树去，一头钻进了树洞。可是，他马上又从洞里探出头来，睁眼瞧雪孩子到底怎么着。

雪孩子快步向前走去，他一点儿也不知道全被小松鼠瞧见了。

雪孩子走着，忽然又停住了，因为他看见洁白的雪地里躺着一只美丽的翠鸟。雪孩子赶忙把她抱起，轻轻地拂掉了她羽毛上的残雪。

她冻僵了，现在该让她得到温暖才好。可是，雪孩子的怀里却很冷。

前面是一带灌木丛。常绿树叶掩盖着下面的一块泥地，干干净净的。让翠鸟躺在那儿去吧！雪孩子打定了主意。

当他把翠鸟安放在泥地上的时候，又觉得还需要给她盖上一些什么才好。

一阵风吹来，把无数枯叶卷在空中，忽上忽下地翻飞。雪孩子的晶亮、乌黑的眼珠儿一转，立刻就想出一个主意：去追捕那飞卷着的枯叶。那是多么好的被子呀！

枯叶一片片飘落下来，全到了雪孩子的怀里。他高高兴兴地捧着回来了。

泥土上，垫着一层厚厚的枯叶。雪孩子抱起翠鸟，轻轻地安放在上面，然后又用枯叶一片片地给她盖着。

当他盖上最后一片枯叶的时候，风又吹来了，把盖着的枯叶全都卷走。雪孩子立刻追去。

风刮着，翠鸟的美丽的羽毛在索索抖动。灌木丛的枝叶忽然渐渐地合拢，像帷幕那样严严地罩住了她——也许是雪孩子的善良的心感动了每一株灌木，他们也要尽自己的力量来保护翠鸟，为她挡住寒风。

当雪孩子重新捧着一大堆枯叶回来时，灌木丛的枝叶又渐渐张开。雪孩子将枯叶厚厚地覆盖在翠鸟身上。

翠鸟微微地睁开眼睛，但马上又合上了。在这一瞬间，她已经瞧见了雪孩子。

雪孩子笑了，他为翠鸟的苏醒而高兴。但是他却立刻往后退去，只是悄悄地在树边注视着。

翠鸟的眼又睁开了，身躯转动了。她扑了扑翅膀，飞了起来。她绕着雪孩子飞了三圈，叽叽地叫着，似乎在说："谢谢你啦！谢谢你啦！"

可是雪孩子却站着一动不动，好像他什么也没听见。

翠鸟飞走了。但是，也许是因为还没有复原的缘故吧，她刚想往高高的树上飞去，回到自己的窝巢，却又跌落在雪地里了。

雪孩子立刻赶上前去，又忽然停住了脚步，因为他看到翠鸟动了一动，生怕被翠鸟瞧见；但是他终于奔到翠鸟眼前，轻轻地把她抱了起来。

那高高的树上就是翠鸟的窝巢。可是怎样把翠鸟送到窝里去呢？他在树下呆呆地仰望着。

“雪孩子，别着急，我来帮忙！”小松鼠从松树上呼地一声跳了下来，蓬蓬松松的大尾巴像顶降落伞。

雪孩子一动不动，一声不响。

小松鼠背向着雪孩子，蹲着说：“来吧，翠鸟，快快爬上我的背脊，我送你回窝去！”其实，这话是对雪孩子说的，但是他懂得雪孩子的脾气，所以只能对翠鸟说。雪孩子听了这话，果真把翠鸟轻轻地抱上他的背脊。小松鼠驮着，小心地爬上大树去了。

雪孩子马上就溜开了。他趁着小松鼠不注意的时候去捡枯叶。没多久就捡了一大堆，悄悄地回到大树下——小松鼠看不见的地方。

这时候，小松鼠已经把翠鸟驮到鸟窝边，让她在温软的窝巢里躺下。小松鼠刚要离开，忽然看到一片枯叶飞来，就一手接住，盖在翠鸟的身上。他低头一瞧，马上就明白是怎么回事了。

树下，雪孩子又将一片枯叶往上轻轻一抛，枯叶冉冉上升，飞到鸟窝边，又被小松鼠接住，盖在翠鸟身上……没多久，厚厚的枯叶就像一条大棉被那样盖在翠鸟的身上了。

翠鸟渐渐地苏醒了，“叽叽”地叫着。这叫声传到了在树下静静地守着的雪孩子的耳朵里。雪孩子放心地笑了，这才悄悄地迈步往小木屋的方向走去。

一棵红梅树被白雪覆盖着。雪孩子用嘴连连吹着气。花朵上的雪，化成粉末扬在空中，满树鲜艳的红梅花呈现在眼前，给雪地增添了美丽。雪孩子心里欢喜，一路跳着舞向小木屋前的那块空地走去。那就是他原来站立的地方。

三

小木屋里，火塘在吐着鲜红的舌头。小白兔在塘边烘得浑身热乎乎的，一连打了几个呵欠，伸伸胳臂，站起身来懒懒地走到屋角的小木床前，扑上床，一会儿就睡着了。

火，熊熊地燃烧着。火舌舔着旁边的干柴堆，噼噼啪啪地燃烧起来。可是小白兔还在甜甜地睡觉呢！

雪孩子刚刚回到屋前的空地上，就看见小木屋的窗口窜出火苗来，不由得惊慌起来。

小木屋着火了，可是小白兔还在屋里呢！雪孩子心里好不着急，拔脚就向小木屋奔去。

“小白兔！小白兔！你快出来呀！”雪孩子喊道。

屋里没有回答，只听到噼噼啪啪的声响。

他用力把门一推，一个火舌猛地从里面卷来。雪孩子呆了一会儿，他感到十分难受，满身流汗——其实那是他融化的水——他瘦多了。

火舌呼呼地迎面扑来。他不由得退后几步。尽管这样，他还觉得十分难受，不住地喘气。可是，眼看着屋里的火越来越旺，他的心也像被火燎着似的灼痛——小白兔还在屋里，怎么能不着急呀！

雪孩子又勇敢地冲了过去。火，像猛兽般扑来。他的头发燃着了，浑身湿淋淋的。可是他顾不上这些，猛地钻进了烈火。

屋里浓烟弥漫。他到处摸着，摸着，终于在小木床上摸到了小白兔。这时，烈火正在向他们包围。

雪孩子张开了两条细弱的臂膀——他的臂膀本来是粗壮结实的，可是火在融化他，使他的臂膀也越来越细小了。不过，它们还是那么有力，并不费多大劲就把小白兔抱起来了。他用身体抵挡着烈火的袭击，不让火舌燎着小白兔，一面摸索着往外跑。当他冲出被火焰封住的门时，被闷坏的小白兔在他冰凉的怀里苏醒过来了。小白兔睁开眼睛看了看，又微微地合上了。

那只曾被雪孩子救活的翠鸟飞来了——是这场大火把她召唤来的。现在，她所看到的雪孩子已经又瘦又小，随着汗水淋漓地流淌，他还在变，变得更瘦更小。翠鸟绕着雪孩子飞着，叫着，可是雪孩子连抬起头来看她一眼也不能了。他怀里抱着的小白兔渐渐往下沉，往下沉……终于，他把小白兔稳稳地放在空地上，喘了最后的几口气，就很快地融化——变成了一摊水，一摊洁净的水。那两颗乌黑、晶亮的龙眼核——雪孩子的眼睛，在洁净的水里闪着光亮；还有那半截胡萝卜——雪孩子的鼻子，竖立在两颗龙眼核的下边，就像一个鼻子应该在眼睛下边一样。

翠鸟焦急地来回飞着，忽然向远处飞去。她是去找兔妈妈的，也许兔妈妈回来会有办法吧？

小白兔完全醒来了。他想起，是雪孩子把他从烈火里救出来的。可是雪孩子呢？雪孩子到哪儿去了呢？

兔妈妈篮子里装着个大红萝卜，还有一个大胡萝卜——那是准备给雪孩子换上的漂亮鼻子——却还在雪地里找别的食物。翠鸟飞来，绕着圈儿叫着又往回飞。兔妈妈看了翠鸟一眼，又低头找她的东西。可是翠鸟又飞回来叫着、绕着圈儿。兔妈妈觉得很奇怪，说：

“噢，也许是家里出了什么事吧？”就跟着翠鸟咯吱咯吱地踏着雪回来了。

她远远地看见小木屋在燃烧，就慌张地奔去。可是已经迟了，小木屋已经快烧完了。

“我的孩子！你在哪儿呀！”她跺着脚在雪地里叫喊。

“我在这儿哪！妈妈！”

兔妈妈一听是小白兔的声音，就放了心。回过头来，小白兔正向她奔来。她慌忙放下篮子，张开了两只手臂迎着小白兔奔去。

“孩子，你没有被火烧伤吗？”兔妈妈抚摸着怀里的小白兔问。

“妈妈，是雪孩子把我从火里救出来的！”小白兔指指雪孩子原来站立的地方，“可是，妈妈，雪孩子不见了，他到哪儿去啦？”

翠鸟在空地上的那摊洁净的水的上空打转，鸣叫。

兔妈妈搀着小白兔走到空地边，眼望着那摊洁净的水里，两颗乌黑、晶亮的龙眼核在闪着美丽的光。这两只美丽的眼睛仿佛还在快乐地看着世界上的一切。

“雪孩子最怕热，他融化了，变成了水！”兔妈妈叹息着，“多么好的雪孩子！多么勇敢的雪孩子啊！”

云儿全都消散了。蓝天里挂着个大太阳，把暖气散给大地。那摊洁净的水化成了渐渐上升的水汽——那就是雪孩子啊！不过，他的身体已经变得很轻很轻，在空中飘呀，飘呀……

“妈妈，快瞧，雪孩子在那儿！”小白兔说着，飞奔过去，将雪孩子一把抱住。可是雪孩子却轻轻地从他的怀里飞向树梢去了。

小松鼠飞快地爬到树梢头，一把抱住了雪孩子，却扑了个空，雪孩子早已从他怀里袅袅上升了。小松鼠张开蓬松的大尾巴，降落到地面上。

现在只有翠鸟能赶得上雪孩子。她想用翅膀把雪孩子紧紧抱住，结果还是落了空。他直向蓝天里飞去了。

蓝天里立刻出现了一朵白云，一朵非常美丽的白云。

“妈妈，你快瞧！”小白兔指着白云说，“雪孩子在天上呢！”

是的，那朵白云，那朵纯洁的白云正是雪孩子，又壮健，又漂亮。兔妈妈用手背擦掉了两滴留在眼眶里的泪珠，笑着说：

“雪孩子是在天上呢！他现在变得更高大、更美丽了！你瞧，他……”

雪孩子在高高的天空里向小白兔他们挥手哩！

远远地，传来了一阵阵轻悄悄的声音——也许是林间的小鸟唱出了第一支迎春歌吧？不，这声音又仿佛在耳边。不，不，这声音分明就在小白兔和兔妈妈的心里，也在翠鸟和小松鼠的心里。

是的，这是打从他们心底里唱出的一支赞歌：

雪孩子啊，
雪花冰晶
是你的身躯，
你的身躯多么洁净！

雪孩子啊，
舍己为人
是你的心灵，
你的心灵多么美丽！

烈火把你融化，
阳光又使你飞升。
在那蓝蓝的天空里，
一朵美丽、洁净的白云
是你的化身。

风儿啊，
请不要再吹，
雪孩子啊，
——美丽、洁净的白云，
别离开我们！

据《中国经典童话》，金近等著，人民文学出版社，2005年

注　释

[1] 稽鸿：1920年出生，江苏无锡人。著有童话集《最珍贵的礼物》《智慧的种子：稽鸿知识童话精选》，剧本《雪孩子》等。

作品分析

稽鸿是现代著名童话作家，《雪孩子》是他的童话名篇。1980年由稽鸿编剧的动画片《雪孩子》由林文肖导演、段孝萱摄影，获得了1980年文化部优秀影片奖。

稽鸿擅长写知识童话,《雪孩子》从内容上说也属于知识童话,它是以童话的形式,以雪遇热变成液体、气体这个现象,描述雪孩子舍己救小白兔的故事,塑造了助人为乐、见义勇为的雪孩子形象。

《雪孩子》共三个部分。第一部分描写兔妈妈给小白兔堆了一个雪孩子。故事一开始就写下了一场很大的雪,在一个小木屋里,住着兔妈妈和她的孩子小白兔。因为兔妈妈要出去找些吃的东西,小白兔要跟着去——这多像喜欢黏住妈妈的小孩子。兔妈妈当然不想让小白兔跟着她,于是就堆了个可爱的还有些淘气的雪孩子。就像“画龙点睛”的故事一样,小白兔给雪孩子装上龙眼核后,雪孩子竟然活动起来——童话的味道就这样蹦出来了。小白兔有了雪孩子,就不跟着兔妈妈出去了,慢慢地在火塘里的柴火的温暖下打起哈欠来了,这也为后面雪孩子救小白兔打下伏笔。

第二部分主要写雪孩子助人为乐与无私奉献。在小白兔打哈欠要睡觉的时候,雪孩子做了许多好事。雪孩子帮助小树刮去积雪,小树的腰就挺起来了;雪孩子帮助小松鼠,把从树杈上摔下来的小松鼠托住,并放他在树干上,小松鼠知道是雪孩子救了他,但雪孩子不动也不吭声,这是做好事不留名的好孩子,但小松鼠却长了心眼,偷偷地看雪孩子继续做好事;随后,雪孩子又救了冻僵的翠鸟,使她苏醒,当雪孩子不知道如何把翠鸟送回树上的家,这时候小松鼠来帮忙了。小松鼠来协助雪孩子把翠鸟送回家——鸟巢,这说明雪孩子热心助人的爱心得到了呼应和传递,所谓爱不求回报,但爱是有回应的。雪孩子救了小松鼠,小松鼠来帮助雪孩子送翠鸟回家,这是雪孩子助人为乐的精神感召了小松鼠,足见爱是有回应的。最后,写了雪孩子把覆盖在红梅树花朵上的积雪吹掉,让红梅花重新展现她的雪貌风姿,给雪地增添了美丽。做完这一切,雪孩子又回到小白兔的小木屋前的空地,那是他原来站立的地方。这个小细节很重要,是承上启下的情节。既照应了雪孩子是在小木屋外由兔妈妈堆出来的——没有兔妈妈就不会有雪孩子,那么兔妈妈也是雪孩子的妈妈,又为下面雪孩子救小白兔做伏笔。

第三部分写雪孩子救了小白兔。这是因为小白兔的小木屋着火了,可是小白兔还在屋里。雪孩子着急了,他奋不顾身地冲进小木屋,尽管他知道这样自己会消失,事实上就是这样,雪孩子遇到大火的热量很快就开始融化了,最后雪孩子终于把小白兔从小木屋抱出来了,但雪孩子自己变成了一摊水。最后又变成了水汽,变成了白云。大火把翠鸟、小松鼠都引了过来,可是他们都不能挽救雪孩子。兔妈妈也回来了。毕竟是兔妈妈,她知道雪孩子变成白云,擦掉泪水,笑着说:“雪孩子是在天上呢!他现在变得更高大、更美丽了!你瞧,他……”雪孩子也在高高的天空里向小白兔他们挥手。

《雪孩子》的结尾很感人,也很乐观。小白兔和兔妈妈,还有翠鸟和小松鼠,他们在唱一首给雪孩子的颂歌。歌颂雪孩子洁白的外表,更歌颂雪孩子美丽的心灵,也表达了他们对雪孩子的依恋之情。

这篇优美的童话,并没有复杂的情节,但是,它通过一个舍己为人、富有自我牺牲精神的雪孩子的形象,歌颂了雪孩子善良、纯真、美丽的心灵。而且在故事中还传播了科学知识,告诉小朋友水因温度的变化会改变形态。当然,从童话角度看,更重要的还是通过童话这个形式,把科学知识和文学想象结合起来,将助人为乐、舍己为人、见义勇为等精神自然而然地表现出来。表现这种童话故事的艺术手段最基本的是拟人,因为小朋友的思维是具体形象思维,且带有泛灵观念。所以小朋友们听了或看了这样的故事,常常被深深地感动,这样的童话故事也因此能够塑造孩子们美丽的心灵。

思考与练习

1. 仔细阅读课文，同学之间互相讲述《雪孩子》的故事，看谁讲得最好。
2. 根据作品分析雪孩子的形象特征。

野 葡 萄

葛翠琳[1]

你喜欢葡萄吗？你听过野葡萄的故事吗？

秋天里的葡萄，水灵灵的特别甜。尤其是那些紫葡萄，一颗颗亮晶晶的，又大又圆，薄薄的皮里，包着蜜一样的汁，远远地望着，像成串的紫水晶球儿。所以，乡村里的人们，夸女孩的眼睛好看的时候，都说像葡萄珠儿一样。

人们传说着：荒山里还生长着一种野葡萄，颜色是深红的，一串串就像那红色的珍珠。这样的葡萄，可不比一般啊！瞎眼的人吃了它，就会好起来。从前有一个小姑娘，瞎了眼睛，就是吃了这种葡萄又重新看见光明的。

那是一个偏僻的小村庄。村外边有一条大河，村里的人，差不多每家都养鹅。村东头有一个李妈妈，她家养鹅的年代最久，养的鹅也最多。李妈妈夫妇俩，没有儿子，只有一个小女儿。这小姑娘说来真出奇，长得像鹅毛一样白净，一对闪亮闪亮的眼睛，人人见了都说："哎呀！看她的眼睛多美啊，像荷叶上的露珠儿一样。"四乡八里的人知道了，也都说："那个小村子里出了仙女了！"

小姑娘越长越聪明，越美丽，刚满八岁，就到河边去放鹅。她常常在水浅的地方和白鹅一起玩水，亲自喂饱那只最小的白鹅。一年的工夫，那只最小的白鹅，长得比所有的鹅都大，羽毛放着光泽，美极了。她这样爱白鹅，简直不能和它们分开，那些美丽的白鹅，也亲热地跟她生活在一起。因此，村里的人都喊她"白鹅女"。

白鹅女长到十岁，爹娘先后都死去了。狠毒的婶娘霸占了兄嫂的家，就虐待起侄女来。小姑娘白天出去放鹅，夜里就睡在河边高大的柳树下，每日里只能吃到一块冷饼子。善良的白鹅，好像知道小主人的苦楚，夜里，都把翅膀盖在她的身上，守护着她。那最小的白鹅，把头伸在小姑娘的肩膀上，跟她更是亲密。

日子就这样过着，本来还可以将就地活下去。

可是过了一年，婶娘也生了个小姑娘。这个小姑娘长得和白鹅女一样俊，只是两眼是瞎的，眼珠儿瞪着，一动也不会动，村里人都喊她"瞎闺女"。婶娘听了，心里很恼怒，一见白鹅女那对水灵灵的大眼睛，心里就气得慌，恨不能把它们挖出来。

秋天，红艳艳的苹果压弯了枝子，黄澄澄的梨子像金钟一样在树上悬挂着，葡萄一串串的吊在架上，月亮又大又明，安静地照着草地。中秋节到了，白鹅女望着河水远远地流去，不觉难过起来。家家都在过节，谁管自己呢？那厉害的婶娘会不会来喊自己回家？就在这时候，婶娘挎着一只篮子，走到河边上，狠狠地说："把鹅蛋给我装起来！"白鹅女说："婶娘，八月十五，人人都过节，带我回家，给我一串葡萄吃吧！"婶娘哼了一声说："你就知道葡萄！别人都说你的眼睛像葡萄珠儿，给我来看看！"说罢，从河边抓起一把沙子，揉进了白鹅女的眼睛里。

狠毒的婶娘提着一篮鹅蛋回家去了，留下白鹅女，独自一人坐在河边哀哀地哭。她什么也看不见了，闭着痛楚的双眼，坐了一夜，又坐了一夜，还是什么也看不见。她哭得这样伤心，连河水都喧闹起来，好像那夏天的急雨，涨满了小溪一样。后来她想起来，妈妈活着的时候，曾告诉她，从前的人说荒山里有一种葡萄，瞎眼的人吃了它，就可以看见光明。她想：待在这里，也是瞎着眼等死，倒不如往荒山里去寻野葡萄，或许能找到，重新看见光明。于是她爬起来，顺着河边往前走。小白鹅嘎嘎地叫着，跟在她后边。她抱起小白鹅来说："小白鹅，我的亲人，人说你们能听懂河水的话，你向小河打听一下，它能不能把我带到一座高山跟前去呢？"小白鹅叫了两声，扑地一下跳进河里，白鹅女骑在它身上，小白鹅拍拍翅膀就逆着水往上面游去。一面游，一面回头嘎嘎地叫，好像说："我的小主人！河水告诉我们：顺着水游容易，逆着水游难，但水是由高山往下流，我们只有逆着水游才能找到山呀！"白鹅女高兴地点点头，搂搂它的脖子，它就不叫了，愉快地向前游去。

冷飕飕的风从河面吹过，水流越来越急，小白鹅不住地打旋，白鹅女浑身不住地抖着，她害怕起来，哪里有高山呢？也许，还没有找到它，就掉进河里淹死了！可怜没爹没娘的孩子，谁也不会寻找她，只有小白鹅将为她难过。她抚着白鹅的羽毛，心里想：小白鹅多么可爱呀！假使我死了，谁又来照料它呢？越想越难过，不觉流下滴滴的眼泪来。

就在这时候，她听到哗哗的山水声，好像暴雨敲打着屋檐一样。莫不是前边有一座山了？或许这条河就是从那里流出来的呢！她鼓足了劲，伸开两条腿，帮着小白鹅用力划水。山水的声音越来越响，她的脚下触到了圆滑的石头，不是一颗颗的石子，是大块大块凹凸不平的石头地。真的到了一座山脚下么？白鹅女跳下来，浅浅的水流从她的腿旁流过，打着漩涡。她抱住小白鹅，亲了又亲，然后说："我的小白鹅！你回家去吧！我到山里寻找野葡萄去了。"说罢和它告别，就往前边走。

她真的找到了一座山。这是一座很高的山，从来没有人来过，满山的怪石头、刺蒺藜，有眼睛的人都找不出路来。白鹅女到了山脚下，就想：能找到野葡萄，就好啦！她攀着山石往上爬，抓住一把草，草上有刺扎破了她的手，她踩住一块石头，石头滚落下去，可她就这样：爬上去，滚下来，滚下来，又爬上去。爬了很久很久……

后来，她爬到一棵老松树下，停下来，想喘口气。忽然，听见两声怪叫，白鹅女急忙爬到老松树的顶上，紧紧地搂着树枝，一动也不敢动。她听着那叫声渐渐地近了。从声音里，她听出来那是只老熊。她害怕极了，听人说：老熊站起来比一条大犍牛还粗还大，它的眉毛和身上的毛一般长，前脚上的两只大掌像铜盘一样，上边结着厚硬的茧子，一下子能拔起一棵树呢！它要摇这棵老松树可怎么办呢？……但老熊前望望，后瞧瞧，山风一劲儿地往它脸上吹，吹得眉毛挡住了它的眼睛，它就没有能够看见白鹅女。白鹅女把脸贴在树干上，悄悄地躲着，老松树用叶子遮盖着她。老熊叫了几声就跑过去了，只有那被惊起的鸟儿，唧唧喳喳叫着满山乱飞。

白鹅女累了，她坐在老松树上，渐渐打起瞌睡来。山风摇动着松树，像摇篮一样。百灵鸟叫得多好听呀，好像妈妈唱的催眠曲，那样轻，那样温柔。白鹅女睡了，睡得甜甜的。温暖的阳光，透过树荫，映在她美丽的脸上。这时候，她梦见了什么呢……

忽然一阵旋风刮过来，整个老松树都摇起来，几乎把白鹅女从树上掀掉。原来是一只老鹰，它飞到老松树的顶上，扇动着两只大翅膀，把整个树顶都遮住了，两只大爪像铁钩子一样，紧紧地抓住树干。老鹰张着尖利的嘴，狠狠地敲打着树枝，像斧头砍的一样。但是老鹰高高地仰着头，它望着天空，没有能够看见白鹅女。白鹅女机警地从它的翅膀底下顺着树干滑下来，老鹰张开大嘴叫了几声就飞去了，只有那老松树，摇动着松叶沙沙地响。

白鹅女告别了老松树，继续往前爬。她的衣服撕破了，脸上手上都流出了鲜血。她爬呀，爬……摸到一块大石头，又凉又滑，好像那海水里长满青苔的岩石，她往上一坐，哧溜一下，石头跳起来飞出了好远，原来是一条盘卧着的大蟒。这大蟒有多少年了？谁也不知道，水桶还没它粗呢！但它没有咬白鹅女，一直窜过山涧去不见了。白鹅女虽然很害怕，可是她想：找到野葡萄就能活了，这样瞎着眼一直到死，还不如给野兽吃掉。于是她仍旧很勇敢地往前爬……

她爬到一座山崖下，实在没有力气了，就想坐下来休息一会儿。她伸出两手寻摸一块平坦的山石，预备坐下去，但是因为她看不见，两手朝着悬崖的边缘扑过去，一下子就掉进了山洞里。直到深夜她才苏醒过来，山水冲积下的淤泥救了她，她没有摔死，只是跌伤了。她听见泉水淙淙的响声，就摸着往前爬。爬到一股泉水边，洗洗手，冲冲脚，真奇怪，摔破的伤痕立刻就好了，全身都恢复了力气。她想：也许这条泉水，能把我带到长野葡萄的地方去吧！她就顺着这条泉水往前爬。爬着，爬着，一下子又跌进深谷里，她闭着眼，听着风声从耳边呼呼地飞过，想：要摔死了！忽然，什么东西接住了她，轻轻地荡上荡下，像秋千一样。她伸出小手一摸，仿佛是几根藤茎，手攀着藤子往上爬，一颗凉凉的水珠，碰到脸上滚落下来。多奇怪！这是哪里落下的水珠儿呢？她在四周摸来摸去，就摸到一串圆圆的、凉凉的东西，用力一抓，流出滴滴的黏汁来，放在舌头上尝一尝，甜腻腻的，带着一股醉人的清香。这不是野葡萄吗？她摘下一串又一串，把嘴塞得满满的，吃了又吃，一下子，两眼忽地明亮了。她看见：满山崖上，生长着野葡萄藤，藤蔓上悬结着深红色的野葡萄，薄薄的果皮像珍珠一样透明，亮晶晶地闪着光，深绿色的叶子，像翡翠一样，遮满了山崖。白鹅女抱住藤子，望望天，天上蓝蓝的，飘着几朵白云。白云下边是山峰，山上的泉水是那样清，那样亮，淙淙地往下流，冲洗着白鹅女身边的野葡萄藤，流向那深深的山谷。也许，就因为被这样的泉水浇灌着，这样的山风吹拂着，这样的阳光照耀着，这野葡萄才长得这样甜，这样美丽，像红珍珠一般。泉水两边石头缝里的野花，开得多么好看，花丛中的果木树，结着累累的果子……世界是多么美呀！白鹅女坐在藤子上，拍着手，两脚荡来荡去，唱起快乐的歌。

她一边唱，一边用藤蔓编篮子。篮子编成了，装了满满一篮野葡萄。她高兴地想：好了！村内磨房里那瞎眼的老头儿，不用再摸着墙根儿走路了，让他吃了野葡萄，睁开眼看看天上的星星，看看明亮的阳光！那吹笛子的盲艺人，不用再让儿子领着走路了，给他吃些野葡萄，也让他看看路边的草长得多么绿！还有那瞎眼的小妹妹，让她看看我们的白鹅，多么白，多么漂亮……

白鹅女顺着藤茎爬到了谷底，就沿着山石往前走。但是她走完一个山谷，还是山谷，翻过一个山崖，还是山崖，怎么也找不出一条通向山外的路来。月亮又大又明，她望望四周接连不断的山峰，发起愁来。怎么回家呢？这时候，天空飞过一群鸟，接着又是一群，又是一群，红色的、绿色的、五光十色的，一队接着一队，遮满了天空。白鹅女想：要是有一只鸟把我带出山去就好了！但是鸟群没有理她。它们嘴里都衔着食，很快地向北方飞去了。她叹了口气，望着又圆又大的月亮，重新发起愁来。这时候，山顶忽然刮起一阵风，成群的野兽在奔跑。有狮子，有老虎，还有那灰色的大象、长角的鹿……它们嘴里叼着吃食，向着西北方和东北方跑去。白鹅女吃惊地躲在岩石的后边。她奇怪，它们是从哪儿来的？过了一会儿，一切都平静了，她便朝着鸟群野兽来的方向往前找去。翻过了几个山头，看见一块宽阔的草地。草地的对面是高入云层的山崖，旁边是密密的树林和谷地，草地上堆满了瓜呀，果子呀，还有各类的种子……白鹅女怔住了，这是什么地方呢？她曾经听到过关于山神和鸟兽大聚会的传说，也许……就在这时候，她看见一位高大的石头老人，从对面的山崖上朝她走过来。他左肩披着绿丝绒，右肩披着五彩锦，前身挂着各种兽皮和羽毛，头上戴着金冠，脚上穿着水晶鞋，手里拿着银手杖，脖子上挂着各种宝石和珍珠做的项圈。在月光底下，光彩绚丽，照得满草地上亮闪闪的。白鹅女回头想跑，已经来不及了，石头老人站在她面前，问她：

“为什么你不到东，不到西，偏偏来到我这里？谁领你来的？”

白鹅女紧紧地搂着自己的篮子说：

“没人领我，没人带我，我自己来的。”

石头老人不相信地摇摇头，说：

“你小小的年纪，没友没伴，怎么认识到我这儿来的路呢？它可不是容易找到的。”

白鹅女害怕地说：

“我不认识路，因为看见一群鸟从这里飞出去，一群野兽从这里跑出去，我朝着这个方向翻过几个山头，就找到了。”

石头老人笑了笑，说：

“好伶俐的小丫头，你来找我要什么呢？”

这时候，白鹅女就大胆地说：

“我本来不是来找你，只是想看看，这儿是什么地方。现在求你送我回家吧！”

“回家？”老人望望白鹅女，望望她手里的篮子说：“你的家在哪儿呢？为什么你一个人跑到深山里来？”

白鹅女见他很和气，就不再害怕，把自己的遭遇，从头到尾说了一遍，还举起篮子里的野葡萄给老人看。

石头老人听了，拍拍她的头说：“好孩子，你真聪明，真勇敢，我很喜欢这样的孩子！留下跟我做伴儿吧，我愿意收养你作我的女儿。”白鹅女望望他，奇怪地问：“不知你的名，没问你的姓，你是谁呢？”老人哈哈大笑说：“我么？我就是这山里的神。你看吧……”他抱起白鹅女，往前一指，就见各种的果树：野苹果啦，山里红啦，一片片红的、黄的、紫的，永远也吃不完。他往洞里一指，就有无数的灰鼠皮啦，貂皮啦，堆满了洞。他又往山上一指，山就裂了开来，里边的宝石啦，绿玉啦，比天上的星星还多。看完了，老人把她放在地上问道：“怎么样？留下吧？林里鸟兽听你的话，山里财宝尽你玩儿。”白鹅女想了想，问老人说：“我留下做什么呢？”老人说：“帮我看守宝石。你可以守着彩色宝石玩，也可以到树林里采果子，还可以看小兔子跳舞，听小鸟儿唱歌。成天舒舒服服地吃、玩……”但是白鹅女说：“不！我不愿意待在这儿，我要回家。”石头老人奇怪地问：“为什么？”白鹅女说：“我要把这野葡萄，带给磨房里做工的瞎老头儿，让他不再摸着墙根走路，把头撞在门上。让他也看看天上的星星，是多么亮。也带给那吹笛子的盲艺人，让他不再跌进泥坑里，让他看看路边的草是多么绿。还带给我的小妹妹，让她也从屋里走出来，到河边看看那可爱的白鹅……他们会多么高兴啊！”

老人劝她说：“你留下，有享不完的幸福，说不尽的快乐。哪有这样好的地方呢？”但白鹅女摇摇头，坚决不肯。老人有意要试试这个小姑娘的胆量，便假装生起气来。他撅起胡子，吹出一口气，白鹅女给吹到半空里。风声在她身旁呼啸，吹得她睁不开眼睛。等她落下地来，老人问她：“怎么样？愿意跟我留下么？”她摇摇头：“不！我不愿意留在这里。”

老人哼了一声，一口气把白鹅女吹到云层上边，风卷着她，翻上翻下，她紧紧地抱着篮子，不住地折跟头。当她落下地来，老人问她：“怎么样？还要回家吗？”白鹅女仍旧回答：“我要回家。”

老人张开大嘴，直着胡子吹了一大口气，立刻刮起漫天漫地的大风，沙石在空中乱飞，发出吓人的呼啸声。白鹅女被风卷上去、翻下来，不住地在半空里打转。但她落到地上来时，仍旧说：“不！我不愿意留下，我要回家。”

她以为石头老人一定要更严厉地惩罚她了。但老人却把她抱在怀里，摸着她的头亲切地说：“你真是个勇敢、善良的好孩子。谁接待了你，都会幸福的。”他顺手折了一根绿树枝，放在白鹅女手里，说：“拿着它吧！回家的路远着呢，有了它，你就不会累了。”白鹅女刚要向老人致谢，老人把手一挥，一阵清凉的风，就把她飘送到了山脚下。

白鹅女不知道怎样回家，就一直往前走。这树枝真是奇怪的树枝，拿在手里，走起来又轻又快，像风吹送着她一样。她走了很久，来到一片麦田里。炎热的太阳，晒干了地皮，麦苗子好像秋天的枯草，铺倒在地面上。田边上坐着一个老头儿，飘着银白色的长胡子。他那干瘦的脸，好像枯老的树皮。他不住地摇着头叹气，谁见了都会难过的。白鹅女跑过去，拉着老头儿的胳膊问道："老爷爷，你为什么坐在田边上叹气？"老头儿摸摸她的头，说："好孩子，像你这么大的时候，我就开始种地，把一颗颗种子埋进土里，把一粒粒粮食收进袋里，用短把儿薅刀除掉每棵草，用眼泪和汗珠浇灌每棵苗儿。一年又一年，我的汗水流尽了，眼泪流干了，现在我这瞎老头儿只有守着这块土地叹气。"白鹅女放下手里的篮子，拿出一串野葡萄，一颗，又一颗，放进老头儿的嘴里。老头儿吃着，咽着。忽然，两眼亮了起来。他看见自己的庄稼，看见火炎炎的太阳，还看见地下一股清滢的泉水。老头儿抱着白鹅女高兴地说："我不再用汗珠和眼泪浇田了，我要把那泉水引到地面上来。"

白鹅女又往前走。天开始下起毛毛雨来。她走过一座茅屋，听见里面哀哀的哭声，推开门走进去，一位老妈妈扶在织机上，眼泪像雨丝一样往地下淌。她伏在老妈妈身上问道："老妈妈，你为什么扶在织机上哭？"老妈妈摸摸她的头，断断续续地说："好孩子，像你这么大的时候，我就开始织丝。一年又一年，把各种颜色的丝线穿起来，织成漂亮的绸子。梭儿来回地飞，眼睛也随着它跑，现在我的眼睛瞎了，梭儿停了，乱丝把我缠在织布机上，我既看不见乱丝的头儿，也看不见绸子的花样，我什么也看不见。"说完，又伤心地哭。白鹅女揭开篮子盖，拿出一串野葡萄，一颗，又一颗，放进老妈妈的嘴里。老妈妈吃着，咽着。忽然，什么都看见了。她找到了乱丝的头儿，看见了最美丽精致的花样。她抱住白鹅女高兴地说："好孩子！妈妈将织出多么漂亮的绸子呀！"

白鹅女继续往前走。她走到一片草原上。天开始刮起大风来，漫天的黄风，吹荡着一望无际的草原，形成起伏的波浪。风声夹杂着断断续续的牧歌，好像孩子哭一样。白鹅女找来找去，找到一队羊群。一个小牧童骑在大公羊的身上，他戴着一顶圆圆的小红帽儿，手里拿着一支小羊鞭儿，唱着凄凉的牧歌，羊群低着头，紧追在他身后边。白鹅女跑过去，拉住大公羊的角，抱住小牧童，温和地问："小兄弟，什么事让你这样伤心！莫非公羊顶角撞了你的头？莫非大风扬沙迷了你的眼？告诉我，我愿帮你的忙。"小牧童从羊背上跳下来，搂着白鹅女的脖子，说："小姐姐，我生下来就没有眼睛。一天到晚骑在羊背上，跟着爸爸赶上羊群去放羊。走遍了山坡草地，走过了树林草滩，我什么也看不见，什么也望不着。今天爸爸回去寻干粮，遇上大风一直没回来。我和羊群往哪儿去呢？大风把我们赶到东，赶到西，现在不知到了哪里！"说完，又呜呜地哭起来。白鹅女亲亲他的头："小兄弟，不要怕。让我来帮你。"她摘下一颗野葡萄，放进小牧童的嘴里，接着又放进一颗，两颗……小牧童的眼睛就亮起来，看见了一切。他高兴地抱着白鹅女，又跳又笑，唱起最快乐的歌儿。他唱的这样好听，那样动人，连风也止了，沙也住了，小鸟都远远地飞来，蔚蓝的天空聚集起白云，白云的后边，透射着灿烂温暖的阳光。

白鹅女又继续往前走……

她走过一个地方，又走过一个地方，最后回到了家乡。家乡亲切地欢迎她。她那狠毒的婶娘早已得病死去了。白鹅女便让那磨房里的瞎老头儿看见了天上的星星，让那盲艺人看见了路边的绿草，让小妹妹看见了白鹅……她还让很多很多瞎眼的人看见了光明。也有很多盲人寻找她，期待着她的野葡萄。

据《野葡萄》，葛翠琳著，人民文学出版社，2002年

注 释

［1］葛翠琳：著名儿童文学家，曾用名婴林，1930 年生于河北乐亭县，毕业于燕京大学社会学系。1949 年开始创作，有童话集《野葡萄》《进过天堂的孩子》等。《野葡萄》获第二次全国少年儿童文艺创作一等奖（1954—1979），获瑞士国际儿童书籍优秀作品奖（1988），依此改编的《寻找野葡萄》获得慕尼黑电视节二等奖（1986）。此外，《翻跟头的小木偶》获第一届全国优秀儿童文学奖（1980—1985），《会唱歌的画像》获第三届全国优秀儿童文学奖（1992—1994）。

作品分析

葛翠琳的童话作品中，最有代表性的就是《野葡萄》，它已成为童话中的经典，也是儿童乃至成年人都很喜欢阅读的作品。《野葡萄》原载《人民文学》1956 年第 2 期，当时葛翠琳 26 岁，可以说是一举成名天下知。

《野葡萄》全文 43 段，可以分为三个部分来理解。

第一部分（第 1—9 自然段），主要写白鹅女的身世和她眼睛被婶婶揉进沙子的经过。作品一开头用两句疑问句开头："你喜欢葡萄吗？你听过野葡萄的故事吗？"这两句疑问很吸引读者想阅读下去，也直接切题，是个好的开头。随后有一段关于葡萄的优美描写。然后才写到白鹅女的身世。作者显然受到传统民间故事、神话、传说的影响，因而白鹅女的身世也颇有传说意味。白鹅女是一个小村庄里李妈妈夫妇的独生女儿，因为长得非常美，又喜欢白鹅，白鹅也喜欢她，所以村里的人都叫她"白鹅女"。

但是很不幸，白鹅女的父母先后去世，白鹅女的婶婶霸占了兄嫂的家，并虐待白鹅女。后来婶婶生了个女儿，因为眼睛瞎了，村里人都叫她"瞎闺女"，婶婶当然很恼怒。在一个中秋节，白鹅女还在河边，她央求婶婶给她一串葡萄，婶婶就把沙子揉进了白鹅女的眼睛里。

第二部分（第 10—18 自然段）写白鹅女眼睛被婶婶弄瞎后，想起妈妈说起在深山里有一种葡萄，瞎眼的人吃了就可以看见光明。在小白鹅的帮助下，白鹅女找到一座山，在寻找野葡萄的过程中，她历尽艰辛，躲过了老熊、大野鹰、大蟒蛇，终于找到了野葡萄。她吃了野葡萄，眼睛就亮了。

第三部分（第 19—43 自然段）写白鹅女克服困难，回到家乡。白鹅女吃了野葡萄，眼睛明亮后，并没有只顾自己，而是编织了一个篮子，装满了野葡萄。她要用野葡萄治好村内磨房里那瞎眼的老头儿、治好吹笛子的盲艺人，还要治好瞎眼的小妹妹。这说明白鹅女有着美好的心灵。白鹅女回家的路是艰辛的。她受到山神的考验，拒绝了山神的各种诱惑，也顶住了"威吓"。所以，山神对她称赞有加："你真是个勇敢、善良的好孩子。谁接待了你，都会幸福的。"不仅如此，山神还给了白鹅女一根绿树枝，有了这根绿树枝，白鹅女走起路来又轻又快。一路上，白鹅女用野葡萄治好了老爷爷、老妈妈、小牧童的眼瞎，这些都进行了详细描写。最后，白鹅女终于回到家乡，受到乡亲们的热烈欢迎。恶毒的婶婶已经得病死去。白鹅女用野葡萄治好了磨房里的瞎老头儿，治好了那个盲艺人，治好了瞎眼的小妹妹，她还治好了很多很多瞎眼的人的眼病。

这个童话有着鲜明的民间传说色彩，这是葛翠琳童话的一大特色，因为她的童话根植于民间文学的深厚土壤，因此展现了民族文化的特色。充满民族风格和民族特色可以说是《野葡萄》最大的艺术特点。

此外，《野葡萄》在叙述上采用了"三段式"的叙述方法。所谓"三段式"，就是将性质相同而具体内容不同的三个或三个以上的事件连贯在一起。用这种方法使童话故事中的人物性格和主题思想得到完整鲜明的呈现。《格林童话》中的《灰姑娘》、阿·托尔斯泰的《金鸡冠的公鸡》都采用这种叙述方式。《野葡萄》也是如此，在白鹅女去寻找野葡萄的路上，她遇上了老熊、大野鹰、大蟒蛇，但都化险为夷；山神劝白鹅女留下来的情节，也用了"三段式"来不断考验她，最后白鹅女通过了考验；白鹅女回家乡的路上，她用野葡萄治好了瞎眼的老爷爷、老妈妈、小牧童，也是三个人；回到家乡后，也简要地写白鹅女治好了磨房里的瞎眼老头、盲艺人、小妹妹，也是三个人。这种通篇采用"三段式"的叙述方式，使作品富有回环往复的效果，就像复调音乐一样，充满了无限的回味。

思考与练习

1. 分析白鹅女的形象。
2. 分析《野葡萄》的叙述方法。

延展阅读

学问在教育中的地位

约翰·洛克

你也许会觉得奇怪,为何我将学问放在最后,假若我告诉你,我认为学问最不重要,你是更会觉得难解了。这从一个书呆子口里说出来是稀奇的;通常大家为儿童殚精竭虑的即使不全是学问,但主要是学问,人们谈到教育时,所想到的几乎也只有学问一件事,所以我的上述说法就更显得是一种反论了。人们为了一点拉丁语与希腊语,不知遭了多少罪,耗费了多少年的光阴,无端地弄出了多少吵嚷与忙碌,每忆及此,我就禁不住想到,儿童的父母还在依靠学校教师的教鞭的威慑,他们把教鞭看作教育的唯一工具,好像掌握一两种语言就是教育的全部事务。人们认为,一个儿童在他的最好的年岁里拿出七八年乃至上十年的工夫去刻苦向学,以求掌握一两种语言,这是必要和可能的;我却认为,儿童所花的劳苦与时间可以大打折扣,难道它们不是几乎都可以从游戏里面学到吗?

请你原谅我,假如我说,我不忍想象,"为了接受心灵的教化",一个青年绅士竟然像牲口似的被放入牧群里,被人鞭笞去驱使,好像要使他饱受夹磨之苦似的经过几个年级,其后果将会怎样呢?你不是口口声声地说不要他读书写字吗?我们教区里的教师把霍普金斯和斯坦霍尔当作是世界上最伟大的诗人,是他自己读书不得法,将霍普金斯和斯坦霍尔的真实身份弄得面目全非,难道你要使令郎变得比这个牧师更加糊涂颟顸吗?不应这样,不要如此性急,我在此向你恳求。读书、写字和学问,我也认为是必需的,但却不应成为主要的工作。我想,如果有人竟然不知道将一个德者或者智者看得远比一个大学者更为可贵,你也会觉得他是一个愚不可及之人。我并不否认,对于心智健全的人来说,学问对于辅佐德行与智慧都极有帮助,然而同时我们也得承认,对心智不是那么健全的人来说,学问就徒然使他们更加愚蠢,乃致沦落。我说这些话的意思,是要你在考虑令郎的教养,为他寻求一个教员或教师的时候,不可只是一心想着拉丁语和逻辑。学问固然不可少,但应居于第二位,只能作为辅助更重要的品质之用。你应寻找一个知道如何去小心地形成他的风度的人;务必将孩子交到这样的人的手上,他能尽量保持令郎的纯真,珍惜并培植其优点,温和地改正与消除其任何不良倾向,使之养成良好的习惯。这才是问题肯綮之所在,只要作如此安排,我想学问不仅可以去追求,而且可用我们能够想到的办法去获取,且收事半功倍之效。

据《教育漫话》,[英国]约翰·洛克著,杨汉麟译,人民教育出版社,2006年

真正的体贴是让人察觉不到的[1]

岛田洋七

来到佐贺，一年的时光过去了。这期间，我因为外婆的建议而埋头苦练“不花钱”的跑步运动，成果竟出乎意料的丰硕——我跑步快得连自己都惊讶。

马上就要开运动会了，我对赛跑很有信心，因此无论如何都希望母亲来看我的运动会。

“妈，我跑得超快，练习时都是第一，所以运动会时你一定要来！”

我用蹩脚的字认真地写了信，寄去，可是，答复还是“不能来”。

我虽然知道母亲为了给我寄生活费必须拼命工作，但还是觉得很失望。那打从心底里让我高兴的运动会，突然间就变得无趣了，我甚至自暴自弃地想：“要是下大雨就好啦。”

运动会那天早上，外婆奇怪的叫声把我吵醒，使我的感伤情绪一扫而空。

“生啊！生啊！”

外婆的奇怪声音从院子里传来。

我不明白怎么回事，往院子里一瞧，外婆好像正对母鸡说：“生蛋！”

当时，外婆家养了五只鸡，可是不一定每天都会生蛋，而且我们没有冰箱，当天生的蛋当天都要吃掉。

平常日子学校会供应营养午餐，但是运动会那天却要自己带便当，外婆大概想至少该给我带一个荷包蛋吧。

稍微扯远一点，当时很多人都说营养午餐很难吃，可是对我来说，却是最好的大餐，是我的营养补给之源。同学们嫌腥而不喝的脱脂牛奶，我可以喝上五六杯；他们嫌硬而不吃的橄榄形面包，我宁可不装教科书也要把面包塞进书包里带回家。

带回家的橄榄形面包用炭火烤一烤，整间屋子里飘满香气，外婆高兴地把又热又香的面包送进口里说：

“跟法国人一样呢。”

我说：“要是还有乳玛琳（人造奶油）就好了。”

她就会回答：“我不认识那个叫什么琳的外国人。”

言归正传，回到运动会那天早上的“生蛋行动”。

“生啊！生啊！”

“Ke-ko、Ke-ko。”

“什么不要？你不生吗？”

“Ke-ko、Ke-ko。”

“你知道今天要开运动会吧？生！快生！”

“Ke-ko、Ke-ko。”

“你这只笨鸡，快生！”

我很感谢外婆的心意，但是对鸡说这样的话，鸡也未免太可怜了。

我看着外婆和母鸡对峙了好一会儿，渐渐察觉一件奇妙的事情。外婆起劲的“生啊！生啊！”吆喝声后，就有“嗨！嗨！”的回应。

“生啊！生啊！”

“嗨！嗨！”

“生啊！生啊！”

“嗨！嗨！”

我仔细聆听，回应是从隔壁传过来的。

原来隔壁的大婶名叫吉田梅[2]。

结果，外婆的“威逼利诱”没有成功，我只好带着白饭配上梅干、甜姜片的素食便当出门了。

天气真是好得令人恼恨，不过我已经不讨厌运动会了。

母亲不能来确实遗憾，但我还是要打起精神努力表现。

“宣誓！我们宣誓要本着体育运动的精神，堂堂正正地比赛。”

六年级的学生代表宣誓后，我在佐贺的第一个运动会开始了。我参加的是低年级的五十米赛跑，是上午进行的最后一个项目。

滚大球、体操等项目逐一进行完后，终于轮到五十米赛跑，我配合着轻快的音乐进场。充满自信的我，那时只有一点点紧张。

“各就位——预备——”

“砰！”

起跑的枪声响起，第一组选手向前冲出。

“砰！”

“砰！”

“砰！”

随着发令枪响，选手一个接一个向前冲出。其中有个一直领先的小孩，中途摔了一跤，落到最后，他忍不住哭了。我看得有些心惊。

终于轮到我了。

“各就位——预备——”

“砰！”

我奋力向前冲。

我竭尽全力大步向前，跑在每天独自奔跑的运动场上。

天空湛蓝，周围响起家长为子女加油的欢呼声。

我忘情地向前奔跑，回过神时，已经一马当先冲破终点线。

“妈，我跑第一嘞！”

母亲虽然没有来，但是我写信告诉她的话，她一定会很高兴。那个时候，我希望一直维持那种感觉。

可惜，那种爽快的心情没有持续多久。

“现在是快乐的午休时间，大家可以和爸爸妈妈一起享受便当喽。”

教务主任的声音从喇叭里传出来，同学们三三两两分散到校园各处，和来助威的家人一起吃便当。

“你表现得很好。”

“受伤没有？”

“我带了你喜欢吃的香肠。”

在周围夸奖的、担心的、充满爱意的嘈杂声中，我胸前别着冠军的彩带，独自走着。这时候，比我赛跑时没人给我呐喊加油更难过。

“德永君，你跑得好快啊！一起吃便当吧。”

认识的邻居阿姨邀我。

“不用，我妈在那边等我。”

我撒了任何人都清楚的谎，独自跑进教室里。

外婆也没来运动会。

不只是运动会，其他的教学参观日她也没有来过。

似乎是转学来那天被形容“好老”的事一直挂在她心上，她好像觉得来了会让我感到丢脸。

我跑进教室，坐在自己的位子上。校园那边传来蜜蜂翅膀振动般的嗡嗡嘈杂声音。我含着泪水，正要打开素食的便当时，教室的门突然打开。

“喂，德永，你在这里啊！”

是我的班主任老师。

“老师有事吗？”

我赶忙擦擦眼睛。

“哦，我们交换便当好吗？”

“嗯？”

“老师刚才不知怎么的，肚子一直痛，你的便当有梅干和甜姜吧？”

“对。”

“太好了，这些对肚子很好，我跟你换。”

“好啊。”

我和老师交换了便当。

“谢谢你。”

老师拿了我的便当走出教室。

“肚子痛吗？真糟糕！”

在这么想的同时，我打开老师的便当。不觉欢呼起来：炒蛋、香肠、炸虾……老师的便当里塞满了我从没见过的豪华饭菜。

我忘情地吃着。

世界上竟然有这么好吃的东西！太好吃了。

拜老师肚子痛之赐，我萎缩的心再度充盈饱满，在下午的接力赛中又大大活跃了一番。

又过了一年。

三年级的我，还是运动会中的英雄，但母亲依然因为工作忙，还是不能来。

又是午休时间。我正要吃便当时，教室的门又突然打开。老师走了进来。

“喂，德永，你今年又是一个人在这里吃啊？”

“是。”

“老师肚子痛，你的便当有梅干和甜姜吧？我们换便当好吗？”

“好啊。”

我当然很高兴地交换，又享用了老师的豪华便当。

又隔了一年，我四年级的班主任老师是女的。

我在运动会上还是大放异彩，但母亲还是没来。

又是午休。

教室的门打开。

“德永君，你在这里啊，老师肚子痛，和你换便当好吗？”

怎么，连新的班主任老师也肚子痛？

我很认真地在想，这个学校的老师在每年一次的运动会时都会肚子痛吗？

直到小学毕业，我都是运动会中的英雄，但母亲一次也没来。每一年，我的班主任老师到运动会时都会肚子痛。

我明白老师肚子痛的含义，则是六年级第一次跟外婆说起这事的时候。

“奇怪，他们一到运动会就肚子痛。”

“是借口，老师特意这么做的。”

“啊？可是他们说肚子痛……”

“那是真正的体贴啊！他们如果说帮你带了便当，你和外婆都会难堪。所以老师都假装说肚子痛，要和你换便当。”

学校老师都知道我母亲不能来参加运动会，因此想出这个每年至少让我吃到一次美味食物的策略。

“真正的体贴是让人察觉不到的。”

这好像也是外婆的人生信条，我后来也多次从外婆嘴里听到这番话。

直到现在，运动会的便当故事，还是深深印在我心里的“真正体贴”之一。

注释

[1] 本文选自岛田洋七《佐贺的超级阿嬷》中第五节，本标题为编者所拟，原题为《最喜欢、也最讨厌的运动会》。

[2] 梅的发音是 u-me，和日文动词“生”同音。

小猫钓鱼

金　近

猫妈妈有两个孩子，大的叫妙妙，是姐姐，小的叫咪咪，是弟弟。

猫弟弟咪咪是爱睡懒觉的，猫妈妈和猫姐姐妙妙早就起来啦，他还钻在被窝里睡着，不肯起来。猫妈妈打开窗子，太阳光就笑着跑进来，把屋子里照得金光透亮。猫妈妈回过头来，对着猫弟弟的小床叫道："咪咪，时候不早啦，快起来吧。"

猫弟弟伸个懒腰坐起来。他赶快洗了个脸，就跟妈妈姐姐吃早饭了。

这是个春天的早晨，天气很好，各色各样花儿的香味，从田地里，从山坡上，一阵一阵的飘进屋子里来，真香啊。

猫妈妈说："我们到小河边去钓鱼吧，你们快把钓鱼竿拿来。"

他们都扛着一根钓鱼竿，到小河边钓鱼去了。小河里的水碧清，几只鸭子在游来游去找东西吃。他们看见猫妈妈带着两个孩子来钓鱼，就让开了，向别处游去。

猫妈妈帮着猫姐姐猫弟弟装上鱼食，把钓竿放到小河里，叫他们静静地等着，不能说话，也不能跑开。猫姐姐跟着妈妈站在老地方不动，猫弟弟拿着钓竿站了一会儿，看看没有鱼游过来，他就换个地方，等了一会儿，又换了个地方。这个时候，猫妈妈钓到一条小鱼了，猫姐姐也钓到一条小鱼了，就是猫弟弟没有钓到鱼。

猫弟弟等着鱼儿游过来，他决定不再换地方了。他看着看着，有个红蜻蜓飞来了，恰好停在他的钓竿的头上，他把钓竿轻轻地抽回来，想捉住这个红蜻蜓，碰巧有一条小鱼正在吃鱼食，他的钓竿一动，小鱼吓跑了，那个红蜻蜓也飞开啦。猫弟弟想想真有点可惜，要是不捉那个红蜻蜓，那条小鱼就钓到了。这回他坐在草地上，要好好钓鱼了。

一对蝴蝶从山坡上飞过来，就在一丛紫云英花旁边飞着转圈子。猫弟弟看看这对蝴蝶真美，金黄的颜色，多漂亮啊！猫弟弟放下钓竿，悄悄地跑去捉蝴蝶了。蝴蝶飞到哪里，他追到哪里，越跑越远，他一直跑到山坡那边去啦。

小河旁有只大青蛙，他看得很清楚，看到猫弟弟不好好钓鱼，很生气。他想："让我来想个办法，叫猫弟弟自己想想也害臊。"大青蛙扑通一下跳进小河里，在河底里找到一只烂草鞋，轻轻地挂在猫弟弟的钓钩上。

猫妈妈看到猫弟弟跑得老远，就喊他："咪咪，你上哪儿去啦？快来钓鱼。"

猫弟弟跑回来了，看到妈妈和姐姐钓起好多条鱼。这时候，猫姐姐又钓起一条大鱼来。猫妈妈说："你看，妙妙又钓到一条大鱼啦，你呢？"

"我也能钓到一条大鱼。"猫弟弟说着去看自己的钓竿。哈！钓竿上的线都沉到水底里去啦。他赶快拿起钓竿，觉得挺重的，就大喊起来："一条大鱼！一条大鱼！"

可是提起钓竿来一看，原来是只烂草鞋。猫弟弟狠狠地把烂草鞋又扔进小河里，低着头不说话了，他多害臊啊。

大青蛙在小河对岸咯咯咯地大笑，他说："小猫小猫，你真糟糕，钓不到鱼，想想害臊……"大青蛙还想说些什么，猫弟弟气得冒火了，捡起一颗小石子扔过去，大青蛙扑通一声又跳进小河里了。

时候不早啦，该回家吃午饭啦。猫妈妈叫他们收起钓竿回家，猫姐姐提着一大串鱼，猫弟弟连一条小鱼也钓不到，又给大青蛙笑话他，心里可真不高兴。

吃饭的时候，猫弟弟想多吃点鱼，猫姐姐说："你钓鱼不好好钓，吃鱼倒想吃得多。"

猫弟弟噘起嘴巴，快要哭出来了。猫妈妈说："咪咪，你吃吧，以后要好好钓鱼，不要光爱玩儿。"

这一顿饭吃得真香，鱼的味道鲜极啦。猫姐姐钓起来的那条大鱼，晒鱼干啦，鱼干也很香很好吃的。可是猫弟弟钓的鱼在哪儿呢？啊，一条小鱼也没有。猫妈妈和猫姐姐都去睡午觉了，猫弟弟不想睡，他跑到院子里去看那条大鱼干，他心里想："妈妈、姐姐都钓到鱼啦，我没有钓到，不钓鱼哪有鱼吃呢？我要钓一条这样大的大鱼。"

猫弟弟拿起钓竿，独个儿跑到小河边钓鱼去了。猫弟弟钓着钓着，小鱼大鱼都没有来吃鱼食，还是没有钓到鱼。他想回家去，想想又不好，没有钓到鱼，怎么能回去呢？

有一只大白鹅游过来了，对猫弟弟说："小猫，小猫，你真是一只好小猫，现在还要来钓鱼，你钓到鱼没有？"猫弟弟摇摇头，不说话。"那你一定能钓到鱼的，说不定能钓到一条大鱼。"大白鹅说着，往前游去了。

猫弟弟站在老地方，看住钓竿，一步也没有走开。过了没有多久，嗨！钓竿上的线全都往下沉啦，钓竿也动起来啦，猫弟弟赶快提起钓竿往上挥，怎么也挥不动，钓竿都弯了，一定是条大鱼，他独个儿力气小，拖不起来，急得不得了。忽然后面有谁在叫他："弟弟，你别钓鱼啦，妈妈叫你回去。"

猫弟弟喘着气说："姐姐，你快来帮帮忙，我钓到一条大鱼啦！"

猫姐姐帮着猫弟弟把一条大鱼拖起来，大鱼啪啪地拍打着尾巴，躺在地上，一下子又蹦起几尺高，猫弟弟赶快跑过去捉住。他两手提不动，猫姐姐就帮他抬起来，他们抬着这条大鱼，跑回家去了。

猫弟弟真的钓到一条大鱼啦。

据《中国经典童话》，金近等著，人民文学出版社，2005 年

茗　香

李秋沅

一

木棉岛人都唤她做番婆。

番婆不是木棉岛人。她做姑娘时是岛外李庄上有名的美人。祖上出过翰林，番婆从小住的是祖上留下的李家大院。大院破落了，风光就如窗棂上的漆木雕花般褪了色，但是院内孩童的读书声却不曾断。她十八岁做了木棉岛上东鹰布店老板番仔洪的续弦。番仔洪是南洋客，娶了她不久，没留下一儿半女，便得了暴病一命呜呼。番婆孤零零地将自己藏进木棉岛上的番仔楼，一晃十几载。

李庄的饥馑从我出生前就开始了。吃野菜汁长大的我，满四岁了还站不稳。

一天，母亲塞给我一个番薯，泪汪汪地看着我狼吞虎咽地吞下。

“妈妈，还要。”成天吃刺苋和猪母菜充饥的我，拉着母亲的衣襟讨要。母亲蹲下来，用冰凉凉的脸贴着我的脸说：“乖孩子，舅舅带你去番婆家，番婆那里有好吃的。”我欢喜地呵呵傻笑，牵着舅舅的手，让他带我走。舅舅把我放箩筐里，担着我走。走出了老远，母亲突然追了上来，抱着箩筐里的我哭，眼泪鼻涕啪嗒嗒落下，糊了我一身。舅舅吼了母亲几声，担起我，快步往前。我哇地哭了，看着舅舅脚下扬起的尘土隔开了我和母亲。母亲的身影越变越小，小成了一个点，融入黄土道里。

舅舅把我担进了木棉岛上的番仔楼——番仔楼里的番婆托人从李庄抱一个女孩过来养。

“叫什么名字?”她走近我，抚着我的头问，一袭墨绿的生丝旗袍满了我的眼。

“阿宁。”我脆生生地答，“我要我妈妈。”

“乖女不怕，妈妈让婆婆来陪你。快，叫婆婆。”一股淡淡的清香袭来，番婆蹲下身，拉住我的手，对着我笑着。她并不老，三十来岁模样，却硬要让我叫她婆。

“婆婆。”我怯怯地看着眼前这个脸盘白净得像天上月亮的女人，声音在喉咙里打转。

番婆递给我一块我从来没见过的黄灿灿的炸米糕。我头也不抬地吃了。待我吃完，回过神来，舅舅已经不见了。

我成了番仔楼里的孩子。

二

四岁的我，才刚能分辨出梦境与现实。突然之间，四岁前的真实就虚化成一场梦，母亲的脸、母亲的微笑、母亲的哭泣，藏进了梦里，就再也走不出来了。

番仔楼用一道雕花铁栅栏隔开了楼里楼外。栅栏内，有满园紫的鸢尾、白的茶花、粉的月季，有干完了活捧着茶具泡茶的花工林叔，有在楼内忙前忙后收拾的林婶，有临窗研墨作画的番婆。栅栏外，是我所不熟悉的另一番天地：邻家的孩童嬉闹着，隐约听得见后山上英华中学里学生的出操声。黄昏时分，番婆拉着我的手，开了院门出外散步。我们时常遇到放了学的英华学生，戴着白帽，穿着白衫黑裤的学生制服，夹着书本，神气十足；还时常会迎面遇到一位身材颀长、俊朗斯文的先生。他见了番婆，总会客气地停下脚步与番婆寒暄几句；寒暄过后，侧身让我们先行。我们走了老远，我一回头还见他站在原地。

“那是英华中学的李先生，学问十分了得。和番婆一样，精通书画。听说，原也是你们李庄的，后来去了日本留学……”一天，林婶这么对我说，“其实，他和你番婆倒是天造地设的一对。唉……”

“少胡说。”番婆突然冒了出来，慌慌地打断了林婶的话。

年幼的我弄不明白自己怎么突然就身处这么一群人之中，我曾愣愣地看着番仔楼里满园紫色的鸢尾，看着番婆的笑脸，陷入困惑。是否我还在梦中？梦醒后，他们又将突然消失，把我抛到另外一个陌生的园子里？

番婆好丹青，自幼习琴学画，到了木棉岛后，笔耕不辍，画的水墨画在岛内颇有名气。虽然番婆在洪老板去世后，深居简出，但名声在外，求画者依旧络绎不绝。可在这往来的人中，从未有李先生。印象中的李先生，总那么孤零零地站在我们身后，默默地目送我们离去。

那时，来番仔楼求画的人中，有一位周先生，是木棉岛《鹭声报》的记者。周先生架着一幅金丝眼镜，文质彬彬，求画时，毕恭毕敬；得了画后，总是深鞠躬，低首至腰。林婶笑他的鞠躬可做学生样本，背后称他为“样板周”。番婆阅报，最喜读“十步”的艺评文章。“十步”的观点独到，文风犀利老辣又不乏幽默，古今中外典故信手拈来，嬉笑怒骂皆成文章，令人拍案叫绝。后番婆不经意得知，“十步”居然就是那位举止古板、礼貌周到的周先生，不禁大跌眼镜。

从此之后，周先生与周太太就成了番仔楼里的常客。周太太也好丹青，周先生常携着娇小温柔的周太太同来番仔楼。他们就坐在园中的石桌前品茶。茶香四溢间，周先生滔滔不绝地谈论世界大势，激昂澎湃；而周太太和番婆早寻了借口，上楼欣赏番婆收藏的字画去了。番婆并不关心世界大势，只要战事不打到木棉岛，她能安心喝茶作画就好。周先生的忠实听众往往就是我和林叔林婶。我们三个睁大了眼听他说德军与英国人打仗、日本又和德国结盟。周先生绘声绘色的演讲比龙山路口“讲古角”的那个老头说的《薛刚反唐》好听多了。末了，周先生总是恨恨地长叹一声：“‘小日本’，狼子野心。迟早要打过来。”言罢，他闷闷地喝茶，闷闷地盯着二楼露台上谈笑赏画的周太太与番婆。我们也便知道演出到此结束，各自走散。

董家渡口古董店七宝斋的陆老板也时常过来。陆老板曾在南洋做过古董生意，和已故的番仔洪颇有交情。听林婶说，番婆有一双番仔洪留下的宋汝窑青瓷花瓶，长颈圆身，釉质莹厚，陆老板觊觎已久。番仔洪在世时，经不起陆老板软磨硬缠，曾动了卖瓶的心，但番婆坚决不允。番婆总说陆老板眼神闪烁飘忽，心气沉浮不定，又说：“瓷器如人，是有品性的，宋瓷之美，在于凝重深沉的质地。浮薄浅露之人，只知图利，如何看得懂宋瓷？把瓶给了他，迟早要被糟蹋了。”番仔洪去世后，番婆收起青瓷，再没让它在人前露过面。

三

我八岁那年，如鬼影般飘忽在周先生言辞中的小日本，终于活生生地行走在我面前了。番婆白日里作画，心神不安，时不时蹙着眉，捧着《鹭声报》发愣。

一天，我在院子里独自挖着三叶草玩，突然，头顶传来扎耳的轰鸣声。一架日本飞机低低地越过楼顶，掠过园中凤凰木的树冠，一只手从飞机的窗口伸出来，洒下白花花的传单。我惊叫着跑进楼里，扑进番婆的怀里。刚刚从外边进来的林婶惊惶地关上院门，一路踉跄地跑了进来，急急地关上大门：“日本人来了，日本人来了！”她失了魂般狂呼着，欲往里屋躲藏。

“日本仔来了，你能躲到哪里去？”番婆苍白着脸站起身，打开大门，望了望头顶的青天白日，深深叹了一口气。

木棉岛是万国公地，不能轰炸，所以周边的难民全往木棉岛上涌来。成群的难民席地而坐，人们身上的酸臭味，混杂在难民中的伤兵的呻吟声，孩童饥渴的哭闹声，夜里摊贩点燃臭土的熏臭味氤氲一片。

不久，日本人上岛了。《鹭声报》被封，取而代之的是日本喉舌《全闽新日报》。木棉岛上，人们连柴火米粮布匹都只能开始定量购买。三个中国人每月定量的食粮抵不上日本人的一条狗。日据地往来的物资全被封锁了，番婆的东鹰布店被迫停业。可陆老板的古董店依旧开得有声有色，常见衣着光鲜的日本人出没其中。番婆穿起了素色的布旗袍。家里顿顿吃稀粥，偶尔蒸点米饭，番婆舍不得吃，全给了我。林婶饿得直唤头晕，番婆也饿得脸色发青。隔上一阵子，番婆就窸窸窣窣地从内室的大樟木箱子里抽出一卷字画，让林婶交给董家渡口七宝斋的陆老板。她们嘀嘀咕咕地说上一会儿，林婶就抱着字画，拎着瘪了的米袋，晃着身慢腾腾地走了。待林婶回来时，怀里捧回一小袋米。

英华中学停课了，不久又复课。学生得多学一门日文。英华中学换了校长，会说一口流利日语的李先生接任英华校长。大人们谈论起他时，总是嘀嘀咕咕的。番婆带着我散步，几次不发一言地远远绕开了李先生。

后来，李先生寻了一个借口搭讪："写了几幅字，请赐教。"他急急地看着番婆的脸。手里紧紧攥着几幅字卷。

"写字？"番婆推开他递过来的字卷，低下头，悠远而淡漠地说，"以后写字，先生只写'礼、义、廉'三字就好，'耻'字，先生怎能写？"

李先生的脸色刷地白了，笑意凝固在嘴角。我看见他颓然低下头，一言不发，转身缓缓离去。

番婆紧紧抓着我的手。她的手冰冷，凉意丝丝缕缕地从她的手里爬进我的心里。

黄昏时分，番婆再不带我去散步了。她就在院内侍弄花草，看着满院花开花落，看着夕阳为院子染上最后一抹金色。李先生为英华中学谱写了新校歌。每周一清晨时分，从后山上传来的英华校歌隐约可闻，曲音雄浑悲壮。我屏息倾听，却听不清它的歌词。

许久未见的周先生突然出现了。他瘦成了一融骨架，灰布学生装空荡荡地挂在他的身上，风一起，衣袂淅零零地飘，仿佛将轻飘飘地带他飞起。家里的茶叶早喝光了，番婆就采园中的白茶花瓣，洗净了，给他泡花茶。他呷着花茶，时不时剧烈地咳嗽着。他避开我，与番婆低声交谈。隐隐约约地，我听见"五通""活埋"，听见"抗日"，听见学生组织，然后似乎他又谈起了七宝斋的陆老板。番婆的脸色沉沉。周先生把茶喝干，连花瓣也细细嚼了，笑着告辞，露出一口整齐的白牙。临走，他摸了摸我的头，蹲下身来："乖，快快长大，读多多的书。"他狠狠摸了一下我的头，深深看了我一眼，转身大踏步走了。

"周太太呢？"林婶好奇地问，"怎么没一同来。"

"死了。日本仔是从五通打过来的，那日她就在五通娘家……"番婆的嘴角颤抖着吩咐林婶，"以后不要去陆老板那里了。"

"为什么，那……那……米不够吃……"

"不够吃就少吃一顿。"番婆脸色青青，"就是饿死也不吃他的东西，脏！"

每次周先生来家里后，家里的东西就少了。先是内室樟木箱里的字画一捧捧地被林婶带走了，箱子见底后，厅堂里的字画、瓷器也一件件被取下。家里的东西少了，却没有换回来米。我饿。幼年时期对饥饿的恐慌若千万条苏醒的虫子，啃噬着我的骨我的心。

有一天，番婆突然带我去虎头山。我们来到一处红砖砌成的院落。院内无人，似是无主的大院，荒草漫过了走道。番婆在院门前伫立良久，虎头山上剪剪清风拂起她额前的发。不久，当我们再次走过虎头山上的那幢大院时，红砖楼里传出钢琴声，有女子教导孩子练琴的训斥声。番婆拉着我的手，默默地离开了。

“连留做养老的大厝都不要了……”林婶抹着眼泪，拿出牛皮菜放锅里使劲搅，煮出一锅黏糊糊的稀粥。

“国都被‘小日本’占了，我不过是一厝大院没了，有什么可惜的?!”番婆为我补衣，一针一线细细地缝。

几个月后，木棉岛街头枪声突响，市伪维持会会长在喜乐咖啡馆门口被击毙。日本海军驻木棉岛司令在民国路附近被击伤。街上突然出现告示“缉捕血魂团首领，悬赏白银一千元”。每日凌晨时分，必有一阵日本巡逻兵阴沉的皮靴声撕裂夜的沉寂。

大搜捕开始了，我们身边不断有人莫名其妙地消失。周先生许久未出现，俨然从我们的眼皮底下蒸发了。每周一清晨的英华校歌突然中断，英华中学新任校长李先生被人从学校中带走。

一日深夜，陆老板突然来访。他已接任伪维持会会长一职。番婆将陆老板让入厅堂。我在迷迷糊糊的睡梦中听见他们先是压低着嗓音说话，话语若柔顺的丝，服服贴贴地熨在夜的黑暗里，紧接着他们话语便不安分起来，丝丝缕缕地逃脱出来，扎入我睡梦中的耳膜里。末了，我听见砰的一声巨响，如霹雳将我从混沌的半梦半醒中剥离而出，我的心慌慌跳着。我赤着脚跳下床，走下楼。

满地的青瓷碎片，番婆的手也受伤了，鲜红的血滴滴落在青色的碎瓷片上。身穿日本海军白布制服的陆老板瞪着血红的眼，苍白着脸大踏步离开，哐当摔上院中铁门。林婶愣了好一会儿，晃着身急急拿了扫帚想收拾，却又颓然扔下扫帚，颤抖着手去拿纱布。

“别忙了林婶，”番婆长叹一声，“都先过来坐下。”她的身子，倚着靠背椅缓缓滑下。抬眼看见我，示意我也过来。

“林婶林叔，看来我们的缘分到此为止了。”她从手上摘下翡翠婚戒，“林婶，我也没剩什么首饰了。这个，给你，留作纪念。”

林婶泪汪汪，不知所措地搓着手：“番婆你这是做什么？这是做什么？”

“我的衣物，你能拿上的，就都拿走。花坛下还有一个罐子，里面还有些银圆。全拿上。剩下的带不走的古董瓷器，能砸的全砸了。别给日本人剩下。等下收拾好了，就走。把阿宁也带走。这几年也不知道内地情形如何，你见机行事。先带她去李庄找她舅李大金，倘若找不到，林婶，你就留下她吧。算我求你了。”

“安啦，安……”林婶咧着嘴，哭声哽在喉里，抬起衣袖抹眼睛。

番婆的嘴角微微向下扯起，算是笑了一下，把惊呆了的我亲亲地搂进怀里。她的脸亲亲地贴我脸上，凉凉的，若秋夜的月光。

“婆婆，”我哑着嗓唤，如初见模样。

四

六十年后，我重又来到了番仔楼，这里已辟作抗战博物馆。一位面容清秀的姑娘为我们讲解。

“李茗香，番仔楼女主人，李家庄人士。抗战期间，出巨资支援木棉岛群众抗日组织。1939 年大逮捕期间被捕，1940 年秋被杀害。周怀瑜，木棉岛抗日组织血魂团领导人之一，在 1939 年大逮捕期间遇害。这是，《血魂团团员成仁志士》名单……”

我盯着展示柜玻璃镜框里发黄的名单，字迹已经模糊，纸边污迹斑斑。我的眼睛模糊起来……

“你说，番婆怎就那么傻，那姓陆的说了，如果她将青瓷交出，让他送给日本人，他自会将她的名字从名单中删了……”我仿佛又听见出逃那夜林婶紧紧扯着我的手絮絮叨叨地说，抹着泪。她的泪滴滴落在我的手上，凉凉的，藏了六十年。

“这，就是当年布设在英华中学的电台遗址图片。日据期间，国民政府特约通讯员李永明忍辱负重，佯装投靠日伪，接任英华中学校长。并以其为掩饰，在英华校友楼图书馆（日间开放而已）内作通讯点，晚间发电报通报消息到内地。事情败露后，日本人用酷刑，灌辣椒水，熨烫活剥皮肉，将他折磨至死。他的真实身份，直到抗战胜利后才为人所知。昔日李校长所谱写的英华校歌，至今传唱。”

“英雄胜迹，剩此荒台，狂澜难挽，慷慨于怀。英华勉哉，信不厌不倦有心哉……”那位面容清秀的解说员唱起英华校歌。

时隔六十年，我终于听懂了这首校歌。

我仿佛看见时光中的番婆、周先生、李校长缓缓地向我走来，微笑着在院中石桌前坐下，品着香茗。

“香呵，乖女，你也来一杯？”

院内，花开正好。

据《茗香》，李秋沅著，长江少年儿童出版社，2016 年

「单元五」

人物春秋

导读

《创世记》中，上帝在造好日月星辰、动物植物之后，在第六天造了人。人是世界的中心，是万物的尺度。我们无法想象要是没有人，这个世界将会如何荒凉。没有了人，世界的存在将没有意义，没有价值。科学研究无论怎样高深，其目的是为了人的生活更加美好；哲学的研究最终也落实到人这个根本的对象；艺术也是如此；文学呢，当然也不例外。文学是人学，人是文学的中心。

文学的四分法中，诗歌比较特别，叙事诗、怀悼诗、咏史诗、送别诗、爱情诗等与人有关，纯粹的抒情诗与人的关系不大，当然其抒情主体仍然是人，其抒情对象既可以是人，也可以是物。散文与人的关系比较密切，尤其是散文中的人物传记直接与人物相关。先秦散文中的历史散文往往与人有关。至于《史记》开始的纪传体史书，人物就成为历史散文的中心。我们平时看得比较多的写人的散文，多数是回忆一类的文字，往往不是完整叙述一个人的一生，而只是写人物的某个方面、某个阶段的故事。小说戏剧中也离不开人，但因为小说戏剧中的人往往是虚构的，即使是历史小说、历史剧，也往往有许多虚构的成分，因而就不在本单元的选择范围中。

本单元所选择的课文，除了苏轼的《江城子》(十年生死两茫茫)和陶渊明的《咏荆轲》是诗词，其他都是写人的散文，有的是传记，有的是回忆散文，有的是历史文化散文。

苏轼的《江城子》(十年生死两茫茫)是用“词”这种体裁写悼亡的第一个作品，意义可谓深矣。这首词以抒情见长，原不是以写实为主。但从全词来看，也隐约看到苏轼的原配王弗的形象在其中。尤其是下片“夜来幽梦忽还乡。小轩窗，正梳妆。相顾无言，唯有泪千行”，虽是梦境，但因为苏轼所梦见的乃是他们夫妇恩爱生活的片段，写王弗临窗梳妆，虽一切都已成往事云烟，但苏轼、王弗的夫妻恩爱之情深可见矣。

陶渊明的诗，历来人们谈论的多是他的田园诗，其实他的咏怀诗、饮酒诗同样写得好。《咏荆轲》是咏怀诗的佳作，这首诗不是荆轲这个历史人物的全传，而主要截取荆轲刺秦王的一段史实，加以歌咏。主要歌颂了荆轲刺秦王的悲壮精神，表达了诗人对荆轲的钦佩之情。这首诗的中间部分——易水送别和慷慨赴义叙事充分，亦可以看作是对荆轲人生中最光辉灿烂的片段的叙写，故将它看作人物春秋可也。

《史记》是纪传体的老祖宗，是汉代的雄文。《屈原列传》是屈原最早也是最完备的传记，是文人之传记精华。世人谈《史记》，多言《项羽本纪》《李将军列传》。其实《史记》人物传记中，《屈原列传》也是其中的佼佼者，为值得细读之作品。这不是一般的传记，而是灵魂的探险。

公安三袁的理论家、实践家袁宏道的《徐文长传》是不可不读的人物传记奇文，奇在传主徐文长，他是明代后期杰出的文学家、艺术家，但命运坎坷，抱愤而卒。袁宏道有感于徐文长的悲慨命运，于是写了这篇徐文长的传记。这篇人物传记不仅是一篇极好的人物传记小品文，也有一定的社会历史认识价值，可以使读者了解晚明知识分子坎坷复杂的命运。

鲁迅写人物的散文，在《朝花夕拾》中就有不少好文章，比如《藤野先生》《范爱农》，至于《记念刘和珍君》《为了忘却的纪念》更是广为人知。但这些篇什，读者多比较熟悉。所以，选了《忆韦素园君》这篇人物散文，严格说，这不是人物传记文章，只是回忆文而已。但是，就像《记念刘和珍君》一样，即使不是写传主一生的行止，但传主的主要精神已宛然全备。在《忆韦素园君》中，鲁迅以深沉哀痛之心，写了一个执着文学事业的青年韦素园的形象。鲁迅对青年的热爱，对早逝的青年的哀婉，一一击中我们日渐畏缩的心灵。

曾纪鑫是当代著名的历史文化散文作家，从20世纪90年代末出版《千秋家国梦》以来，陆续出版了《拨动历史的转盘》《永远的驿站》《千古大变局》等。《思想家李贽》是写晚明著名思想家李贽一生经历的文章。这篇写历史人物的文化散文，带有文化散文的特点，就是不单写历史人物，而且进行深层次的思考。曾纪鑫的历史文化散文往往在占有详尽的资料后，经过对材料的详尽梳理，从而完成对传主的重新叙述，这种叙述带有作者鲜明的特点，对于曾纪鑫来说，就是对历史人物的思辨。所以，他的文字常常透露着哲理的内涵和他对历史人物命运的思考。所以，当我们看到文章结尾作者的评论——“一个没有思想的人无疑是一具行尸走肉，同理，一个缺少哲学与思想的民族也是平庸而可悲的民族。中华民族要崛起，要有所创造，要跻身于世界民族强林，非得有一流的、真正的、伟大的哲学家、思想家为先导不可。正是从这样的角度与意义而言，李贽对于生活在今天的我们，对中华民族的未来，实在是太重要太重要了！”就很自然了。

无疑地，人是文学的中心，是宇宙的中心，是万物的尺度。我们在这个单元里，知道了几个人，虽然只是很少很少的几个人，然而，也可以从中看到历史人物的精神气格，看到历史的沧海桑田。相比较来说，涉及人物的诗文可能会给我们更多的启发。通过对历史人物的阅读与观照，对历史会有更丰富的理解。

此外，我们要明白，对历史人物的认识不可能一次就完成，这就是历史人物研究和写作需要不断突破不断重写的原因。而且，在这个价值多元化的时代，对历史人物的看法也不可能是单一的、线性的。如何认识历史人物的复杂性，需要专家学者对历史有更深入的研究，对于普通读者来说，随着阅读的开阔和深入，也能够形成自己对历史人物的看法。

与风花雪月的散文相比，与所谓的纯诗相比，涉及人物的诗文，总能给读者更多的启示，这也是本教材要有这个“人物春秋”单元的原因。虽然只是在千万人物传记中略选几个，但也足以窥一斑而知全豹，读者倘能在业余继续领略人物传记之全豹，则善莫大焉。

主讲课文

江　城　子[1]

乙卯正月二十日夜记梦[2]

苏　轼[3]

十年生死两茫茫[4]。不思量，自难忘。千里孤坟[5]，无处话凄凉。纵使相逢应不识，尘满面，鬓如霜。

夜来幽梦忽还乡。小轩窗，正梳妆。相顾无言，唯有泪千行。料得年年肠断处，明月夜，短松冈[6]。

据《历代名家精选集：苏轼集》，苏轼著，陶文鹏、郑园编选，凤凰出版社，2006年

注　释

[1] 江城子：词牌名，又名《江神子》。

[2] 乙卯：指宋神宗熙宁八年（1075年）。

[3] 苏轼（1037—1101）：北宋杰出文学家、艺术家，眉州（今四川眉山）人。字子瞻，号东坡居士。唐宋八大家之一，开创了豪放派词风。宋徽宗建中靖国元年（1101年）卒于常州，享年66岁。著有《苏东坡集》。

[4] 十年生死两茫茫：苏轼的妻子王弗于宋英宗治平二年（1065年）病故，年仅27岁。"两茫茫"指苏轼和妻子相互思念却又阴阳相隔，茫无消息。

[5] 千里孤坟：因为王弗的墓地在四川眉州彭山县故乡，而苏轼当时在密州（今山东诸城），相距数千里之遥，故说"千里孤坟"。

[6] 短松冈：植有低矮松树的山岗，这里指代王弗的墓地。

作品分析

苏轼的散文、诗、词都达到相当高的成就，是北宋文学最杰出的代表之一。他的词以豪放为主，但也有相当部分情感深挚、感人肺腑的婉约词。像《水龙吟》（似花还似非花）、《蝶恋花》（花褪残红青杏小）、《江城子》（相逢不觉又初寒）等，都是婉约风格的作品。

中国的古代爱情诗是很少表达恋爱和婚姻生活的，因为过去谈不上有什么自由恋爱。但是，悼亡一类的诗歌作品却很不少。悼亡诗中最著名的就是潘岳的《悼亡诗》，而悼亡词中最有名就是

苏轼的这首《江城子》。而且，苏轼是第一个用词写悼亡的作家，这对宋词题材的拓展也是一个不小的贡献，这足见苏轼在艺术方面的创新精神。

苏轼写这首词时，他正在密州做知州（太守）。时值正月，正是喜庆时候，作者梦中见到已经去世十年的妻子王弗，于是写下这首名传千古的词作。苏轼19岁时与时年16岁的王弗结婚，夫妻恩爱，并育有一子（苏迈）。11年后，王弗因病去世。本词通过“记梦”的方式，来表达苏轼对妻子王弗的深切怀念之情。

词的上片写十年死别的凄苦相思，情感真挚，令人伤怀。

“十年生死两茫茫。不思量，自难忘”，写出作者十年来对妻子的思念。“十年”写思念时间之长。“生死”写阴阳两隔，也写出思念的无奈和沉痛。“两茫茫”则极写夫妻两人思念的痛苦和无望，不仅苏轼在思念王弗，王弗也在思念苏轼。可是，因为相隔阴阳两界，终于无法相见，只能“两茫茫”了。“不思量，自难忘”从反面写起，其实，怎么会“不思量”呢？“自难忘”则一语道破了思念的深切。这是刻骨的怀悼，凄凉的相思，沉痛的想念。而且，越是不思念，反而思念得越是深切。这几句，句句平常语，却表达出极不平常的思念之情。

“千里孤坟，无处话凄凉”继续写相思。作者在梦中想起去世十年的妻子，在梦醒时分，很想向妻子表达思念之情，可是，一方面明知妻子已经去世，又怎么可能向她倾诉相思之情，或者向她倾诉自己的悲哀愁情？另一方面，妻子的坟地远在千里之外的故乡，就算想去她坟头看看，又怎么能够实现？同时，作者也在设想恩爱多年的妻子此时一定也在千里之外思念自己，可是，妻子也像自己一样无法表达思念之情，因而“无处话凄凉”了。“无处话凄凉”正写出了两人相思之深，痛苦之深。这不是一个人的凄凉，而是两个人的凄凉。

“纵使相逢应不识，尘满面，鬓如霜”，意思是即使两个人见面了，应该也认不出对方了。十年过去，早已是世事巨变，沧海桑田。“尘满面，鬓如霜”写出作者仕途的坎坷在容颜上的反映，让我们联想到苏轼在这十年中的坎坷经历。由于苏轼坚持个人思考的自由主义思想，他无法被当时的改革派容纳，屡次遭遇贬谪，以至于鬓发如霜。其实苏轼写这首词时年仅40岁，然而苍苍白发已经笼罩在他头上，他的妻子又怎么能够认出他来呢？

词的下片写梦境，表达作者对往日夫妻恩爱的温情思念，也通过梦境写出妻子对自己思念的伤痛之情。

“夜来幽梦忽还乡。小轩窗，正梳妆”中第一句写梦中回到故乡，一个“忽”字，写出作者潜意识中对故乡的思念，也写出对妻子的思念。没有“思”，何来“梦”，正是对妻子的思念才使他在梦中回到故乡。于是梦见妻子梳妆的情景。“小轩窗，正梳妆”是细节描写，写出了妻子当年临窗梳妆的情景，而苏轼，肯定是无数次坐在妻子身旁，看着年轻的妻子早起梳妆的样子，心中包含着对妻子的深爱，这不正是小夫妻当年无数幸福生活的一个小小的侧影吗？

“相顾无言，唯有泪千行”，这仍是写梦中情景。但是，在梦中的苏轼何尝以为是在梦中？他们十年不见，而一旦相见了，却都相顾无言，唯有千行泪水，汩汩流淌。这个情景，就像是特写镜头一样，写出了夫妻相爱之深，也写出了凄凉之至。真是万语千言，都在眼泪的流淌中；千思万绪，尽在无言的对视里。

“料得年年肠断处，明月夜，短松冈”，“料得”指“料想”；“年年”指“年复一年”，从过去到现在，从现在到将来；“肠断处”指苏轼妻子王弗坟墓所在的“短松冈”；“明月夜，短松冈”写出了妻子对自己凄绝的思念。明月照亮了矮小的山冈，却照不见心爱的人儿，“断肠”就是必然的事了。这是写王弗对苏轼的思念，也是写苏轼对王弗的思念。

这首词在艺术上有不少独到之处。它的语言平实，自然。尽管写的是看起来虚幻的梦境，但是，又处处显出作者的真情。这是白描的妙境，它完全出自作者的真心。此外，细节描写和特写镜头对表达情感起到恰到好处的作用，因而能够深深地感动读者，成为悼亡词中的最震撼人心的作品。

思考与练习

1. 找出词中最富有表现力的词语，并说出它们好在哪里。
2. 找出词中富有表现力的句子，并加以分析。
3. 背诵这首词。

咏 荆 轲

陶渊明[1]

燕丹善养士[2]，志在报强嬴[3]。
招集百夫良[4]，岁暮得荆卿[5]。
君子死知己，提剑出燕京。
素骥鸣广陌[6]，慷慨送我行。
雄发指危冠，猛气冲长缨[7]。
饮饯易水上[8]，四座列群英。
渐离击悲筑[9]，宋意唱高声[10]。
萧萧哀风逝，淡淡寒波生。
商音更流涕，羽奏壮士惊[11]。
心知去不归，且有后世名。
登车何时顾，飞盖入秦庭[12]。
凌厉越万里，逶迤过千城[13]。
图穷事自至[14]，豪主正怔营[15]。
惜哉剑术疏，奇功遂不成。
其人虽已没[16]，千载有余情。

据《陶渊明集》，陶渊明著，逯钦立校注，中华书局，1979 年

注 释

[1] 陶渊明(365—427)：字元亮。一说名潜，字渊明。私谥靖节。浔阳柴桑(今江西九江)人。早年任职江州祭酒、镇军参军、彭泽令等，后归隐田园。其诗质朴自然，蕴藉隽永。著有《陶渊明集》。

[2] 燕丹：战国末期燕王喜的太子，名丹。太子丹请荆轲行刺秦王，荆轲事败被杀。

[3] 强嬴：指秦王嬴政，或指秦国。

[4] 百夫良：指百夫中的英雄豪杰。

[5] 荆卿：即荆轲。

[6] 素骥：白马。《史记》载荆轲赴秦前，燕丹率众穿白衣戴白帽在易水边饯行，作者推想马也是白色的。广陌：大路。

[7] 指：撑起。危冠：高帽，高冠。长缨：系在脖子上的帽带。

[8] 易水：水名，在今河北省境内。

[9] 渐离：即高渐离，燕国人，与荆轲友善，善击筑。荆轲遇难后，高渐离亦欲刺杀秦王，后被杀。筑：乐器名，似筝。

[10] 宋意：人名，燕国勇士。

[11] 商、羽：古代音乐分五音——宫、商、角、徵、羽。商音凄凉，羽声慷慨。

[12] 飞盖：盖，车篷。飞盖：指车驰迅捷。

[13] 逶迤：曲折行进的样子。

[14] “图穷”句：荆轲见秦王，献燕国督亢地图，秦王打开地图，图穷匕见，荆轲即持匕首刺秦王，事败，荆轲被秦王左右杀害。

[15] 豪主：指秦王。怔营：惊恐不安。

[16] 没：同“殁”，去世。

作品分析

陶渊明的诗从内容上可分为饮酒诗、咏怀诗和田园诗三大类。一般人论陶渊明诗，多注意他的田园诗，其实，陶渊明的饮酒诗和咏怀诗也很有特色，成就卓然。尤其是他的咏怀诗，表现了他的政治抱负，颇有悲愤慷慨之音。在这一类诗歌中，陶渊明抒发了他“猛志固常在”的济世志向。《咏荆轲》即为其中的优秀之作。

本诗借咏史抒怀，以荆轲刺秦王的历史典故为题材和依托，热情讴歌了荆轲的壮举，既有对其奇功不建的惋惜，更有对其侠义精神的歌颂。该诗一反陶诗的冲淡静穆风格，显示出“金刚怒目”的另一种神态，透显出诗人心系功业、壮怀激烈的另一种怀抱。

全诗共30句，可分为三个部分。第1—4句为第一部分，写燕丹养士报仇，终得荆轲。这部分写燕太子丹为刺杀秦王物色刺客的不易，也写出荆轲艺高胆大，终于成为刺客人选。“招集百夫良，岁暮得荆卿”，写出了荆轲这一主要人物实为百里挑一的英雄豪杰，为后面写荆轲刺杀秦王做铺垫。

第5—26句为第二部分，作者铺写了易水壮别、慷慨赴义的动人场面，描述了荆轲入秦、刺秦的经过。这一部分按照事件发展的经过，描写了出京、饮饯、登程、搏击几个场面，尤其着力于人物动作的刻画，塑造了一个视死如归、大义凛然的除暴英雄形象。“君子”4句，描写英雄出征，众人相送的悲壮场面。“雄发指危冠，猛气冲长缨”，以夸张的笔法写出了荆轲热血沸腾、义愤填膺的神态。接下来描写易水饮饯的壮景。在萧萧秋风中、滔滔易水边，激越悲壮的音乐伴着歌声，群英饯别荆轲。这里诗人善于通过环境气氛的渲染来烘托荆轲出行的意义，场面浩大而悲壮。“心知去不归，且有后世名”，荆轲心里明白此举有去无回，只能留名后世，但他仍然义无反顾、一往无前，可见他抱着视死如归、舍生取义的侠义精神。“登车”四句，排比而下，一气贯注，更显出荆轲刻不容缓、直捣秦邦的勇猛气概。“图穷事自至，豪主正怔营”，两句诗描写了刺秦经过，虽未细写刺秦场面，但秦王“怔营”的惊慌失措表现，即反衬出荆轲的勇猛无畏。这一部分诗人略写刺秦经过，着力表现的是荆轲刺秦之前的场面，意在凸显荆轲那视死如归、义无反顾、慷慨赴死的英雄气概。由此，诗人的“心事”表露无遗。

最后4句为第三部分，诗人表达了对荆轲刺秦失败的惋惜，更表达了对其侠义精神的钦佩和赞叹。“其人虽已没，千载有余情”两句直接抒情，表达了对荆轲英雄壮举的赞美，其心迹亦已表露无遗。

这首诗将叙事、议论和抒情相结合，通过场面描写和环境的烘托，成功塑造了荆轲的英雄形象。在第二部分里，详略得当，场面安排紧凑而悲壮，有助于凸显主旨。该诗诗风激荡有力、悲壮淋漓，语言大气磅礴，与诗歌内容和诗人情感和谐一致。

思考与练习

1. 体会诗歌语言特色，分析荆轲形象。
2. 对比该诗与陶渊明田园诗的差别。

屈原列传

司马迁[1]

屈原者，名平，楚之同姓也[2]。为楚怀王左徒[3]。博闻强志，明于治乱，娴于辞令。入则与王图议国事，以出号令；出则接遇宾客，应对诸侯。王甚任之。

上官大夫与之同列[4]，争宠，而心害其能。怀王使屈原造为宪令[5]，屈平属草稿未定。上官大夫见而欲夺之，屈平不与。因谗之曰："王使屈平为令，众莫不知。每一令出，平伐其功，曰：以为'非我莫能为'也。"王怒而疏屈平。

屈平疾王听之不聪也，谗谄之蔽明也，邪曲之害公也，方正之不容也，故忧愁幽思而作《离骚》。离骚者，犹离忧也。夫天者，人之始也；父母者，人之本也。人穷则反本，故劳苦倦极，未尝不呼天也；疾痛惨怛，未尝不呼父母也[6]。屈平正道直行，竭忠尽智以事其君，谗人间之，可谓穷矣。信而见疑，忠而被谤，能无怨乎？屈平之作《离骚》，盖自怨生也。《国风》好色而不淫，《小雅》怨诽而不乱，若《离骚》者，可谓兼之矣。上称帝喾，下道齐桓，中述汤武，以刺世事[7]。明道德之广崇，治乱之条贯，靡不毕见[8]。其文约，其辞微，其志洁，其行廉。其称文小而其指极大，举类迩而见义远[9]。其志洁，故其称物芳。其行廉，故死而不容。自疏濯淖污泥之中，蝉蜕于浊秽，以浮游尘埃之外，不获世之滋垢，皭然泥而不滓者也[10]。推此志也，虽与日月争光可也。

屈原既绌[11]。其后秦欲伐齐，齐与楚从亲，惠王患之[12]，乃令张仪详去秦，厚币委质事楚[13]，曰："秦甚憎齐，齐与楚从亲，楚诚能绝齐，秦愿献商、於之地六百里[14]。"楚怀王贪而信张仪，遂绝齐，使使如秦受地。张仪诈之曰："仪与王约六里，不闻六百里。"楚使怒去，归告怀王。怀王怒，大兴师伐秦。秦发兵击之，大破楚师于丹、淅，斩首八万，虏楚将屈匄，遂取楚之汉中地[15]。怀王乃悉发国中兵，以深入击秦，战于蓝田[16]。魏闻之，袭楚至邓[17]。楚兵惧，自秦归。而齐竟怒不救楚，楚大困。

明年[18]，秦割汉中地与楚以和。楚王曰："不愿得地，愿得张仪而甘心焉。"张仪闻，乃曰："以一仪而当汉中地，臣请往如楚。"如楚，又因厚币用事者臣靳尚[19]，而设诡辩于怀王之宠姬郑袖。怀王竟听郑袖，复释去张仪。是时屈平既疏，不复在位，使于齐，顾反，谏怀王曰："何不杀张仪？"怀王悔，追张仪，不及。

其后，诸侯共击楚，大破之，杀其将唐眛[20]。

时秦昭王与楚婚[21]，欲与怀王会。怀王欲行，屈平曰："秦，虎狼之国，不可信，不如无行。"怀王稚子子兰劝王行："奈何绝秦欢！"怀王卒行。入武关[22]，秦伏兵绝其后，因留怀王，以求割地。怀王怒，不听。亡走赵，赵不内。复之秦，竟死于秦而归葬。

长子顷襄王立，以其弟子兰为令尹[23]。楚人既咎子兰以劝怀王入秦而不反也。

屈平既嫉之，虽放流，眷顾楚国，系心怀王，不忘欲反，冀幸君之一悟，俗之一改也。其存君兴国而欲反覆之，一篇之中三致志焉。然终无可奈何，故不可以反，卒以此见怀王之终不悟也。

人君无愚智贤不肖，莫不欲求忠以自为，举贤以自佐。然亡国破家相随属，而圣君治国累世而不见者，其所谓忠者不忠，而所谓贤者不贤也。怀王以不知忠臣之分，故内惑于郑袖，外欺于张仪，疏屈平而信上官大夫、令尹子兰。兵挫地削，亡其六郡，身客死于秦，为天下笑。此不知人之祸也。《易》曰："井渫不食，为我心恻，可以汲。王明，并受其福。"[24]王之不明，岂足福哉！

令尹子兰闻之大怒，卒使上官大夫短屈原于顷襄王，顷襄王怒而迁之。

屈原至于江滨，被发行吟泽畔[25]。颜色憔悴，形容枯槁。渔父见而问之曰："子非三闾大夫欤[26]？何故而至此？"屈原曰："举世混浊而我独清，众人皆醉而我独醒，是以见放。"渔父曰："夫圣人者，不凝滞于物而能与世推移。举世混浊，何不随其流而扬其波？众人皆醉，何不餔其糟而啜其醨[27]？何故怀瑾握瑜，而自令见放为[28]？"屈原曰："吾闻之，新沐者必弹冠，新浴者必振衣。人又谁能以身之察察，受物之汶汶者乎[29]！宁赴常流而葬乎江鱼腹中耳，又安能以皓皓之白而蒙世之温蠖乎[30]？"乃作《怀沙》之赋。

于是怀石，遂自投汨罗以死[31]。

屈原既死之后，楚有宋玉、唐勒、景差之徒者，皆好辞而以赋见称[32]。然皆祖屈原之从容辞令，终莫敢直谏。其后楚日以削，数十年竟为秦所灭。自屈原沉汨罗后百有余年，汉有贾生，为长沙王太傅[33]。过湘水，投书以吊屈原[34]。

太史公曰："余读《离骚》《天问》《招魂》《哀郢》，悲其志。适长沙，过屈原所自沉渊，未尝不垂涕，想见其为人。及见贾生吊之，又怪屈原以彼其材游诸侯，何国不容，而自令若是！读《鵩鸟赋》[35]，同死生，轻去就，又爽然自失矣。"

原题《屈原贾生列传》，选自《史记》，（汉）司马迁撰，（宋）裴骃集解，（唐）司马贞索隐，（唐）张守节正义，中华书局，1982年

注释

[1] 司马迁（前145？—前93？）：字子长，西汉夏阳（今陕西韩城）人。我国伟大的史学家、文学家、思想家。《史记》是我国第一部纪传体通史，记录了从黄帝到汉武帝共三千余年的历史。包括"本纪"（12篇）、"世家"（30篇）、"列传"（70篇）、"表"（10篇）、"书"（8篇），合计130篇52万余字，有极高的历史价值和文学价值，鲁迅称赞它为"史家之绝唱，无韵之离骚"。

[2] 楚之同姓：楚王族本姓芈，楚武王熊通的儿子瑕封于屈，他的后代遂以屈为姓，瑕是屈原的祖先。

[3] 楚怀王：楚威王的儿子，名熊槐，公元前328年至前299年在位。左徒：楚国官名，职位仅次于令尹。

[4] 上官大夫：楚大夫。

[5] 宪令：国家的重要法令。

[6] 惨怛：忧伤。

[7] 帝喾：古代传说中的帝王名。相传是黄帝的曾孙，号高辛氏。齐桓：即齐桓公，名小白，春秋五霸之一，公元前685年至公元前643年在位。汤：商朝的开国君主。武：指周武王。

[8] 条贯：条理，道理。见：同"现"。

[9] 指：同"旨"。

[10] 疏：离开。濯淖：污浊。蝉蜕：这里是摆脱的意思。获：玷污。滋：通"兹"，黑。皭然：洁白的样子。滓：污黑。

[11] 绌：通"黜"，废，罢免。指屈原被免去左徒的职位。

[12] 从：同"纵"。合纵，当时楚、齐等六国联合抗秦，称为合纵，楚怀王曾为纵长。惠王：秦惠王，公元前337年至公元前311年在位。

[13] 张仪：魏人，主张"连横"，游说六国事奉秦国，为秦惠王所重。详：通"佯"。委：呈。质：通"贽"。

[14] 商、於：秦地名。商，在今陕西商县东南。於，在今河南内乡东。

[15] 丹、淅：二水名。丹水发源于陕西商县西北，东南流入河南。淅水发源于南卢氏县，南流而入丹水。屈匄：楚大将军。汉中：今湖北西北部、陕西东南部一带。

[16] 蓝田：秦县名，在今陕西蓝田西。

[17] 邓：春秋时蔡地，后属楚，在今河南邓州市一带。

[18] 明年：指楚怀王十八年(公元前311年)。

[19] 靳尚：楚大夫。一说即上文的上官大夫。

[20] 唐眛：楚将。楚怀王二十八年(公元前301年)，秦、齐、韩、魏攻楚，杀唐眛。

[21] 秦昭王：秦惠王之子，公元前306年至公元前251年在位。

[22] 武关：秦国的南关，在今陕西省商县东。

[23] 顷襄王：名熊横，公元前298年至公元前262年在位。令尹：楚国的最高行政长官。

[24] 引文参见《易经·井卦》。渫：淘去泥污，这里以淘干净的水比喻贤人。

[25] 被：通“披”。披发：指头发散乱，不梳不束。

[26] 三闾大夫：楚国掌管王族昭、屈、景三姓事务的官。

[27] 餔：通“哺”，食。醨：薄酒。

[28] 瑾、瑜：都是美玉。

[29] 察察：洁白的样子。汶汶：昏暗的样子。

[30] 皓皓：莹洁的样子。温蠖：尘滓重积的样子。

[31] 汨罗：江名，在湖南东北部，流经汨罗县入洞庭湖。

[32] 宋玉：相传为楚顷襄王时人，屈原的弟子，有《九辩》等作品传世。唐勒、景差：约与宋玉同时，都是当时的辞赋家。

[33] 贾生：即贾谊(前200—前168)，洛阳(今河南洛阳)人。西汉政论家、文学家。长沙王：指吴差，汉朝开国功臣吴芮的玄孙。太傅：君王的辅助官员。

[34] 书：指贾谊所写的《吊屈原赋》。

[35]《鹏鸟赋》：贾谊作品。

作品分析

《史记》是我国最伟大的历史著作，与《汉书》《后汉书》《三国志》列为“四大史学名著”。司马迁在《史记》中开创了纪传体体例，此后，纪传体一直是我国历史写作的主要体裁。其杰出的史学和文学成就使它成为历史和文学的双重高峰，对后世的文学创作和史学创作产生了极其深远的影响。

本文节选自《史记·屈原贾生列传》，是关于屈原最早的、也是最完整的历史资料，对研究屈原生平和思想具有重要作用和史料价值。作者以史家手法，用文学手段，以思想家的高度，记录了屈原才能超卓，但信而被诡、忠而被谤、累遭疏绌、横遭流放，最终自沉汨罗的经过，热烈歌颂了屈原的爱国深情，并对屈原的不幸遭遇表达了深切同情，对屈原自沉汨罗也表达了自己的看法，这与司马迁因李陵事件而遭受腐刑的经历不无关系。不同的是，屈原采用了决绝自沉的方式，而司马迁为了完成《史记》而隐忍苟活，仔细探查二者关系，足以引人深思。

全文共15段，可分为四部分。

第一部分(第1—3自然段)写屈原的家世、才干，以及被楚怀王从信任到疏远的经过。屈原有高贵的出身(楚之同姓也)，有超卓的才能(博闻强志，明于治乱，娴于辞令)，因此受到楚怀王信任。但上官大夫为了“争宠”，而“心害其能”，正是由于上官大夫的谗言，楚怀王才“怒而疏屈平”。屈原被疏远后，心怀忧愁，屈原的忧愁主要不是针对自己的，更主要是针对楚怀王的(王听之不聪也，谗谄之蔽明也，邪曲之害公也，方正之不容也)，因此，写了传世之作《离骚》，对此，司马迁忍不住对屈原作《离骚》加以评论(如“其文约，其辞微，其志洁，其行廉。其称文小而其指极大，举类迩而见义远”等)。同时，对屈原作出极高的评价。

第二部分(第4—11自然段)写屈原被贬黜后楚国的危难局势，屈原不顾自己处于流放之中，再次挺身而出，但令尹子兰等人在楚顷襄王面前谗言，屈原再次被贬谪流放。这部分内容较多，主要写了五件事：一是楚国被秦、魏击败，损兵折将，其中叙述了张仪欺诈楚怀王、使楚国与齐国绝交，导致楚国与秦国交战时陷于孤立。二是秦楚讲和中，楚怀王被靳尚、郑袖等人迷惑，放走了张仪，等到屈原从齐国回来进谏怀王为什么不杀掉张仪时楚怀王才醒悟过来,但已太迟了。三是写诸侯共同进攻楚国,楚将唐昧被杀。四是楚怀王听信子兰与秦昭王约为婚姻而赴秦,但中了秦伏兵,以割地相要挟。楚怀王不从,逃到赵国,但赵国不接纳他,只好回到秦国,不久死于秦。楚怀王死后,其长子顷襄王即位,子兰做了令尹。五是追叙屈原在流放中心系怀王,"存君兴国",多次以文章书信劝谏怀王,但怀王忠奸不分,最后客死秦国,至死不悟。屈原的一片忠信之心引起了子兰的愤怒,等到顷襄王即位后,就派上官大夫在顷襄王面前说屈原坏话,屈原最终再次被放逐。这一次放逐,使屈原丧失了"存君兴国"的希望,自沉之心,或已有之。

第三部分(第12—14自然段)写屈原自沉汨罗,屈原对楚辞的影响,以及楚国最后为秦所灭的结局和贾谊投书凭吊屈原。第12自然段写屈原到汨罗江边和渔父的问答,从中写出屈原高洁的灵魂以及宁死不屈的人格。屈原之所以被流放,是因为他的"清""醒"(举世皆浊我独清,众人皆醉我独醒),正因为屈原的"独清"与"独醒",使他不被楚怀王、楚顷襄王接纳,才使他被上官大夫、令尹子兰等人屡次污蔑谗言。可是,屈原毕竟是屈原,他是宁为玉碎的荆楚男儿,他决心以死来向那个邪恶的世界抗争,他回答渔父的话很能表明他的这个态度:"宁赴常流而葬乎江鱼腹中耳,又安能以浩浩之白而蒙世之温蠖乎!"屈原之选择自沉,实乃无可奈何的选择,是在那个罪恶黑暗的时代一切有独立思想的人唯一的选择,也是唯一的出路。在这个意义上,屈原的确是伟大的灵魂,永远值得人们由衷地景仰。

屈原作《怀沙》之赋后,怀石投向汨罗,结束了自己孤愤无奈的一生。一个忠贞不渝的人如此不幸的死法,已经昭示出楚国最终败亡的结局。

但屈原的影响仍在,宋玉、唐勒、景差等人继承了他的"从容辞令",成为楚辞的代表作家。但是,这些人的人格是无法和屈原相比的,因为他们"终莫敢谏",司马迁在此无疑向世人表明,屈原这个伟大灵魂的沉没,是个无法弥补的损失。一个伟大灵魂的沉没,无论在哪个世代,其损失都是难以估量的。宋玉们只能学习屈原的辞句,却无法继承屈原的灵魂就是明证。第14段末尾写贾谊凭吊屈原,则暗示出屈原的灵魂是不灭的,是有人能真正理解他的——不论这个人是谁,不论这个人生活在哪个时代。

最后一部分是司马迁的评论。司马迁是那个能够真正读懂屈原灵魂的人之一。所以,司马迁读屈原作品能够"悲其志",司马迁到汨罗去看屈原自沉之处时"未尝不垂涕"。司马迁也对屈原怀抱不世之才本来可以继续存活世上,他却选择自沉感到奇怪,但最后,当司马迁读贾谊的《鹏鸟赋》后,又觉得自己错了。这表明司马迁对屈原自沉的认识也是经过不断思考才真正达成对屈原的理解的。

司马迁的传记文章往往元气充沛,表现了他超卓的史学家的精神气度,细读《屈原列传》,可以看出司马迁是在充分占有资料的基础上,以极饱满的精神完成对屈原的书写的。可以说,这不是一般的传记,而是灵魂的探险。作者在为屈原立传的同时,也时时表达自己的思想与情感,而其娴熟的语言修辞技巧,几乎了无痕迹,这是司马迁高超的语言艺术使然。在像司马迁这样的大师身上,灵魂与精神的强大,远远胜过一切属于技术层次的肤浅的言辞。

思考与练习

1. 根据屈原与渔父的对话,谈谈你对屈原思想的理解。
2. 作者引用"何故怀瑾握瑜,而自令见放为"有何用意?

徐文长传

袁宏道[1]

余一夕坐陶太史楼[2]，随意抽架上书，得《阙编》诗一帙。恶楮毛书[3]，烟煤败黑，微有字形。稍就灯间读之，读未数首，不觉惊跃，急呼周望："《阙编》何人作者，今邪古邪？"周望曰："此余乡徐文长先生书也。"两人跃起，灯影下读复叫，叫复读。僮仆睡者皆惊起。盖不佞生三十年而始知海内有文长先生[4]。噫！是何相识之晚也！因以所闻于越人士者，略为次第，为《徐文长传》。

徐渭，字文长，为山阴诸生[5]，声名藉甚[6]。薛公蕙校越时[7]，奇其才，有国士之目。然数奇[8]，屡试辄蹶[9]。中丞胡公宗宪闻之[10]，客诸幕。文长每见，则葛衣乌巾，纵谭天下事。胡公大喜。是时公督数边兵，威镇东南。介胄之士[11]，膝语蛇行，不敢举头，而文长以部下一诸生傲之，议者方之刘真长、杜少陵云[12]。会得白鹿，属文长作表。表上，永陵喜[13]。公以是益奇之，一切疏记，皆出其手。文长自负才略，好奇计，谈兵多中，视一世士无可当意者。然竟不偶[14]。

文长既已不得志于有司，遂乃放浪曲糵[15]，恣情山水，走齐、鲁、燕、赵之地，穷览朔漠。其所见山奔海立，沙起云行，风鸣树偃，幽谷大都，人物鱼鸟，一切可惊可愕之状，一一皆达之于诗。其胸中又有勃然不可磨灭之气，英雄失路托足无门之悲。故其为诗，如嗔如笑，如水鸣峡，如种出土，如寡妇之夜哭，羁人之寒起。虽其体格时有卑者，然匠心独出，有王者气，非彼巾帼而事人者所敢望也。文有卓识，气沉而法严，不以模拟损才，不以议论伤格[16]，韩、曾之流亚也[17]。文长既雅不与时调合，当时所谓骚坛主盟者，文长皆叱而奴之。故其名不出于越，悲夫！

喜作书，笔意奔放如其诗，苍劲中姿媚跃出，欧阳公所谓"妖韶女老，自有余态"者也。间以其余，旁溢为花鸟，皆超逸有致。

卒以疑杀其继室[18]，下狱论死。张太史元汴力解[19]，乃得出。晚年愤益深，佯狂益甚，显者至门，或拒不纳。时携钱至酒肆，呼下隶与饮。或自持斧击破其头，血流被面，头骨皆折，揉之有声。或以利锥锥其两耳，深入寸余，竟不得死。周望言："晚岁诗文益奇，无刻本，集藏于家。"余同年有官越者，托以钞录，今未至。余所见者，《徐文长集》《阙编》二种而已。然文长竟以不得志于时，抱愤而卒。

石公曰：先生数奇不已，遂为狂疾；狂疾不已，遂为囹圄。古今文人牢骚困苦，未有若先生者也。虽然，胡公间世豪杰[20]，永陵英主，幕中礼数异等，是胡公知有先生矣；表上，人主悦，是人主知有先生矣。独身未贵耳。先生诗文崛起，一扫近代芜秽之习，百世而下，自有定论，胡为不遇哉？梅客生尝寄予书曰："文长吾老友，病奇于人，人奇于诗。"[21]余谓文长无之而不奇者也。无之而不奇，斯无之而不奇也。悲夫！

据明武林佩兰居刻本《新刻钟伯敬增定袁中郎全集》

注释

[1] 袁宏道(1568—1610)：湖北公安人，字中郎，号石公，"公安派"领袖，主张"独抒性灵，不拘格套"，著有《袁中郎集》。本文传主徐文长，即徐渭(1521—1593)。明朝著名文学家、书法家、画

家。一生坎坷，抱愤而卒。

[2] 陶太史：即陶望龄(1562—1609)，浙江绍兴人。字周望，号石篑，晚号歇庵居士。太史是翰林编修的别称。著有《天水阁集》《歇庵集》等。

[3] 楮：纸的代称。毛书：没有封面的书。

[4] 不佞：谦辞，没有才智。

[5] 诸生：生员。此处指徐文长是山阴(今浙江绍兴)的生员。

[6] 藉甚：盛大、盛多，也作“籍甚”。

[7] 薛公蕙：即薛蕙(1489—1539)，亳州人，字采君，号西原。明正德九年(1514年)进士。著有《西原集》等。校：校官，学官。此处作动词用，担任学官。

[8] 数奇：命运不好。数：天命，命运。奇：命运不好。

[9] 蹶：跌倒，受挫折。

[10] 胡公宗宪：即胡宗宪(1512—1565)，安徽绩溪人。字汝贞，号梅林。抗倭名将。

[11] 介胄：盔甲。介：铠甲。胄：头盔。

[12] 方：比拟，相比。刘真长：即刘惔，东晋沛国相人，生卒年不详。字真长。杜少陵：即杜甫。

[13] 永陵：明世宗朱厚熜的陵名。这里指代明世宗朱厚熜(1507—1566)，1522—1566年在位，年号嘉靖。

[14] 偶：遇合。

[15] 曲糵：酒的别称。本意是酒曲，酒母。

[16] 格：风格，格调。

[17] 韩、曾：指韩愈、曾巩。

[18] 卒：通“猝”，突然。

[19] 张太史元汴：即张元汴，浙江绍兴人。字子尽，徐渭的同学张天复的儿子，隆庆五年(1571)状元，他的曾孙是晚明著名文学家张岱。

[20] 间世：世上罕见的。

[21] 梅客生：即梅国桢(1542—1605)，湖北麻城人。字客生(《明史》作克生)，徐渭的朋友。亦与李贽交好，他的女儿梅澹然曾拜李贽为师。著有《梅国桢集》。

作品分析

本文是一篇名人写名人的传记奇文。作者袁宏道是晚明时“公安派”的理论家和最重要的代表，他提出的“独抒性灵，不拘格套”的文学主张，影响深远。而本文的传主徐渭徐文长，也是明朝后期杰出的文学家和艺术家，无论诗文、戏曲，还是书法、绘画，都取得了极高的成就，但命运坎坷，生不逢时，抱愤而卒。也许正是徐文长坎坷的经历和杰出的文学艺术成就与袁宏道的“性灵说”相契合，促使袁宏道写了这篇著名的传记小品文，它不仅使世人发现了徐文长，也描述了一个像徐文长这样一个怀才不遇、命运坎坷的知识分子的悲剧人生，因而具有了一定的社会历史的价值，从另一方面使读者了解了晚明知识分子的坎坷复杂的悲剧命运。

全文六段。第一段是写作的缘起。作者为什么要写《徐文长传》呢？是因为他在陶望龄书架上偶然发现了徐文长的诗集《阙编》，正是这本看起来破旧的没有封面的诗集，引起了袁宏道的共鸣和惊叹。他和陶望龄两人在灯影下“读复叫，叫复读”，把睡着的人都惊醒了。他被徐文长的诗深深地吸引，简直相见恨晚，于是写了这篇著名的《徐文长传》(陶望龄也写过一篇《徐文长传》)。

第二段写了徐文长的坎坷命运和他的“傲慢”性格。徐文长有“奇才”，但命运不济，屡试不中。他被胡宗宪延聘入为幕僚，与胡宗宪“纵谈天下事”。当时的胡宗宪位高权重，“介胄之士，膝语蛇形，不敢举头”，而徐文长不过是一介书生，却能与胡宗宪侃侃而谈，这就写出徐文长的“傲慢”。这种“傲慢”写出了徐文长卓尔不群的独立人格与平等思想。而独立人格与平等思想乃国人包括知识分子所普遍缺失者，因而在常人看来即是“傲慢”表现了。他还为明世宗朱厚熜写白鹿表，得到朱厚熜的欢喜。这使得胡宗宪对他更是刮目，并更加器重他——“以是益奇之，一切疏记皆出其手”。徐文长不仅文章写得好，还“好奇计，谈兵多中”。按道理，像徐文长这样的人才理应受到重用，可是，他却“不偶”，命运是否待他太过于残酷呢？

第三、四段写徐文长的文学艺术成就。徐文长自负才略，但是“不得志于有司”，于是“放浪曲蘖，纵情山水”，把他的满腔悲愤全寄托在他的诗文之中。正因为如此，他的诗才“如嗔如笑，如水鸣峡，如种出土，如寡妇之夜哭，羁人之寒起”。他的文章也是“气沉而法严”“文有卓识”。然而徐文长终究是一个不合时宜的人，他的诗文是一个怀才不遇者的畸零的心灵写照，又怎么会得到那些文坛盟主的欢心呢？所以，徐文长的名气也就局限在浙江了。真是悲哀啊。徐文长的书法和绘画也和他的诗文一样，是他的心灵的写照，苍劲姿媚，超逸有致，那是徐文长压抑心灵的另一种艺术的表现，其命运也就可想而知了。

第五段写徐文长的狂放行动和悲剧结局。徐文长因为杀死继室，差点被判死刑。这自然对他是个极大的打击。作者虽然没有过多地叙述这件事，但徐文长晚年的忧愤、狂放的行动与这件事仍是有关。他的种种怪诞的行为，都只不过是他无力反抗命运捉弄的表现罢了。他拒绝权势者，与下隶饮酒，他用斧头击破自己的脑袋，他用利锥锥刺自己的耳朵——这种种行径，已经不仅仅是狂放，而是一种不遇者的悲鸣了。但他并不是真的狂放到疯癫，而是他真实的生活的表现。所以，在这样的看似狂放的行动中，徐文长仍然用诗来记录他的生活，只是这种诗“益奇”罢了，其实，在这样的生活状态中写出的诗篇，哪能不奇呢？自然，徐文长最后的结局是“抱愤而卒”。这说明他至死都是一个有极强大的入世情怀的人，否则，何不像陶渊明那样“采菊东篱下”去呢？问题也出在这里，当时的社会，根本没有一个提供给像徐文长这样的才子发挥才干的机制，那么，徐文长的悲剧和像徐文长一样的知识分子的悲剧也就不可避免了。

最后一段是袁宏道和梅客生的评论。突出了徐文长的“奇”异人生，所谓“无之而不奇，斯无之而不奇也”。最后，以“悲夫”结束了这篇传记文章，作者把对徐文长的悲剧命运的感慨寄托至深，这对所有怀才不遇的知识分子都是一种深长的喟叹，是一种无奈的悲凉。

这篇人物传记成功描写了一个怀才不遇、愤世嫉俗、狂放不羁的文学家、艺术家的形象，寄托了作者对像徐文长一样的知识分子的坎坷命运的同情与悲愤。全文语言精炼，字字句句从作者胸臆间流出，情感真挚深沉，感人至深，可以说是一篇写人的奇文。

思考与练习

1. 翻译文章第三、四段。
2. 徐文长是一个怎么样的人？请用文中内容进行分析。

忆韦素园君

鲁　迅[1]

我也还有记忆的，但是，零落得很。我自己觉得我的记忆好像被刀刮过了的鱼鳞，有些还留在身体上，有些是掉在水里了，将水一搅，有几片还会翻腾，闪烁，然而中间混着血丝，连我自己也怕得因此污了赏鉴家的眼目。

现在有几个朋友要纪念韦素园君[2]，我也须说几句话。是的，我是有这义务的。我只好连身外的水也搅一下，看看泛起怎样的东西来。

怕是十多年之前了罢，我在北京大学做讲师，有一天，在教师豫备室里遇见了一个头发和胡子统统长得要命的青年，这就是李霁野[3]。我的认识素园，大约就是霁野绍介的罢，然而我忘记了那时的情景。现在留在记忆里的，是他已经坐在客店的一间小房子里计画出版了。

这一间小房子，就是未名社[4]。

那时我正在编印两种小丛书，一种是《乌合丛书》，专收创作，一种是《未名丛刊》，专收翻译，都由北新书局出版。出版者和读者的不喜欢翻译书，那时和现在也并不两样，所以《未名丛刊》是特别冷落的。恰巧，素园他们愿意绍介外国文学到中国来，便和李小峰商量[5]，要将《未名丛刊》移出，由几个同人自办。小峰一口答应了，于是这一种丛书便和北新书局脱离。稿子是我们自己的，另筹了一笔印费，就算开始。因这丛书的名目，连社名也就叫了"未名"——但并非"没有名目"的意思，是"还没有名目"的意思，恰如孩子的"还未成丁"似的。

未名社的同人，实在并没有什么雄心和大志，但是，愿意切切实实的，点点滴滴的做下去的意志，却是大家一致的。而其中的骨干就是素园。

于是他坐在一间破小屋子，就是未名社里办事了，不过小半好像也因为他生着病，不能上学校去读书，因此便天然的轮着他守寨。

我最初的记忆是在这破寨里看见了素园，一个瘦小、精明、正经的青年，窗前的几排破旧外国书，在证明他穷着也还是钉住着文学。然而，我同时又有了一种坏印象，觉得和他是很难交往的，因为他笑影少。"笑影少"原是未名社同人的一种特色，不过素园显得最分明，一下子就能够令人感得。但到后来，我知道我的判断是错误了，和他也并不难于交往。他的不很笑，大约是因为年龄的不同，对我的一种特别态度罢，可惜我不能化为青年，使大家忘掉彼我，得到确证了。这真相，我想，霁野他们是知道的。

但待到我明白了我的误解之后，却同时又发见了一个他的致命伤：他太认真；虽然似乎沉静，然而他激烈。认真会是人的致命伤的么？至少，在那时以至现在，可以是的。一认真，便容易趋于激烈，发扬则送掉自己的命，沉静着，又啮碎了自己的心。

这里有一点小例子。——我们是只有小例子的。

那时候，因为段祺瑞总理和他的帮闲们的迫压[6]，我已经逃到厦门，但北京的狐虎之威还正是无穷无尽。段派的女子师范大学校长林素园[7]，带兵接收学校去了，演过全副武行之后，还指留着的几个教员为“共产党”。这个名词，一向就给有些人以“办事”上的便利，而且这方法，也是一种老谱，本来并不希罕的。但素园却好像激烈起来了，从此以后，他给我的信上，有好一晌竟憎恶“素园”两字而不用，改称为“漱园”。同时社内也发生了冲突，高长虹从上海寄信来[8]，说素园压下了向培良的稿子[9]，叫我讲一句话。我一声也不响。于是在《狂飙》上骂起来了，先骂素园，后是我。素园在北京压下了培良的稿子，却由上海的高长虹来抱不平，要在厦门的我去下判断，我颇觉得是出色的滑稽，而且一个团体，虽是小小的文学团体罢，每当光景艰难时，内部是一定有人起来捣乱的，这也并不希罕。然而素园却很认真，他不但写信给我，叙述着详情，还作文登在杂志上剖白。在“天才”们的法庭上，别人剖白得清楚的么？——我不禁长长的叹了一口气，想到他只是一个文人，又生着病，却这么拼命的对付着内忧外患，又怎么能够持久呢。自然，这仅仅是小忧患，但在认真而激烈的个人，却也相当的大的。

不久，未名社就被封[10]，几个人还被捕。也许素园已经咯血，进了病院了罢，他不在内。但后来，被捕的释放，未名社也启封了，忽封忽启，忽捕忽放，我至今还不明白是怎么的一个玩意。

我到广州，是第二年——一九二七年的秋初[11]，仍旧陆续的接到他几封信，是在西山病院里，伏在枕头上写就的，因为医生不允许他起坐。他措辞更明显，思想也更清楚，更广大了，但也更使我担心他的病。有一天，我忽然接到一本书，是布面装订的素园翻译的《外套》[12]。我一看明白，就打了一个寒噤，这明明是他送给我的一个纪念品，莫非他已经自觉了生命的期限了么？

我不忍再翻阅这一本书，然而我没有法。

我因此记起，素园的一个好朋友也咯过血，一天竟对着素园咯起来，他慌张失措，用了爱和忧急的声音命令道：“你不许再吐了！”我那时却记起了伊孛生的《勃兰特》[13]。他不是命令过去的人，从新起来，却并无这神力，只将自己埋在崩雪下面的么？……

我在空中看见了勃兰特和素园，但是我没有话。

一九二九年五月末，我最以为侥幸的是自己到西山病院去，和素园谈了天。他为了日光浴，皮肤被晒得很黑了，精神却并不萎顿。我们和几个朋友都很高兴。但我在高兴中，又时时夹着悲哀：忽而想到他的爱人，已由他同意之后，和别人订了婚；忽而想到他竟连绍介外国文学给中国的一点志愿，也怕难于达到；忽而想到他在这里静卧着，不知道他自以为是在等候全愈，还是等候灭亡；忽而想到他为什么要寄给我一本精装的《外套》？……

壁上还有一幅陀思妥也夫斯基的大画像[14]。对于这先生，我是尊敬、佩服的，但我又恨他残酷到了冷静的文章。他布置了精神上的苦刑，一个个拉了不幸的人来，拷问给我们看。现在他用沉郁的眼光，凝视着素园和他的卧榻，好像在告诉我：这也是可以收在作品里的不幸的人。

自然，这不过是小不幸，但在素园个人，是相当的大的。

一九三二年八月一日晨五时半，素园终于病殁在北平同仁医院里了，一切计画，一切希望，也同归于尽。我所抱憾的是因为避祸，烧去了他的信札[15]，我只能将一本《外套》当作唯一的纪念，永远放在自己的身边。

自素园病殁之后，转眼已是两年了，这其间，对于他，文坛上并没有人开口。这也不能算是希罕的，他既非天才，也非豪杰，活的时候，既不过在默默中生存，死了之后，当然也只好在默默中泯没。

但对于我们,却是值得记念的青年,因为他在默默中支持了未名社。

未名社现在是几乎消灭了,那存在期,也并不长久。然而自素园经营以来,绍介了果戈理(N. Gogol),陀思妥也夫斯基(F. Dostoevsky),安特列夫(L. Andreev),绍介了望·蔼覃(F. van Eeden),绍介了爱伦堡(I. Ehrenburg)的《烟袋》和拉夫列涅夫(B. Lavrenev)的《四十一》[16]。还印行了《未名新集》,其中有丛芜的《君山》,静农的《地之子》和《建塔者》[17],我的《朝华夕拾》,在那时候,也都还算是相当可看的作品。事实不为轻薄阴险小儿留情,曾几何年,他们就都已烟消火灭,然而未名社的译作,在文苑里却至今没有枯死的。

是的,但素园却并非天才,也非豪杰,当然更不是高楼的尖顶,或名园的美花,然而他是楼下的一块石材,园中的一撮泥土,在中国第一要他多。他不入于观赏者的眼中,只有建筑者和栽植者,决不会将他置之度外。

文人的遭殃,不在生前的被攻击和被冷落,一瞑之后,言行两亡,于是无聊之徒,谬托知己,是非蜂起,既以自衒,又以卖钱,连死尸也成了他们的沽名获利之具,这倒是值得悲哀的。现在我以这几千字纪念我所熟识的素园,但愿还没有营私肥己的处所,此外也别无话说了。

我不知道以后是否还有记念的时候,倘止于这一次,那么,素园,从此别了!

一九三四年七月十六日之夜,鲁迅记。

据《鲁迅全集》(第六卷),鲁迅著,人民文学出版社,2005 年

注 释

[1] 鲁迅(1881—1936):原名周樟寿,字豫山。后改名为周树人,字豫才。浙江绍兴人。主要作品有短篇小说集《呐喊》《彷徨》《故事新编》,杂文集《热风》《坟》《华盖集》《二心集》《三闲集》等,散文集《朝花夕拾》,散文诗集《野草》等;学术著作有《中国小说史略》《汉文学史纲要》等。另有大量译作,有若干版本的《鲁迅全集》行世。

[2] 韦素园(1902—1932):翻译家,又名漱园,安徽霍邱人,未名社成员。

[3] 李霁野(1904—1997):安徽霍邱人,未名社成员。著名作家,翻译家。著有小说集《影》,散文集《给少女年少女》,杂文集《鲁迅精神》等。译有安德列夫《往星中》等。

[4] 未名社:文学团体,1925 年秋成立于北京,主要成员有鲁迅、韦素园、曹靖华、李霁野、台静农等。先后出版过《莽原》半月刊、《未名半月刊》《未名丛刊》及《未名新集》等。1931 年秋后因经济困难,无形解散。

[5] 李小峰(1897—1971):江苏江阴人。北京大学毕业,曾参加新潮社和语丝社,后为北新书局主持人。

[6] 段祺瑞(1865—1936):字芝泉,安徽合肥人,北洋军阀皖系首领,曾任北洋政府国务总理,1924 年至 1926 年任北洋政府"临时执政"。

[7] 林素园:福建人,1926 年 8 月,教育部下令停办北京女子师范大学,改为北京女子学院师范部,林被任为师范部学长。同年 9 月 5 日,他率领军警入女师大实行武装接收。

[8] 高长虹(1898—1956?):山西盂县人,作家。1925 年参加莽原社,参与编辑《莽原》周刊。1926 年 10 月在上海组织狂飙社,出版《狂飙》周刊,在该刊第 2 期发表《给鲁迅先生》的通信,其中说:"接培良来信,说他同韦素园先生大起冲突,原因是为韦先生退还高歌的《剃刀》,又压下他的《冬天》……现在编辑《莽原》者,且甚至执行编辑之权威者,为韦素园先生也……然权

威或可施之于他人,要不应施之于同伴也……今则态度显然,公然以'退还'加诸我等矣!刀搁头上矣!到了这时,我还能不出来一理论吗?"最后他又对鲁迅说:"你如愿意说话时,我也想听一听你的意见。"

[9] 向培良(1905—1961):狂飙社成员,后依附国民党右派。

[10] 未名社被封:1928年春,未名社出版的《文学与革命》(托洛茨基著,李霁野、韦素园译)一书在济南山东省立第一师范学校被扣。北京警察厅据山东军阀张宗昌电告,于3月26日查封未名社,捕去李霁野、台静农等三人。至10月始启封。

[11] 鲁迅到广州应是1927年1月18日。鲁迅在此记忆有误。

[12]《外套》:俄国作家果戈理的中篇小说,韦素园的译本出版于1926年9月,为《未名丛刊》之一。据鲁迅日记,他收到韦素园的赠书是在1929年8月3日。

[13] 伊孛生(H. Ibsen, 1828—1906):通译易卜生,挪威剧作家,剧本有《玩偶之家》《国民公敌》等,《勃兰特》是他作的诗剧。

[14] 陀思妥也夫斯基(1821—1881):通译陀思妥耶夫斯基,俄国作家。著有长篇小说《穷人》《被侮辱与被损害的》《罪与罚》《卡拉玛佐夫兄弟》等。

[15] 1930年鲁迅因参加中国自由运动大同盟,遭到国民党当局通缉,次年又因柔石被捕,曾两次离家避难,避难前烧毁了所存的信札。

[16] 收入《未名丛刊》的译本有:俄国果戈理的小说《外套》(韦素园译),陀思妥耶夫斯基的小说《穷人》(韦丛芜译),安特列夫(1871—1919)的剧本《往星中》和《黑假面人》(李霁野译),荷兰望·蔼覃(1860—1932)的童话《小约翰》(鲁迅译),苏联爱伦堡(1891—1967)等人小说集《烟袋》(曹靖华选译),苏联拉甫列涅夫(1891—1959)的小说《第四十一》(曹靖华译)。

[17]《未名新集》:未名社印行的专收该社成员创作的丛刊。《君山》是诗集,《地之子》和《建塔者》都是短篇小说集。

作品分析

鲁迅是中国现代文学的奠基人之一,他在短篇小说、散文和杂文方面都有极高的成就,创造了难以逾越的高峰。鲁迅是写人物的高手,短篇小说不用说了,就是散文,也不乏光彩照人的名篇,像《记念刘和珍君》《为了忘却的记念》《忆刘半农君》《章太炎先生二三事》等。《忆韦素园君》是鲁迅极具特色的写人散文。作者用深沉哀痛的笔,为我们刻写出一个执着于文学事业的青年形象,写出了韦素园认真而又激烈的个性,这中间饱含着鲁迅对韦素园的热烈的赞美。作者也写出了韦素园的病,写了韦素园不幸的婚姻,写出了韦素园对未名社的贡献,这一切使他笔下的韦素园呈现出立体多面的形象,而作者抑制不住的情感也在极冷静与极简省的词句中表现出来。

全文共九个小节,可以分为三个部分来分析。

第一至三节为第一部分,交代忆韦素园的缘起,以及韦素园与未名社的关系。未名社是鲁迅实际领导的一个文艺团体,韦素园又是未名社的骨干,因而鲁迅一是"还有记忆"——一起同甘共苦过的文艺战线上的朋友,怎能没有记忆呢?二是"有这义务",原因仍在于鲁迅与韦素园是同战壕的战友。因而,尽管记忆"零落得很",鲁迅仍写了这篇洋溢着哀情的怀念文字来记念未名社骨干韦素园。鲁迅在第二小节简介了未名社社址,不过是一间小房子而已;第三节简单介绍未名社编印的两种小丛书《乌合丛书》和《未名丛刊》,并婉转表达了未名社的办事风格就是"愿意切切实实的、点点滴滴的做下去的意志",而韦素园就是这样执着于做事的骨干。鲁迅在此的话虽不多,却满含怀念之情,显示了鲁迅一贯的语言风格。

第四至七节为第二部分,这是忆韦素园君的主体。这一部分又可分为三层次。第四至五节为一层。写韦素园的外貌，以及他“太认真”的致命伤。韦素园是一个“瘦小、精明、正经的青年”，虽然穷，但执着于文学。鲁迅开始觉得韦素园很难交往，因为他“笑影少”，但后来又证明这是错的，因为韦素园也并不难交往。然后写到韦素园的“太认真”，写到韦素园“似乎沉静，然而他激烈”的性格。“沉静”而又“激烈”，这是一个矛盾体，但在像韦素园这样做事认真，执着于文学的穷青年，又是不矛盾的。接着在第五节就写了韦素园认真而激烈的两件小事：一是把“素园”改为“漱园”，因为憎恶北京女子师范大学校长林素园而改名，这真是“认真”，然而，这也正好写出韦素园是爱憎分明的，尽管也有些迂直。二是韦素园写信给鲁迅谈关于压下向培良稿子的事。这是现代文学史上颇有名的一件文坛公案。鲁迅通过这两件小事，写出了韦素园的认真。因为韦素园身体不好，却“这么拼命的对付着内忧外患”，“又怎么能长久呢”。殷殷忆念之情，正体现在这些沉痛的文字后面。

第六节为第二层次。写韦素园给鲁迅写信，是伏在医院的枕头上写的；写韦素园忽然送了一本他翻译的果戈理的《外套》。鲁迅追溯往事，觉得这是韦素园似乎觉得生命大限将至的表示。悲哀之情已浸透纸背。当时鲁迅已到广州中山大学，而韦素园在北京，一北一南，无尽的思念也只能远隔重山叠水，可是鲁迅没有话。“没有话”是鲁迅极忧虑韦素园病情的表示。

第七节为第三层次，写鲁迅去北京西山医院探望韦素园，在高兴中夹着悲哀，鲁迅高兴是因为韦素园似乎病情有好转，悲哀是因为想到韦素园不幸的婚姻生活，想到韦素园的文学事业或将没有实现的机会，想到或许韦素园是在等候死亡，等等。在鲁迅心中，韦素园是不幸的，是可以成为陀思妥耶夫斯基作品中的不幸的人的。这一节的最后一段，写了韦素园的病殁，同样写出了鲁迅的哀痛之情。

最后两节为第三部分。作者高度评价了韦素园的历史功绩。这个历史功绩在别人看来是小的，但在鲁迅等未名社同仁看来，是大的。鲁迅写道：“素园却并非天才，也非豪杰，当然更不是高楼的尖顶，或名园的美花，然而他是楼下的一块石材，园中的一撮泥土，在中国第一要他多。”这就是鲁迅心中的韦素园，是“石材”——他是中坚；是“泥土”——他是属于大地的。“石材”与“泥土”都不大好看，但“建筑者和栽植者，决不会将他置之度外”。最后一节，鲁迅再次表示了对韦素园的忆念之情。一句“素园，从此别了！”足以震撼读者的心魂。

鲁迅写人物，善于使用白描手法。在本文中，他写韦素园的外貌，就用了白描。鲁迅抓住了韦素园的两个特点就把他的外貌(包括精神)写出来了：一是“瘦小”，二是“笑影少”。此外，关于他的外貌，再没有别的词。但韦素园的形象已牢牢地印刻在读者心中，读者也可以想象他的音容。这种高超的方法，是与鲁迅深刻的历史眼光和文学才华有关的。

细节描写也是本文的一大特点。鲁迅和韦素园一起为未名社努力，可以写的事情很多。但鲁迅只抓住小事件写，通过小事件来表现韦素园的认真与迂直的性格，也表达出对逝者的怀念与悲哀。

此外，本文语言极富个性，无论是忆念韦素园，还是表达作者对未名社及诸君子的遭遇，都韵味隽永，不少地方闪耀着批判的光芒，这些都值得读者反复体味。

思考与练习

1. 简析本文人物形象的表现艺术。

2. 谈谈怎样理解“但素园却并非天才，也非豪杰……然而他是楼下的一块石材，园中的一撮泥土，在中国第一要他多”？

思想家李贽

曾纪鑫[1]

李贽，字宏甫，号卓吾，自称温陵居士，明世宗[2]嘉靖六年(1527)农历十月廿六日生于福建泉州。泉州是中国第一个对外通商口岸，海上丝绸之路的起点，论资历，比广州还要早好几百年。宋元时期，泉州港是世界最大的贸易港口之一。她的开放与包容曾使得世界上几乎所有宗教在这里传道、交流、融汇，并留下了各种风格兼备的寺院建筑……古老的历史与灿烂的文化使得泉州于20世纪80年代初便跻身于全国第一批历史文化名城之列。

李贽所生活的明代晚期，整个中华帝国已变得内敛而封闭，泉州虽不可避免地受到一定程度的影响，但其博大与开放的深厚传统不可能转瞬即逝。正是故乡泉州的环境与氛围，铸造了李贽自由、灵动、洒脱、特异、叛逆的鲜明思想与个性。

李贽自29岁那年离开故土，仅回来过两次。一次是35岁时父亲病逝，自南京奔丧守制。丁忧期间，适逢倭寇进犯泉州，李贽不得不身穿孝服，率弟、侄辈抗倭御敌；另一次是他38岁，他的祖父去世时从北京返乡赴丧。曾祖父母、祖母及父母逝世，因家贫无钱购买茔地，只得临时厝置，此次归家，李贽总算了却一桩心愿，将三代老人一并归葬入土。

从此以后，直到李贽去世的近40年漫长时光中，他就再也没有回来过了。并且只要一提起泉州，心中就生出一种复杂的情愫，他说平生有三怕，其中之一就是怕返家。

对于给了他生命之源的故乡泉州，李贽何以一至如此？

这与他此后的人生阅历、思想认识及当时的社会环境有着密不可分的关联。

李贽自26岁考中举人跻身官场，当过校官、县学教谕、国子监博士、刑部员外郎、刑部主事、礼部司务等职，辗转于河南、南京、北京等地任职。直到万历五年(1577)，年届51岁的李贽终于升任云南姚安知府，成了朝廷的一名四品官员。

在25年的官场生涯中，李贽性格倔强，思想活跃，不甘摧眉折腰，不肯受人挟制，不愿巴结奉迎，所受之磨难与屈辱，用他自己的话说，就是“将大地为墨，难尽写也”[3]。多年的媳妇熬成婆，好不容易升了一名知府，总该扬眉吐气一番了。然而，李贽的心中，却又萌生退意了。如果不是顾及退职后一家老小的生计问题，哪怕是知府一职，他也不想赴任。在众多友人的劝说之下，他才极不情愿地勉强成行。

以传统思维与价值观念来衡量李贽所为，他的举止实难为一般人接受与理解。四品知府，也算一个不小的官职了，当时的明朝，全国约有政府官员两万名，而四品以上的不会超过五千。不知有多少人丢弃人格、削尖脑袋、苦心钻营，也难以达到这一级别。在知府位上好好干上一番，再升上那么一级半级，博个封妻荫子、光宗耀祖，该是何等地风光呵！

然而，李贽所看重的，不在官职大小，而是精神，是学识，是思想！若按惯常的人生轨道前行，李贽肯定早就湮没在无数没有个性的庸常之辈中，消逝在历史的云烟深处难觅其踪了。李贽之所以成其为我们今天所知道的李贽，就在于那迥异于他人的价值追求，那不按常规“出牌”的特立独行，那敢于挑战传统的卓越识见。

早在12岁写《老农老圃论》时，李贽在文中就赞扬关心农事的樊迟[4]，讽刺了轻视农民的孔子，露出了一股“异端”色彩。尔后对朱熹的传注[5]，便读不进去，“不能契朱夫子深心”[6]。在河南辉县任教谕时，李贽除拜揖公堂外，将主要精力花费在探索道学真谛之上。闭门苦读五年有余，结果以“落落竟不闻道”[7]而告终。

隆庆元年(1567)[8]，41岁的李贽赴北京任礼部司务，开始接触泰州学派[9]，并对王阳明著作“不得不信之”[10]。对此，李贽在给友人的一封书信中写道：“五载春官，潜心道妙。”[11]在北京任职期间，李贽的学问取得了显著收获。

五年后，李贽调往南京刑部任职。当时的南京，讲学十分盛行，李贽常常参与其中，结识了泰州学派创始人王艮之子王襞[12]，并拜他为师。与此同时，李贽还受到王学左派著名学者王畿、罗汝芳的直接教诲[13]。泰州学派及王学左派师承王阳明的心学，王阳明的心学虽属儒家一脉，但对儒学教条特别是程朱理学是一种淡化与反拨。王学认为“宇宙便是吾心，吾心便是宇宙”[14]，倡导“良知”说，主张“良知”是衡量一切事理的标准。而泰州学派及王学左派则更进一步，他们标举自然人性旗帜，抨击“存天理，灭人欲”的主张[15]，锋芒直指朱熹内圣之学的绝对伦理主义。在南京刑部又是五年，李贽的学问取得了突破性进展，成为深孚众望的学界名流。李贽对王阳明心学、泰州学派及王学左派并非一味地认可与接受，著名的“童心说”便是加以扬弃改造的结果[16]。

由学习钻研，到参考借鉴，再至自我创新，李贽走过了一条不断求索、刻苦精进的艰难漫长之路。

在辗转南北的任职期间，李贽结识了许多以心相许的朋友，而对他人生起着举足轻重作用与影响的，当属耿定理[17]。

耿定理字子庸，号楚倥，黄安(今湖北红安)人，不求功名利达，只重潜心问学。耿定理有一声名显赫的兄长耿定向[18]，号天台，任过刑部右侍郎、户部尚书，著有《耿天台先生全集》，是明朝有名的理学家。耿定理与耿定向虽为兄弟，一段时间，耿定理还以兄长为师，但两人思想却有着严重分歧：哥哥耿定向严守封建礼教，将其作为行事准则；弟弟耿定理呢，则追求自我心性的自得与完善。于是，耿定理与兄长耿定向越来越疏远，而与李贽则越走越近，最后成为生死之交。

李贽由南京走水路赶赴姚安，途经耿定理老家黄安，自然要舍舟上岸与好友一聚。逗留期间，李贽想将家属留在黄安，并与耿定理相约，待三年任期一满，便来此定居，专心访友求道。妻子黄氏坚决要求同行，李贽没有办法，只得携妻前往云南姚安就职，但还是将女儿和女婿庄纯夫留在了湖北黄安耿家，为此后的隐居埋下了“伏笔”。

李贽不愿做官，并不等于他在任上无所作为。三年姚安知府，李贽可谓兢兢业业，勤勉有加。他宽以待人，与少数民族和睦相处，关心民间疾苦，注重社会公益事业，兴修水利，建盖书院，开办公学，一时间深得民心。而三年任期一满，李贽便撂下挑子，封印闭门停办公务，坚辞不干了。经过七次上疏，又面请前来云南考察地方官员的巡按御史批准，这才获准去职。李贽辞官消息传出，当地“士民攀卧道间，车不得发”。为纪念李贽，姚安百姓还特地为他建了一座生祠。

摆脱官场的名缰利锁，李贽感到了从未有过的轻松与自由，他与妻子黄宜人取道三峡，由云南姚安赶返湖北黄安。如果不是耿定理，李贽辞官之意不会如此坚决，也不会选择黄安隐居。李贽奔好友耿定理而来，正值耿家老太爷去世不久，在朝廷任职的耿定向也回到了老家守丧。兄弟二人对李贽礼遇有加，并在耿家别业“天窝”为李贽一家专门建室筑居，使他大有一种宾至如归之感。

在天窝隐居之初，李贽与耿定向思想不合，虽常有龃龉，但有耿定理从中调和，倒也相安无事。然而，三年后，年仅51岁的至友耿定理突然病逝。李贽辞官千里迢迢赶赴黄安，就是奔耿定理而来，没想到这位至交却先行撒手而去，不仅给李贽心灵带来了极大的痛苦，对他以后的生活也产生了难以估量的影响。

因思想不同，尽管耿定向守丧期满又赴南京任职，但两人书信往返中，矛盾已日趋尖锐且公开化。耿定向担心李贽留在黄安“天窝”带坏耿家子弟，不禁生出赶走李贽之意，而又不便公开撕破脸皮，只好委婉行事，或信中一个劲地旁敲侧击，或托朋嘱友暗示李贽。李贽自然不想被人视为眼中钉、肉中刺长留黄安，适逢邻县麻城四大望族之一周柳塘及女婿曾中野盛情相邀，并在县城买下一间大屋供他居住，正置身尴尬境地、另寻别居的李贽，自然爽快地接受了这一邀请。

举家移居麻城，没想到夫人黄氏节外生枝，坚决不从。快60岁的人了，黄宜人不想再东来西去地颠沛流离，四处漂泊；女儿女婿也劝李贽回乡定居，以求落叶归根。而李贽却是坚决不肯迁回福建泉州，双方追求不同，想法不一，意见不合，难于统一，最后只得各奔东西。李贽拿出为数不多的积蓄，让女儿女婿陪夫人黄宜人归返故乡；而自己，则毅然离开生活了五年的“天窝”，孤身一人前往麻城。

李贽将位于麻城县城的居所取名为维摩庵，标志着他对佛学产生了浓厚的兴趣。三年后，李贽剃度出家，从维摩庵搬到离县城约30里外的龙潭芝佛院，索性做了一名和尚，自号“龙湖叟”，并写诗明志道：“空潭一老叟，剃发便为僧，愿度恒沙众，长明日月灯。”[19]

一旦离开黄安，李贽与耿定向的矛盾不可避免地变得更加尖锐化、公开化。一个在麻城隐居，一个在南京做官，在交通不便的古代，虽然远隔千里，却不影响两人相互间的指责与攻讦。他们通过书信，将个人主张洋洋洒洒、淋漓尽致地诉诸笔端。你挑战，我回应；你阐述，我批驳；你攻击，我指斥……就在书信一去一返的“礼尚往来”中，一对论敌“捉对儿”搅在一起厮杀。没想到这场特殊的论战竟持续了十年之久，“刀光剑影”难解难分，杀声震天惊动朝野。李贽反孔，耿定向尊孔；李贽向“名教”挑战，主张“拆篱放犬”，倡导心性，追求思想解放，耿定向“重名教”，竭尽全力维护旧的伦理纲常，不可越雷池一步；李贽认为不必以孔子来衡量一切，“人人皆可以为圣人”[20]，耿定向视孔子为神圣不可侵犯的偶像，并以“天不生仲尼，万古长如夜”[21]加以反驳……其实，李贽反对的，是经由董仲舒“罢黜百家，独尊儒术”之后的孔子；他指斥的，是将作为诸子百家之一的儒学僵化了的反动儒教；他抨击的，是那些借孔子之名扼杀人性的伪道学家。而对孔子本人，李贽并不反对，他出家礼佛的芝佛院内供奉着两幅巨大画像，一幅是释迦牟尼画像，另一幅，就是他专门请人订做的孔子画像。

论争的结果，就是《焚书》的问世——李贽将写给耿定向的论战书信、函件尽数收入其中。这不仅激怒了耿定向本人，更惹怒了他的那些故旧门生；他们不仅口诛笔伐，还利用手中权力或可控资源，对李贽直接施暴迫害。由昔日的友人一变而为不共戴天的仇敌，虽令李贽伤心、寒心，然而，为了思想，为了真理，他什么也顾不得了，大有赴汤蹈火，在所不辞之气概。

李贽在龙潭芝佛书院一住就是十年有余，他的第一部著作《初潭记》于万历十六年(1588)在此编纂而成，尔后，又创作、编辑了《焚书》《说书》《因果录》《史纲评要》《读升庵集》《孙武子十三篇》及《藏书》的主要章节，还批点过《水浒传》《西厢记》《琵琶记》等小说戏剧著作。概而言之，李贽一生中的主要著述，大多是在龙潭完成的。龙潭风景幽美，有着一股灵动的气韵，不仅适合隐居，更能激发创作灵感，李贽还在这里为自己建了一座藏骨塔，拟作为安息长眠与永恒的归宿之地。

李贽出家后，好友焦竑担心他独自一人孤寂[22]，便托新科进士袁宏道出差返回故乡荆州时[23]，顺道前往麻城探望。袁宏道或独自一人，或与小弟袁中道，或兄弟三人一同，曾先后三次来到龙湖拜会李贽，一住就是一月或数月。正是与袁氏兄弟切磋求道的过程中，李贽的“童心说”逐渐成熟，于万历二十年(1592)写下了《童心说》一文，指出“夫童心者，真心也”，而人们行事作文，大多属“假言”“假事”“假文”，这样的人，自然也是“假人”。欲现童心，必须剥去遮蔽其上的雾瘴，使其露出无瑕的“最初一念之本心”，只有那些未曾失却童心之人，才是真正的大圣人。受李贽思想启发与影响，“公安三袁”针对当时文坛前后七子的复古论调，树起了一面文学改革的大旗，创立了“性灵说”，主张文学作品应“独抒性灵，不拘格套，非从自己胸臆流出，不肯下笔”[24]，影响并扭转了一代文风。

面对李贽出家的麻城龙潭自然风光，袁氏老大袁宗道大为惊叹，没想到“泉石幽奇如此”，不由得舞动一支生花妙笔写道：“龙湖，一云龙潭，去麻城三十里。万山瀑流，雷奔而下，与溪中石骨相触，水力不胜石，激而为潭，潭深十余丈，望之深青，如有龙眠。而土之附石者，因而夤缘得存，突兀一拳，中央峙立。青树红阁，隐见其上，亦奇观也……”[25]

李贽隐居龙潭之时，是他硕果累累、声名远播之日，也是他大起大落、饱受折磨之际。

他剃头出家，却有意留下胡须；进了佛堂，又不认祖师；做了僧人，还大口吃肉……这些，都被时人视为异端。他广收门徒，即使女子也不避讳，信函往返不说，还亲往女徒家授课，被道学家们视为大逆不道。他的第一部著作《初潭集》在麻城第一次刻印，就轰动一时，当即抢购一空，此后的《焚书》《藏书》更是声名远播，传遍中华大地。正是这些振聋发聩之作，却被封建卫道士蔑称为“敢倡乱道，惑世诬民”的“谤书”。他与袁宏道在武昌一同游览黄鹤楼时，遭到一伙受假道学家们指使的泼皮围攻、辱骂与殴打。他受到耿定向门生、湖广按察司佥事史旌贤的威胁[26]，要以“大坏风化”的罪名将其驱逐，李贽针锋相对：“我可杀不可去，我头可断而我身不可辱[27]！”万历二十八年(1600)，李贽已是74岁的年迈老人了，当权者仍不肯放过他，地方官员冯应京雇佣一帮打手前往芝佛院迫害李贽[28]。李贽在友人的帮助下得以逃脱，可暴徒们却不肯善罢甘休，又一把大火烧掉了龙潭芝佛院，还将李贽为自己准备的永恒归宿之所——藏骨塔捣毁清除……

黄安留不下他，麻城容不得他，那么，其他地方又如何呢？

年迈苍老的李贽举目四顾，不由得悲从中来，大地茫茫，哪里才是他的归宿之地呵？

正当李贽出走麻城，辗转河南商城黄蘖山中避祸时，曾任过知县、御史的马经伦闻讯[29]，不顾数千里之遥，冒雪从北京通州(今北京通县)赶到黄蘖山中陪侍。

马经伦为人正直，常仗义执言，好打抱不平，任御史时因胆敢抗疏当朝皇帝神宗而被贬为一介平民。李贽的悲惨遭遇使他感到愤怒与同情，不由得主动南下黄蘖山，与李贽一同研习《周易》，还写了一篇文锋犀利的《与当道书》为李贽辩护。

等到来年二月春暖，马经伦索性将李贽接到北京通州自己家中居住。

尽管封建统治黑暗，尽管专制思想麻痹并左右着人们的意识，尽管道学家为维护所谓的正统理学不择手段大打出手，却总有一群真知灼见者、不畏强权者、公正无私者，以一己微薄之力与当权者、当道者拼力抗衡。一方面是虚伪，是攻讦，是迫害；另一方面则是真诚，是推崇，是保护，两相比较，后者的良知、识见与高尚更其凸显。李贽的价值在当时已为许多有识之士推崇，视李贽为“真人”，并予以实质性帮助，除马经伦外，重要的人物还有湖广布政使刘东星、大同巡抚梅国桢等。

李贽寓居通州时，年已七十五六，身体日衰，预感来日不多，不由得写了一篇《遗言》，详述死后安葬之事，并流露出自己一生坎坷，受尽诽谤与迫害，希望能够平平安安地了此一生。

然而，他的这一愿望最终没能实现！

他在马经伦家安居写作，自以为平安无事，没想到统治者却放不下他，主动找上“门”来了。

李贽一到通州，就在北京城的道学家中引起了一阵恐慌。他们担心李贽思想广泛流布，担心他的新作又将“妖言惑众”，担心他闯入京城“扰乱治安”。一时间，关于李贽的流言“狼烟四起”，闹得京城人心惶惶。不久，礼科给事中张问达终于走上“前台”[30]上疏劾奏李贽，说他“狂诞悖逆”“惑乱人心”，将“明劫人财”“强搂人妇”“勾引士人妻女”等不实之词一股脑地堆在他的头上，其落脚点就在于要对李贽严惩不贷。

已有20年不理朝政的神宗皇帝朱翊钧见到奏折[31]，竟异乎寻常地来了精神，以前所未有的

"工作效率"当即作出批示:"李贽敢倡乱道,惑世诬民,便令卫五城严拿治罪。其书籍已刊未刊者,令所在官司尽搜烧毁,不许存留……"

一声令下,李贽被打入牢狱,所有著作悉数烧毁。李贽取《焚书》《藏书》作为书名,便有"焚烧之书""藏匿之书"之意,对封建统治者,他没有过多幻想;对自己著作的命运,似乎早有预见。然而,只要是传播真理的好书,是焚烧不尽、难以深藏的。李贽所有已刊未刊之书虽一时遭受焚烧、销毁之厄运,其后反而越刻越多,越传越广,流布海外,便是有力的明证。

李贽入狱后,除走过场式地审讯一次外,便将他长期羁押狱中,不管不问了。

李贽捕前已卧病三月,入狱后仍处于昏迷状态,此后更是百病缠身。就在这样的处境中,他还不忘赋诗,写下《系中八绝》。一位70多岁的老人,尚能保持如此旺盛的精力与斗志,确属不易。其实,李贽真正人生之始,他的最辉煌时期,正是隐居麻城龙潭之时,而此时,他已是古稀之人了。一般来说,年纪一大,就意志衰退,思想保守,免不了抱着颐养天年的心态打发残日。而李贽却老当益壮,老来弥坚,越老越有风采,仅凭此点,就可见出李贽对庸常之辈的超越。有人说李贽的悲剧就在于他活得太长,否则,就不会有那么多的曲折磨难与攻讦诽谤了。当然,他的成功与贡献也在于活得太久,如果早逝,中华民族古老历史的灿烂星空,当失却一颗极其耀眼的星辰。

关于李贽的惩罚,张问达在疏劾中希望将他解发原籍治罪,而这时,又传出朝廷将李贽递解回泉州的消息。李贽曾多次表示怕回老家,听到这样的传言,不由得说道:"我年七十有六,作客平生,死耳,何以归为?"

泉州,是李贽的养育之地,是他生命的血脉所在,落叶归根,乃人之常情也,为何只要一提回家,李贽就会产生一种本能的恐悚与惧怕呢?

其实,李贽对故乡泉州有着一种内在而深沉的感情,他之怕回泉州,缘由主要有三:一、对故乡浓厚而窒息的理学氛围大为反感。当时的泉州,已成为封建理学重镇,对儒教宣传尤其得力,对道学家朱熹顶礼膜拜,对孔庙不断维修扩建,李贽所处时代,是泉州府历史上修建孔庙最为频繁的时期;二、不愿受到管束。回到家乡,会受到多重有形无形的束缚,有官府管治,有乡法约束,有族规限制,还有一大堆所谓的责任与义务不请自来缠绕于身。想想看,如果待在泉州,李贽能像隐居麻城那样我行我素、自由自在、安心著述吗?三、拼力抗争。如果说此前不愿回泉州是出于上述两种因素,那么后来当道者将回乡作为对他的一种驱逐与惩罚,就更令他产生逆反心理,竭力抗争,宁死不归了。

陷于两难境地且早将生死置之度外的李贽,觉得唯有自己了断,才会得到一个体面的结局。

他在等待、寻找可乘之机。

机会终于来了,结局却是那样的悲惨。万历三十年(1602)农历三月十五日,李贽趁侍者为他剃发的机会,一把夺过剃刀,奋力割向自己的咽喉。喉管顿时断裂,血如泉涌,而气息尚存。侍者问他:"痛否?"李贽喉咙嘎嘎作响,话不成声,便以手蘸血,书写作答:"不痛。"侍者再问:"为何要自杀?"李贽颤颤抖抖、一笔一划地写道:"七十老翁何所求?"又拖了一天多时间,直到三月十六日夜半,李贽才在狱中最后合上了痛苦的双眼。

天下之大,竟容不下一位行将就木的老人!李贽就这样被封建统治者迫害而亡,成为中国历史上以学术而获罪致死的独一无二的伟大思想家。

李贽不断求索,大胆怀疑,快意恩仇,诚如他自己所写的那样:"余自幼倔强难化,不信道,不信仙、释,故见道人则恶,见僧则恶,见道学先生则尤恶。"[32]封建统治者以孔子的儒学为正统,其余皆为旁门左道,他们只希望天地间存在一个头脑、一种声音,更希望满天下都是愚民,容不得半点其他主张与学说。而李贽作为封建社会难得的"千古绝唱",偏偏什么也不信,为了科举从小熟读四书五经,却不信孔孟朱熹之说;出家当和尚,却不信佛教;对老庄学说素有研究,却不信神仙道教……不盲从,不迷狂,永远保持清醒的头脑,保持一颗难得的童心,保持本真个体及与生俱来应有的自由平等与独立人格。也正因为如此,李贽被封建统治者、卫道士视为异端,无论哪里都容不下他,欲置之死地而后快。

李贽虽死,却成为中国启蒙思潮的一面旗帜。他的思想不胫而走,不仅影响了后来的黄宗羲、顾炎武、王夫之、曹雪芹、谭嗣同、严复、章炳麟等人,还传至日本,受到日本明治维新运动先驱吉田松阴等人的推崇与喜爱,对日本的明治维新运动有着功不可没的推动与启发。

如果我们将李贽放在中国古代哲学、思想的历史长河中,当会发现,李贽的学说有两个特征,一是惊世骇俗,二是进步卓越,其识见远远超出前人与他人。

如果将他放在整个世界哲学、思想发展史中,将他与同时代的西方哲人、学人进行比较,又是怎样的一番情形呢?

当时的西方正掀起一场轰轰烈烈的新文化启蒙运动,涌现出了一大批先驱人物,如哲学家笛卡尔[33]、斯宾诺莎[34],宗教改革家加尔文[35],思想家弗兰西斯·培根、托马斯·莫尔[36]、康帕内拉[37],文学家莎士比亚、塞万提斯,科学家伽利略、布鲁诺、哈维[38],等等等等,他们都称得上一代历史巨人。由他们所支撑的西方社会,正经历着一场史无前例的革新与突破,开启了近代文明的先河。而明王朝正陶醉在天朝大国唯我独尊的迷狂中故步自封,从皇帝到大臣,皆视外族为未开化的蛮族,视其他各国为蛮夷小国。以利玛窦为代表的传教士在为天主教传道的同时,也带来了西方的先进科学技术如历法、算术、世界地理知识等。李贽曾与利玛窦有过三次会面,为他题扇、赠诗,双方都非常看重彼此间的交往,并撰文记述。置身封闭环境中自我探索的李贽,对西方文明知之甚少,他不知道地理大发现,不知道地球仪上的经度、纬度、赤道、五带,不知道自鸣钟之类产品的科学原理……在好奇与询问中,李贽多少有些了解,终归难以穷究。以李贽为当朝知识分子中最为卓异者、清醒者也只能如此,遑论他人?!由此可见,中华民族的落伍并非一朝一夕而成。李贽虽然不知当时的明朝已落后于世界历史潮流,但已隐约感到,中国文化特别是占支配地位的孔教文化与西方文化之间的差异与距离,因此也更加坚定了探索真知实学的勇气与决心。

关于李贽身份的定位,我更倾向于称他为思想家而不是哲学家。中国古代缺少具有西方本真意义的那种抽象而思辨的哲学,李贽的哲学思想主要在随机论辩中形成,谈不上严格的思想体系,也许,他从来就没有想过要去构建西方如黑格尔那样博大精深、无所不包的哲学系统。在此,我并非以西方的哲学观念、哲学形态来衡量、规范中国传统哲学,但只要我们客观公正一些,就会觉得支撑哲学的,不是感性,不是零碎的体悟,也不是散漫的语录对话,而且是抽象思维、逻辑推理、严密体系。哪怕被称为百科全书式的学者朱熹,他构建了一个庞大的有着一定逻辑思辨作支撑的理学思想体系,但只要与西方哲学稍作相较,就可见出那无法克服的漏洞与缺憾。民族思维决定了中国古代传统哲学的主要特征,但我们不能永远停留在古人的思维范畴与模式之中。当中西文化真正交流、交融之时,也是我们对民族新思维,对新型的中国哲学抱有绝大的期望之时。

一个没有思想的人无疑是一具行尸走肉,同理,一个缺少哲学与思想的民族也是平庸而可悲的民族。中华民族要崛起,要有所创造,要跻身于世界民族强林,非得有一流的、真正的、伟大的哲学家、思想家为先导不可。正是从这样的角度与意义而言,李贽对于生活在今天的我们,对中华民族的未来,实在是太重要太重要了!

原题为《思想家李贽的生前死后》,选自《永远的驿站》,曾纪鑫著,东方出版中心,2006年

注释

［1］曾纪鑫：生于1963年，湖北公安县人。中国作协会员，厦门市作协副主席。现任职于厦门市文化馆，《厦门文艺》主编，著名作家。主要作品有长篇小说《楚庄纪事》《风流的驼哥》等；文化历史散文《千秋家国梦》《永远的驿站》《历史的刀锋》《千古大变局》等；人物传记《晚明风骨——袁宏道传》《笔墨风云——邓拓传》等。

［2］明世宗：即嘉靖皇帝朱厚熜（1507—1566），1522—1566年在位。

［3］参见李贽《豫约·感慨平生》。

［4］樊迟（公元前515—?）：名须，字子迟，春秋末鲁国人。孔子学生，少孔子三十六岁。

［5］朱熹（1130—1200）：字元晦，号晦庵，祖籍徽州婺源（今属江西）人。南宋文学家、哲学家，理学的集大成者。主要著作是《四书章句集注》《楚辞集注》《朱子语类》等。

［6］［7］参见李贽《焚书》卷三《卓无论略》。

［8］隆庆：明穆宗朱载垕年号，从1567年至1572年。

［9］泰州学派：明朝后期学派，创始人王艮是江苏泰州人。泰州学派发挥了王阳明心学思想，一度受到朝廷青睐，成为晚明显学，对当时及后世均有极大的影响。

［10］王阳明：即王守仁（1472—1529），字伯安，别号阳明。浙江余姚人，世称阳明先生、王阳明，明代著名文学家、哲学家，“心学”流派的重要代表人物，代表作有《传习录》等。“不得不信之”：参见李贽《阳明先生年谱后语》。

［11］参见李贽《焚书》卷三《卓无论略》。

［12］王艮（1483—1541）：明朝哲学家，泰州学派的创立者。本名银，字汝止，号心斋。泰州安丰场（今江苏东台）人，有《王心斋先生遗集》。王襞（1511—1587）：王艮的儿子，又名王璧，字宗顺，号东崖，有《王东崖先生遗集》。

［13］王畿（1498—1583）：字汝中，号龙溪。浙江山阴（今浙江绍兴）人，明朝思想家，阳明学派主要成员之一，有《王龙溪先生全集》。罗汝芳（1515—1588）：明朝中后期哲学家，泰州学派代表之一。字惟德，号近溪，江西南城泗石溪（今南城天井源乡罗坊村）人，有《罗汝芳集》。

［14］参见陆九渊《象山先生全集》卷三十六。陆九渊（1139—1193）：南宋哲学家，陆王心学的代表，字子静，抚州金溪（今江西金溪）人，因讲学象山书院（位于江西省贵溪县），世称“象山先生”。

［15］参见《朱子语类》（卷十三）：“人之一心，天理存，则人欲亡；人欲胜，则天理灭。未有天理人欲夹杂者。学者须要于此体认省察之。”“学者须是革尽人欲，复尽天理，方始是学。”等。

［16］童心说：李贽的文学主张。其中最有名的观点是“天下之至文，未有不出于童心焉者也”，全文参见《童心说》。

［17］耿定理（1533—1584）：耿定向弟弟，理学家。

［18］耿定向（1524—1597）：字在伦，黄安（今湖北红安）人。因在天台山研究讲学，所以被称为天台先生。有《冰玉堂语录》《耿天台先生全集》等。

［19］参见李贽《焚书》卷六《剃发》。

［20］参见李贽《焚书》卷一《答耿司寇》：“圣人不责人之必能，是以人人皆可以为圣。”

［21］参见《唐子西文录》：“蜀道馆舍壁间题一联云：‘天不生仲尼，万古如长夜’，不知何人诗也。”唐庚（1069—1120）：字子西，眉州（今四川眉山）人，北宋绍圣（1094—1097）进士，官宗学博士，擢京畿常平，著有《唐子西文录》。从这个记录看，“天不生仲尼，万古如长夜”这两句诗的作者不知何人，但这两句诗颇为著名，所以耿定向引用它来反驳李贽。

［22］焦竑（1540—1620）：晚明思想家，文献考据家，字弱侯，号漪园，又号澹园，祖籍山东日照，万历十七年（1589年）状元。主要作品是《澹园集》《澹园续集》《国史经籍志》等。

［23］袁宏道（1568—1600）：湖北公安人，明代文学家，“公安三袁”之一。字中郎，号石公。在思想上深受李贽影响，提出“性灵说”，散文自成一格，有《袁中郎全集》。袁宗道（1580—1600）：明代文学家，“公安三袁”之一，字伯修。与弟宏

道、中道合称“三袁”，有《白苏斋类稿》等。袁中道（1570—1623）：明代文学家，字小修，有《珂雪斋集》。

[24] 参见袁宏道《小修诗叙》。

[25] 参见袁宗道《龙湖记》。

[26] 史旌贤：原籍江宁，明朝万历八年（1580 年）进士。

[27] 参见《续焚书》卷一《与耿克念》。

[28] 冯应京（1555—1606）：明盱眙（今属江苏）人，字可大，号慕冈。万历二十年（1592 年）进士，著有《六家诗名物疏》。

[29] 马经伦：李贽好友。

[30] 张问达（？—1625）：字德允，泾阳人，明朝万历十一年（1583 年）进士，东林党人，上疏弹劾李贽，明神宗朱翊钧采纳了张问达的奏折，李贽因此入狱。

[31] 朱翊钧（1563—1620）：即明神宗，1572—1620 年在位。

[32] 参见李贽《阳明先生年谱后语》。

[33] 笛卡尔：即勒奈·笛卡尔（René Descartes，1596—1650），法国哲学家、数学家，理性主义者，怀疑论者。主要哲学著作是《方法论》《沉思录》等。

[34] 斯宾诺莎（Spinoza，1632—1677）：荷兰哲学家，与笛卡尔和莱布尼茨齐名。主要著作是《伦理学》等。

[35] 加尔文（John Calvin，1509—1564）：法国神学家、宗教改革家。主要著作《基督教要义》等。

[36] 托马斯·莫尔（Thomas More，1478—1535）：英国的空想社会主义者，主要著作是《乌托邦》。

[37] 康帕内拉（Campanella，1568—1639）：意大利空想社会主义者，主要著作是《太阳城》。

[38] 哈维（Harvey William）：英国科学家、医生、生理学家。

作品分析

曾纪鑫在文学创作上是一个多面手，不仅在小说、戏剧方面有突出的成就，在散文——尤其是文化历史散文创作方面有突出的成就。迄今为止，他已经出版的文化历史散文专著有《千秋家国梦》《永远的驿站》《没有终点的涅槃》《历史的刀锋》《千古大变局》等，可以说，在 20 世纪 90 年代开始兴起文化历史散文创作热以来，曾纪鑫以他创作的实绩，已经牢牢占据了他在当代文化历史散文界的地位。

本文是作者写李贽的一篇文化历史散文。在中国文化史和思想史上，李贽无疑是一个光辉灿烂的人物，尽管对李贽的评价也有不同的意见和看法，有欣赏的，也有鄙视的；有热衷的，也有冷淡的；有赞同的，也有反对的。但这恰好说明了李贽的复杂性，说明李贽是一个值得我们去认识、去反思的人物。

本文作者在占有大量资料的基础上，为我们还原了一个真实的李贽，描述了李贽悲壮的一生，并对李贽进行了分析、评价与论定。

文章的第一部分主要介绍了李贽一生的行迹。为读者还原了一个特立独行的思想家的形象。在作者看来，李贽是一个有自己思想追求的人：“李贽之所以成其为我们今天所知道的李贽，就在于那迥异于他人的价值追求，那不按常规‘出牌’的特立独行，那敢于挑战传统的卓越识见。”这部分内容比较长，可以分为四个小节：（第 1—6 自然段）为第一小节，简单介绍李贽及其与时代、故乡的关系。第二小节（第 7—22 自然段），主要描写和论述李贽 25 年的仕宦生涯，及最终远离官场的经过；同时叙写了李贽在学术上的跋涉与进展，也写了他与学术界朋友的交游。第三小节（第 23—32 自然段），写李贽孤身一人在麻城的经历。写李贽出家当了和尚，写李贽与耿定向的论战，写李贽的学术成就。这是李贽一生最为重要的时期，他几乎所有的著作均在这里完成。由于他的“异端”与

“另类”的思想，李贽被假道学先生辱骂、毁谤、殴打，最后他栖身的龙潭芝佛院也被一把火给烧了。李贽面临了一生中又一次艰难的选择。（第 33—51 自然段）为第四小节，写李贽在北京居住、被捕、自杀的经过。一代思想家就这样悲惨、悲壮地结束了他的一生。

行文至此，文章可以说已经写完了。但是，曾纪鑫并没有停止他的思考。这可以说是曾纪鑫文化历史散文的一个最为重要的特点，这个特点是他总是将历史人物或历史事件放在一个较为广阔的话语空间来进行分析比较，从而使读者对他所描述的历史人物或历史事件有一个更为清晰的认识。本文也不例外。在叙述和分析了李贽的一生行迹后，他将李贽放在更为广阔的话语空间进行比较分析。这就是本文第二部分的内容。作者在第二部分将李贽放在中西哲学、思想史的境遇中进行论说，充分肯定了李贽作为一个思想家的价值以及李贽的局限性。作者的思考是有一定的历史深度的，同时也表达了对李贽悲剧意义的思考。当我们看到作者说“一个没有思想的人无疑是一具行尸走肉，同理，一个缺少哲学与思想的民族也是平庸而可悲的民族”的时候，无疑对作者的深长喟叹有了更深的理解，也明白作者为什么要写李贽了。

曾纪鑫的文化历史散文有一些共性的东西，比如史料特别翔实，对历史有自己独到的见解，有比较宽广的视域，有比较丰实的文学品格，等等。所有这些，在阅读本文的时候都应该加以注意，从而获得对本文所体现出来的文化历史散文的美学品格有比较深的体会和理解。

思考与练习

1. 请从文中找出能够体现李贽作为一个另类思想家的文句，并加以分析。

2. 如何埋解“一个没有思想的人无疑是一具行尸走肉，同理，一个缺少哲学与思想的民族也是平庸而可悲的民族”？

延展阅读

我的母亲

冰　心

关于我的母亲，我写的不少了。二十年代初期，在美国写《寄小读者》时写了她；三十年代初期，她逝世后，我在《南归》中写了她；四十年代初期，我以"男士"的笔名写的《关于女人》这本书中写了她；同时在那时候，应《大公报》之约，再写《儿童通讯》，在"通讯三"中又写了她。这些文章在《冰心文集》中都可以找到，也可以从这些文章中看出她是怎样的一位母亲。

我想，天下没有一个人不认为自己的母亲是最好的母亲(当然也有例外)。但是母亲离开我已经五十七年了，这半个世纪之中，我不但自己做了母亲，连我的女儿们也做了母亲。我总觉得不但我们自己，也还有许多现代的母亲们，能够像我母亲那样得到儿女的敬爱。

关于母亲的许多大事，我都写过了。现在从头忆起，还觉得有许多微末细小的事，也值得我们学习。

我记得民国初期，袁世凯当总统时，黎元洪伯伯是副总统，住在东厂胡同(黎伯伯同我父亲是北洋水师学堂的同班同学，黎伯伯学的是管轮，父亲学的是驾驶)。父亲却没有去拜访过。等到袁世凯称帝，一面把黎伯伯封为武义亲王，一面却把他软禁在中南海的瀛台里。这时父亲反常到瀛台去陪他下棋谈话。我总听见母亲提醒父亲说："你又该去看看黎先生了。"她听父亲说瀛台比我们家里还冷，也提醒父亲说："别忘了多穿点衣服。"

母亲从来不开拆我们收到的信件，也从来不盘问我们和同学朋友之间的往来，因为她表示对我们的信任和理解。我们反而不惮其烦地把每封信都给她看，每件事都同她说。

她从来不积攒什么稀奇珍贵的东西。她得到的礼物，随时收下，随时又送给别人。

她从来没有"疾言厉色"，尤其是对佣人们，总是微笑地、和言悦色地嘱咐指挥着一切。

她喜爱整洁，别人做得不周到时，她就悄悄地自己动手。我看见过她跪在铺着报纸的砖地上，去扫除床下的灰尘。

母亲常常教导我们"勤能补拙，俭以养廉"的道理。她自己更是十分勤俭，我们姐弟的布衣，都是她亲手缝制的。她年轻时连一家大小过年时穿的绸衣，也是自己来做。祖父十分喜欢母亲的针线，特别送她一副刀尺，这是别个儿媳所没有的。她做衣服还做得很快，我的三个在中学的弟弟，都是一米六七的个子，母亲能够一天给他们做出一件长衫。那时当然没有缝纫机！

她是个最"无我"的人！我一直努力想以她为榜样，学些处世做人的道理，但我没有做到……

1987年12月23日晨

据《二十世纪中国作家怀人散文：冰心集》，陈湖渝主编，冰心著，知识出版社，1997年

天　才　梦

张爱玲

我是一个古怪的女孩，从小被目为天才，除了发展我的天才外别无生存的目标。然而，当童年的狂想逐渐褪色的时候，我发现我除了天才的梦之外一无所有——所有的只是天才的乖僻缺点。世人原谅瓦格涅的疏狂，可是他们不会原谅我。

加上一点美国式的宣传，也许我会被誉为神童。我三岁时能背诵唐诗。我还记得摇摇摆摆地立在一个满清遗老的藤椅前朗吟"商女不知亡国恨，隔江犹唱后庭花"，眼看着他的泪珠滚下来。七岁时我写了第一部小说，一个家庭悲剧。遇到笔画复杂的字，我常常跑去问厨子怎样写。第二部小说是关于一个失恋自杀的女郎。我母亲批评说：如果她要自杀，她决不会从上海乘火车到西湖去自溺，可是我因为西湖诗意的背景，终于固执地保存了这一点。

我仅有的课外读物是《西游记》与少量的童话，但我的思想并不为它们所束缚。八岁那年，我尝试过一篇类似乌托邦的小说，题名《快乐村》。快乐村人是一好战的高原民族，因克服苗人有功，蒙中国皇帝特许，免征赋税，并予自治权。所以快乐村是一个与外界隔绝的大家庭，自耕自织，保存着部落时代的活泼文化。

我特地将半打练习簿缝在一起，预期一本洋洋大作，然而不久我就对这伟大的题材失去了兴趣。现在我仍旧保存着我所绘的插画多帧，介绍这种理想社会的服务，建筑室内装修，包括图书馆，"演武厅"，巧克力店，屋顶花园。公共餐室是荷花池里一座凉亭。我不记得那里有没有电影院与社会主义——虽然缺少这两样文明产物，他们似乎也过得很好。

九岁时，我踌躇着不知道应当选择音乐或美术作我终身的事业。看了一张描写穷困的画家的影片后，我哭了一场，决定做一个钢琴家，在富丽堂皇的音乐厅里演奏。

对于色彩，音符，字眼，我极为敏感。当我弹奏钢琴时，我想象那八个音符有不同的个性，穿戴了鲜艳的衣帽携手舞蹈。我学写文章，爱用色彩浓厚、音韵铿锵的字眼，如"珠灰""黄昏""婉妙""splendour""melancholy"，因此常犯了堆砌的毛病。直到现在，我仍然爱看《聊斋志异》与俗气的巴黎时装报告，便是为了这种有吸引力的字眼。

在学校里我得到自由发展。我的自信心日益坚强，直到我十六岁时，我母亲从法国回来，将她暌隔多年的女儿研究了一下。

"我懊悔从前小心看护你的伤寒症，"她告诉我，"我宁愿看你死，不愿看你活着使你自己处处受痛苦。"

我发现我不会削苹果。经过艰苦的努力我才学会补袜子。我怕上理发店，怕见客，怕给裁缝试衣裳。许多人尝试过教我织绒线，可是没有一个成功。在一间房里住了两年，问我电铃在哪儿我还茫然。我天天乘黄包车上医院去打针，接连三个月，仍然不认识那条路。总而言之，在现实的社会里，我等于一个废物。

我母亲给我两年的时间学习适应环境。她教我煮饭；用肥皂粉洗衣；练习行路的姿势；看人的眼色；点灯后记得拉上窗帘；照镜子研究面部神态；如果没有幽默天才，千万别说笑话。

在待人接物的常识方面，我显露惊人的愚笨。我的两年计划是一个失败的试验。除了使我的思想失去均衡外，我母亲的沉痛警告没有给我任何的影响。

生活的艺术，有一部分我不是不能领略。我懂得怎么看“七月巧云”，听苏格兰兵吹 bagpipe，享受微风中的藤椅，吃盐水花生，欣赏雨夜的霓虹灯，从双层公共汽车上伸出手摘树巅的绿叶。在没有人与人交接的场合，我充满了生命的欢悦。可是我一天不能克服这种咬啮性的小烦恼，生命是一袭华美的袍，爬满了蚤子。

据《张爱玲全集·流言》，张爱玲著，北京十月文艺出版社，2012 年

要记得你心里的梦想

李　安

1978年，当我准备报考美国伊利诺大学的戏剧电影系时，父亲十分反感，他给我列了一个资料：在美国百老汇，每年只有两百个角色，但却有五万人要一起争夺这少得可怜的角色。当时我一意孤行，决意登上了去美国的班机，父亲和我的关系从此恶化，近二十年间和我说的话不超过一百句！

但是，等我几年后从电影学院毕业，我终于明白了父亲的苦心所在。在美国电影界，一个没有任何背景的华人要想混出名堂来，谈何容易。从1983年起，我经过了六年的漫长而无望的等待，大多数时候都是帮剧组看看器材，做点剪辑助理、剧务之类的杂事。最痛苦的经历是，曾经拿着一个剧本，两个星期跑了三十多家公司，一次次面对别人的白眼和拒绝。

那时候，我已经将近三十岁了。古人说：三十而立。而我连自己的生活都还没法自立，怎么办？继续等待，还是就此放弃心中的电影梦？幸好。我的妻子给了我最及时的鼓励。

妻子是我的大学同学，但她是学生物学的，毕业后在当地一家小研究室做药物研究员，薪水少得可怜。那时候我们已经有了大儿子李涵，为了缓解内心的愧疚，我每天除了在家里读书、看电影、写剧本外，还包揽了所有家务，负责买菜做饭带孩子，将家里收拾得干干净净。还记得那时候，每天傍晚做完晚饭后，我就和儿子坐在门口，一边讲故事给他听，一边等待“英勇的猎人妈妈带着猎物（生活费）回家”。

这样的生活对一个男人来说，是很伤自尊心的。有段时间，岳父母让妻子给我一笔钱，让我拿去开个中餐馆，也好养家糊口，但好强的妻子拒绝了，把钱还给了老人家。我知道了这件事后，辗转反侧想了好几个晚上，终于下定决心：也许这辈子电影梦都离我太远了，还是面对现实吧。

后来，我去了小区大学，看了半天，最后心酸地报了一门计算机课。在那个生活压倒一切的年代里，似乎只有计算机可以在最短时间内让我有一技之长了。那几天我一直萎靡不振，妻子很快就发现了我的反常，细心的她发现了我包里的课程表。那晚，她一宿没和我说话。

第二天，去上班之前，她快上车了，突然，她站在台阶下转过身来，一字一句地告诉我：“安，要记得你心里的梦想！”

那一刻，我心里像突然起了一阵风，那些快要淹没在庸碌生活里的梦想，像那个早上的阳光，一直射进心底。妻子上车走了，我拿出包里的课程表，慢慢地撕成碎片，丢进了门口的垃圾桶。

后来，我的剧本得到基金会的赞助，我开始自己拿起了摄像机，再到后来，一些电影开始在国际上获奖。这个时候，妻子重提旧事，她才告诉我：“我一直就相信，人只要有一项长处就足够了，你的长处就是拍电影。学计算机的人那么多，又不差你李安一个，你要想拿到奥斯卡的小金人，就一定要保证心里有梦想。”

如今，我终于拿到了小金人。我觉得自己的忍耐、妻子的付出终于得到了回报，同时也让我更加坚定，一定要在电影这条路上一直走下去。

因为，我心里永远有一个关于电影的梦。

据《儿童文学选刊》，2014第7期

你须寻得所爱

史蒂夫·乔布斯

我今天很荣幸能和你们一起参加毕业典礼，斯坦福大学是世界上最好的大学之一。我从来没有从大学中毕业。说实话，今天也许是在我的生命中离大学毕业最近的一天了。今天我想向你们讲述我生活中的三个故事。不是什么大不了的事情，只是三个故事而已。

第一个故事是关于如何把生命中的点点滴滴串连起来。

我在Reed大学读了六个月之后就退学了，但是在十八个月以后——我真正的作出退学决定之前，我还经常去学校。我为什么要退学呢？

故事从我出生的时候讲起。我的亲生母亲是一个年轻的，没有结婚的大学毕业生。她决定让别人收养我，她十分想让我被大学毕业生收养。所以在我出生的时候，她已经做好了一切的准备工作，能使得我被一个律师和他的妻子所收养。但是她没有料到，当我出生之后，律师夫妇突然决定他们想要一个女孩。所以我的养父母（他们还在我亲生父母的观察名单上）突然在半夜接到了一个电话："我们现在这儿有一个不小心生出来的男婴，你们想要他吗？"他们回答道："当然！"但是我亲生母亲随后发现，我的养母从来没有上过大学，我的父亲甚至从没有读过高中。她拒绝签这个收养合同。只是在几个月以后，我的父母答应她一定要让我上大学，那个时候她才同意。

在十七岁那年，我真的上了大学。但是我很愚蠢地选择了一个几乎和你们斯坦福大学一样贵的学校，我父母还处于蓝领阶层，他们几乎把所有积蓄都花在了我的学费上面。在六个月后，我已经看不到其中的价值所在。我不知道我想要在生命中做什么，我也不知道大学能帮助我找到怎样的答案。但是在这里，我几乎花光了我父母这一辈子的所有积蓄。所以我决定要退学，我觉得这是个正确的决定。不能否认，我当时确实非常的害怕，但是现在回头看看，那的确是我这一生中最棒的一个决定。在我做出退学决定的那一刻，我终于可以不必去读那些令我提不起丝毫兴趣的课程了。然后我还可以去修那些看起来有点意思的课程。

但是这并不是那么罗曼蒂克。我失去了我的宿舍，所以我只能在朋友房间的地板上面睡觉，我去捡5美分的可乐瓶子，仅仅为了填饱肚子，在星期天的晚上，我需要走七英里的路程，穿过这个城市到Hare Krishna寺庙，只是为了能吃上饭——这个星期唯一一顿好一点的饭。但是我喜欢这样。我跟着我的直觉和好奇心走，遇到的很多东西，此后被证明是无价之宝。让我给你们举一个例子吧：

Reed大学在那时提供也许是全美最好的美术字课程。在这个大学里面的每个海报，每个抽屉的标签上面全都是漂亮的美术字。因为我退学了，没有受到正规的训练，所以我决定去参加这个课程，去学学怎样写出漂亮的美术字。我学到了san serif和serif字体，我学会了怎么样在不同的字母组合之中改变空格的长度，还有怎么样才能作出最棒的印刷式样。那是一种科学永远不能捕捉到的、美丽的、真实的艺术精妙，我发现那实在是太美妙了。

当时看起来这些东西在我的生命中，好像都没有什么实际应用的可能。但是十年之后，当我们在设计第一台Macintosh电脑的时候，就不是那样了。我把当时我学的那些家伙全都设计进了Mac。那是第一台使用了漂亮的印刷字体的电脑。如果我当时没有退学，就不会有机会去参加这个我感兴趣的美术字课程，Mac就不会有这么多丰富的字体，以及赏心悦目的字体间距。那么现在个人电脑就不会有现在这么美妙的字型了。当然我在大学的时候，还不可能把从前的点点滴滴串连起来，但是当我十年后回顾这一切的时候，真的豁然开朗了。

再次说明的是，你在向前展望的时候不可能将这些片段串连起来，你只能在回顾的时候将点点滴滴串连起来。所以你必须相信这些片段会在你未来的某一天串连起来。你必须要相信某些东西：你的勇气、目的、生命、因缘。这个过程从来没有令我失望，只是让我的生命更加地与众不同而已。

我的第二个故事是关于爱和损失的。

我非常幸运，因为我在很早的时候就找到了我钟爱的东西。Woz和我在二十岁的时候就在父母的车库里面开创了苹果公司。我们工作得很努力，十年之后，这个公司从那两个车库中的穷光蛋发展到了超过四千名雇员，价值超过二十亿的大公司。在公司成立的第九年，我们刚刚发布了最好的产品，那就是Macintosh。我也快要到三十岁了。在那一年，我被炒了鱿鱼。你怎么可能被你自己创立的公司炒了鱿鱼呢？嗯，在苹果快速成长的时候，我们雇用了一个很有天分的家伙和我一起管理这个公司，在最初的几年，公司运转得很好。但是后来我们对未来的看法发生了分歧，最终我们吵了起来。当争吵不可开交的时候，董事会站在了他的那一边。所以在三十岁的时候，我被炒了。在这么多人的眼皮下我被炒了。在而立之年，我生命的全部支柱离自己远去，这真是毁灭性的打击。

在最初的几个月里，我真是不知道该做些什么。我把从前的创业激情给丢了，我觉得自己让与我一同创业的人都很沮丧。我和David Pack和Bob Boyce见面，并试图向他们道歉。我把事情弄得糟糕透顶了。但是我渐渐发现了曙光，我仍然喜爱我从事的这些东西。苹果公司发生的这些事情丝毫没有改变这些，一点也没有。我被驱逐了，但是我仍然钟爱它。所以我决定从头再来。

我当时没有觉察，但是事后证明，从苹果公司被炒是我这辈子发生的最棒的事情。因为，作为一个成功者的极乐感觉被作为一个创业者的轻松感觉所重新代替：对任何事情都不那么特别看重。这让我觉得如此自由，进入了我生命中最有创造力的一个阶段。

在接下来的五年里，我创立了一个名叫NeXT的公司，还有一个叫Pixar的公司，然后和一个后来成为我妻子的优雅女人相识。Pixar制作了世界上第一个用电脑制作的动画电影——“玩具总动员”，Pixar现在也是世界上最成功的电脑制作工作室。在后来的一系列运转中，Apple收购了NeXT，然后我又回到了Apple公司。我们在NeXT发展的技术在Apple的复兴之中发挥了关键的作用。我还和Laurence一起建立了一个幸福的家庭。

我可以非常肯定，如果我不被Apple开除的话，这其中一件事情也不会发生的。这个良药的味道实在是太苦了，但是我想病人需要这个药。有些时候，生活会拿起一块砖头向你的脑袋上猛拍一下。不要失去信心。我很清楚唯一使我一直走下去的，就是我做的事情令我无比钟爱。你需要去找到你所爱的东西。对于工作是如此，对于你的爱人也是如此。你的工作将会占据生活中很大的一部分。你只有相信自己所做的是伟大的工作，你才能怡然自得。如果你现在还没有找到，那么继续找，不要停下来，全心全意地去找，当你找到的时候你就会知道的。就像任何真诚的关系，随着岁月的流逝只会越来越紧密。所以继续找，直到你找到它，不要停下来！

我的第三个故事是关于死亡的。

当我十七岁的时候，我读到了一句话：“如果你把每一天都当作生命中最后一天去生活的话，那么有一天你会发现你是正确的。”这句话给我留下了深刻的印象。从那时开始，过了三十三年，我在每天早晨都会对着镜子问自己：“如果今天是我生命中的最后一天，你会不会完成你今天想做的事情呢？”当答案连续很多次被给予“不是”的时候，我知道自己需要改变某些事情了。

“记住你即将死去”是我一生中遇到的最重要箴言。它帮我指明了生命中重要的选择。因为几乎所有的事情,包括所有的荣誉、所有的骄傲、所有对难堪和失败的恐惧,这些在死亡面前都会消失。我看到的是留下的真正重要的东西。你有时候会思考你将会失去某些东西,“记住你即将死去”是我知道的避免这些想法的最好办法。你已经赤身裸体了,你没有理由不去跟随自己的心一起跳动。

大概一年以前,我被诊断出癌症。我在早晨七点半做了一个检查,检查清楚地显示我的胰腺有一个肿瘤。我当时都不知道胰腺是什么东西。医生告诉我那很可能是一种无法治愈的癌症,我还有三到六个月的时间活在这个世界上。我的医生叫我回家,然后整理好我的一切,那就是医生准备死亡的程序。那意味着你将要把未来十年对你小孩说的话在几个月里面说完;那意味着把每件事情都搞定,让你的家人会尽可能轻松地生活;那意味着你要说“再见了”。

我整天和那个诊断书一起生活。后来有一天早上我做了一个活切片检查,医生将一个内窥镜从我的喉咙伸进去,通过我的胃,然后进入我的肠子,用一根针在我的胰腺上的肿瘤上取了几个细胞。我当时很镇静,因为我被注射了镇定剂。但是我的妻子在那里,后来告诉我,当医生在显微镜底下观察这些细胞的时候他们开始尖叫,因为这些细胞最后竟然是一种非常罕见的可以用手术治愈的胰腺癌症。我做了这个手术,现在我痊愈了。

那是我最接近死亡的时候,我还希望这也是以后的几十年最接近的一次。从死亡线上又活了过来,死亡对我来说,只是一个有用但纯粹是知识上的概念的时候,我可以更肯定一点地对你们说:

没有人愿意死,即使人们想上天堂,人们也不会为了去那里而死。但是,死亡是我们每个人共同的终点,从来没有人能够逃脱它,也应该如此。因为,死亡就是生命中最好的一个发明,它将旧的清除以便给新的让路。你们现在是新的,但是从现在开始不久以后,你们将会逐渐地变成旧的然后被清除。我很抱歉这很戏剧性,但是这十分的真实。

你们的时间很有限,所以不要将它们浪费在重复其他人的生活上。不要被教条束缚,那意味着你和其他人思考的结果一起生活。不要被其他人喧嚣的观点掩盖你真正的内心的声音。还有最重要的是,你要有勇气去听从你直觉和心灵的指示——它们在某种程度上知道你想要成为什么样子,所有其他的事情都是次要的。

当我年轻的时候,有一本叫作《整个地球的目录》振聋发聩的杂志,它是我们那一代人的圣经之一。它是一个叫 Stewart Brand 的家伙在离这里不远的 Menlo Park 书写的,他像诗一般神奇地将这本书带到了这个世界。那是六十年代后期,在个人电脑出现之前,所以这本书全部是用打字机、剪刀还有偏光镜制造的。有点像用软皮包装的 google,在 google 出现三十五年之前,这是理想主义的,其中有许多灵巧的工具和伟大的想法。

Stewart 和他的伙伴出版了几期的《整个地球的目录》,当它完成了自己使命的时候,他们做出了最后一期的目录。那是在七十年代的中期,你们的时代。在最后一期的封底上是清晨乡村公路的照片(如果你有冒险精神的话,你可以自己找到这条路的),在照片之下有这样一段话:“保持饥饿,保持愚蠢。”这是他们停止了发刊的告别语。“保持饥饿,保持愚蠢”,我总是希望自己能够那样。现在,在你们即将毕业,开始新的旅程的时候,我也希望你们能这样:

求知若渴,虚怀若愚。

非常感谢你们。

原题为《乔布斯在斯坦福大学 2005 年毕业典礼上的演讲》,选自中国网
http://www.china.com.cn/economic/txt/2011-10/06/content_23553476.htm

「单元六」

小说天地

导 读

在文学的各种体裁中，小说也许是最受欢迎的，数量庞大，读者最多。因为任何一个具有阅读能力的人，几乎都喜欢看小说。

小说起源于什么时候呢？在中国，“小说”这个词最早见于《庄子·外物》：“饰小说以干县令，其于大达亦远矣。”但庄子所说的“小说”并不是我们现在意义上的小说。与现在“小说”意义相近的说法最早见于《汉书》，班固在《汉书·艺文志》中说：“小说家者流，盖出于稗官，街谈巷语、道听途说者之所造也。”可见小说的起源久远之极。论小说的人，认为中西小说都起源于神话。鲁迅曾经说过，“探其本根，则亦犹他民族然，在于神话与传说”。后来鲁迅又说过，小说是起源于“休息”的。因为人在休息时，总需要谈论“故事”，而这“正是小说的起源”。其实，故事正是小说最主要的一个要素。所以，英国作家爱德华·摩根·福斯特在《小说面面观》中曾说过这样的话：“小说就是讲故事。故事是小说的基本面，没有故事就不成其为小说了。”福斯特认为“故事”是一切小说不可或缺的最高要素。但是，福斯特所谓的小说的最高要素的“故事”，不是一般意义上的故事，更不是低级趣味的故事。

“故事”与“小说”不同，按福斯特的观点，故事叙述的是时间生活，但小说呢——如果是好小说——则要同时包含价值生活。这表明“故事”和“小说”的界限。故事永远只是故事，而小说永远是小说。故事虽然是小说的基本层面的因素，但是，仅有故事，还不能成为小说；故事要成就为小说，必须使故事有价值；小说中的故事如果没有呈现出应有的价值倾向，那么，这个小说就是失败的。

可见，讲一个有价值的、有方向的故事，是一个好小说的前提。

我国的小说可以一直追溯到《山海经》，后来又受到史传文学的影响，其间再经过魏晋南北朝的志怪、志人小说，代表作如干宝的《搜神记》，刘义庆的《世说新语》。但严格地说，小说到这个阶段还不是很成熟的。以《世说新语》来说，多数还是片段式的轶闻琐事，还不能算是真正的小说，尤其与现代小说的概念存在较大的距离。但传统上，还是认为《搜神记》《世说新语》代表了早期文言小说的较高成就。

中国小说的第一次真正意义上的成熟的标志是唐代的传奇。这是文言小说第一座真正的高峰。代表作品如陈鸿的《长恨歌传》、李朝威的《柳毅传》、蒋防的《霍小玉传》、杜光庭的《虬髯客传》等。唐传奇情节曲折，文字精美，有很高的艺术成就。但是唐传奇的繁荣好景不长，文言短篇小说一直到清代的《聊斋志异》才又一次重放光彩。

宋元话本小说是短篇的白话方言口语小说，是为说书人准备的底本。代表作品有《碾玉观音》《十五贯戏言成巧祸》等，这些小说艺术成就也很高，是白话短篇小说的早期经典之作。到明朝，话本小说继续发展，出现拟话本小说，代表作品“三言”“二拍”，这些作品情节曲折，叙述生动，用意也主要在劝善。

明清时期，白话长篇小说开始出现并成熟，如四大名著《三国演义》《水浒传》《西游记》《红楼梦》。除了“四大名著”外，还有一部小说很重要，就是《金瓶梅》，这是第一部由文人创作的白话世情小说，开启长篇小说写普通人的先河，但因为这部小说有不少情色描写，长期以来被列为禁书，但是，从小说史的角度看，这部小说具有极大的文学史意义和文学史价值。此外，清末时还出现了鲁迅认为的“四大谴责小说”(李宝嘉《官场现形记》、吴沃尧《二十年目睹之怪现状》、刘鹗《老残游记》、曾朴《孽海花》。)

新文化运动以来,中国现代小说成为文学的正宗,成为描写人生、表现人生的主要文学形式。郁达夫认为,现代小说与其说是“中国文学最近的一种新的格式”,还不如说是“中国小说的世界化”。他认为,中国现代小说是属于欧洲的文学系统的。但是,中国小说毕竟生长在华夏大地之上,外来影响下的现代中国小说终究不能离开这片有着悠久历史的国度而自己独立发展,传统与现实的双重影响,使现代中国小说的主流饱含中国气度和中国风格。事实也的确表明,伴随着现代波澜壮阔的历史,中国现代小说取得长足的发展,出现了一大批杰出的小说家,例如:鲁迅、茅盾、老舍、郁达夫、巴金、废名、沈从文、路翎、丁玲、孙犁、张爱玲、赵树理、穆时英、施蛰存、刘呐鸥……

中华人民共和国成立后,有“十七年文学”时期的一批小说名家,例如:柳青、杜鹏程、曲波、杨沫、王蒙……新时期以来,小说界出现了更热闹更复杂的景观,出现了更多的小说名家,例如:刘新华、刘心武、王蒙、张洁、张贤亮、张承志、刘索拉、王安忆、莫言、余华、苏童、北村、格非、刘恒、刘震云……文学流派纷呈,有伤痕文学、反思文学、寻根文学、改革文学、先锋小说、市井小说、新写实、新状态、新历史、新新闻,以及各种现代主义小说、后现代主义小说等。随着网络的普及,尤其是博客、空间的盛行,网络文学也越来越发达,网络小说写手数不胜数。小说的写作出现了类型化倾向,于是,官场小说、反腐小说、惊悚小说、推理小说、悬疑小说、侦探小说、科幻小说、武侠小说、言情小说、玄幻小说……不一而足,显示了市场化、网络信息时代影响下的小说创作百态。

西方小说也起源于神话传说。尤其与古希腊神话关系密切。与中国小说发展不同的是,西方小说还与古希腊的悲剧有密切关系,古希腊悲剧为西方小说奠定了各大类型小说的主题,如成长主题、乱伦主题、弑父主题等。到中世纪时,骑士文学相当发达,西方小说的创作已经非常成熟。文艺复兴后,人文主义兴起,西方小说更是大踏步发展壮大,并开始西方小说现代性历程。出现了薄伽丘、塞万提斯等代表性作家。之后,古典主义、启蒙主义、浪漫主义、批判现实主义、现代主义、后现代主义,此伏彼起,各具风骚。出现了笛福、斯威夫特、约翰·班扬、歌德、普希金、雨果、狄更斯、巴尔扎克、莫泊桑、列夫·托尔斯泰、陀思妥耶夫斯基、契诃夫、欧·亨利、马克·吐温、罗曼·罗兰,以及卡夫卡、普鲁斯特、伍尔芙、乔伊斯、福克纳、萨特、加缪、罗伯-葛里耶、玛格丽特·杜拉斯、克洛德·西蒙、杰克·凯鲁亚克、约瑟夫·海勒、小库尔特·冯尼古特、加西亚·马尔克斯、纳博科夫等小说大师。

人物、情节、环境被认为是小说的三要素。尽管不是所有的小说都具备这三要素,因为在小说历史上,小说的形态也是丰富多样的。早期的小说固不必说,就是现时代的小说,也有一些是没有人物,或没有情节的。所以,法国文艺评论家阿比尔·谢括利认为:“小说是用散文写成的具有某种长度的虚构故事。”福斯特也引用了这个定义。福斯特认为,“任何超过五万字的虚构的散文作品”都可以称为“小说”。从阿比尔·谢括利的定义和福斯特的小说观点来看,虚构是小说的最为本质的特征。尽管如此,对于绝大部分的小说来说,人物、情节、环境仍然是小说最为基本的要素。其中,人物是核心是灵魂;情节是小说塑造人物必要的材料,同时也是小说人物的行动逻辑的表现过程;而环境,则是小说人物活动的时代背景,以及一切相关的自然与社会环境。因为人物总是环境中的人,而环境也只有与人物有机地结合,才能使人物的行动更加符合真实的情景。

如果按照篇幅长短与容量的大小来划分的话,小说可以分为微型小说、短篇小说、中篇小说、长篇小说。

微型小说也叫超短篇小说,千字小说,一分钟小说。形制短小,往往只截取生活中一短小画面来表现人物的性格和精神。中国早期小说多为微型小说。像古代的寓言小说、志怪志人小说、笔记小说等，多数是微型小说。如《庄子》一书中的许多寓言，可作此种小说看待。《搜神记》《世说新语》中几乎所有小说均算是微型小说。即便是《聊斋志异》《阅微草堂笔记》(纪晓岚)、《子不语》(袁枚)等，也多数是微型小说。20世纪80年代以来，微型小说创作相当繁荣，出现了一批著名作家，如刘国芳、谢志强等。

短篇小说篇幅比微型小说更长。一般在两万字左右，最长一般也不会超过五万字。胡适在1918年曾经给短篇小说下了个定义：短篇小说是用最经济的文学手段，描写事实中最精彩的一段，或一方面，而能使人充分满意的文章。胡适的这个定义是关于短篇小说定义极好的一个。但是，在举例时，胡适所举的例子中不少却是微型小说的例子，大概当时还没有微型小说这个说法，而且他还举了不少诗歌中的例子，如《木兰辞》《上山采蘼芜》《石壕吏》与白居易的《新乐府》等，认为它们是韵文中短篇小说的佳例。一般说来，短篇小说中的人物都不多，情节也比较简单，但仍能表现生活的价值和意义。西方文学中，莫泊桑、欧·亨利、契诃夫被认为是最优秀的短篇小说大师。中国现代文学中，也有不少写短篇小说的大师，像鲁迅、茅盾、老舍、郁达夫、沈从文、张天翼、赵树理、张爱玲等。

中篇小说是介于短篇小说和长篇小说之间的文体。有时候并不太容易区分，因为现在有所谓的小长篇小说，一般只有十万字到十五万字之间。从容量上看，中篇小说往往主要刻画一个主要人物，其他人物只是陪衬。中篇小说名家很多，略举几个当代的，如阿城、张承志、莫言、刘震云、刘恒、余华、苏童、北村、格非、王安忆、须一瓜等。

长篇小说，顾名思义，总是指那些篇幅足够长，人物比较多，情节比较复杂，反映的社会生活比较深广的小说。现在的一些小长篇小说人物却往往不多，但主要人物刻画都比较丰满，也能够反映一定长度和深度的有意义的生活。对于中国小说来说，明清时期是长篇小说的发展期和高峰期，出现了一大批的长篇小说代表作。进入现代以来，长篇小说可谓方兴未艾，历来是小说家创作的重头戏。当代主要小说家也大多把精力投入长篇小说创作中，以先锋小说家为例，余华、苏童、格非、北村等，都写了很不少的长篇小说。以北村为例，20世纪90年代以来，就发表和出版了《施洗的河》《老木的琴》《玻璃》《鸟》《望着你》《愤怒》《公路上的灵魂》《发烧》《另一种阳光》《我和上帝有个约》等长篇小说，在文学界、思想界都产生了重大的影响。

本单元选了《十五贯戏言成巧祸》《伤逝》《金鲤鱼的百裥裙》《中国孀妇的日元存折》四篇小说。

《十五贯戏言成巧祸》是古代白话小说的名篇，历来被人称颂。这个小说最妙的是它的叙事艺术，尤其是各种巧合，可以说是天衣无缝，自然而然。当然，小说的讽刺和劝善的主题也是很明显的。

《伤逝》是现代中国最好的短篇小说之一，也是鲁迅最杰出的短篇小说之一。同时，这个小说是鲁迅唯一写城市恋爱破灭的作品，其浓郁的悲剧意味和诗化的语言赋予作品独特的风格，从它产生开始就受到广泛的称赞，也是短篇小说阅读和欣赏的经典作品。

《金鲤鱼的百裥裙》是林海音最好的短篇小说，它通过衣服——一条百裥裙就写出了一个女性乃至一代女性的悲剧，作为小说，这的确是佳构。从中体现出身份意识和等级观念对人的摧残，简直到了极其深刻的程度。这个小说需要细读，才能真正理解其中的深刻意味。小说——好的小说对问题的探讨，有时候胜过许多论文，《金鲤鱼的百裥裙》就是这样的好小说，这源于作者对人性的深刻洞察和对历史的精确把握。

吴尔芬是福建比较有探索精神的小说家，也是比较具有现代性的小说家，尤其是他的短篇小说，颇具先锋小说的味道，从《中国孀妇的日元存折》可见一斑。这个小说通过“我”“二姑”两人的叙述，塑造了“二姑”这个中国孀妇的悲剧性人物，也鞭挞了像川岛这样的侵华日军的卑劣与猥琐。从短篇小说叙述艺术而言，这个小说是值得一读的。

小说或许是文学创作最有挑战的体裁，也是文学阅读最有挑战的体裁。好小说能够深刻描写人类的历史，表现人类的本性；或者纯粹满足人们对故事的消费。自从小说产生开始，小说的魅力就一直吸引着人们，并将一直吸引着……

主讲课文

十五贯戏言成巧祸[1]

《醒世恒言》

聪明伶俐自天生，懵懂痴呆未必真。
嫉妒每因眉睫浅[2]，戈矛时起笑谈深。
九曲黄河心较险，十重铁甲面堪憎。
时因酒色亡家国，几见诗书误好人！

这首诗，单表为人难处。只因世路窄狭，人心叵测。大道既远，人情万端。熙熙攘攘，都为利来。蚩蚩蠢蠢[3]，皆纳祸去。持身保家，万千反覆。所以古人云：颦有为颦[4]，笑有为笑。颦笑之间，最宜谨慎。

这回书，单说一个官人，只因酒后一时戏笑之言，遂至杀身破家，陷了几条性命。且先引下一个故事来，权做个德胜头回[5]。

却说故宋朝中[6]，有一个少年举子，姓魏，名鹏举，字冲霄，年方一十八岁。娶得一个如花似玉的浑家。未及一月，只因春榜动，选场开，魏生别了妻子，收拾行囊，上京应取[7]。临别时，浑家分付丈夫："得官不得官，早早回来，休抛闪了恩爱夫妻[8]！"魏生答道："功名二字，是俺本领前程，不索贤卿忧虑[9]。"别后登程到京，果然一举成名，除授一甲第二名榜眼及第。在京甚是华艳动人，少不得修了一封家书，差人接取家眷入京。书上先叙了寒温及得官的事，后却写下一行道："是我在京中早晚无人照管，已讨了一个小老婆，专候夫人到京，同享荣华。"

家人收拾书程[10]，一径到家，见了夫人，称说贺喜，因取家书呈上。夫人拆开看了，见是如此如此，这般这般，便对家人道："官人直恁负恩[11]！甫能得官[12]，便娶了二夫人！"家人便道："小人在京，并没见有此事。想是官人戏谑之言。夫人到京，便知分晓，不得忧虑。"夫人道："恁地说，我也罢了。"却因人舟未便，一面收拾起身，一面寻觅便人，先寄封平安家书到京中去。那寄书人到了京中，寻问新科魏榜眼寓所，下了家书，管待酒饭，自回，不题。

却说魏生接书，拆开来看了，并无一句闲言闲语，只说道："你在京中娶了一个小老婆，我在家中也嫁了一个小老公，早晚同赴京师也。"魏生见了，也只道是夫人取笑的说话，全不在意。未及收好，外面报说有个同年相访[13]。京邸寓中，不比在家宽转，那人又是相厚的同年，又晓得魏生并无家眷在内，直至里面坐下，叙了些寒温。魏生起身去解手，那同年偶翻桌上书帖，看见了这封家书，写得好笑，故意朗诵起来。魏生措手不及，通红了脸，说道："这是没理的事！因是小弟戏谑了他，他便取笑写来的。"那同年呵呵大笑道："这节事却是取笑不得的。"别了就去。

那人也是一个少年，喜谈乐道，把这封家书一节，顷刻间遍传京邸。也有一班妒忌魏生少年登高科的，将这桩事只当做风闻言事的一个小小新闻，奏上一本，说这魏生年少不检，不宜居清要之职，降处外任。魏生懊恨无及。后来毕竟做官蹭蹬不起[14]，把锦片也似一段美前程，等闲放过去了。这便是一句戏言，撒漫了一个美官。

今日再说一个官人，也只是为酒后一时戏言，断送了堂堂七尺之躯，连累两三个人，枉屈害了性命。却是为着甚的？有诗为证。

世路崎岖实可哀，傍人笑口等闲开。
白云本是无心物，又被狂风引出来。

却说南宋时[15]，建都临安，繁华富贵，不减那汴京故国。去那城中箭桥左侧，有个官人，姓刘名贵，字君荐。祖上原是有根基的人家。到得君荐手中，却是时乖运蹇。先前读书，后来看看不济，却去改业做生意，便是半路上出家的一般。买卖行中，一发不是本等伎俩[16]，又把本钱消折去了。渐渐大房改换小房，赁得两三间房子。与同浑家王氏，年少齐眉。后因没有子嗣，娶下一个小娘子，姓陈，是陈卖糕的女儿，家中都呼为二姐。这也是先前不十分穷薄的时做下的勾当[17]。至亲三口，并无闲杂人在家。那刘君荐，极是为人和气，乡里见爱，都称他刘官人。"你是一时运限不好[18]，如此落寞[19]。再过几时，定时有个亨通的日子。"说便是这般说，那得有些些好处？只是在家纳闷，无可奈何！

却说一日闲坐家中，只见丈人家里的老王——年近七旬——走来对刘官人说道："家间老员外生日[20]，特令老汉接取官人娘子，去走一遭。"刘官人便道："便是我日逐愁闷过日子，连那泰山的寿诞，也都忘了。"便同浑家王氏，收拾随身衣服，打叠个包儿，交与老王背了。吩咐二姐："看守家中，今日晚了，不能转回，明晚须索来家[21]。"说了就去。

离城二十余里，到了丈人王员外家，叙了寒温。当日座间客众，丈人女婿，不好十分叙述许多穷相。到得客散，留在客房里宿歇。直到天明，丈人却来与女婿攀话，说道："姐夫[22]，你须不是这等算计。'坐吃山空，立吃地陷'，'咽喉深似海，日月快如梭'。你须计较一个常便[23]！我女儿嫁了你，一生也指望丰衣足食，不成只是这等就罢了[24]！"刘官人叹了一口气道："是。泰山在上，道不得个'上山擒虎易，开口告人难'，如今的时势，再有谁似泰山这般看顾我的？只索守困[25]，若去求人，便是劳而无功。"丈人便道："这也难怪你说。老汉却是看你们不过，今日赍助你些少本钱，胡乱去开个柴米店，摆得些利息来过日子[26]，却不好么？"刘官人道："感蒙泰山恩顾，可知是好。"当下吃了午饭，丈人取出十五贯钱来[27]，付与刘官人道："姐夫，且将这些钱去，收拾起店面。开张有日，我便再应付你十贯。你妻子且留在此过几日，待有了开店日子，老汉亲送女儿到你家，就来与你作贺，意下如何？"

刘官人谢了又谢，驮了钱一径出门。到得城中，天色却早晚了。却撞着一个相识，顺路在他家门首经过。那人也要做经纪的人，就与他商量一会，可知是好。便去敲那人门时，里面有人应喏，出来相揖，便问："老兄下顾，有何见教？"刘官人一一说知就里[28]。那人便道："小弟闲在家中，老兄用得着时，便来相帮。"刘官人道："如此甚好。"当下说了些生意的勾当。那人便留刘官人在家，现成杯盘，吃了三杯两盏。刘官人酒量不济，便觉有些朦胧起来[29]，抽身作别，便道："今日相扰，明早就烦老兄过寒家，计议生理[30]。"那人又送刘官人至路口，作别回家，不在话下。若是说话的同年生，并肩长，拦腰抱住，把臂拖回，也不见得受这般灾悔！却教刘官人死得不如：

《五代史》李存孝[31]，《汉书》中彭越[32]。

却说刘官人驮了钱，一步一步捱到家中。敲门已是点灯时分，小娘子二姐独自在家，没一些事做，守得天黑，闭了门，在灯下打瞌睡。刘官人打门，他那里便听见？敲了半晌，方才知觉，答应一声"来了！"起身开了门。

刘官人进去，到了房中，二姐替刘官人接了钱，放在桌上，便问："官人何处挪移这项钱来[33]？

却是甚用?”那刘官人一来有了几分酒，二来怪他开得门迟了，且戏言吓他一吓，便道：“说出来，又恐你见怪；不说时，又须通你得知。只是我一时无奈，没计可施，只得把你典与一个客人，又因舍不得你，只典得十五贯钱。若是我有些好处，加利赎你回来；若是照前这般不顺溜，只索罢了！”那小娘子听了，欲待不信，又见十五贯钱，堆在面前；欲待信来，他平白与我没半句言语，大娘子又过得好，怎么便下得这等狠心辣手？疑狐不决，只得再问道：“虽然如此，也须通知我爹娘一声。”刘官人道：“若是通知你爹娘，此事断然不成。你明日且到了人家，我慢慢央人与你爹娘说通，他也须怪我不得。”小娘子又问：“官人今日在何处吃酒来?”刘官人道：“便是把你典与人，写了文书，吃他的酒，才来的。”小娘子又问：“大姐姐如何不来?”刘官人道：“他因不忍见你分离，待得你明日出了门才来，这也是我没计奈何，一言为定。”说罢，暗地忍不住笑。不脱衣裳，睡在床上，不觉睡去了。

那小娘子好生摆脱不下：“不知他卖我与甚色样人家[34]？我须先去爹娘家里说知。就是他明日有人来要我，寻道我家，也须有个下落。”沉吟了一会，却把这十五贯钱，一垛儿堆在刘官人脚后边。趁他酒醉，轻轻的收拾了随身衣服，款款的开了门出去，拽上了门。却去左边一个相熟的邻舍，叫作朱三老儿家里，与朱三妈借宿了一夜，说道：“丈夫今日无端卖我，我须先去与爹娘说知。烦你明日对他说一声，既有了主顾，可同我丈夫到爹娘家中来，讨个分晓，也须有个下落。”那邻舍道：“小娘子说得有理，你只顾自去，我便与刘官人说知就理。”过了一宵，小娘子作别去了，不题。正是：

鳌鱼脱却金钩去，摆尾摇头再不回。

放下一头。却说这里刘官人一觉，直至三更方醒，见桌上灯犹未灭，小娘子不在身边。只道她还在厨下收拾家火，便唤二姐讨茶吃。叫了一回，没人答应，却待挣扎起来，酒尚未醒，不觉又睡了去。不想却有一个做不是的[35]，日间赌输了钱，没处出豁[36]，夜间出来掏摸些东西，却好到刘官人门首。因是小娘子出去了，门儿拽上不关，那贼略推一推，豁地开了。捏手捏脚，直到房中，并无一人知觉。到得床前，灯火尚明。周围看时，并无一物可取。摸到床上，见一人朝着里床睡去，脚后却有一堆青钱[37]，便去取了几贯。不想惊觉了刘官人，起来喝道：“你须不近道理[38]！我从丈人家借办得几贯钱来，养身活命；不争你偷了我的去[39]，却是怎的计结[40]？”那人也不回话，照面一拳。刘官人侧身躲过，便起身与这人相持。那人见刘官人手脚活动，便拔步出房。刘官人不舍，抢出门来，一径赶到厨房里，恰待声张邻舍，起来捉贼。那人急了，正好没出豁，却见明晃晃一把劈柴斧头，正在手边。也是人急计生，被他绰起，一斧[41]正中刘官人面门，扑地倒了。又复一斧，斫倒一边。眼见得刘官人不活了，呜呼哀哉，伏惟尚飨！那人便道：“一不做，二不休。却是你来赶我，不是我来寻你。”索性翻身入房，取了十五贯钱，扯条单，被包裹得停当，拽扎得爽俐，出门，拽上了门就走，不题。

次早邻舍起来，见刘官人家门也不开，并无人声息，叫道：“刘官人，失晓了[42]。”里面没人答应。捱将进去，只见门也不关。直到里面，见刘官人劈死在地。他家大娘子，两日前已自往娘家去了，小娘子如何不见？免不得声张起来。却有昨夜小娘子借宿的邻家朱三老儿说道：“小娘子昨夜黄昏时，到我家宿歇，说道刘官人无端卖了他，他一径先到爹娘家里去了。教我对刘官人说，既有了主顾，可同到他爹娘家中，也讨得个分晓。今一面着人去追她转来，便有下落；一面着人去报她大娘子到来，再作区处[43]。”众人都道：“说得是。”

先着人去到王老员外家报凶信。老员外与女儿大哭起来，对那人道：“昨日好端端出门，老汉赠他十五贯钱，教他将来做本[44]，如何便恁的被人杀了?”那去的人道：“好教老员外、大娘子得知：昨日刘官人归时，已自昏黑，吃得半酣，我们都不晓得他有钱没钱，归迟归早。只是今早刘官人家，门儿半开，众人推将进去，只见刘官人杀死在地；十五贯钱一文也不见，小娘子也不见踪迹。声张起来，却有左邻朱三老儿出来，说道：他家小娘子，昨夜黄昏时分，借宿他家。小娘子说道，刘官人无端把她典与人了，小娘子要对爹娘说一声。住了一宵，今日径自去了。如今众人计议，一面来报大娘子与老员外，一面着人去追小娘子。若是半路里追不着的时节，直到他爹娘家中，好歹追她转来，问个明白。老员外与大娘子，须索去走一遭，与刘官人执命[45]。"老员外与大娘子急急收拾起身，管待来人酒饭，三步做一步，赶入城中，不题。

却说那小娘子，清早出了邻舍人家，挨上路去，行不下一二里，早是脚疼走不动，坐在路旁。却见一个后生，头带万字头巾，身着直缝宽衫，背上驮了一个搭膊[46]，里面却是铜钱，脚下丝鞋净袜，一直走上前来。到了小娘子面前，看了一看：虽然没有十二分颜色，却也明眉皓齿，莲脸生春，秋波送媚，好生动人。正是：

野花偏艳目，村酒醉人多。

那后生放下搭膊，向前深深作揖："小娘子独行无伴，却是往那里去的？"小娘子还了万福，道："是奴家要往爹娘家去，因走不上，权歇在此。"因问："哥哥是何处来？今要往何方去？"那后生叉手不离方寸[47]："小人是村里人，因往城中卖了丝帐，讨得些钱，要往褚家堂那边去的。"小娘子道："告哥哥则个[48]，奴家爹娘也在褚家堂左侧，若得哥哥带挈奴家，同走一程，可知是好？"那后生道："有何不可？既如此说，小人情愿伏侍小娘子前去。"

两个厮赶着，一路正行，行不到三二里田地，只见后面两个人脚不点地，赶上前来。赶得汗流气喘，衣服拽开，连叫："前面小娘子慢走！我却有话说知！"小娘子与那后生看见赶得蹊跷，都立住了脚。后边两个赶到跟前，见了小娘子与那后生，不容分说，一家扯了一个，说道："你们干得好事！却走往那里去？"小娘子吃了一惊，举眼看时，却是两家邻舍，一个就是小娘子昨夜借宿的主人。小娘子便道："昨夜也须告过公公得知，丈夫无端卖我，我自去对爹娘说知。今日赶来，却有何说？"朱三老道："我不管闲账。只是你家里有杀人公事，你须回去对理[49]。"小娘子道："丈夫卖我，昨日钱已驮在家中，有甚杀人公事？我只是不去。"朱三老道："好自在性儿！你若真个不去，叫起地方[50]：有杀人贼在此，烦为一捉！不然，须要连累我们，你这里地方也不得清净！"

那后生见不是话头，便对小娘子道："既如此说，小娘子只索回去。小人自家去休[51]。"那两个赶来的邻舍，齐叫起来，说道："若是没有你在此便罢；既然你与小娘子同行同止，你须也去不得！"那后生道："却也古怪！我自半路遇见小娘子，偶然伴她行一程，路途上有甚皂丝麻线[52]，要勒掯我回去[53]？"朱三老道："他家有了杀人公事，不争放你去了，却打没对头官司？"当下怎容小娘子和那后生做主。看的人渐渐立满，都道："后生，你去不得！你'日间不作亏心事，半夜敲门不吃惊'，便去何妨？"那赶来的邻舍道："你若不去，便是心虚！我们却和你罢休不得！"四个人只得厮挽着一路转来。

到得刘官人门首，好一场热闹！小娘子入去看时，只见刘官人斧劈倒在地死了，床上十五贯钱，分文也不见。开了口合不得，伸了舌缩不上去。那后生也慌了，便道："我恁的晦气！没来由和那小娘子同走一程，却做了干连人[54]。"众人都和闹着，正在那里分豁不开[55]，只见王老员外和女儿一步一颠走回家来，见了女婿身尸，哭了一场，便对小娘子道："你却如何杀了丈夫？劫了十五贯钱，逃走出去？今日天理昭然，有何理说？"小娘子道："十五贯钱，委是有的。只是丈夫昨晚回来，说是无计奈何，将奴家典与他人，典得十五贯身价在此，说过今日便要奴家到他家去。奴家因不知他典与甚色样人家，先去与爹娘说知。故此趁夜深了，将这十五贯钱，一垛儿堆在他脚后边，拽上门，到朱三老家住了一宵，今早自去爹娘家里说知。我去之时，也曾央朱三老对我丈夫说，既然有了主儿，便同到我爹娘家里来交割。却不知因甚杀死在此？"那大娘子道："可又来[56]！我的父亲昨日明明把十五贯钱与他驮来作本，养赡妻小，他岂有哄你说是典来身价之理？这是你两日因独自在家，勾搭上了人；又见家中好生不济，无心守耐；又见了十五贯钱，一时见财起意，杀死丈夫，劫了钱；又使见识往邻舍家借宿一夜[57]，却与汉子通同计较，一处逃走。现今你跟着一个男子同走，却有何理说，抵赖得过？”众人齐声道：“大娘子之言，甚是有理！”又对那后生道：“后生！你却如何与小娘子谋杀亲夫？却暗暗约定在僻静处等候，一同去逃奔他方，却是如何计结！”那人道：“小人自姓崔名宁，与那小娘子无半面之识。小人昨晚入城卖得几贯丝钱在这里，因路上遇见小娘子，小人偶然问起往那里去的，却独自一个行走？小娘子说起是与小人同路，以此作伴同行。却不知前后因依[58]。”

众人那里肯听他分说，搜索他搭膊中，恰好是十五贯钱，一文也不多，一文也不少。众人齐发起喊来道：“是‘天网恢恢，疏而不漏[59]’！你却与小娘子杀了人，拐了钱财，盗了妇女，同往他乡。却连累我地方邻里打没头官司！”当下大娘子结扭了小娘子，王老员外结扭了崔宁，四邻舍都是证见，一哄都入临安府中来。

那府尹听得有杀人公事，即便升堂，便叫一干人犯，逐一从头说来。先是王老员外上去，告说：“相公在上[60]，小人是本府村庄人氏，年近六旬，只生一女，先年嫁与本府城中刘贵为妻；后因无子，娶了陈氏为妾，呼为二姐。一向三口在家过活，并无片言。只因前日是老汉生日，差人接取女儿、女婿在家住了一夜。次日，因见女婿家中全无活计，养赡不起，把十五贯钱与女婿作本，开店养身。却有二姐在家看守。到得昨夜，女婿到家时分，不知因甚缘故，将女婿斧劈死了，二姐却与一个后生，名唤崔宁，一同逃走，被人追捉到来。望相公可怜见老汉的女婿身死不明，奸夫淫妇，赃证现在，伏乞相公明断！”府尹听得如此如此，便叫：“陈氏上来！你却如何通同奸夫杀死了亲夫，劫了钱，与人一同逃走？是何理说？”二姐告道：“小妇人嫁与刘贵，虽是个小老婆，却也得他看承得好，大娘子又贤慧，却如何肯起这片歹心？只是昨晚丈夫回来，吃得半酣，驮了十五贯钱进门。小妇人问他来历，丈夫说道为因养赡不周，将小妇人典与他人，典得十五贯身价在此。又不通我爹娘得知，明日就要小妇人到他家去。小妇人慌了，连夜出门，走到邻舍家里借宿一宵。今早一径先往爹娘家去，教他对丈夫说：‘既然卖我有了主顾，可到我爹妈家里来交割。’才走得到半路，却见昨夜借宿的邻家赶来，捉住小妇人回来。却不知丈夫杀死的根由。”那府尹喝道：“胡说！这十五贯钱，分明是他丈人与女婿的，你却说是典你的身价，眼见得没巴臂的说话了[61]。况且妇人家如何黑夜行走？定是脱身之计！这桩事须不是你一个妇人家做的，一定有奸夫帮你谋财害命。你却从实说来。”

那小娘子正待分说，只见几家邻舍一齐跪上去告道：“相公的言语，委是青天！他家小娘子，昨夜果然借宿在左邻第二家的，今早他自去了。小的们见他丈夫杀死，一面着人去赶，赶到半路，却见小娘子和那一个后生同走，苦死不肯回来[62]。小的们勉强捉她转来，却又一面着人去接他大娘子与他丈人。到时，说昨日有十五贯钱付与女婿做生理的。今者女婿已死，这钱不知从何而去。再三问那小娘子时，说道他出门时，将这钱一堆儿堆在床上。却去搜那后生身边，十五贯钱，分文不少。却不是小娘子与那后生通同谋杀！赃证分明，却如何赖得过？”

府尹听他们言言有理，就唤那后生上来道：“帝辇之下，怎容你这等胡行？你却如何谋了他小老婆？劫了十五贯钱？杀死她亲夫？今日同往何处？从实招来！”那后生道：“小人姓崔名宁，是乡村人氏。昨日往城中卖了丝，卖得这十五贯钱，今早偶然路上撞着这小娘子，并不知她姓甚名谁，哪里晓得她家杀人公事？”府尹大怒，喝道：“胡说！世间不信有这等巧事！他家失去了十五贯钱，你却卖的丝恰好也是十五贯钱。这分明是支吾的说话了[63]。况且‘他妻莫爱，他马莫骑’，你既与那妇人没甚首尾，却如何与他同行共宿？你这等顽皮赖骨，不打如何肯招？”

当下众人将那崔宁与小娘子死去活来拷打一顿。那边王老员外与女儿并一干邻佑人等，口口声声，咬他二人。府尹也巴不得了结这段公案。拷讯一回，可怜崔宁和小娘子受刑不过，只得屈招了。说是一时见财起意，杀死亲夫，劫了十五贯钱，同奸夫逃走是实。左邻右舍都指画了十字。将两人大枷枷了，送入死囚牢里。将这十五贯钱给还原主，也只好奉与衙门中人做使用，也还不够哩！府尹叠成文案[64]，奏过朝廷。部覆申详[65]，倒下圣旨，说崔宁不合奸骗人妻，谋财害命，依律处斩；陈氏不合通同奸夫杀死亲夫，大逆不道，凌迟示众。当下读了招状，大牢内取出二人来，当厅判一个“斩”字，一个“剐”字，押赴市曹，行刑示众。两人浑身是口，也难分说。正是：

哑子谩尝黄蘗味[66]，难将苦口对人言。

看官听说：这段公事，果然是小娘子与那崔宁谋财害命的时节，他两人须连夜逃走他方，怎的又去邻舍人家借宿一宵？明早又走到爹娘家去，却被人捉住了？这段冤枉，仔细可以推详出来。谁想问官糊涂，只图了事，不想捶楚之下，何求不得？冥冥之中，积了阴骘[67]，远在儿孙近在身，他两个冤魂也须放你不过。所以做官的切不可率意断狱，任情用刑，也要求个公平明允。道不得个死者不可复生，断者不可复续，可胜叹哉！

闲话休题。却说那刘大娘子到得家中，设个灵位，守孝过日。父亲王老员外劝她转身[68]，大娘子说道：“不要说起三年之久，也须到小祥之后[69]。”父亲应允自去。

光阴迅速，大娘子在家巴巴结结，将近一年。父亲见她守不过，便叫家里老王去接他来，说：“叫大娘子收拾回家，与刘官人做了周年，转了身去罢。”大娘子没计奈何，细思父言亦是有理。收拾了包裹，与老王背了，与邻舍家作别，暂去再来。一路出城，正值秋天，一阵乌风猛雨，只得落路，往一所林子去躲。不想走错了路，正是：

猪羊走屠宰之家，一脚脚来寻死路。

走入林子里去，只听他林子背后大喝一声：“我乃静山大王在此！行人住脚，须把买路钱与我！”大娘子和那老王吃那一惊不小，只见跳出一个人来：

头带干红凹面巾，身穿一领旧战袍，腰间红绡搭膊裹肚，脚下蹬一双乌皮皂靴，手执一把朴刀。

舞刀前来。那老王该死，便道：“你这剪径的毛团[70]！我须是认得你。做这老性命着与你兑了吧[71]！”一头撞去，被他闪过空；老人家用力猛了，扑地便倒。那人大怒道：“这牛子好生无礼[72]！”连搠一两刀，血流在地，眼见得老王养不大了。那刘大娘子见他凶猛，料道脱身不得，心生一计，叫作脱空计。拍手叫道：“杀得好！”那人便住了手，睁圆怪眼，喝道：“这是你甚么人？”那大娘子虚心假气的答道：“奴家不幸丧了丈夫，却被媒人哄诱，嫁了这个老儿，只会吃饭。今日却得大王杀了，也替奴家除了一害。”那人见大娘子如此小心，又生得有几分颜色，便问道：“你肯跟我做个压寨夫人么？”大娘子寻思，无计可施，便道：“情愿伏侍大王。”那人回嗔作喜，收拾了刀杖，将老王尸首撺入涧中；领了刘大娘子到一所庄院前来，甚是委曲[73]。只见大王向那地上拾些土块，抛向屋上去，里面便有人出来开门。到得草堂之上，吩咐杀羊备酒，与刘大娘子成亲。两口儿且是说得着。正是：

明知不是伴，事急且相随。

不想那大王自得了刘大娘子之后，不上半年，连起了几注大财，家间也丰富了。大娘子甚是有识见，早晚用好言语劝他：“自古道‘瓦罐不离井上破，将军难免阵中亡’，你我两人，下半世也够吃用了，只管做这没天理的勾当，终须不是个好结果。却不道是‘梁园虽好[74]，不是久恋之家’，不若改行从善，做个小小经纪，也得过养身活命。”那大王早晚被她劝转，果然回心转意，把这门道路撇了。却去城市间，赁下一处房屋，开了一个杂货店。遇闲暇的日子，也时常去寺院中念佛赴斋。

忽一日在家闲坐，对那大娘子道：“我虽是个剪径的出身，却也晓得冤各有头，债各有主。每日间只是吓骗人东西，将来过日子；后来得有了你，一向不大顺溜，今已改行从善。闲来追思既往，正会枉杀了二个人，又冤陷了两个人，时常挂念，思欲做些功德，超度他们，一向未曾对你说知。”大娘子便道："如何是枉杀了两个人？"那大王道："一个是你的丈夫，前日在林子里的时节，他来撞我，我却杀了他。他须是个老人家，与我往日无仇，如今又谋了他老婆，他死也是不肯甘心的。"大娘子道："不恁的时，我却哪得与你厮守？这也是往事，休题了。"又问："杀那一个，又是甚人？"那大王道："说起来这个人，一发天理上放不过去；且又带累了两个人，无辜偿命。是一年前，也是赌输了，身边并无一文，夜间便去掏摸些东西。不想到一家门首，见他门也不闩，推进去时，里面并无一人。摸到门里，只见一人醉倒在床，脚后却有一堆铜钱，便去摸他几贯，正待要走，却惊醒了那人，起来说道：'这是我丈人家与我做本钱的，不争你偷去了，一家人口都是饿死！'起身抢出房门，正待声张起来。是我一时见他不是话头[75]，却好一把劈柴斧头在我脚边，这叫作人急计生，绰起斧头，喝一声道：'不是我，便是你！'两斧劈倒。却去房中将十五贯钱尽数取了。后来打听得他，却连累了他家小老婆，与那一个后生，唤做崔宁，冤枉了他谋财害命，双双受了国家刑法。我虽是做了一世强人，只有这两桩人命，是天理人心打不过去的，早晚还要超度他，也是该的。"

那大娘子听说，暗暗地叫苦："原来我的丈夫也吃这厮杀了！又连累我家二姐与那个后生无辜受戮。思量起来，是我不合当初做弄他两人偿命。料他两人阴司中也须放我不过。"当下权且欢天喜地，并无他说。明日捉个空，便一径到临安府前叫起屈来。

那时，换了一个新任府尹，才得半月，正值升厅，左右捉将那叫屈的妇人进来。刘大娘子到于阶下，放声大哭。哭罢，将那大王前后所为：怎的杀了我丈夫刘贵，问官不肯推详，含糊了事，却将二姐与那崔宁朦胧偿命；后来又怎的杀了老王，奸骗了奴家。今日天理昭然，一一是他亲口招承，伏乞相公高抬明镜，昭雪前冤！说罢又哭。

府尹见她情词可悯，即着人去捉那静山大王到来，用刑拷讯，与大娘子口词一些不差。即时问成死罪，奏过官里。待六十日限满，倒下圣旨来："勘得静山大王谋财害命，连累无辜，准律杀一家非死罪三人者斩加等，决不待时[76]；原问官断狱失情，削职为民；崔宁与陈氏枉死可怜，有司访其家，量行优恤；王氏既系强徒威逼成亲，又能伸雪夫冤，着将贼人家产一半没入官，一半给与王氏养赡终身。"

刘大娘子当日往法场上看决了静山大王，又取其头去祭献亡夫，并小娘子及崔宁，大哭一场。将这一半家私舍入尼姑庵中。自己朝夕看经念佛，追荐亡魂，尽老百年而终。有诗为证：

善恶无分总丧躯，只因戏语酿殃危。
劝君出语须诚实，口舌从来是祸基。

注释

[1] 十五贯戏言成巧祸：宋本作《错斩崔宁》，选自《醒世恒言》，冯梦龙编，顾学颉校注，人民文学出版社1956年版。收入本书时，部分标点和段落划分有修改。《醒世恒言》是白话短篇小说集，辑录宋、元以来话本、拟话本40篇。《醒世恒言》与冯梦龙编纂的另外两部小说集《喻世明言》(《古今小说》)、《警世通言》合称"三言"。冯梦龙(1574—1646)：字犹龙，又字子犹，别号龙子犹等。苏州府吴县(今苏州)人。冯梦龙的作品除"三言"外，还有《新列国志》《增补三遂平妖传》《智囊》《古今谈概》等。

[2] 眉睫浅：目光短浅。

[3] 蚩蚩蠢蠢：愚昧无知。

[4] 颦有为颦：皱眉有皱眉的缘由。颦，皱眉头。

[5] 德胜头回："德"通"得"。宋元时期，说书人在讲正书之前，常常先讲一个和正书相类似的或相

反的故事，叫“德胜头回”，也叫“入话”。
[6]却说故宋朝中：一作“我朝元丰年间”。
[7]应取：应举考试。
[8]抛闪：撇弃，抛弃。
[9]不索：不必，不须。
[10]书程：书信和盘缠。
[11]恁：如此。
[12]甫能：方才，刚才。
[13]同年：在科举时代，同一年考取功名的人，不论年纪，互称同年。
[14]蹭蹬：潦倒。
[15]却说南宋时：一作“却说高宗时”。高宗：指宋高宗赵构，1127—1162年在位。
[16]一发：更加，尤其。本等伎俩：原来的技能。
[17]勾当：事情。
[18]运限：运气。
[19]落寞：困顿，落魄。
[20]员外：原指官名，后一般指有钱、有地位的人。
[21]须索：一定。
[22]姐夫：岳父对女婿的客气称呼。
[23]常便：长久之计。
[24]不成：难道。
[25]只索守困：只好过穷日子。
[26]撰：通“赚”。
[27]贯：古人把一千个铜钱用绳子串成一串，叫作一贯。
[28]就里：内情，底细。
[29]朦胧：糊里糊涂。现在一般写作“蒙眬”。
[30]生理：生意，买卖。
[31]李存孝：后唐李克用的养子，屡立战功，官至汾州刺史。后被人诬陷，为李克处所杀。
[32]彭越：刘邦手下大将。刘邦统一天下后，有人告发他谋反，被刘邦处死。
[33]挪移：转借。
[34]甚色样：什么样。
[35]做不是的：做坏事的，这里指小偷。
[36]出豁：想办法。
[37]青钱：铜钱。
[38]须：真是。
[39]不争：如果，若是。
[40]计结：了结，结局。
[41]绰起：拿起，抓起。
[42]失晓：睡过头，天亮了还没醒。
[43]区处：处置，处理。
[44]将来：拿来。
[45]执命：索命，追究。
[46]搭膊：一种挂在肩上的长方形的布袋，中间开口，两端可盛钱物。亦可手提。
[47]叉手：拱手。方寸：心，这里指胸前。
[48]则个：语气助词，无义。
[49]对理：见官。理，法官、狱官。
[50]地方：地保，里长。
[51]休：算了。
[52]皂丝麻线：黑丝线和白丝线搅缠在一起。比喻牵涉，关联。
[53]勒掯：强逼。
[54]干连人：有牵连的人，与某事有关系的人。
[55]分豁：分辩，解脱。
[56]可又来：亏你说得出。
[57]使见识：用计谋。
[58]因依：缘由经过。
[59]天网恢恢，疏而不漏：语出《老子》。意思是说，上天的法网广大无边，决不漏掉一个犯法的人。
[60]相公：这里指对官员的尊称。
[61]巴臂：同“把柄”，凭据的意思。
[62]苦死：拼死。
[63]支吾：掩盖，抵赖。
[64]迭成文案：做成公文案卷。
[65]部覆详：刑部复查，签署意见并上报皇帝。
[66]谩：莫，不要。黄蘗(bò)：即黄柏，可作药，味道极苦。
[67]阴骘(zhì)：阴德。这里是反用其意。
[68]转身：寡妇改嫁。
[69]小祥：服丧一周年叫小祥。
[70]剪径的毛团：劫路抢劫的畜生。
[71]厮：相拼。
[72]牛子：蛮货，畜生。这是宋元时期强盗对抢劫对象说的行话。
[73]委曲：曲折。
[74]梁园：汉朝梁孝王刘武在开封东南建造了一所大花园，名为梁园。
[75]不是话头：情况不好。含有危险、危机的意思。
[76]决不待时：古代处死死罪犯人多在秋后执行，但对于重要罪犯则不必等到秋后，可以立即执行。

作品分析

《十五贯戏言成巧祸》(宋本作《错斩崔宁》)是话本小说中的极品,也是古代小说的名篇,历来为人们所称颂,为读者所喜爱。小说通过陈二姐和崔宁两个青年被屈打成招、无辜被杀的冤案,表现了封建专制时代官吏的昏庸愚蠢,群众的愚昧无知,深刻地揭露和批判当时黑暗的社会现实。最后,杀人凶手静山大王伏法,冤案得到昭雪,则反映了说书人的主观愿望,也是旧小说"大团圆"结局的一个表现,但也体现了小说的劝善惩恶的目的。

《十五贯戏言成巧祸》结构完整,可以分为四个部分来理解。

第一部分(第1—6自然段)。这是话本小说"入话"的部分。叙述了北宋时期(有的版本说是宋神宗时)一个叫魏鹏举的新科进士(榜眼)因为戏言丢官的故事,用来引入正书。同时,这个故事也表达了劝诫作用,告诫人们"颦有为颦,笑有为笑。颦笑之间,最宜谨慎"。魏鹏举"一句戏言,撒漫了一个美官",断送了自己的前程,说明戏言害人,也说明谨慎的重要。但这个故事的作用主要仍是"入话",因为作者将要讲的刘贵也是因为戏言酿成了惨祸和冤狱,虽然悲剧的程度有别,但根本的原因是一样的。这足见"戏言"的危害。

第二部分(第7—15自然段)。叙述刘贵的家庭情况,以及刘贵遇害的经过。这个故事发生在南宋时期(有的版本说是宋高宗时)的临安府,也就是今天的杭州市,说书人讲明这个背景,意在表明这个故事的真实性,使听众更感兴趣。主人公刘贵,家道中落,自己又不善经营,日子过得并不太如意。他先前娶了个妻子王氏,因为王氏没有子嗣,于是又娶了个妾——就是陈二姐。自然,刘贵娶妻纳妾,都在家境还不十分落魄的时候做的事情。后来,因为岳父大人做寿,刘贵和妻子王氏一起去祝寿。岳父主动资助他十五贯钱,让刘贵开个柴米店,好将日子过好些,并答应店面开张时再给他十贯钱。这样,刘贵一个人先回去,王氏继续住在娘家。刘贵在回去的路上,遇上一个熟人,两人喝了酒,刘贵酒量有限,喝的"有些朦胧起来"。刘贵回到家,却和陈二姐开起玩笑,说是将她典卖给人家,得了十五贯钱。这个戏言如果在刘贵没有喝多酒的时候,估计是不会开的;但酒真是坏东西,败坏人的心智,刘贵的戏言因酒而起,他的悲剧也就埋下祸根。刘贵的糊涂在于,当陈二姐一再追问他关于典卖她的真相时,刘贵没有引起足够的警惕,而是一再地将戏言进行到底。这样,陈二姐即使想不相信也不能,而只好相信丈夫真的将她典卖了。一方面是刘贵的戏言,但对于陈二姐来说,刘贵的"戏言"却是"真言"。陈二姐因为信"戏言"为"真言",就决定先回家和爹娘说知,"就算他明日有人来要我,寻到我家,也须有个下落"。与刘贵的戏言相比,陈二姐的想法完全属于正常。于是,陈二姐就让刘贵一个人留在家里,她则去邻居朱三老儿家借住一宿,准备第二天一早回家。没想到当晚有贼因赌输了出来偷东西,这个贼就是后来的静山大王。他偷刘贵的钱时惊醒了刘贵,一时相持,结果,静山大王用斧头把刘贵砍杀了。从说书的角度看,这已经是个完整的故事,告诉人们戏言惹祸的道理。但对于这个小说来说,这只是个开端。因为这个小说所真正要表达的主题并不仅仅是戏言惹祸的主题,而是要批判制造冤案的社会现实。

第三部分(第16—28自然段)。这部分写陈二姐和崔宁被冤枉是杀害刘贵的凶手,在昏官恶吏屈打之下,陈二姐和崔宁被迫承认杀了刘贵,因此,他们被无辜冤杀。这是小说的发展和高潮部分。刘贵被杀,第二天就被发现了。而陈二姐又不在家,因而,知道陈二姐去向的邻居就决定先把陈二姐叫回来,并同时通知刘贵的妻子王氏和刘贵的岳父。而此时的陈二姐在回家的路上遇见了从城里卖丝线回来的崔宁。这样，两人结伴同行。这真是一个死亡的“遇见”。而更为巧合的是，崔宁卖丝的钱正好是十五贯。这就为他们俩的冤案埋下祸根。当刘贵邻居将陈二姐、崔宁捉回来后，王氏和她的父亲也回来了。所有的人——王氏、王老员外、刘贵的邻居们——这时候都犯了“不问青红皂白”的病症，一致认为是陈二姐勾搭崔宁，谋财害命，杀死刘贵。于是，“当下大娘子结扭了小娘子，王老员外结扭了崔宁，四邻舍都是证见，一哄都入临安府中来”。而当时的临安府尹正是个糊涂的官员，他偏听王老员外和刘贵邻舍的话，根本不容陈二姐辩白，也不听崔宁的说法，而是“死去活来拷打一顿”，而“王老员外与女儿并一干邻佑人等，口口声声咬他二人”，昏庸的府尹“也巴不得了结这段公案”，从这些叙述来看，制造冤案的不仅有府尹这样的昏官，也有像王老员外、王氏、一群邻居(用鲁迅的话说，就是愚昧的群众)。在这么多的合力下，加上严刑拷打，陈二姐、崔宁除了招认莫须有的罪名，还有别的选择吗？所以，他们一个被判“剐”刑，一个被判“斩”刑，双双做了屈死的冤魂。对此，连说书人都忍不住出来评论，这就是“看官听说”段的评论，这个评论将小说所反映的社会现实进行了批判。在小说作者看来，陈二姐和崔宁的案件本来并不复杂，只要仔细就可推断，但问官糊涂，导致冤案发生。劝诫做官的切不可“率意断狱，任情用刑”。

第四部分(第29—38自然段)。主要叙述陈二姐、崔宁两人的冤案得以昭雪。这是小说的结局。小说写王氏在家守孝将近一年，和从她父亲家里来接她的老王一起回家。不想在路上遇到静山大王，结果，老王被杀死抛尸。王氏无奈之下灵机一动，转而成为静山大王的压寨夫人。在王氏的劝说下，静山大王弃恶从善，改行做了杂货店老板。某日在家闲坐，静山大王无意说出自己内心的不安，原来刘贵是静山大王杀的。陈二姐、崔宁的冤案也与他有关。这样，一年过去后，终于案情真相大白。王氏第二天即去临安府叫屈。临安府换了新府尹，案情很快真相大白。静山大王被判死刑立即执行。这样，刘贵、老王的仇报了，陈二姐、崔宁的冤案也得以昭雪。王氏取了静山大王的头祭奠刘贵、陈二姐及崔宁，王氏“大哭一场”，然后将官府判给她的财产捐给尼姑庵，自己“朝夕看经念佛，追荐亡魂，尽老百年而终”。

这篇小说在艺术上的特色有两点。一是叙事角度选择极佳，将每人对事情了解的部分说出，全部连接起来就构成一个完整的故事。比如关于刘贵被杀案件的描述就是如此。陈二姐对朱三老儿说刘贵将要卖她的事，在后来到临安府衙门时又叙述一遍，看似重复，却别具匠心。其实刘贵的死因听众或读者早已明白，但说书人或话本小说却将故事叙述得生动曲折，陈二姐和崔宁的冤案的一步步发生，最后落得个冤枉死，则更加吸引读者，也造成极大的悬念。这个小说的叙述技巧之高几乎达到无可挑剔的程度。二是情节发展上的巧合艺术。《十五贯戏言成巧祸》是话本小说的“巧合”的典范之作。俗话说，“无巧不成书”，这个小说“巧”得合情合理，“巧”得艺术，小说正是通过“巧”字不断推动情节向前发展。如刘贵得到岳父资助十五贯钱，崔宁卖丝钱恰巧也是十五贯钱；刘贵夫妇一同为丈人祝寿，巧的是刘贵之妻王氏要在娘家住几日，刘贵独自携钱而归；刘贵醉酒回家，戏言十五贯是陈二姐的“典身”钱，致使陈二姐半夜出门，门户虚掩，让小偷有机会进家门，才出了财失人亡的大事；二姐次日上路，行走乏力，崔宁巧遇美女，与之结伴……种种表面上看似偶然，仔细推敲，却在情理之中。刘贵途中遇相知，讨教生意之事，喝上一盅两盅，这是情理中事；酒醉归家，敲门半晌，二姐才开门，刘贵自然心中不快，乘着醉意与她开玩笑，顺理成章；二姐听说被卖，心急离家，无心顾及门是否上栓，也是自然；贼人入门，惊醒刘贵，十五贯钱关系到全家生计，自然要拼命抢回，刘贵要呼救，贼人砍杀刘贵，也属合乎情理；邻里捉得崔宁、二姐二人，扭去见官，借此摆脱干系，正是普通民众的心态；府尹糊涂，崔宁身上又恰巧十五贯钱，奸夫淫妇谋害亲夫，推断也是合理；刘大娘子后来被静山大王劫为压寨夫人，家中逐渐富裕，规劝静山大王改恶从善，开起了杂货店，干起正当的营生，顺乎自然；改恶从善后，静山大王忏悔盗窃杀人，劈死刘贵，枉送两条人命，虽说巧得离奇，却也是可能之事。这种种巧合，天衣无缝，构成了一种强大的叙事逻辑，使情节合情合理地向前发展。

思考与练习

1. 本文的主题思想是什么？
2. 本文善用巧合，请结合课文说说其在情节发展中所起的作用。

伤　逝

——涓生的手记

鲁　迅[1]

如果我能够，我要写下我的悔恨和悲哀，为子君，为自己。

会馆里的被遗忘在偏僻里的破屋是这样地寂静和空虚。时光过得真快，我爱子君，仗着她逃出这寂静和空虚，已经满一年了。事情又这么不凑巧，我重来时，偏偏空着的又只有这一间屋。依然是这样的破窗，这样的窗外的半枯的槐树和老紫藤，这样的窗前的方桌，这样的败壁，这样的靠壁的板床。深夜中独自躺在床上，就如我未曾和子君同居以前一般，过去一年中的时光全被消灭，全未有过，我并没有曾经从这破屋子搬出，在吉兆胡同创立了满怀希望的小小的家庭。

不但如此。在一年之前，这寂静和空虚是并不这样的，常常含着期待；期待子君的到来。在久待的焦躁中，一听到皮鞋的高底尖触着砖路的清响，是怎样地使我骤然生动起来呵！于是就看见带着笑涡的苍白的圆脸，苍白的瘦的臂膊，布的有条纹的衫子，玄色的裙。她又带了窗外的半枯的槐树的新叶来，使我看见，还有挂在铁似的老干上的一房一房的紫白的藤花。

然而现在呢，只有寂静和空虚依旧，子君却决不再来了，而且永远，永远地！……

子君不在我这破屋里时，我什么也看不见。在百无聊赖中，顺手抓过一本书来，科学也好，文学也好，横竖什么都一样；看下去，看下去，忽而自己觉得，已经翻了十多页了，但是毫不记得书上所说的事。只是耳朵却分外地灵，仿佛听到大门外一切往来的履声，从中便有子君的，而且橐橐地逐渐临近，——但是，往往又逐渐渺茫，终于消失在别的步声的杂沓中了。我憎恶那不像子君鞋声的穿布底鞋的长班的儿子[2]，我憎恶那太像子君鞋声的常常穿着新皮鞋的邻院的搽雪花膏的小东西！

莫非她翻了车么？莫非她被电车撞伤了么？……

我便要取了帽子去看她，然而她的胞叔就曾经当面骂过我。

蓦然，她的鞋声近来了，一步响于一步，迎出去时，却已经走过紫藤棚下，脸上带着微笑的酒窝。她在她叔子的家里大约并未受气；我的心宁帖了，默默地相视片时之后，破屋里便渐渐充满了我的语声，谈家庭专制，谈打破旧习惯，谈男女平等，谈伊孛生，谈泰戈尔，谈雪莱[3]……。她总是微笑点头，两眼里弥漫着稚气的好奇的光泽。壁上就钉着一张铜板的雪莱半身像，是从杂志上裁下来的，是他的最美的一张像。当我指给她看时，她却只草草一看，便低了头，似乎不好意思了。这些地方，子君就大概还未脱尽旧思想的束缚，——我后来也想，倒不如换一张雪莱淹死在海里的记念像或是伊孛生的罢；但也终于没有换，现在是连这一张也不知那里去了。

"我是我自己的，他们谁也没有干涉我的权利！"

这是我们交际了半年，又谈起她在这里的胞叔和在家的父亲时，她默想了一会之后，分明地，坚决地，沉静地说了出来的话。其时是我已经说尽了我的意见，我的身世，我的缺点，很少隐瞒；她也完全了解的了。这几句话很震动了我的灵魂，此后许多天还在耳中发响，而且说不出的狂喜，知道中国女性，并不如厌世家所说那样的无法可施，在不远的将来，便要看见辉煌的曙色的。

送她出门，照例是相离十多步远；照例是那鲇鱼须的老东西的脸又紧帖在脏的窗玻璃上了，连鼻尖都挤成一个小平面；到外院，照例又是明晃晃的玻璃窗里的那小东西的脸，加厚的雪花膏。她目不邪视地骄傲地走了，没有看见；我骄傲地回来。

“我是我自己的，他们谁也没有干涉我的权利！”这彻底的思想就在她的脑里，比我还透澈、坚强得多。半瓶雪花膏和鼻尖的小平面，于她能算什么东西呢？

我已经记不清那时怎样地将我的纯真热烈的爱表示给她。岂但现在，那时的事后便已模胡，夜间回想，早只剩了一些断片了；同居以后一两月，便连这些断片也化作无可追踪的梦影。我只记得那时以前的十几天，曾经很仔细地研究过表示的态度，排列过措辞的先后，以及倘或遭了拒绝以后的情形。可是临时似乎都无用，在慌张中，身不由己地竟用了在电影上见过的方法了。后来一想到，就使我很愧恧[4]，但记忆上却偏只有这一点永远留遗，至今还如暗室的孤灯一般，照见我含泪握着她的手，一条腿跪了下去……。

不但我自己的，便是子君的言语举动，我那时就没有看得分明；仅知道她已经允许我了。但也还仿佛记得她脸色变成青白，后来又渐渐转作绯红，——没有见过，也没有再见的绯红；孩子似的眼里射出悲喜，但是夹着惊疑的光，虽然力避我的视线，张皇地似乎要破窗飞去。然而我知道她已经允许我了，没有知道她怎样说或是没有说。

她却是什么都记得：我的言辞，竟至于读熟了的一般，能够滔滔背诵；我的举动，就如有一张我所看不见的影片挂在眼下，叙述得如生，很细微，自然连那使我不愿再想的浅薄的电影的一闪。夜阑人静，是相对温习的时候了，我常是被质问，被考验，并且被命复述当时的言语，然而常须由她补足，由她纠正，像一个丁等的学生。

这温习后来也渐渐稀疏起来。但我只要看见她两眼注视空中，出神似的凝想着，于是神色越加柔和，笑窝也深下去，便知道她又在自修旧课了，只是我很怕她看到我那可笑的电影的一闪。但我又知道，她一定要看见，而且也非看不可的。

然而她并不觉得可笑。即使我自己以为可笑，甚而至于可鄙的，她也毫不以为可笑。这事我知道得很清楚，因为她爱我，是这样地热烈，这样地纯真。

去年的暮春是最为幸福，也是最为忙碌的时光。我的心平静下去了，但又有别一部分和身体一同忙碌起来。我们这时才在路上同行，也到过几回公园，最多的是寻住所。我觉得在路上时时遇到探索、讥笑、猥亵和轻蔑的眼光，一不小心，便使我的全身有些瑟缩，只得即刻提起我的骄傲和反抗来支持。她却是大无畏的，对于这些全不关心，只是镇静地缓缓前行，坦然如入无人之境。

寻住所实在不是容易事，大半是被托辞拒绝，小半是我们以为不相宜。起先我们选择得很苛酷，——也非苛酷，因为看去大抵不像是我们的安身之所；后来，便只要他们能相容了。看了二十多处，这才得到可以暂且敷衍的处所，是吉兆胡同一所小屋里的两间南屋；主人是一个小官，然而倒是明白人，自住着正屋和厢房。他只有夫人和一个不到周岁的女孩子，雇一个乡下的女工，只要孩子不啼哭，是极其安闲幽静的。

我们的家具很简单，但已经用去了我的筹来的款子的大半；子君还卖掉了她唯一的金戒指和耳环。我拦阻她，还是定要卖，我也就不再坚持下去了；我知道不给她加入一点股份去，她是住不舒服的。

和她的叔子，她早经闹开，至于使他气愤到不再认她做侄女；我也陆续和几个自以为忠告，其实是替我胆怯，或者竟是嫉妒的朋友绝了交。然而这倒很清静。每日办公散后，虽然已近黄昏，车夫又一定走得这样慢，但究竟还有二人相对的时候。我们先是沉默的相视，接着是放怀而亲密的交谈，后来又是沉默。大家低头沉思着，却并未想着什么事。我也渐渐清醒地读遍了她的身体，她的灵魂，不过三星期，我似乎于她已经更加了解，揭去许多先前以为了解而现在看来却是隔膜，即所谓真的隔膜了。

子君也逐日活泼起来。但她并不爱花，我在庙会时买来的两盆小草花，四天不浇，枯死在壁角了，我又没有照顾一切的闲暇。然而她爱动物，也许是从官太太那里传染的罢，不一月，我们的眷属便骤然加得很多，四只小油鸡，在小院子里和房主人的十多只在一同走。但她们却认识鸡的相貌，各知道那一只是自家的。还有一只花白的叭儿狗，从庙会买来，记得似乎原有名字，子君却给它另起了一个，叫作阿随。我就叫它阿随，但我不喜欢这名字。

这是真的，爱情必须时时更新，生长，创造。我和子君说起这，她也领会地点点头。

唉唉，那是怎样的宁静而幸福的夜呵！

安宁和幸福是要凝固的，永久是这样的安宁和幸福。我们在会馆里时，还偶有议论的冲突和意思的误会，自从到吉兆胡同以来，连这一点也没有了；我们只在灯下对坐的怀旧谭中，回味那时冲突以后的和解的重生一般的乐趣。

子君竟胖了起来，脸色也红活了；可惜的是忙。管了家务便连谈天的工夫也没有，何况读书和散步。我们常说，我们总还得雇一个女工。

这就使我也一样地不快活，傍晚回来，常见她包藏着不快活的颜色，尤其使我不乐的是她要装作勉强的笑容。幸而探听出来了，也还是和那小官太太的暗斗，导火线便是两家的小油鸡。但又何必硬不告诉我呢？人总该有一个独立的家庭。这样的处所，是不能居住的。

我的路也铸定了，每星期中的六天，是由家到局，又由局到家。在局里便坐在办公桌前钞，钞，钞些公文和信件；在家里是和她相对或帮她生白炉子，煮饭，蒸馒头。我的学会了煮饭，就在这时候。

但我的食品却比在会馆里时好得多了。做菜虽不是子君的特长，然而她于此却倾注着全力；对于她的日夜的操心，使我也不能不一同操心，来算作分甘共苦。况且她又这样地终日汗流满面，短发都粘在脑额上；两只手又只是这样地粗糙起来。

况且还要饲阿随，饲油鸡，……都是非她不可的工作。

我曾经忠告她：我不吃，倒也罢了；却万不可这样地操劳。她只看了我一眼，不开口，神色却似乎有点凄然；我也只好不开口。然而她还是这样地操劳。

我所豫期的打击果然到来。双十节的前一晚，我呆坐着，她在洗碗。听到打门声，我去开门时，是局里的信差，交给我一张油印的纸条。我就有些料到了，到灯下去一看，果然，印着的就是：

> 奉
> 局长谕史涓生着毋庸到局办事
> 秘书处启　十月九号

这在会馆里时，我就早已料到了；那雪花膏便是局长的儿子的赌友，一定要去添些谣言，设法报告的。到现在才发生效验，已经要算是很晚的了。其实这在我不能算是一个打击，因为我早就决定，可以给别人去钞写，或者教读，或者虽然费力，也还可以译点书，况且《自由之友》的总编辑便是见过几次的熟人，两月前还通过信。但我的心却跳跃着。那么一个无畏的子君也变了色，尤其使我痛心；她近来似乎也较为怯弱了。

"那算什么。哼，我们干新的。我们……。"她说。

她的话没有说完；不知怎地，那声音在我听去却只是浮浮的；灯光也觉得格外黯淡。人们真是可笑的动物，一点极微末的小事情，便会受着很深的影响。我们先是默默地相视，逐渐商量起来，终于决定将现有的钱竭力节省，一面登“小广告”去寻求钞写和教读，一面写信给《自由之友》的总编辑，说明我目下的遭遇，请他收用我的译本，给我帮一点艰辛时候的忙。

“说做，就做罢！来开一条新的路！”我立刻转身向了书案，推开盛香油的瓶子和醋碟，子君便送过那黯淡的灯来。我先拟广告；其次是选定可译的书，迁移以来未曾翻阅过，每本的头上都满漫着灰尘了；最后才写信。

我很费踌躕，不知道怎样措辞好，当停笔凝思的时候，转眼去一瞥她的脸，在昏暗的灯光下，又很见得凄然。我真不料这样微细的小事情，竟会给坚决的，无畏的子君以这么显著的变化。她近来实在变得很怯弱了，但也并不是今夜才开始的。我的心因此更缭乱，忽然有安宁的生活的影像——会馆里的破屋的寂静，在眼前一闪，刚刚想定睛凝视，却又看见了昏暗的灯光。

许久之后，信也写成了，是一封颇长的信；很觉得疲劳，仿佛近来自己也较为怯弱了。于是我们决定，广告和发信，就在明日一同实行。大家不约而同地伸直了腰肢，在无言中，似乎又都感到彼此的坚忍崛强的精神，还看见从新萌芽起来的将来的希望。

外来的打击其实倒是振作了我们的新精神。局里的生活，原如鸟贩子手里的禽鸟一般，仅有一点小米维系残生，决不会肥胖；日子一久，只落得麻痹了翅子，即使放出笼外，早已不能奋飞。现在总算脱出这牢笼了，我从此要在新的开阔的天空中翱翔，趁我还未忘却了我的翅子的扇动。

小广告是一时自然不会发生效力的；但译书也不是容易事，先前看过，以为已经懂得的，一动手，却疑难百出了，进行得很慢。然而我决计努力地做，一本半新的字典，不到半月，边上便有了一大片乌黑的指痕，这就证明着我的工作的切实。《自由之友》的总编辑曾经说过，他的刊物是决不会埋没好稿子的。

可惜的是我没有一间静室，子君又没有先前那么幽静，善于体帖了，屋子里总是散乱着碗碟，弥漫着煤烟，使人不能安心做事，但是这自然还只能怨我自己无力置一间书斋。然而又加以阿随，加以油鸡们。加以油鸡们又大起来了，更容易成为两家争吵的引线。

加以每日的“川流不息”的吃饭；子君的功业，仿佛就完全建立在这吃饭中。吃了筹钱，筹来吃饭，还要喂阿随，饲油鸡；她似乎将先前所知道的全都忘掉了，也不想到我的构思就常常为了这催促吃饭而打断。即使在坐中给看一点怒色，她总是不改变，仍然毫无感触似的大嚼起来。

使她明白了我的作工不能受规定的吃饭的束缚，就费去五星期。她明白之后，大约很不高兴罢，可是没有说。我的工作果然从此较为迅速地进行，不久就共译了五万言，只要润色一回，便可以和做好的两篇小品，一同寄给《自由之友》去。只是吃饭却依然给我苦恼。菜冷，是无妨的，然而竟不够；有时连饭也不够，虽然我因为终日坐在家里用脑，饭量已经比先前要减少得多。这是先去喂了阿随了，有时还并那近来连自己也轻易不吃的羊肉。她说，阿随实在瘦得太可怜，房东太太还因此嗤笑我们了，她受不住这样的奚落。

于是吃我残饭的便只有油鸡们。这是我积久才看出来的，但同时也如赫胥黎的论定“人类在宇宙间的位置”一般[5]，自觉了我在这里的位置：不过是叭儿狗和油鸡之间。

后来，经多次的抗争和催逼，油鸡们也逐渐成为肴馔，我们和阿随都享用了十多日的鲜肥；可是其实都很瘦，因为它们早已每日只能得到几粒高粱了。从此便清静得多。只有子君很颓唐，似乎常觉得凄苦和无聊，至于不大愿意开口。我想，人是多么容易改变呵！

但是阿随也将留不住了。我们已经不能再希望从什么地方会有来信，子君也早没有一点食物可以引它打拱或直立起来。冬季又逼近得这么快，火炉就要成为很大的问题；它的食量，在我们其实早是一个极易觉得的很重的负担。于是连它也留不住了。

倘使插了草标到庙市去出卖[6]，也许能得几文钱罢，然而我们都不能，也不愿这样做。终于是用包袱蒙着头，由我带到西郊去放掉了，还要追上来，便推在一个并不很深的土坑里。

我一回寓，觉得又清静得多多了；但子君的凄惨的神色，却使我很吃惊。那是没有见过的神色，自然是为阿随。但又何至于此呢？我还没有说起推在土坑里的事。

到夜间，在她的凄惨的神色中，加上冰冷的分子了。

"奇怪。——子君，你怎么今天这样儿了？"我忍不住问。

"什么？"她连看也不看我。

"你的脸色……。"

"没有什么，——什么也没有。"

我终于从她言动上看出，她大概已经认定我是一个忍心的人。其实，我一个人，是容易生活的，虽然因为骄傲，向来不与世交来往，迁居以后，也疏远了所有旧识的人，然而只要能远走高飞，生路还宽广得很。现在忍受着这生活压迫的苦痛，大半倒是为她，便是放掉阿随，也何尝不如此。但子君的识见却似乎只是浅薄起来，竟至于连这一点也想不到了。

我拣了一个机会，将这些道理暗示她；她领会似的点头。然而看她后来的情形，她是没有懂，或者是并不相信的。天气的冷和神情的冷，逼迫我不能在家庭中安身。但是往那里去呢？大道上，公园里，虽然没有冰冷的神情，冷风究竟也刺得人皮肤欲裂。我终于在通俗图书馆里觅得了我的天堂。

那里无须买票；阅书室里又装着两个铁火炉。纵使不过是烧着不死不活的煤的火炉，但单是看见装着它，精神上也就总觉得有些温暖。书却无可看：旧的陈腐，新的是几乎没有的。

好在我到那里去也并非为看书。另外时常还有几个人，多则十余人，都是单薄衣裳，正如我，各人看各人的书，作为取暖的口实。这于我尤为合式。道路上容易遇见熟人，得到轻蔑的一瞥，但此地却决无那样的横祸，因为他们是永远围在别的铁炉旁，或者靠在自家的白炉边的。

那里虽然没有书给我看，却还有安闲容得我想。待到孤身枯坐，回忆从前，这才觉得大半年来，只为了爱，——盲目的爱，——而将别的人生的要义全盘疏忽了。第一，便是生活。人必生活着，爱才有所附丽。世界上并非没有为了奋斗者而开的活路；我也还未忘却翅子的扇动，虽然比先前已经颓唐得多……。

屋子和读者渐渐消失了，我看见怒涛中的渔夫，战壕中的兵士，摩托车[7]中的贵人，洋场上的投机家，深山密林中的豪杰，讲台上的教授，昏夜的运动者和深夜的偷儿……。子君，——不在近旁。她的勇气都失掉了，只为着阿随悲愤，为着做饭出神；然而奇怪的是倒也并不怎样瘦损……。

冷了起来，火炉里的不死不活的几片硬煤，也终于烧尽了，已是闭馆的时候。又须回到吉兆胡同，领略冰冷的颜色去了。近来也间或遇到温暖的神情，但这却反而增加我的苦痛。记得有一夜，子君的眼里忽而又发出久已不见的稚气的光来，笑着和我谈到还在会馆时候的情形，时时又很带些恐怖的神色。我知道我近来的超过她的冷漠，已经引起她的忧疑来，只得也勉力谈笑，想给她一点慰藉。然而我的笑貌一上脸，我的话一出口，却即刻变为空虚，这空虚又即刻发生反响，回向我的耳目里，给我一个难堪的恶毒的冷嘲。

子君似乎也觉得的，从此便失掉了她往常的麻木似的镇静，虽然竭力掩饰，总还是时时露出忧疑的神色来，但对我却温和得多了。

我要明告她，但我还没有敢，当决心要说的时候，看见她孩子一般的眼色，就使我只得暂且改作勉强的欢容。但是这又即刻来冷嘲我，并使我失却那冷漠的镇静。

她从此又开始了往事的温习和新的考验，逼我做出许多虚伪的温存的答案来，将温存示给她，虚伪的草稿便写在自己的心上。我的心渐被这些草稿填满了，常觉得难于呼吸。我在苦恼中常常想，说真实自然须有极大的勇气的；假如没有这勇气，而苟安于虚伪，那也便是不能开辟新的生路的人。不独不是这个，连这人也未尝有！

子君有怨色，在早晨，极冷的早晨，这是从未见过的，但也许是从我看来的怨色。我那时冷冷地气愤和暗笑了；她所磨练的思想和豁达无畏的言论，到底也还是一个空虚，而对于这空虚却并未自觉。她早已什么书也不看，已不知道人的生活的第一着是求生，向着这求生的道路，是必须携手同行，或奋身孤往的了，倘使只知道捶着一个人的衣角，那便是虽战士也难于战斗，只得一同灭亡。

我觉得新的希望就只在我们的分离；她应该决然舍去，——我也突然想到她的死，然而立刻自责，忏悔了。幸而是早晨，时间正多，我可以说我的真实。我们的新的道路的开辟，便在这一遭。

我和她闲谈，故意地引起我们的往事，提到文艺，于是涉及外国的文人，文人的作品：《诺拉》《海的女人》[8]。称扬诺拉的果决……。也还是去年在会馆的破屋里讲过的那些话，但现在已经变成空虚，从我的嘴传入自己的耳中，时时疑心有一个隐形的坏孩子，在背后恶意地刻毒地学舌。

她还是点头答应着倾听，后来沉默了。我也就断续地说完了我的话，连余音都消失在虚空中了。

“是的。”她又沉默了一会，说，“但是，……涓生，我觉得你近来很两样了。可是的？你，——你老实告诉我。”

我觉得这似乎给了我当头一击，但也立即定了神，说出我的意见和主张来：新的路的开辟，新的生活的再造，为的是免得一同灭亡。

临末，我用了十分的决心，加上这几句话：

“……况且你已经可以无须顾虑，勇往直前了。你要我老实说；是的，人是不该虚伪的。我老实说罢：因为，因为我已经不爱你了！但这于你倒好得多，因为你更可以毫无挂念地做事……。”

我同时豫期着大的变故的到来，然而只有沉默。她脸色陡然变成灰黄，死了似的；瞬间便又苏生，眼里也发了稚气的闪闪的光泽。这眼光射向四处，正如孩子在饥渴中寻求着慈爱的母亲，但只在空中寻求，恐怖地回避着我的眼。

我不能看下去了，幸而是早晨，我冒着寒风径奔通俗图书馆。

在那里看见《自由之友》，我的小品文都登出了。这使我一惊，仿佛得了一点生气。我想，生活的路还很多，——但是，现在这样也还是不行的。

我开始去访问久已不相闻问的熟人，但这也不过一两次；他们的屋子自然是暖和的，我在骨髓中却觉得寒冽。夜间，便蜷伏在比冰还冷的冷屋中。

冰的针刺着我的灵魂，使我永远苦于麻木的疼痛。生活的路还很多，我也还没有忘却翅子的扇动，我想。——我突然想到她的死，然而立刻自责，忏悔了。

在通俗图书馆里往往瞥见一闪的光明，新的生路横在前面。她勇猛地觉悟了，毅然走出这冰冷的家，而且，——毫无怨恨的神色。我便轻如行云，漂浮空际，上有蔚蓝的天，下是深山大海，广厦高楼，战场，摩托车，洋场，公馆，晴明的闹市，黑暗的夜……。

而且，真的，我豫感得这新生面便要来到了。

我们总算度过了极难忍受的冬天，这北京的冬天；就如蜻蜓落在恶作剧的坏孩子的手里一般，被系着细线，尽情玩弄，虐待，虽然幸而没有送掉性命，结果也还是躺在地上，只争着一个迟早之间。

写给《自由之友》的总编辑已经有三封信，这才得到回信，信封里只有两张书券[9]：两角的和三角的。我却单是催，就用了九分的邮票，一天的饥饿，又都白挨给于已一无所得的空虚了。

然而觉得要来的事，却终于来到了。

这是冬春之交的事，风已没有这么冷，我也更久地在外面徘徊；待到回家，大概已经昏黑。就在这样一个昏黑的晚上，我照常没精打采地回来，一看见寓所的门，也照常更加丧气，使脚步放得更缓。但终于走进自己的屋子里了，没有灯火；摸火柴点起来时，是异样的寂寞和空虚！

正在错愕中，官太太便到窗外来叫我出去。

"今天子君的父亲来到这里，将她接回去了。"她很简单地说。

这似乎又不是意料中的事，我便如脑后受了一击，无言地站着。

"她去了么?"过了些时，我只问出这样一句话。

"她去了。"

"她，——她可说什么?"

"没说什么。单是托我见你回来时告诉你，说她去了。"

我不信；但是屋子里是异样的寂寞和空虚。我遍看各处，寻觅子君；只见几件破旧而黯淡的家具，都显得极其清疏，在证明着它们毫无隐匿一人一物的能力。我转念寻信或她留下的字迹，也没有；只是盐和干辣椒，面粉，半株白菜，却聚集在一处了，旁边还有几十枚铜元。这是我们两人生活材料的全副，现在她就郑重地将这留给我一个人，在不言中，教我藉此去维持较久的生活。

我似乎被周围所排挤，奔到院子中间，有昏黑在我的周围；正屋的纸窗上映出明亮的灯光，他们正在逗着孩子玩笑。我的心也沉静下来，觉得在沉重的迫压中，渐渐隐约地现出脱走的路径：深山大泽，洋场，电灯下的盛筵，壕沟，最黑最黑的深夜，利刃的一击，毫无声响的脚步……。

心地有些轻松，舒展了，想到旅费，并且嘘一口气。

躺着，在合着的眼前经过的豫想的前途，不到半夜已经现尽；暗中忽然仿佛看见一堆食物，这之后，便浮出一个子君的灰黄的脸来，睁了孩子气的眼睛，恳托似的看着我。我一定神，什么也没有了。

但我的心却又觉得沉重。我为什么偏不忍耐几天，要这样急急地告诉她真话的呢？现在她知道，她以后所有的只是她父亲——儿女的债主——的烈日一般的严威和旁人的赛过冰霜的冷眼。此外便是虚空。负着虚空的重担，在严威和冷眼中走着所谓人生的路，这是怎么可怕的事呵！而况这路的尽头，又不过是——连墓碑也没有的坟墓。

我不应该将真实说给子君，我们相爱过，我应该永久奉献她我的说谎。如果真实可以宝贵，这在子君就不该是一个沉重的空虚。谎语当然也是一个空虚，然而临末，至多也不过这样地沉重。

我以为将真实说给子君，她便可以毫无顾虑，坚决地毅然前行，一如我们将要同居时那样。但这恐怕是我错误了。她当时的勇敢和无畏是因为爱。

我没有负着虚伪的重担的勇气，却将真实的重担卸给她了。她爱我之后，就要负了这重担，在严威和冷眼中走着所谓人生的路。

我想到她的死……。我看见我是一个卑怯者，应该被摈于强有力的人们，无论是真实者，虚伪者。然而她却自始至终，还希望我维持较久的生活……。

我要离开吉兆胡同，在这里是异样的空虚和寂寞。我想，只要离开这里，子君便如还在我的身边；至少，也如还在城中，有一天，将要出乎意表地访我，像住在会馆时候似的。

然而一切请托和书信，都是一无反响；我不得已，只好访问一个久不问候的世交去了。他是我伯父的幼年的同窗，以正经出名的拔贡，寓京很久，交游也广阔的。

大概因为衣服的破旧罢，一登门便很遭门房的白眼。好容易才相见，也还相识，但是很冷落。我们的往事，他全都知道了。

"自然，你也不能在这里了，"他听了我托他在别处觅事之后，冷冷地说，"但那里去呢？很难。——你那，什么呢，你的朋友罢，子君，你可知道，她死了。"

我惊得没有话。

"真的？"我终于不自觉地问。

"哈哈。自然真的。我家的王升的家，就和她家同村。"

"但是，——不知道是怎么死的？"

"谁知道呢。总之是死了就是了。"

我已经忘却了怎样辞别他，回到自己的寓所。我知道他是不说谎话的；子君总不会再来的了，像去年那样。她虽是想在严威和冷眼中负着虚空的重担来走所谓人生的路，也已经不能。她的命运，已经决定她在我所给与的真实——无爱的人间死灭了！

自然，我不能在这里了；但是，"那里去呢？"

四围是广大的空虚，还有死的寂静。死于无爱的人们的眼前的黑暗，我仿佛一一看见，还听得一切苦闷和绝望的挣扎的声音。

我还期待着新的东西到来，无名的，意外的。但一天一天，无非是死的寂静。

我比先前已经不大出门，只坐卧在广大的空虚里，一任这死的寂静侵蚀着我的灵魂。死的寂静有时也自己战栗，自己退藏，于是在这绝续之交，便闪出无名的，意外的，新的期待。

一天是阴沉的上午，太阳还不能从云里面挣扎出来，连空气都疲乏着。耳中听到细碎的步声和咻咻的鼻息，使我睁开眼。大致一看，屋子里还是空虚；但偶然看到地面，却盘旋着一匹小小的动物，瘦弱的，半死的，满身灰土的……。

我一细看，我的心就一停，接着便直跳起来。

那是阿随。它回来了。

我的离开吉兆胡同，也不单是为了房主人们和他家女工的冷眼，大半就为看这阿随。但是，"那里去呢？"新的生路自然还很多，我约略知道，也间或依稀看见，觉得就在我面前，然而我还没有知道跨进那里去的第一步的方法。

经过许多回的思量和比较，也还只有会馆是还能相容的地方。依然是这样的破屋，这样的板床，这样的半枯的槐树和紫藤，但那时使我希望，欢欣，爱，生活的，却全都逝去了，只有一个虚空，我用真实去换来的虚空存在。

新的生路还很多，我必须跨进去，因为我还活着。但我还不知道怎样跨出那第一步。有时，仿佛看见那生路就像一条灰白的长蛇，自己蜿蜒地向我奔来，我等着，等着，看看临近，但忽然便消失在黑暗里了。

初春的夜，还是那么长。长久的枯坐中记起上午在街头所见的葬式，前面是纸人纸马，后面是唱歌一般的哭声。我现在已经知道他们的聪明了，这是多么轻松简截的事。

然而子君的葬式却又在我的眼前，是独自负着虚空的重担，在灰白的长路上前行，而又即刻消失在周围的严威和冷眼里了。

我愿意真有所谓鬼魂，真有所谓地狱，那么，即使在孽风怒吼之中，我也将寻觅子君，当面说出我的悔恨和悲哀，祈求她的饶恕；否则，地狱的毒焰将围绕我，猛烈地烧尽我的悔恨和悲哀。

我将在孽风和毒焰中拥抱子君，乞她宽容，或者使她快意……。

但是，这却更虚空于新的生路；现在所有的只是初春的夜，竟还是那么长。我活着，我总得向着新的生路跨出去，那第一步，——却不过是写下我的悔恨和悲哀，为子君，为自己。

我仍然只有唱歌一般的哭声，给子君送葬，葬在遗忘中。

我要遗忘；我为自己，并且要不再想到这用了遗忘给子君送葬。

我要向着新的生路跨进第一步去，我要将真实深深地藏在心的创伤中，默默地前行，用遗忘和说谎做我的前导……。

一九二五年十月二十一日毕。

据《鲁迅全集》第二卷，人民文学出版社，1981年

注释

［1］鲁迅（1881—1936）：原名周樟寿，字豫才，后改名为树人，浙江绍兴人，伟大的文学家、思想家。有短篇小说集《呐喊》《彷徨》《故事新编》，散文诗集《野草》，散文集《朝花夕拾》，杂文集《热风》《华盖集》《坟》等。《伤逝》选自《彷徨》，写于1925年。

［2］长班：旧时官员的随身仆人，也用来称呼一般的听差。

［3］伊孛生（H. Ibsen，1828—1906）：通译易卜生，挪威剧作家，有《玩偶之家》等。泰戈尔（R. Tagore，1861—1941），印度诗人，有《新月集》《吉檀迦利》等。雪莱（P. B. Shelley，1792—1822），英国诗人，名作有《西风颂》等。

［4］愧恧（nǜ）：惭愧，羞愧。

［5］赫胥黎（T.H. Huxley，1825—1895）：英国生物学家，著有《人类在宇宙间的位置》（今译《人类在自然界的位置》）。

［6］草标：旧时在被卖的人身或物品上插置的草杆，作为出卖的标志。

［7］摩托车：当时对小汽车的称呼。

［8］《诺拉》：通译《娜拉》（又译作《玩偶之家》）。《海的女人》：通译《海的夫人》，都是易卜生的著名剧作。

［9］书券：即购书用的代价券。旧时有的报刊用它代替稿酬支付给著译者。

作品分析

李欧梵在论述鲁迅小说时说过:“鲁迅的小说并非创作于偶然冲动,而是长期苦闷和反思以后积累起来的创作力的爆发。对后来的读者来说,鲁迅小说最易识别的标志就是感情的成熟。”“和大多数‘五四’早期那种过分浪漫主义、形式松散的作品相比,鲁迅小说严密的结构和富有学识的反讽,在那个时代完全是‘非典型’的。”李欧梵认为鲁迅是个真正意义上的“中国现代作家”。

《伤逝》是鲁迅唯一写爱情的小说。小说的主人公是一对青年知识分子:涓生和子君。他们冲破重重阻挠追求恋爱自由,但很快就以悲剧结束,子君回到了原来的家里,不久就死去了;而涓生则陷入悔恨和悲哀中,然而,涓生要走向何方,要如何向前走,却是充满疑惑甚至是无路可走的。小说以浓厚的悲剧感写出当时青年知识分子的苦闷与彷徨,写出了他们那种无路可走的悲哀,那种无爱的孤独,那种不会爱的凄凉。鲁迅写《娜拉出走后怎样》一文,娜拉是挪威著名剧作家易卜生同名剧本中的人物,她为了反抗自己在家庭中的玩偶地位,毅然走出家庭,但娜拉走后去哪里,易卜生也没有给出答案。这个剧本对20世纪初的中国文学界产生了极大的影响,因为那时的中国正在进行新文化运动,妇女的问题也是当时社会问题的焦点之一。许多作家受到《娜拉》(即《玩偶之家》)的影响都写了作品,如胡适的独幕剧《终身大事》,郭沫若的历史剧《卓文君》,等等。鲁迅则在《娜拉出走后怎样》中给出了三个答案:不是堕落,就是回家;第三就是饿死,饿死也就是毁灭。三条都是不好的出路。这表明鲁迅对当时的妇女解放是有清醒的认识的。子君的悲剧就是出走后毁灭的悲剧。

小说由现实开始写起,第1节写涓生的悔恨与悲哀,因为这时候子君已经死了;涓生整天感受到的都不过是“寂静和空虚”,原先子君还在的时候却不是这样的,至少还有“期待”。

第2节回忆和子君初期的交往。这时候他们是有这着共同的话题的。无论涓生谈论什么话题:家庭专制、打破旧习惯、男女平等,还是谈论伊孛生、泰戈尔、雪莱……子君“总是微笑地点着头,两眼里弥漫着稚气的好奇的光泽”。

第3节写子君的勇敢与坚强。子君说:“我是我自己的,他们谁也没有干涉我的权利!”连涓生都觉得“狂喜”,连灵魂都震动了。“知道中国的女性,并不如厌世家所说那样的无法可施,在不远的将来,便要看见辉煌的曙色的。”子君的话的确是那个时代一切勇敢走出旧家庭的女性的心声,子君也是那个时代一切勇敢走出旧家庭的女性的代表。

第4、5节写涓生和子君同居的生活,一方面爱情有了结果,“安宁和幸福”降临了;但是很快,“隔膜”也开始在他们中间产生。但是这个时候的涓生和子君还是能够交流沟通。不过生活总是庸常的啊,子君要做饭、养鸡、养狗,两只手都粗糙了;涓生叫她不要这样操劳,子君就凄然了。但她还是操劳着。精神的爱和物质生活的琐碎就这样成为了矛盾,这大概是一切追求纯粹的爱的人的矛盾吧。

第6—16节写涓生失业,写他们由隔膜到无爱,大半也因为他们还不会爱,最后分手了,子君回家去了,这不就是鲁迅关于娜拉的第二条道路吗?子君没有堕落,就只能回家。但回家也不是好的路,最后便只有一死的结局。这部分从涓生失业开始写起,因为涓生失业,他们的生活就相当困窘。油鸡也吃掉了。第9节中,涓生觉悟到“人必生活着,爱才有所附丽”。子君的变化也很大。在第10节有这样的描写:“子君有怨色,在早晨,极冷的早晨,这是从未见过的,但也许是从我看来的怨色。……她早已什么书也不看，已不知道人的生活的第一着是求生，向着这求生的道路，是必须携手同行，或奋身孤往的了，倘使只知道捶着一个人的衣角，那便是虽战士也难于战斗，只得一同灭亡。”后来，涓生的一番真实的话把他们这样的状态往深渊里推进，涓生对子君说：“我老实说吧；因为，因为我已经不爱你了！”子君于是“脸色陡然变成灰黄，死了似的；瞬间便又苏生，眼里也发了稚气的闪闪的光泽。这眼光射向四处，正如在饥渴中寻求着慈爱的母亲，但只在空中寻求，恐怖地回避着我的眼。”到此，他们的关系基本结束。涓生说完话就走了，去图书馆。后来又开始去访问久不相问的熟人。他觉得新的生活要开始了。但他们还在煎熬，还在煎熬这种无爱的生活。两个原本相爱的人到了这步田地，除了绝望还能有什么更好的状态呢。后来，子君被父亲接回去了，而把所有的生活资料都留给涓生。而过了不久，涓生就知道了子君死去的消息。俗话说，相爱容易相处难。涓生与子君的结局多少也应了这样的俗话吧。或许，涓生把真实的话告诉子君是没有错的，但是，有时候，“真”的话却能杀人。所以，在子君离开他们的住所后，涓生有这样的反省的话：“我不应该将真实说给子君，我们相爱过，我应该永久奉献她我的说谎。”可是，子君是无法承受这样的真话的。那么，涓生是不是不该说真话，而要说假话呢？说到底，子君是无法接受涓生对她说的真话，所以她绝望；最后子君死了。死在无爱的境地里。这是一种绝望的死亡，是死于无爱的状况中，是震撼人心的死亡。

第17—19节，这是小说最后的部分。写涓生回到会馆，写他的悔恨和悲哀，写他的无奈，写他的无望。涓生的悔恨和悲哀是真实的，他说：“我愿意真有所谓鬼魂，真有所谓地狱，那么，即使在孽风怒吼之中，我也将寻觅子君，当面说出我的悔恨和悲哀，祈求她的饶恕；否则，地狱的毒焰将围绕我，猛烈地烧尽我的悔恨和悲哀。”但经历过这样的剧烈生活变化的涓生，他要怎样经历往后的生活呢？小说的结尾同样是令人伤感，更令人无望。涓生如果像结尾说的“我要向着新的生路跨进第一步去，我要将真实深深地藏在心的创伤中，默默地前行，用遗忘和说谎做我的前导……”，那么，涓生的路还是旧的路，还是像鲁迅在《娜拉出走后怎样》里说的，“人生最苦痛的是梦醒了无路可以走”一样绝望和悲哀。因为走旧路也就是等同于无路。在这里，我们看见了弥漫在涓生内心深处的哀凉，也看见了鲁迅的深沉的忧郁。

《伤逝》在艺术上的最大特点是使用“手记”的方式，李欧梵认为这是对“日记形式的更加反讽的处理”的方式，这种“手记”形式更加适合主人公的抒情，所以，《伤逝》的语言在鲁迅的小说中也是极具个性的诗一样的语言；还有独白的表现手段的运用，都像诗一样倾诉着主人公的情感，因而使小说具有强烈的抒情意味，成为鲁迅小说中抒情意味最为浓厚的作品。

思考与练习

1. 涓生和子君爱情悲剧的原因是什么？
2. 简要分析本文的艺术特色。

金鲤鱼的百裥裙

林海音[1]

金鲤鱼有一条百裥裙

金鲤鱼有一条百裥裙，大红洋缎的，前幅绣着“喜鹊登梅”。金鲤鱼就喜欢个梅花，那上面可不是绣满了一朵朵的梅花。算一算，足足有九十九朵。两只喜鹊双双一对地停在梅枝上，姿式、颜色，配得再好没有，长长的尾巴，高高地翘着，头是黑褐色的，背上青中带紫，肚子是一块白。梅花朵朵，真像是谁把鲜花撒上去的。旁边两幅是绣的蝴蝶穿花，周边全是如意花纹的绣花边。

裙子是刚从老樟木箱子里拿出来的，红光闪闪地平铺在大沙发上。珊珊不知怎么欣赏才好，她双手抚着胸口，兴奋地叹着气说：

“唉！不得了，不得了，我从来没有见过这么美丽的百裥裙！”

她弯下腰伸手去摸摸那些梅花，那些平整的裥子，那些细致的花边。她轻轻地摸，仿佛一用力就会把那些娇嫩的花瓣儿摸散了似的。然后她又斜起头来，娇憨地问妈妈：

“妈咪！这条百裥裙是你结婚穿的礼服吗？”

妈妈微笑着摇摇头。这时爸爸刚好进来了，妈妈看了爸爸一眼，对珊珊说：

“妈咪结婚已经穿新式礼服喽！”

“那么这是谁的呢？”珊珊又一边轻抚着裙子一边问。

“问你爸爸吧！”妈妈说。

爸爸并没有注意她们母女在说什么，他是进来拿晚报看的，这时他回过头来，才注意到沙发上的东西。他扶了扶眼镜，仔细地看了看，并没有看出什么来。

“爸，这是谁的百裥裙呀？不是妈咪跟你结婚穿的吗？”珊珊还是问。

爸爸只是轻轻摇摇头，并没有回答，仿佛他也闹不清当年结婚妈咪穿的什么衣服了。但是停一下，他像又想起了什么，扭过头来，看了那裙子一眼，问妈说：

“这是哪里来的？”

“哪里来的？”妈咪谜语般地笑了，却对珊珊说：

“是你祖母的呀！”

“祖母的？是祖母结婚穿的呀！”珊珊更加惊奇，更加发生兴趣了。

听说是祖母的，爸又伸了一下脖子，把报纸放下来，对妈咪说：

“拿出来做什么呢？”

“问你的女儿。”妈妈对女儿讲“问爸爸”，对爸爸却又讲“问女儿”了，总是在打谜语。

珊珊又耸肩又挤眼的，满脸洋表情，她笑嘻嘻地说：

“我们学校欢送毕业同学晚会，有一个节目是服装表演，她们要我穿民初的新娘服装呢！”

“民初的新娘子是穿这个吗？”爸爸不懂，问妈妈。

“谁知道！反正我没穿过！”妈咪有点生气爸爸的糊涂，他好像什么事都忘了。

“爸，你忘了吗？”珊珊老实不客气地说：“你是民国十年才结婚的呀！结了婚，你就一个人跑到日本去读书，一去十年才回来，害得我和哥哥们都小了十岁（她撅了一下嘴）。你如果早十年生大哥,大哥今年不就四十岁了?连我也有二十八岁了呀!"

爸爸听了小女儿的话,哈哈地笑了,没表示意见。妈妈也笑了,也没表示意见。然后妈妈要叠起那条百裥裙,珊珊可急了。说:

"不要收呀,明天我要拿到学校去,穿了好练习走路呢!"

妈妈说:"我看你还是另想办法吧!我是舍不得你拿去乱穿,这是存了四十多年的老古董咧!"

珊珊还是不依,她扭着腰肢,撒娇地说:

"我要拿去给同学们看。我要告诉她们,这是我祖母结婚穿的百裥裙!"

"谁告诉你这是你祖母结婚穿的啦?你祖母根本没穿过!"妈妈不在意,随口就讲了这么一句话,珊珊略显惊奇地瞪着眼睛看妈咪,爸爸却有些不耐烦地责备妈妈说:

"你跟小孩子讲这些没有意思的事情干什么呢?"

但是妈妈不会忘记祖母的,她常说,因为祖母的关系,爸爸终于去国十年回来了,不然的话,也许没有珊珊的三个哥哥,更不要说珊珊了。

爸爸当然更不会忘记祖母,因为祖母的关系,他才决心到日本去读书的。

在这里,很少——可以说简直没有人认识当年的祖母,当然更不知道金鲤鱼有一条百裥裙的故事了。

六岁来到许家

许大太太常常喜欢指着金鲤鱼对人这么说:

"她呀,六岁来到许家,会什么呀?我还得天天给她梳辫子,伺候她哪!"

许大太太给金鲤鱼的辫子梳得很紧,她对金鲤鱼也管得很紧。没有人知道金鲤鱼的娘家在哪儿,就知道是许大太太随许大老爷在崇明县的任上,把金鲤鱼买来的。可是金鲤鱼并不是崇明县的人,听说是有人从镇江把她带去的。六岁的小姑娘,就流离转徙地卖到了许家。她聪明伶俐,人见人爱。虽然是个丫头的身份,可是许大太太收在房里当女儿看待。许家的丫头多的是,谁有金鲤鱼这么吃香?她原来是叫鲤鱼的,因为受宠,就有那多事的人,给加上个"金"字,从此就金鲤鱼金鲤鱼地叫顺了口。

许大太太生了许多女儿,大小姐,二小姐,三小姐,四小姐,五——还是小姐。到了五小姐,索性停止不生了。许家的人都很着急,许大老爷的官做得那么大,如果没个儿子,很遗憾吧。因此老太太要考虑给儿子纳妾了。许大太太什么都行,就是生儿子不行,她看着自己的一窝女儿,一个赛一个地标致,如果其中有一个是儿子,也这么粉团儿似的,该是多么的不同!

那天许大太太带着五个女儿,还有金鲤鱼,在花厅里做女红。她请了龚嫂子来教女儿们绣花。龚嫂子是湖南人,来到北京,专给宫里绣花的,也在外面兼教闺中妇女刺绣。许大太太懂得一点刺绣,她说苏绣虽然翎毛花卉山水人物无不逼肖,可是湘绣也有它的特长,因为湘绣参考了外国绣法,显得新鲜活泼,所以她请了龚嫂子来教刺绣。

龚嫂子来了,闺中就不寂寞,她常常带来宫中逸事,都不是外面能知道的。所以她的来临,除了教习以外,也还多了一个谈天的朋友。

那天许大太太和龚嫂子又谈起了老爷要纳妾的事。龚嫂子忽然瞟了一眼金鲤鱼,努努嘴,没说什么。金鲤鱼正低头在白缎子上描花样。她这时十六岁了,个子可不大,小精豆子似的。许大太太明白了龚嫂子的意思,她寻思,龚嫂子的脑筋怎么转得那么快,眼前摆个十六岁的大丫头,她以前怎么就没想到呢!

金鲤鱼是她自己的人，百依百顺，逃不出她的手掌心。把金鲤鱼收房给老爷做姨太太，才是办法。她想得好，心里就畅快了许多，这些时候，为了老太太要给丈夫娶姨太太，她都快闷死了！

六岁来到许家，十六岁收房做了许老爷的姨太太，金鲤鱼的个子还抵不上老爷书房里的小书架子高呢！那不要紧，她才十六岁，还在长哪！可是，年头儿收的房，年底她就做了母亲了。金鲤鱼真的生了一个粉团儿似的大儿子，举家欢天喜地，却都来向许大太太道喜，许大太太高兴得嘴都合不拢了。

许大太太不要金鲤鱼受累，奶妈早就给雇好了。一生下，就抱到自己的房里来抚养。许大太太没有什么可操心的了。许大老爷，就让他归了金鲤鱼吧！她有了振丰——是外公给起的名字——就够了。

有许大太太这样一位大太太，怪不得人家会说：

"金鲤鱼，你算是有福气的，遇上了这位大太太。"

金鲤鱼也觉得自己确是有福气的。可是当人家这么对她说的时候，她只笑笑。人家以为那笑意便是表示她的同意和满意，其实不，她不是那意思。她认为她有福气，并不是因为遇到了许大太太，而是因为她有一个争气的肚子，会生儿子。所以她笑笑，不否认，也不承认。

无论许大太太待她怎么好，她仍然是金鲤鱼。除了振丰叫她一声"妈"以外，许家一家人都还叫她金鲤鱼。老太太叫她金鲤鱼，大太太叫她金鲤鱼，小姐们也叫她金鲤鱼，她是一家三辈子人的金鲤鱼！金鲤鱼，金鲤鱼，她一直在想，怎样让这条金鲤鱼跳过龙门！

到了振丰十八岁，这个家庭都还没有什么大改变，只是这时已经是民国了，许家的大老爷早已退隐在家做遗老了。

这一年的年底，就要为振丰完婚。振丰自己嫌早，但是父母之命难违，谁让他是这一家的独子，又是最小的呢！对方是江宁端木家的四小姐，也才不过十六岁。

从春天两家就开始准备了。儿子是金鲤鱼生的，如今要娶媳妇了，金鲤鱼是什么滋味？有什么打算？

有一天，她独自来到龚嫂子家。

绣个喜鹊登梅吧

龚嫂子不是当年在宫里走动的龚嫂子了，可是皇室的余荫，也还给她带来了许多幸运。她在哈德门里居家[2]，虽然年纪大了，眼睛不行了，不能自己穿针引线地绣花，可是她收了一些女徒弟，一边教，一边也接一些定制的绣活，生意很好，远近皆知。东交民巷里的洋人，也常到她家里来买绣货。

龚嫂子看见金鲤鱼来了，虽然惊奇，但很高兴。她总算是亲眼看着金鲤鱼从小丫头变成大丫头，又从大丫头收房作了姨奶奶，何况——多多少少，金鲤鱼能收房，总还是她给提的头儿呢。金鲤鱼命中带了儿子，活该要享后福呢！她也听说金鲤鱼年底要娶儿媳妇了，所以她见了面就先向金鲤鱼道喜。金鲤鱼谢了她，两个人感叹着日子过得快。然后，金鲤鱼就说到正题上来了，她说：

"龚嫂子，我今天是来找龚嫂子给绣点东西。"

于是她解开包袱，摊开了一块大红洋缎，说是要做一条百裥裙，绣花的。

"绣什么呢?"龚嫂子问。

"就绣个喜鹊登梅吧!"金鲤鱼这么说了，然后指点着花样的排列，她要一幅绣满了梅花的"喜鹊登梅"，她说她就爱个梅花，自小爱梅花，爱得要命。她问龚嫂子对于她的设计，有什么意见？

龚嫂子一边听金鲤鱼说，一边在寻思，这条百裥裙是给谁穿的？给新媳妇穿的吗？不对。新媳妇不穿“喜鹊登梅”这种花样，也用不着许家给做，端木家在南边，到时候会从南边带来不知道多多少少绣活呢！她不由得问了：

“这条裙子是谁穿呀？”

“我。”金鲤鱼回答得很自然，很简单，很坚定。只是一个“我”字，分量可不轻。

“噢——”龚嫂子一时愣住了，答不上话，脑子在想，金鲤鱼要穿大红百裥裙了吗？她配吗？许家的规矩那么大，丫头收房的姨奶奶，哪就轮上穿红百裥裙了呢？就算是她生了儿子，可是在许家，她知道得很清楚，儿子归儿子，金鲤鱼归金鲤鱼呀！她很纳闷。可是她仍然笑脸迎人地依照了金鲤鱼所设计的花样——绣个满幅喜鹊登梅。她答应赶工半个月做好。

喜鹊登梅的绣花大红百裥裙做好了，是龚嫂子亲自送来的。谁有龚嫂子懂事？她知道该怎么做，因此她直截了当地就送到金鲤鱼的房里。

打开了包袱，金鲤鱼看了看，表示很满意，就随手叠好又给包上了，她那稳定而不在乎的神气，真让龚嫂子吃惊。龚嫂子暗地里在算，金鲤鱼有多大了？十六岁收房，加上十八岁的儿子，今年三十四喽！到许家也快有三十年喽，她要穿红百裥裙啦！她不知道应当怎么说，金鲤鱼到底该不该穿？

金鲤鱼自己觉得她该穿。如果没有人出来主张她穿，那么，她自己来主张好了。送走了龚嫂子回到房里，她就知道“金鲤鱼有条百裥裙”这句话，一定已经被龚嫂子从前头的门房传到太太的后上房了，甚至于跨院堆煤的小屋里，西院的丁香树底下，到处都在悄声悄语在传这句话。可是，她不在乎，金鲤鱼不在乎。她正希望大家知道，她有一条大红西洋缎的绣花百裥裙了。

很早以来，她就在想这样一条裙子，像家中一切喜庆日子时，老奶奶，少奶奶，姑奶奶们所穿的一样。她要把金鲤鱼和大红百裥裙，有一天连在一起——就是在她亲生儿子振丰娶亲的那天。谁说她不能穿？这是民国了，她知道民国的意义是什么——“我也能穿大红百裥裙”，这就是民国。

百裥裙收在樟木箱子里，她并没有拿出来给任何人看，也没有任何人来问过她，大家就心照不宣吧。她也没有试穿过，用不着那么猴儿急。她非常沉着，她知道该怎么样的沉着去应付那日子——她真正把大红绣花百裥裙穿上身的日子。

可是到了冬月底，许大太太发布了一个命令，大少爷振丰娶亲的那天，家里妇女一律穿旗袍，因为这是民国了，外面已经兴穿旗袍了，而且两个新人都是念洋学堂的，大家都穿旗袍，才显得一番新气象。许大太太又说，她已经叫了亿丰祥的掌柜的来，做旗袍的绫罗绸会送来一车，每人一件，大家选吧。许大太太向大家说这些话的时候，曾向金鲤鱼扫了一眼。金鲤鱼坐在人堆里，眼睛可望着没有人的地方，身子扳得纹风不动，她真沉得住气。她也知道这时有多少只眼睛向她射过来，仿佛改穿旗袍是冲着她一个人发的。空气不对，她像被人打了一门闷棍子。她真没想到这一招儿，心像被啃蚀般的痛苦。她被铁链链住了，想挣脱出来一下，都不可能。

到了大喜的日子，果然没有任何一条大红百裥裙出现。不穿大红百裥裙，固然没有身份的区别了，但是，穿了呢？不就有区别了吗？她就是要这一点点的区别呀！一条绣花大红百裥裙的分量，可比旗袍重多了，旗袍人人可以穿，大红百裥裙可不是的呀！她多少年就梦想着，有一天穿上一条绣着满是梅花的大红西洋缎的百裥裙，在上房里，在花厅上，在喜棚下走动着窸窸窣窣的声音[3]，是从熨得平整坚实的裙裥子里发出来的。那个声音，曾令她羡妒，令她渴望，令她伤心。

一去十年

当振丰赶到家，站在他的亲生母亲的病榻前时，金鲤鱼已经在弥留的状态中了。她仿佛睁开了眼，也仿佛哼哼地答应了儿子的呼声，可是她什么都不知道了。

这是振丰离国到日本读书十年后第一次回家——是一个急电给叫回来的。不然他会待多久才回来呢？

当振丰十八岁刚结婚时，就感觉到家中的空气，对他的亲生母亲特别的不利，他也陷入痛苦中。他有抚养着他的母亲，宠惯着他的姐姐，关心着他的父亲，敬爱着他的亲友和仆从，但是他也有一个那样身份的亲生的母亲。他知道亲生母亲有什么样的痛苦，因为传遍全家的"金鲤鱼有一条百裥裙"的笑话，已经说明了一切，在这个新旧思想交替和冲突的时代和家庭里，他也无能为力。还是远远地走开吧，走离开这个沉闷的家庭，到日本去念书吧！也许这个家庭没有了他这个目标人物，亲生母亲的强烈的身份观念，可以减轻下来，那么她的痛苦也说不定会随着消失了。他是怀着为人子的痛苦去国的，那时的心情只有自己知道，让他去告诉谁呢！

他在日本书念得很好，就一年年地待下去了。他吸收了更多更新的学识，一心想钻研更高深的学问，便自私得顾不得国里的那个大家庭了。虽然也时时会兴起对新婚妻子的歉疚，但是结果总是安慰自己说，反正成婚太早，以后的日子长远得很呢。

现在他回来了，像去国是为了亲生母亲一样，回来仍是为了她，但母亲却死了！死，一了百了。可是他知道母亲是含恨而死的，恨自己一生连想穿一次大红百裥裙的机会都被剥夺了，对她是一件多么残酷的事。她是郁郁不欢地度过了这十年的岁月吗？她也恨儿子吗？恨儿子远行不归，使她在家庭的地位，更不得伸张而永停在金鲤鱼的阶段上。生了儿子应当使母亲充满了骄傲的，她却没有得到，人们是一次次地压制了她应得的骄傲。

振丰也没有想到母亲这样早就去世了，他一直有个信念，总有一天让这个叫"妈"的母亲，和那个叫"娘"的母亲，处于同等的地位，享受到同样的快乐。这是他的孝心，悔恨在母亲的有生之年，并没有向她表示过，竟让她含恨而死。

这一家人虽然都悲伤于金鲤鱼的死，但是该行的规矩，还是要照行。出殡的那一天，为了门的问题，不能解决。说是因为门窄了些，棺材抬不过去。振丰觉得很奇怪，他问到底是哪个门嫌窄了？家人告诉他，是说的"旁门"，因为金鲤鱼是妾的身份，棺材是不能由大门抬出去的，所以他们正在计划要把旁边的门框临时拆下一条来，以便通过。

振丰听了，胸中有一把火，像要燃烧起来。他的脸涨红了，抑制着激动的心情，故意问：

"我是姨太太生的，那么我也不能走大门了？"

老姑母苦笑着责备说：

"傻孩子，怎么说这样的话！你当然是可以走大门……"

振丰还没等老姑母讲完，便冲动地，一下子跑到母亲的灵堂，趴伏在棺木上，捶打痛喊着说：

"我可以走大门，那么就让我妈连着我走一回大门吧！就这么一回！就这么一回！"

所有的家人亲戚都被这景象吓住了。振丰一直伏在母亲的棺木上痛哭，别人也不知道该怎么劝解，因为太意外了。结局还是振丰扶着母亲的棺柩，堂堂正正地由大门抬了出去。

他觉得他在母亲的生前，从没有能在行为上表示一点孝顺，使她开心，他那时是那么小，那么一事无知，更缺乏对母亲的身份观念的了解。现在他这样做了，不知道母亲在冥冥中可体会到他的心意？但无论如何，他沉重的心情，总算是因此减轻了许多。

现在算不得什么了

看见妈妈舍不得把百裥裙给珊珊带到学校去，爸爸倒替珊珊说情了，他对妈妈说：

“你就借她拿去吧，小孩子喜欢，就让她高兴高兴。其实，现在看起来，这些都算不得什么了！那时，一条百裥裙对于一个女人的身份，是那样地重要吗？现在想来，真是不可思议的。看女学生只要高兴，就可以随便穿上它在台上露一露。唉！时代……”

话好像没说完，就在一声感喟下戛然而止了。而珊珊只听了头一句，就高兴得把百裥裙抱了起来。其余，爸爸说的什么，就完全不理会了。

妈妈也想起了什么，她对爸爸说：

“振丰，你知道，我当初很有心要把这条百裥裙放进棺材里，给妈一起陪葬算了，我知道妈是多么喜欢它。可是……”

妈也没再说下去了，她和爸一时都不再说话，沉入了缅想中。

珊珊却只顾拿了裙子朝身上比来比去，等到裙子扯开来是散开的两幅，珊珊才急得喊妈妈：

“妈咪，快来，看这条裙子是怎么穿法嘛！”

妈拿起裙子来看看，笑了，她翻开那裙腰，指给爸爸和珊珊看，说：

“我说没有人穿过，一点儿不错吧？看，带子都还没缝上去哪！”

据《林海音文集·金鲤鱼的百裥裙》，林海音著，浙江文艺出版社，1997 年

注 释

[1] 林海音(1918—2001)：1918 年 3 月 18 日出生于日本大阪，祖籍台湾苗栗，原名林含英，小名英子。五岁时随家人返回台湾，不久即迁居北平。1934 年于北京新闻专科学校毕业后任《世界日报》记者。1948 年 8 月同丈夫夏承楹带着孩子回到台湾。先后担任《国语日报》编辑、《联合报》副刊主编等职。1953 年开始文艺创作，1967 年创办《纯文学杂志》。代表作有《城南旧事》《金鲤鱼的百裥裙》等。

[2] 哈德门：哈德门又称“海岱门”，始建于 1267 年，历经元明清三朝近七百四十年历史，因是向皇城内运酒的专用通道，被称为“酒门”，又称“酒道”。也称为“哈达门”“文明门”或“崇文门”。因为是才子赶考必经之门，而被称为“幸运之门”，又因明清时期在此设立税务司，又被称为“财富之门”，是京都九门之中的名门之一。

[3] 窸窸窣窣：形容细小的摩擦声。这里指金鲤鱼想象自己穿着百裥裙走动时裙子摩擦的声音。

作品分析

林海音是一个经历丰富的作家。她原籍台湾，但在日本大阪出生，五岁时才回到台湾。但日据时代的台湾并非乐土，不久她和家人又移居北平。林海音十二岁时，她的叔叔林炳文因为抗日被日本人虐待致死，不久她的父亲也因为肺病复发而亡。林海音和四个弟妹跟着寡母在北京艰难地生活。鲁迅在《呐喊·自序》中说：“有谁从小康之家而坠入困顿么，我以为在这途路中，大概可以看见世人的真面目。”林海音小时候也是属于从小康之家坠入困顿中的人，她说：“从十二岁丧父那天开始，我童稚的心灵就隐隐约约觉察到人生无常，现实生活的残酷，我必须要在寡母和年幼弟妹中间，面对现实的人生、宿命的可怕力量。”林海音在这样的人世中领悟人生的本质，逐渐孕育作家的

气质，而与生俱来的生命力和想象力驱使她走上作家之路。林海音在谈到自己的创作时说过："我和五四新文化运动，几乎同时来到这世间，我看到了那个旧时代转成新时代一幕幕的悲剧，尤其是中国女性的悲剧。"她说她的作品"可以说是纯女性化，以女性的悲剧为重要的写作素材"。《金鲤鱼的百裥裙》就是这样一篇感人心魂、含蕴丰富、艺术手法纯熟的小说。

《金鲤鱼的百裥裙》讲述了一个丫头出身的姨太太——金鲤鱼短暂而又悲哀的一生的故事。它深刻地表现了身份意识以及等级观念是如何压制一个人，并最终将他推向死亡的境地。小说通过金鲤鱼的不幸遭遇，控诉和揭示了隐藏在这种身份意识和等级观念下的旧思想对中国旧女性的心灵伤害，通时也激发我们警惕这种思想的幽灵对现实中的人们心灵和命运的影响。

在《金鲤鱼的百裥裙》中，作者采用了倒叙结构方式来讲述故事和人物的命运。小说共五部分。开头和结尾写的都是现实。开头是讲姗姗发现了祖母金鲤鱼的百裥裙，结尾是姗姗发现祖母金鲤鱼留下的百裥裙居然是一件尚未完工的裙子。而中间的三部分是小说叙述的重点，也是最动人心魄的部分。全篇以"百裥裙"为叙事线索，感人至深地讲述了一个旧女性的人生悲剧。

第二部分"六岁来到许家"讲述金鲤鱼的身世和成为姨太太的故事。金鲤鱼是许大太太和丈夫许老爷在崇明县买来的。"可是金鲤鱼并不是崇明县人，听说是有人从镇江把她带去的"，可见金鲤鱼的出身是个弃儿。但她聪明伶俐，人见人爱。因此，这个本来名叫"鲤鱼"的丫头就深受许大太太的宠爱，于是就被称为"金鲤鱼"了。因为许大太太连续生了五个女儿，她的婆婆要给儿子续弦。在龚嫂子的暗示下，金鲤鱼成为续弦的最佳人选。这并不是因为金鲤鱼漂亮，而是因为"金鲤鱼是她自己人，百依百顺，逃不出她的手掌心"。于是，十六岁的金鲤鱼就成为姨太太。并且在第一年就生了个儿子，于是"举家欢天喜地"，但"却都来向许大太太道喜"，而且，"许大太太不要金鲤鱼受累，奶妈早给雇好了。一生下，就抱到自己的房里来抚养"。这些细节描写生动地写出了金鲤鱼作为一个姨太太的悲剧。金鲤鱼简直成了一个生孩子的工具，孩子生下来，她的使命也就结束了。但大家都羡慕她有福气，说她有一个好的大太太。可是，金鲤鱼"认为她有福气，并不是因为遇到了许大太太，而是因为她有一个争气的肚子，会生儿子"。虽然如此，但金鲤鱼仍然是金鲤鱼，她的身份仍然没有变化：老太太叫她金鲤鱼，大太太叫她金鲤鱼，小姐们也叫她金鲤鱼。如果说，老太太和大太太叫她金鲤鱼还可以理解的话，小姐们叫她金鲤鱼就不该了，好歹她也是个姨太太啊，怎么连小辈的小姐们也还叫她金鲤鱼呢？所以，金鲤鱼想让自己跳龙门。这个机会一直等了十八年。小说没有描写金鲤鱼十八年来心里受的苦，使小说有更大的空间留给读者去思考。直到她的儿子振丰十八岁，要结婚了，金鲤鱼以为自己的机会来了。于是她找龚嫂子做一件百裥裙。

第三部分"绣个喜鹊登梅吧"写金鲤鱼做了一条绣满梅花的百裥裙，准备在她儿子结婚时穿，但是，这个愿望被许大太太的一道命令击败了。这个部分写的是金鲤鱼的梦想的破灭，写她的抗争的失败。这是一个人面对所有人的抗争。小说写了龚嫂子的奸狡，如果不是她把金鲤鱼的秘密说出去，也许金鲤鱼的愿望就实现了——虽然也许会败得更惨，因为许大太太是绝对不会让金鲤鱼的心愿得逞的。金鲤鱼虽然是个姨太太，但她也知道时代已经不同了，她知道这时已经是民国了。什么叫民国？"我也能穿大红百裥裙""这就是民国"，论时代的变化，确实是这样。但是，社会的进步并没有这么简单。虽然已是民国，金鲤鱼认为她可以穿百裥裙，但是，她和大太太之间的斗争并没有因为民国的到来而发生变化，许大太太是不会让金鲤鱼的计划实现的。于是，在金鲤鱼儿子结婚前，许大太太下了大少爷结婚时家里妇女一律穿旗袍的命令。理由很堂皇，因为是民国了外面时兴旗袍了；而且两个新人都是念洋学堂的，穿旗袍才有新气象。许大太太真是一个高手，她不露声色就打败了金鲤鱼。金鲤鱼的满怀希望就成为泡影。

第四部分“一去十年”写振丰去日本留学十年，直到母亲金鲤鱼弥留之际才回来。这部分没有直接写金鲤鱼，但读者都能够想象，被许大太太一个命令就击败的金鲤鱼的痛苦是可以想象得到的。这个可怜的女人，一方面深受身份意识和等级观念的迫害，但一方面，又只能用身份意识来抗争，用等级观念来反抗。这就是金鲤鱼双重的悲剧。最后，在金鲤鱼的殡葬大礼上，振丰以呐喊的哭声为金鲤鱼挽回一点尊严，可是，金鲤鱼永远也听不到，永远感受不到了。当振丰趴伏在棺木上，捶打痛喊着说：“我可以走大门，那么就让我妈连着我走一回大门吧！就这么一回！就这么一回！”小说震撼人心的力量也达到极点。

这个小说的结构是精巧的。第一部分和最后一部分写的是现实，内容也比较轻松，但是，这也显示出作家的构思的精微，思考的深刻。小说把现实写得越是轻松，就越能够反衬出金鲤鱼的悲剧的沉痛。显然，这是对比的艺术手法的良好应用，是这个作品不可分割的构成部分。此外，留白也是这个小说的艺术特色之一。小说有三个时间段留下空白，一是金鲤鱼从六岁到十六岁的十年，这个十年金鲤鱼是个人见人爱的丫头，生活比较幸福；二是金鲤鱼生下儿子后的十八年；三是金鲤鱼的儿子结婚后出国十年。这二十八年，是金鲤鱼倍感压抑备受欺凌的二十八年，小说没有写这个二十八年的金鲤鱼的生活，这就给读者留下巨大的想象空间。

《金鲤鱼的百裥裙》的语言非常朴实，但在朴实的语言背后，却极冷静地写出了以金鲤鱼为代表的旧时代女性的悲剧。小说中的许多描写都值得细细品味，深入思考。这篇小说也是深得中国传统小说艺术精华的影响，动作描写和语言描写突出，人物形象生动。像许大太太、金鲤鱼、龚嫂子都是写得非常成功的人物。尤其是金鲤鱼，这个被压抑、被侮辱、被毁损的人物形象，具有永恒的艺术价值。本文不仅是林海音小说的代表作，而且是中国现代小说的代表作。

思考与练习

1. 找出文中能够表现金鲤鱼性格的心理描写的语段。
2. 简要分析本文的写作特点。

中国孀妇的日元存折

吴尔芬[1]

二姑有一张数额巨大的日元存折在我们蹇畲县是个公开的秘密。

终身独居的更年期女人相当令人厌烦，敢说敢做、敢做敢当，敢破口大骂也敢于赔礼道歉，这种脾气在人种退化的福建西部客家地区是不受欢迎的。这些都算不了什么，二姑跟我结下不解之冤是因为她的洁癖，我七岁那年擤鼻涕不慎丢到她晒在天井边的绣花鞋上，正对镜梳头的二姑隔着窗棂就把木梳掷向我额头。二姑就这么拎着那只留有少许鼻水的绣花鞋沿着石板窄街追赶手抚额上肿块的我。

这太过分了，要知道二姑当时是汉奸，是红卫兵和基干民兵随时可以揪斗的对象。哪次开批斗会也少不了肩披破鞋胸挂木牌的二姑，丰乳肥臀风韵犹存的二姑往台上那么一站，底下的社员振臂高呼口号就有劲道得多了。我抱头鼠窜钻了一圈人堆回家直往剁猪食的母亲怀里奔，二姑的绣花鞋居然也敢跟着拍过来，母亲抬臂一挡，操起锈迹斑斑的菜刀逼向二姑：他还是个孩子，你有本事到大队长面前逞能去。臭汉奸，母亲说，早点滚日本去死吧。面对母亲的辱骂，二姑不置可否，慢条斯理地梳她的阴阳头，把一边的长发梳往被红卫兵剪掉的另一边。二姑虽然穿残旧臃肿的工作服，但由于长发遮掩了半边脸，仍然有一种红尘女子的妩媚。二姑什么也没说，转身扭腰摆胯地走了。母亲实在气不过，朝她弱柳扶风的背影啐了一口，那口水摇摇晃晃的怎么也追不上二姑的脚后跟，不争气地落在离自己的赤脚很近的地方。

独居的二姑除了热衷于做风情万种的各式别致发髻，只对中药表现出浓厚的兴趣。她住的下厢房门窗之间缭绕着怪异的中药气息，终年不散。甜丝丝的是茅草根，苦涩的是败酱草，酸溜溜的是九死还魂草，咸不拉几的是蒲公英，辣乎乎的是苍耳子，还有气味说不清道不白的马齿苋、扁蓄、半边莲、桑树皮、干桃核，诸如此类。这些千奇百怪的味道被条分缕析着，像“文化大革命”的一片大好形势，诡秘地笼罩着祖上遗传的百年旧宅，使我们的生活徒增恐惧。深居简出的二姑就这么整天琢磨并吞服这些黑色药汁，或用它们洗脸、浸泡头发，甚至洗澡。全国人民天翻地覆的革命运动被二姑置之度外，目不识丁的二姑调动她所有的聪明才智，与行将消逝的青春展开顽强的斗争。

我第一次听说存折这个词，是从由下乡知青充当的基干民兵嘴里得知的，那时他们操着浓重的莆田口音三天两头来我们家搜查，都肩着带刺刀的长枪。刺刀上刚抹了黄油，随着主人忙碌的身体起起伏伏磕磕碰碰，很容易就沾满尘土。三五个民兵累得脸红脖子粗，一无所获之后又把我们全家押到二姑的下厢房，当着我们的面对二姑搜身。他们一遍遍抚摸浑身颤栗的二姑，脸上都是欣喜若狂又咬牙切齿的表情。你们都搜过很多遍了，父亲的脸别过墙角说，还要搜到什么时候呢？母亲看到父亲按在斗笠上的手和后背一起神经质地抖动，她的眼中盈满泪水。我们早就跟她划清界限了，母亲扑过去撕扯其中的一个愤怒地诅咒，不得好死的东西，我们家八代贫农，连日本人国民党都不怕，还怕你们这些臭虫？民兵狠狠甩开母亲说，我们还会再来，阶级斗争要年年讲月月讲天天讲，不搜出存折誓不罢休。母亲的张牙舞爪转而挥向二姑，二姑双手垂立，我抬头看她闭着眼，长发无奈地波动。父亲乘机溜之大吉。

父母视二姑为路人是理所当然的了，我因为有这样的二姑被拒绝加入红小兵，戴不上红领巾在上学路上就势必常常让根正苗红的同学挤下稻田的水中。我只能跟家里的老黄狗作伴，书包的背带过于冗长，里边油漆脱落的铅笔盒拍打我的脚小肚，半截铅笔不断碰撞铁壳或橡皮擦，发出雨打玻璃的声音。我们紧贴墙根行走，遇到二姑就抛过去仇恨的石子，老黄狗也停下来胡说八道几句，表示对我的帮腔。自从赤脚医生开错药毒死大队长的祖母成为反革命后，大队长对二姑行医治病的问题就睁一眼闭一眼了，革命群众毕竟免不了有个头痛脑热的。二姑除了不会开处方，简直看不出跟老中医有什么区别，聚精会神地把脉。掰开眼皮瞧眼珠，让病人伸舌头，等等。二姑凭自学成才的智慧和辛勤采撷的劳动换来半斤八两糙米，以维续与苍老作斗争的营养和供民兵批斗的体力。

二姑跟所有中国人一样，跌跌撞撞地熬到了改革开放的年代。二姑用比以前更大块的时间来做她日渐细小的发髻，尽管她天天绿毛龟煮何首乌洗头，每天还是要为如何以稀少的黑发遮蔽势不可挡的白发且怎样充满不愿换小的发网颇费心机。遇到能说上话的陌生人，二姑总是乐滋滋地靠前去让人猜她的年龄，你猜猜我有多大了，她按按疏松的发髻微笑地问道。别人无一例外地报出让她喜悦的岁数，二姑兴奋之余就要抛几个媚眼，并挺一挺疲软的胸部。然而，说二姑已经是年过七十的老人，也确实没人敢相信。如今二姑有专门的药房，自己要服用更复杂的药也能为偶尔来求医的病号抓出更复杂的配方。一只莫辨原色的金属锅整日咕噜咕噜冒气泡，二姑手持形状各异的容器过滤黑色液体，其庄重的神情不亚于居里夫人在提炼镭。

像一个季节性很强的话题，到了“有钱没钱讨个媳妇过大年”的年关岁首，二姑就要被许多幸福的家庭所提及：某某人至今尚在寡居；是哪，可怜的老女人。在我们的心目中，二姑不过是个容易使人睹物思情的陈年摆设，不能忘记而又不至于影响你的正常生活。逢年过节，父亲偶尔叫二姑一起吃饭，对食物的挑剔且不说，每次都要掏出洁白的手帕反反复复擦拭坐椅，直到大家都投去生厌的目光才肯罢手。

二姑引起我的重视是在一次偶然的机会里，我们谈到了日本汽车。

如今，我大学毕业分配在一家领导众多的单位，他们争权夺利我闲得发慌。我们这一代人碰到了百年不遇的好时光，来不及经历苦难就幸福得无所适从。面对逐步升温的出国狂潮，我无法坐怀不乱，并默默爱上了绝望而凄艳的日本。日本人发动侵华战争没有达到掠夺廉价劳动力的目的，四十年后通过他们的产品达到了，比如“车到山前必有路，有路必有丰田车”。单位的本田125几个年轻人抢着骑，赛着劲儿甩来甩去不见丝毫破损，我们想除非用锄头挖它，不然要折腾烂它超出了中国人的体力。据《半月谈》说，日本人从小学到大学的课本都有“日本国土狭小、资源短缺，只有靠奋斗，否则会亡国”的句子，这种警醒自勉的为人姿态也让我心醉神迷。整个蹇畲县城这几年成了一个大工地，推土机扬起的尘埃覆盖了极目所及的视野，使打夯的巨响和电弧的强光莫辨方向。在每一个提前到来的黄昏，我都要站在招待所危楼的平台上，举目眺望天空飞翔的倦鸟，确认到底是鸽子还是猪屎鸟。

小日本，我憧憬你。那么，我必须找到向日本移民的中间人，社会上把他们叫“蛇头”，我对追究这种莫名其详的称呼不感兴趣，关键是这号人能将错综复杂得让小知识分子望而生畏的手续办好交到你渴慕的手中，当然，天文数字般的巨额款项也要筹措整齐交到他渴慕的手中。

赚了钱打道回府就是外商，享受的优惠政策足以气死当地土老板。实在没戏了还可以写文章，只要拼着老命攻击日本人，或者代他们向中国人忏悔，投给大陆报刊包你百发百中。至于去日本干什么，真的没想过，既然谁都不认识你，就不存在丢面子的问题，背死尸洗碗当男妓，男人舍了面子还有什么钱赚不来？有人愿意气死有人愿意累死，我愿意累死在日本也不愿在众多的领导面前人格变态。当然，我说过，人各有各的活法，用自己的标准衡量别人，不仅不合理而且无知。所以说，这是我个人的想法，与真理无涉。

具体到现在，能做的准备工作就是苦读日语同时研究日本汽车，因为我认为汽车是日本人精明和勤劳的象征。丰田凌志、皇冠、三菱、公爵、千里马、蓝鸟、新款小霸王、本田雅阁，在我暂住的招待所房间四壁，贴满了诸如此类的汽车巨照。始料不及的是，二姑草药堆积如山的住房里，居然也腾出一堵墙来张贴这些照片，我百感交集，涌出一股他乡遇知己的柔情。

二姑怀抱盛着她满口白牙的牙缸，眼瞅卟卟直响的小锅发愣，见我进来大惊失色，慌忙别过脸去将假牙各就各位。二姑欢欣鼓舞，搬出洗得发白的木凳让我坐，用刚才的牙缸泡了一杯疑窦丛生的东西摆在桌角。二姑伸手抚摸我的面颊，露出欣赏的满意表情。我觉得她的手柔软多情，像少妇在折叠刚晒过的新婚嫁妆。我是怀着难以启齿的目的来找二姑的：某个我想讨好的女同学长年减肥无效，她认识古稀之年而经验丰富的二姑，推我来此欲求速效减肥良药。我拐弯抹角并辅以手势，老半天才把意思表达清楚。二姑说，健康就是活得舒坦，胖的人瘦了不舒坦，瘦的人胖了也不舒坦，强扭的瓜不甜。二姑说，现在的年轻人是活得没盼望啊。二姑用等待回答的眼神看我，我笑笑，觉得此题无解，不置可否。

然后我们都瞄着那堵墙上的车照开始谈论汽车，二姑往它们努努嘴说，全是日本的。这令我诧异，因为有许多并不是常用的车，像途乐、克莱西达、佳奔、陆地巡洋舰、巴宁、皮卡、海拉克斯等。你怎么知道它们是日本车呢？日本人造车就是要开进中国来，二姑说，你看它们多结实。二姑对我眨眨眼，为自己下的结论得意洋洋。我喑然失笑，的确是这样，跟美国的卡迪拉克、德国的奔驰、英国的劳斯莱斯相比，日本车似乎都是冲着中国人制造的，你觉得太贵又能舍得公款买一辆。我为文盲二姑当解说：这张是本田公司最新概念轿车，配有最新的先进导航系统；马自达，全球最先进的双转子引擎，体积小马力大；卡诺车，阿托萨姆公司制造，微型轿车，适合家庭使用；凌志全新ES300型，丰田产世界名车，高雅、豪华；吉迷尼，五十铃公司制造……

二姑的眼睛始终跟着我的手势转动，下意识地抬起她泡的那一牙缸液体，一口接一口地灌。我介绍完角落的最后一张，二姑也喝干了那些东西，吞下末了的一口，发出咕咚巨响，为关于汽车的话题画上了句号。二姑搁下牙缸，伸长脖子去门口走廊张望，然后缩回来，关上门、拉上窗帘，一把吱吱响的竹椅拖到与我面对面的位置坐下。二姑握住我的手，凝视良久以平静情绪，二姑说，你听说过我有一张日本大存折吗？小时候知道长大了没在意，我说。二姑再次拉近我们之间的距离，低头看了一会脚尖，重新抬头时，眼里已饱含泪水。我今天要告诉你这件事，二姑说。

那一年的冬天，没错，是冬天，油菜花开的季节，日本人进了村。他们住在村西的太保家里，太保当时最阔了，有百多亩良田，全村的两季水田都在他手上，还有长工、仨老婆。日本人挨家挨户招呼大伙去做事，原以为是修水渠，都自愿去。修着修着不对劲，是个没窗户的大房子，有的就不愿去了。日本人就用枪逼，太保的三叔第一个不去，那天早上他端个大碗呼啦呼啦喝粥，日本人的刺刀架向他脖子，叽里呱啦叫了一气。太保三叔没理他们，只顾喝粥。日本人生了气，挥动马刀，一下把他脑袋给劈下来了，脑袋没了，那碗粥还捧着。他老婆从后门溜了，回江西老家改了嫁，惨哪。但也有好人，二姑说。

川岛是个伙夫，你想不出来他有多俊，那尖尖的下巴哪个姑娘见了都会心惊肉跳。我那时刚十八的样子，你奶奶撵我挎个竹篮叫卖鸡蛋，我都吓死了，日本人的大头鞋走来走去的，可我还得拿鸡蛋换盐巴。我在太保家门口的石井边跟川岛打了个照面，他在担水。他用中国话说，姑娘，要换盐巴吧？我吓了一跳，站住没敢吱声。他担水进去，我正要走，他就出来了，手里拿了一孔盐巴跟我换了两鸡蛋，还塞给我一个白面包子。我当场就吃了包子，你不懂我那时有多饿，天天吃蕉芋粉、吃番薯丝，吃到肚里的蛔虫都饿死了。回家交了盐，没讲包子的事，不敢讲。第二次去换盐，石井没见着他，知道吃不上包子了，很失望。停了一会儿，他抬一土箕菜出来，见了我就笑了，放下土箕转身又拿包子，我又吃了。要命的是第三次，他让我进去，我想了想，做出不情愿的样子，其实是很想进去的。厨房里只有他一个，一座又高又大的蒸笼直冒热气，稻米的香气呛死人。他把包子举过头顶说，你来抓你来抓，眯眯笑的，一点不凶。我真的跳着去抢，怎么也够不着，累得出汗。他不再举那么高了，可是掰不开他的手指。他的另一只手伸向我裤带，我夺过包子往嘴里塞时，他举包子的手一下抓住了我的奶子。我没经历过那种事，一点都动不了。我没反抗，我觉得反抗了以后肯定吃不上肉包子，怎么讲也是舍不得的。

二姑脸泛潮红，才思泉涌：村里的老人孩子闭门不出，日本人全出去做事，我常去川岛的厨房。川岛是个细心的人，从不强迫我，真的，而且在柴火堆上铺上蓑衣，做那事也有做出一些乐趣。川岛的中国话不太好，喉咙里像有把刀，好好的一句话被剁得支离破碎的。他说他家在北海道，小时候在大连读过书，视力不行只能待伙房煮饭。他说中国姑娘柔顺温情，他从小就决心回来一阅春色。

可是没多久日本人就走了，二姑尤怨叹息。太保大院乱哄哄的，日本人要走了。最后一次川岛牵我去马棚里，说要让我终生难忘，不过那个晚上我真的一辈子也忘不了。川岛忙忙乱乱地递给我一个信封，说里边是日本银行存折，吩咐我无论如何要保存好，专心等候他从日本给我联系。川岛告诉我，只要终身思念守候他就可以了，什么也不用去愁。

二姑结束她冗长的叙述，是断断续续完成上述内容的。她松开了紧握我的手，两行幸福的泪水好比她的人生，曲曲折折地爬到她干瘪的嘴角。二姑说，为了他，我什么苦头都吃了，我不后悔，他是一定会来找我的。二姑扶膝直起腰，拆开梳妆镜的夹层，取出川岛交给她做信物的信封，双手送我。二姑说，我天天对镜梳头，想到镜子里的存折，就好像川岛君在看我，我就是不愿苍老，要不然怎么对得起他呢？说到这里，二姑浅浅一笑，民兵做梦也想不到我会把它藏在这种地方，亏他们还搜了那么些次。

我将信封展在手上端详许久，提出一个疑问：别人怎么会知道呢？

二姑发一声长叹，重新坐回我对面。困难时期，你四个姐姐都吃观音土胀死了，我实在不忍心再饿死你这根独苗，就告诉你父亲。你父亲四处打听兑换办法，懂行的干部都说，要到日本才能取出钱来，你父亲也就死了这条心，没问我要存折。

二姑啊二姑，你还要等下去吗？

二姑诡秘一笑，打开一个瓶塞，一股怪异的臭味立刻弥漫开来。二姑塞好后放回原处，精神抖擞地说，我昨天才调制成功的新药，吃了能减掉一岁。

这是没有科学根据的，二姑你千万别吃。我不能不表示我的忧虑。

我吃了一辈子的药，你说说看，有没有效果？没吃这些药能有二姑今天的健康？不是你今天这么懂事来给二姑讲汽车，二姑是不会把存折给你的。我要等川岛来接我去日本。

我正准备去日本，最近在办手续。我去北海道访问访问，看能不能找到川岛。

二姑大喜过望，抚掌陶醉了一番。这笔钱正好给你做路费，你一定能找到他，二姑说，这太好了，叫他快点来中国接我。我明天就开始服减岁药，时间不多了，时间真的不多了。

我揣着寄托一个女人所有期待的“存折”，忐忑不安地回到招待所房间，躺床上慢慢拆开信封，抖出里面一张纸，展开看。我脑袋嗡的一响，世界为之旋转，感到血液供应不上周身，不禁大惊失色。

这是一张日本政府1940年印发的关于德、意、日三国同盟条约的普通宣传单，纸质低劣印刷粗陋，凭我浅显的日语常识翻译如下：

《世界一切国家各据有应有的空间是任何持久和平的先决条件》

德意志、意大利和日本的政府认为决定在致力于大东亚以及欧洲各区域方面互相援助和合作，其首要目的为在各该区域建立并维持事物的新秩序，旨在促进有关人民的共同繁荣与福利。此外，三国政府愿意对世界上其他区域内有意与三国朝着同样方向共同努力的国家给予合作，俾使三国对世界和平的最终愿望得以实现。……德意志和意大利承认并尊重日本在大东亚建立新秩序的领导权。

我拿不定主意明天该如何跟二姑提及此事，迷迷糊糊睡去，一夜恶梦到天亮。

翌日凌晨，头昏脑胀骑辆破单车从县城回家。老远就看到家门口人来人往络绎不绝，人们让开路，让我走到二姑住了几十年的下厢房。有老者告诉我说，你二姑服药中毒身亡。挤进床前，见二姑七窍流血，手足固定在某个痛苦挣扎的姿态，双眼突暴，嘴极力张开，表现出强烈呼喊的欲望。桌角摆着昨天向我炫耀的那瓶减岁药，边上空碗里留有残余的恶臭。

二姑啊二姑，你还要等下去吗？

半年之后，我筹措到了足够的款项、办完了所有的手续，踏向飞往东京的飞机。人家都说我继承了二姑的遗产，带上那张巨额存折，到日本淘金发迹去了。

据《厦门文学》，2005 年第 8 期

注 释

[1] 吴尔芬：1965 生于福建连城，中国作协会员、厦门市作协副主席。获福建省政府百花文艺奖等多种文学奖项。出版散文集《对影成三人》《你笑什么?》，文艺随笔集《故事的价值》，短篇小说集《迷途》，中篇小说集《五色花》，长篇小说《雕版》《九号房》《姐妹》《人皮鼓》《新蜀门》，儿童小说《古田军鼓》，以及专著《厦门与台湾：交融共进》等。

作品分析

关于短篇小说，各有各的说法。比较起来，还是胡适说得好，他说：短篇小说是用最经济的文学手段，描写事实中最精彩的一段，或一方面，而能使人充分满意的文章(胡适《论短篇小说》)。胡适还说："能合我所下的界说的，便是理想上的完全的'短篇小说'。世间所称'短篇小说'，虽未能处处都与这界说相合，但是那些可传世不朽的'短篇小说'，决没有不具上文所说的两个条件的。"胡适这个定义里关于短篇小说的两条都不容易做到：一是最经济的文学手段，一是描写事实中最精彩的一段或一方面。所以，短篇小说是不易成功的一种文体。

吴尔芬是福建小说家中比较优秀的作家，也是比较有探索精神的、具有现代性追求的一个小说家。《中国孀妇的日元存折》最早公开发表于《厦门文学》(2005 年 8 月)，后来被《短篇小说选刊》转载(2005 年 11 月)，后来又先后入选《21 世纪年度小说选：2005 短篇小说》(人民文学出版社 2006 年 1 月)和《福建文艺创作 60 年选》(海峡文艺出版社 2009 年 9 月)。种种情况表明，这个小说具有一定的价值，否则不会有这样的际遇。所以吴尔芬说，一个作家的作品自己是无法知道它的结局的。

短篇小说特别重要的是它的叙事者，因为叙事者决定了小说讲故事的角度，这个叙事角度跟画家画画一样，看一个东西，从不同的角度看，看到的这个东西可能会有很大的不同。因而视角很重要。这个小说的叙事者有两个：一个是“我”，一个是“二姑”——就是“中国孀妇”。二姑和“我”，自然是很亲很亲的关系，这种叙事者的选择赋予小说一种真实的力量。

小说以一句“二姑有一张数额巨大的日元存折在我们蹇畲县是个公开的秘密”开始。这个句子很经济，一句话就照应了小说的题目，而且显然有倒叙的味道，这当然是小说常用的方法。对于吴尔芬的这个小说来说，这句话确实有其精妙的地方。这句看似简单的句子，出现了三个重要的词语：一是“二姑”，这是小说的主人公，而且还暗示小说的叙事者之一的“我”；二是“一张数额巨大的日元存折”，这是这个小说里重要的“物件”，就像鲁迅《风波》里的“辫子”，林海音《金鲤鱼的百裥裙》中的“百裥裙”，是小说中能够表现人物命运的“物件”；虽然小说的结尾写了这张所谓的“日元存折”根本不是存折，而是一张普通的宣传单。三是交代人物所处的地理“蹇畲县”，考虑到吴尔芬是连城人，小说里写到的不少物事确实与连城的风物习俗有关，因而这个“蹇畲县”就可以认为是连城县。如果我们多读吴尔芬的小说，发现“蹇畲”是他常常写到的地方。这就像福克纳的约克纳帕塔法县，北村的樟坂，莫言的高密东北乡，等等。莫言曾经在《文字有自己的道路》中说过：“好的作家虽然写的很可能只是他的故乡的那块巴掌大的地方，很可能只是那块巴掌大的地方上的人和事，但由于他动笔之前就意识到了那块巴掌大的地方是世界的一个不可缺少的组成部分，那块巴掌大的地方上发生的事情是世界历史上的一个片段，所以，他的作品就具有了走上世界、被全人类理解和接受的可能性。”我们一定可以从中看到小说的地理对于一个作家来说是非常重要的，对吴尔芬来说“蹇畲”就是一个重要的地方，在吴尔芬的小说里“蹇畲”是不是连城已经不重要了，但它是吴尔芬小说的一个重要的地理，那里珍藏着他的记忆，也是他创作的源头。

这个小说大体可以分为三个部分。

第一部分（第1—16自然段），叙述者是“我”。主要讲述“我”所叙述的“二姑”。这个部分写了二姑有一张数额巨大的“日元存折”，因为有这张“日元存折”，在历次政治运动中“二姑”自然免不了被批斗的命运，当然也被家人疏远，也影响了“我”加入红小兵——就是今天的少先队，等等。此外，写到二姑热衷于中药，“她住的下厢房门窗之间缭绕着怪异的中药气息，终年不散”“全国人民天翻地覆的革命运动被二姑置之度外，目不识丁的二姑调动她所有的聪明才智，与行将消逝的青春展开顽强的斗争”。原来“二姑”热衷中药的目的是为了保住青春，这样一个独身女人花费心思保住青春多少是有些奇怪的，虽然爱美是人的天性尤其是女人的天性。直到后来，读者才知道“二姑”之所以这么做，是因为心中充满着希望与欺骗她的日本人川岛的重逢。这也可以应着《战国策》里说的“女为悦己者容”了，虽然反讽意味大大的。二姑当然也用她的中医术为自己换来生活资料。

改革开放后，“二姑用比以前更大块的时间来做她日渐细小的发髻，尽管她天天绿毛龟煮何首乌洗头，每天还是要为如何以稀少的黑发遮蔽势不可挡的白发且怎样充满不愿换小的发网颇费心机”。“二姑”喜欢叫人猜她的年龄，被问的人说了她喜欢的年龄，二姑就高兴得抛媚眼，想到是一个70多岁的老太太的媚眼，多少还是难以想象的。

由于“我”有移民日本的打算，所以苦读日语并研究日本汽车。某个“我”想讨好的女同学想减肥而无效，她认识“二姑”，于是“我”就来找二姑了，没想到二姑说：“健康就是活得舒坦，胖的人瘦了不舒坦，瘦的人胖了也不舒坦，强扭的瓜不甜。”减肥药没有搞到，因为“二姑”墙上贴的汽车照片，话题就自然转到汽车，二姑说这些车全是日本的。一个在小县城里70多岁的老太太居然墙上贴满汽车——而且全是日本汽车，这一定是很奇怪的。最后，二姑满眼泪水说告诉“我”关于日元存折的事情。

第二部分（第17—20自然段）是二姑的讲述。二姑讲述了她和川岛的故事。鬼子进了村，当然也杀人。但是，川岛是个伙夫，而且长得俊。战争年代的小乡村，吃就成为问题了。二姑为了有包子吃，和川岛发生关系了，很难说是自愿的，但也似乎没有被强迫。这种情节在抗战剧目中是看不到的，抗战剧目中的日本鬼子绝不会用川岛的方法和中国女人发生关系。这是二姑记忆中的情节，时过境迁，多少还有些美化的意味，而且二姑当时年轻，只有十八岁，对于像川岛这样的“帅哥”多少也是有温情记忆的吧。这可以从二姑一直需要保持年轻看得出来。当川岛离开二姑的时候，就交给二姑一个信封，告诉她里面有日本银行存折。川岛“吩咐我无论如何要保存好，专心等候他从日本给我联系。川岛告诉我，只要终身思念守候他就可以了，什么也不用去愁”。可以设想当时的情景，二姑自然是不会怀疑存折的真假的。而且就算怀疑，估计也没办法识破，一个乡下少女，和侵略者发生这种关系，怎么去追问存折的真假呢？

第三部分（第21段至结尾），叙事者又回到“我”了。最主要的情节当然是“我”发现川岛留给二姑的存折是假的。所谓的存折不过是日本人的普通宣传单。而二姑也因服减岁药中毒身亡。小说最后一段更突出这个假存折的可恶，让“我”也背上一个债了，这是一个说不清的债。回想川岛欺骗“二姑”多情，可怜可叹。小说的悲剧味更浓，也深化了主题。

总体说，这个小说仍是可取之处颇多。一是叙述视角选取得比较好，小说的主体主要就是由“我”和“二姑”两个人讲述的；二是构思精巧。一张所谓的巨额日元存折最后发现是假的，这就跟《金鲤鱼的百裥裙》中最后珊珊发现金鲤鱼的百裥裙还没有缝好一样，给读者以意外的震惊。三是主要人物二姑的悲剧意味浓厚。二姑为了那个欺骗她的日本鬼子川岛，守了一辈子的寡，因为川岛叫她专心等候他从日本跟她联系，叫她终身思念守候就可以了。二姑真的为川岛守候了一辈子，最后为了吃减岁药中毒身亡，悲剧意味就更为浓厚了。

思考与练习

1. 仔细阅读这个小说，分析小说的艺术特色。
2. 联系作品，分析小说的主要人物形象。
3. 联系作品，谈谈物件在小说中的作用。

延展阅读

《世说新语》选读

刘义庆

客有问陈季方："足下家君太丘，有何功德，而荷天下重名？"季方曰："吾家君譬如桂树，生泰山之阿，上有万仞之高，下有不测之深；上为甘露所沾，下为渊泉所润。当斯之时，桂树焉知泰山之高，渊泉之深，不知有功德与无也。"（《世说新语·德行第一》）

管宁、华歆共园中锄菜，见地有片金，管挥锄与瓦石不异，华捉而掷去之。又尝同席读书，有乘轩冕过门者，宁读如故，歆废书出看，宁割席分坐，曰："子非吾友也！"（《世说新语·德行第一》）

嵇中散语赵景真："卿瞳子白黑分明，有白起之风，恨量小狭。"赵云："尺表能审玑衡之度，寸管能测往复之气。何必在大，但问识如何耳！"（《世说新语·言语第二》）

王右军与谢太傅共登冶城，谢悠然远想，有高世之志。王谓谢曰："夏禹勤王，手足胼胝，文王旰食，日不暇给。今四郊多垒，宜人人自效；而虚谈废务，浮文妨要，恐非当今所宜。"谢答曰："秦任商鞅，二世而亡，岂清言致患邪？"（《世说新语·言语第二》）

庾子嵩作《意赋》成，从子文康见，问曰："若有意邪，非赋之所尽；若无意邪，复何所赋？"答曰："正在有意无意之间。"（《世说新语·文学第四》）

曹公少时见乔玄，玄谓曰："天下方乱，群雄虎争，拨而理之非君乎？然君实乱世之英雄，治世之奸贼。恨吾老矣，不见君富贵，当以子孙相累。"（《世说新语·识鉴第七》）

林下诸贤各有俊才子：籍子浑，器量弘旷。康子绍，清远雅正。涛子简，疏通高素。咸子瞻，虚夷有远志；瞻弟孚，爽朗多所遗。秀子纯、悌，并令淑有清流。戎子万子，有大成之风，苗而不秀。唯伶子无闻。凡此诸子，唯瞻为冠，绍、简亦见重当世。（《世说新语·赏誉第八》）

京房与汉元帝共论，因问帝："幽、厉之君何以亡？所任何人？"答曰："其任人不忠。"房曰："知不忠而任之，何邪？"曰："亡国之君各贤其臣，岂知不忠而任之？"房稽首曰："将恐今之视古，亦犹后之视今也。"（《世说新语·规箴第十》）

孙皓问丞相陆凯曰："卿一宗在朝有人几？"陆曰："二相、五侯、将军十余人。"皓曰："盛哉！"陆

曰:“君贤臣忠,国之盛也;父慈子孝,家之盛也。今政荒民弊,覆亡是惧,臣何敢言盛!”(《世说新语·规箴第十》)

王子猷居山阴,夜大雪,眠觉,开室,命酌酒。四望皎然,因起彷徨,咏左思《招隐诗》。忽忆戴安道,时戴在剡,即便夜乘小船就之。经宿方至,造门不前而返。人问其故,王曰:“吾本乘兴而行,兴尽而返,何必见戴?”(《世说新语·任诞第二十三》)

据宋刻本《世说新语》

霍小玉传

蒋　防

大历中，陇西李生名益，年二十，以进士擢第。其明年，拔萃，俟试于天官。夏六月，至长安，舍于新昌里。生门族清华，少有才思，丽词嘉句，时谓无双；先达丈人，翕然推伏。每自矜风调，思得佳偶，博求名妓，久而未谐。长安有媒鲍十一娘者，故薛驸马家青衣也；折券从良，十余年矣。性便辟，巧言语，豪家戚里，无不经过，追风挟策，推为渠帅。常受生诚托厚赂，意颇德之。

经数月，李方闲居舍之南亭。申未间，忽闻扣门甚急，云是鲍十一娘至。摄衣从之，迎问曰："鲍卿今日何故忽然而来？"鲍笑曰："苏姑子作好梦也未？有一仙人，谪在下界，不邀财货，但慕风流。如此色目，共十郎相当矣。"生闻之惊跃，神飞体轻，引鲍手且拜且谢曰："一生作奴，死亦不惮。"因问其名居。鲍具说曰："故霍王小女，字小玉，王甚爱之。母曰净持。净持，即王之宠婢也。王之初薨，诸弟兄以其出自贱庶，不甚收录。因分与资财，遣居于外，易姓为郑氏，人亦不知其王女。姿质浓艳，一生未见；高情逸态，事事过人；音乐诗书，无不通解。昨遣某求一好儿郎格调相称者。某具说十郎。他亦知有李十郎名字，非常欢惬。住在胜业坊古寺曲，甫上车门宅是也。已与他作期约。明日午时，但至曲头觅桂子，即得矣。"

鲍既去，生便备行计。遂令家僮秋鸿，于从兄京兆参军尚公处假青骊驹，黄金勒。其夕，生浣衣沐浴，修饰容仪，喜跃交并，通夕不寐。迟明，巾帻，引镜自照，惟惧不谐也。徘徊之间，至于亭午。遂命驾疾驱，直抵胜业。至约之所，果见青衣立候，迎问曰："莫是李十郎否？"即下马，令牵入屋底，急急锁门。见鲍果从内出来，遥笑曰："何等儿郎，造次入此？"生调诮未毕，引入中门。庭间有四樱桃树；西北悬一鹦鹉笼，见生入来，即语曰："有人入来，急下帘者！"生本性雅淡，心犹疑惧，忽见鸟语，愕然不敢进。逡巡，鲍引净持下阶相迎，延入对坐。年可四十余，绰约多姿，谈笑甚媚。因谓生曰："素闻十郎才调风流，今又见仪容雅秀，名下固无虚士。某有一女子，虽拙教训，颜色不至丑陋，得配君子，颇为相宜。频见鲍十一娘说意旨，今亦便令承奉箕帚。"生谢曰："鄙拙庸愚，不意顾盼，倘垂采录，生死为荣。"遂命酒馔，即令小玉自堂东阁子中而出。生即拜迎。但觉一室之中，若琼林玉树，互相照曜，转盼精彩射人。既而遂坐母侧。母谓曰："汝尝爱念'开帘风动竹，疑是故人来。'即此十郎诗也。尔终日吟想，何如一见。"玉乃低鬟微笑，细语曰："见面不如闻名。才子岂能无貌？"生遂连起拜曰："小娘子爱才，鄙夫重色。两好相映，才貌相兼。"母女相顾而笑，遂举酒数巡。生起，请玉唱歌。初不肯，母固强之。发声清亮，曲度精奇。酒阑，及暝，鲍引生就西院憩息。闲庭邃宇，帘幕甚华。鲍令侍儿桂子、浣沙与生脱靴解带。须臾，玉至，言叙温和，辞气宛媚。解罗衣之际，态有余妍，低帏昵枕，极其欢爱。生自以为巫山、洛浦不过也。

中宵之夜，玉忽流涕观生曰："妾本倡家，自知非匹。今以色爱，托其仁贤。但虑一旦色衰，恩移情替，使女萝无托，秋扇见捐。极欢之际，不觉悲至。"生闻之，不胜感叹。及引臂替枕，徐谓玉曰："平生志愿，今日获从，粉骨碎身，誓不相舍。夫人何发此言！请以素缣，著之盟约。"玉因收泪，命侍儿樱桃褰幄执烛，授生笔研。玉管弦之暇，雅好诗书，筐箱笔研，皆王家之旧物。遂取绣囊，出越姬乌丝栏素缣三尺以授生。生素多才思，援笔成章。引谕山河，指诚日月，句句恳切，闻之动人。染毕，命藏于宝箧之内。自尔婉娈相得，若翡翠之在云路也。如此二岁，日夜相从。

其后年春，生以书判拔萃登科，授郑县主簿，至四月，将之官，便拜庆于东洛。长安亲戚，多就筵饯。时春物尚余，夏景初丽，酒阑宾散，离思萦怀。玉谓生曰："以君才地名声，人多景慕，愿结婚媾，固亦众矣。况堂有严亲，室无冢妇，君之此去，必就佳姻。盟约之言，徒虚语耳。然妾有短愿，欲辄指陈。永委君心，复能听否？"生惊怪曰："有何罪过，忽发此辞？试说所言，必当敬奉。"玉曰："妾年始十八，君才二十有二，迨君壮室之秋，犹有八岁。一生欢爱，愿毕此期。然后妙选高门，以谐秦晋，亦未为晚。妾便舍弃人事，剪发披缁，夙昔之愿，于此足矣。"生且愧且感，不觉涕流，因谓玉曰："皎日之誓，死生以之，以卿偕老，犹恐未惬素志，岂敢辄有二三。固请不疑，但端居相待。至八月，必当却到华州，寻使奉迎，相见非远。"更数日，生遂诀别东去。

到任旬日，求假往东都觐亲。未至家日，太夫人已与商量表妹卢氏，言约已定。太夫人素严毅，生逡巡不敢辞让，遂就礼谢。便有近期。卢亦甲族也，嫁女于他门，聘财必以百万为约，不满此数，义在不行。生家素贫，事须求贷，便托假故，远投亲知，涉历江淮，自秋及夏。生自以孤负盟约，大愆回期，寂不知闻，欲断其望。遥托亲故，不遣漏言。

玉自生逾期，数访音信。虚词诡说，日日不同。博求师巫，遍访卜筮，怀忧抱恨，周岁有余。羸卧空闺，遂成沉疾。虽生之书题竟绝，而玉之想望不移，赂遗亲知，使通消息。寻求既切，资用屡空，往往私令侍婢潜卖箧中服玩之物，多托于西市寄附铺侯景先家货卖。曾令侍婢浣沙将紫玉钗一只，诣景先家货之。路逢内作老玉工，见浣沙所执，前来认之曰："此钗，吾所作也。昔岁霍王小女，将欲上鬟，令我作此，酬我万钱。我尝不忘。汝是何人，从何而得？"浣沙曰："我小娘子。即霍王女也。家事破散，失身于人。夫婿昨向东都，更无消息。悒怏成疾，今欲二年。令我卖此，赂遣于人，使求音信。"玉工凄然下泣曰："贵人男女，失机落节，一至于此！我残年向尽，见此盛衰，不胜伤感。"遂引至延光公主宅，具言前事。公主亦为之悲叹良久，给钱十二万焉。

时生所定卢氏女在长安，生既毕于聘财，还归郑县。其年腊月，又请假入城就亲。潜卜静居，不令人知。有明经崔允明者，生之中表弟也。性甚长厚，昔岁常与生同欢于郑氏之室，杯盘笑语，曾不相间。每得生信，必诚告于玉。玉常以薪蒭衣服，资给于崔。崔颇感之。生既至，崔具以诚告玉。玉恨叹曰："天下岂有是事乎！"遍请亲朋，多方召致。生自以愆期负约，又知玉疾候沈绵，惭耻忍割，终不肯往。晨出暮归，欲以回避。玉日夜涕泣，都忘寝食，期一相见，竟无因由，冤愤益深，委顿床枕。自是长安中稍有知者。风流之士，共感玉之多情；豪侠之伦，皆怒生之薄行。

时已三月，人多春游。生与同辈五六人诣崇敬寺玩牡丹花，步于西廊，递吟诗句。有京兆韦夏卿者，生之密友，时亦同行。谓生曰："风光甚丽，草木荣华。伤哉郑卿，衔冤空室！足下终能弃置，实是忍人。丈夫之心，不宜如此。足下宜为思之！"

叹让之际，忽有一豪士，衣轻黄纻衫，挟弓弹，丰神隽美，衣服轻华，唯有一剪头胡雏从后，潜行而听之。俄面前揖生曰："公非李十郎者乎？某族本山东，姻连外戚。虽乏文藻，心尝乐贤。仰公声华，常思觏止。今日幸会，得睹清扬。某之敝居，去此不远，亦有声乐，足以娱情。妖姬八九人，骏马十数匹，唯公所欲，但愿一过。"生之侪辈，共聆斯语，更相叹美。因与豪士策马同行，疾转数坊，遂至胜业。生以近郑之所止，意不欲过，便托事故，欲回马首。豪士曰："敝居咫尺，忍相弃乎？"乃挽挟其马，牵引而行。迁延之间，已及郑曲。生神情恍惚，鞭马欲回。豪士遽命奴仆数人，抱持而进。疾走推入车门，便令锁却，报云："李十郎至也！"一家惊喜，声闻于外。

先此一夕，玉梦黄衫丈夫抱生来，至席，使玉脱鞋。惊寤而告母。因自解曰："鞋者，谐也。夫妇再合。脱者，解也。既合而解，亦当永诀。由此征之，必遂相见，相见之后，当死矣。"凌晨，请母妆梳。母以其久病，心意惑乱，不甚信之。僶勉之间，强为妆梳。妆梳才毕，而生果至。

玉沈绵日久，转侧须人；忽闻生来，欻然自起，更衣而出，恍若有神。遂与生相见，含怒凝视，不复有言。羸质娇姿，如不胜致，时复掩袂，返顾李生。感物伤人，坐皆欷歔。顷之，有酒肴数十盘，自外而来。一座惊视，遽问其故，悉是豪士之所致也。因遂陈设，相就而坐。玉乃侧身转面，斜视生良久，遂举杯酒酬地曰："我为女子，薄命如斯！君是丈夫，负心若此！韶颜稚齿，饮恨而终。慈母在堂，不能供养。绮罗弦管，从此永休。征痛黄泉，皆君所致。李君李君，今当永诀！我死之后，必为厉鬼，使君妻妾，终日不安！"乃引左手握生臂，掷杯于地，长恸号哭数声而绝。母乃举尸，置于生怀，令唤之，遂不复苏矣。生为之缟素，旦夕哭泣甚哀。将葬之夕，生忽见玉繐帷之中，容貌妍丽，宛若平生。著石榴裙，紫褣裆，红绿帔子。斜身倚帷，手引绣带，顾谓生曰："愧君相送，尚有余情。幽冥之中，能不感叹。"言毕，遂不复见。明日，葬于长安御宿原。生至墓所，尽哀而返。

后月余，就礼于卢氏。伤情感物，郁郁不乐。夏五月，与卢氏偕行，归于郑县。至县旬日，生方与卢氏寝，忽帐外叱叱作声。生惊视之，则见一男子，年可二十余，姿状温美，藏身暎幔，连招卢氏。生惶遽走起，绕幔数匝，倏然不见。生自此心怀疑恶，猜忌万端，夫妻之间，无聊生矣。或有亲情，曲相劝喻。生意稍解。

后旬日，生复自外归，卢氏方鼓琴于床，忽见自门抛一斑犀钿花合子，方圆一寸余，中有轻绢，作同心结，坠于卢氏怀中。生开而视之，见相思子二，叩头虫一，发杀觜一，驴驹媚少许。生当时愤怒叫吼，声如豺虎，引琴撞击其妻，诘令实告。卢氏亦终不自明。尔后往往暴加捶楚，备诸毒虐，竟讼于公庭而遣之。卢氏既出，生或侍婢媵妾之属，暂同枕席，便加妒忌。或有因而杀之者。生尝游广陵，得名姬曰营十一娘者，容态润媚，生甚悦之。每相对坐，尝谓营曰："我尝于某处得某姬，犯某事，我以某法杀之。"日日陈说，欲令惧己，以肃清闺门。出则以浴斛覆营于床，周回封署，归必详视，然后乃开。又畜一短剑，甚利，顾谓侍婢曰："此信州葛溪铁，唯断作罪过头！"大凡生所见妇人，辄加猜忌，至于三娶，率皆如初焉。

据汪辟疆校录《唐人小说》，上海古籍出版社，1978 年

婴　宁

蒲松龄

王子服，莒之罗店人，早孤。绝惠，十四入泮。母最爱之，寻常不令游郊野。聘萧氏，未嫁而夭，故求凰未就也。

会上元，有舅氏子吴生，邀同眺瞩，方至村外，舅家仆来，招吴去。生见游女如云，乘兴独游。有女郎携婢，拈梅花一枝，容华绝代，笑容可掬。生注目不移，竟忘顾忌。女过去数武，顾婢子笑曰："个儿郎目灼灼似贼！"遗花地上，笑语自去。生拾花怅然，神魂丧失，怏怏遂返。至家，藏花枕底，垂头而睡，不语亦不食。母忧之，醮禳益剧，肌革锐减。医师诊视，投剂发表，忽忽若迷。母抚问所由，默然不答。适吴生来，嘱秘诘之。吴至榻前，生见之泪下，吴就榻慰解，渐致研诘，生具吐其实，且求谋画。吴笑曰："君意亦复痴！此愿有何难遂？当代访之。徒步于野，必非世家，如其未字，事固谐矣；不然，拚以重赂，计必允遂。但得痊瘳，成事在我。"生闻之不觉解颐。吴出告母，物色女子居里。而探访既穷，并无踪迹。母大忧，无所为计。然自吴去后，颜顿开，食亦略进。数日吴复来，生问所谋。吴绐之曰："已得之矣。我以为谁何人，乃我姑之女，即君姨妹行，今尚待聘。虽内戚有婚姻之嫌，实告之，无不谐者。"生喜溢眉宇，问："居何里？"吴诡曰："西南山中，去此可三十余里。"生又嘱再四，吴锐身自任而去。

生由是饮食渐加，日就平复。探视枕底，花虽枯，未便雕落，凝思把玩，如见其人。怪吴不至，折柬招之，吴支托不肯赴招。生恚怒，悒悒不欢。母虑其复病，急为议姻，略与商榷，辄摇首不愿，惟日盼吴。吴迄无耗，益怨恨之。转思三十里非遥，何必仰息他人？怀梅袖中，负气自往，而家人不知也。伶仃独步，无可问程，但望南山行去。约三十余里，乱山合沓，空翠爽肌，寂无人行，止有鸟道。遥望谷底，丛花乱树中，隐隐有小里落。下山入村，见舍宇无多，皆茅屋，而意甚修雅。北向一家，门前皆丝柳，墙内桃杏尤繁，间以修竹，野鸟格磔其中。意其园亭，不敢遽入。回顾对户，有巨石滑洁，因坐少憩。俄闻墙内有女子，长呼"小荣"，其声娇细。方伫听间，一女郎由东而西，执杏花一朵，俯首自簪；举头见生，遂不复簪，含笑撚花而入。审视之，即上元途中所遇也。心骤喜，但念无以阶进。欲呼姨氏，顾从无还往，惧有讹误。门内无人可问，坐卧徘徊，自朝至于日昃，盈盈望断，并忘饥渴。时见女子露半面来窥，似讶其不去者。忽一老媪扶杖出，顾生曰："何处郎君，闻自辰刻来，以至于今。意将何为？得勿饥也？"生急起揖之，答云："将以探亲。"媪聋聩，不闻。又大言之。乃问："贵戚何姓？"生不能答。媪笑曰："奇哉！姓名尚自不知，何亲可探？我视郎君亦书痴耳。不如从我来，啖以粗粝，家有短榻可卧。待明朝归，询知姓氏，再来探访不晚也。"生方腹馁思啖，又从此渐近丽人，大喜。从媪入，见门内白石砌路，夹道红花片片坠阶上，曲折而西，又启一关，豆棚花架满庭中。肃客入舍，粉壁光如明镜，窗外海棠枝朵，探入室中，裀藉几榻，罔不洁泽。甫坐，即有人自窗外隐约相窥。媪唤："小荣！可速作黍。"外有婢子嗷声而应。坐次，具展宗阀。媪曰："郎君外祖，莫姓吴否？"曰："然。"媪惊曰："是吾甥也！尊堂，我妹子。年来以家屡贫，又无三尺之男，遂至音问梗塞。甥长成如许，尚不相识。"生曰："此来即为姨也，匆遽遂忘姓氏。"媪曰："老身秦姓，并无诞育，弱息仅存，亦为庶产。渠母改醮，遗我鞠养。颇亦不钝，但少教训，嬉不知愁。少顷，使来拜识。"

未几婢子具饭，雏尾盈握。媪劝餐。已，婢来敛具。媪曰："唤宁姑来。"婢应去。良久，闻户外隐有笑声。媪又唤曰："婴宁，汝姨兄在此。"户外嗤嗤笑不已。婢推之以入，犹掩其口，笑不可遏。

媪瞋目曰："有客在，咤咤叱叱，是何景象？"女忍笑而立，生揖之。媪曰："此王郎，汝姨子。一家尚不相识，可笑人也。"生问："妹子年几何矣？"媪未能解，生又言之，女复笑不可仰视。媪谓生曰："我言少教诲，此可见矣。年已十六，呆痴裁如婴儿。"生曰："小于甥一岁。"曰："阿甥已十七矣，得非庚午属马者耶？"生首应之。又问："甥妇阿谁？"答云："无之。"曰："如甥才貌，何十七岁犹未聘？婴宁亦无姑家，极相匹敌。惜有内亲之嫌。"生无语，目注婴宁，不遑他瞬。婢向女小语云："目灼灼，贼腔未改！"女又大笑，顾婢曰："视碧桃开未？"遽起，以袖掩口，细碎连步而出。至门外，笑声始纵。媪亦起，唤婢襆被，为生安置。曰："阿甥来不易，宜留三五日，迟迟送汝归。如嫌幽闷，舍后有小园，可供消遣；有书可读。"次日至舍后，果有园半亩，细草铺毡，杨花糁径。有草舍三楹，花木四合其所。穿花小步，闻树头苏苏有声，仰视，则婴宁在上，见生来，狂笑欲堕。生曰："勿尔，堕矣！"女且下且笑，不能自止。方将及地，失手而堕，笑乃止。生扶之，阴捘其腕。女笑又作，倚树不能行，良久乃罢。生俟其笑歇，乃出袖中花示之。女接之，曰："枯矣！何留之？"曰："此上元妹子所遗，故存之。"问："存之何意？"曰："以示相爱不忘也。自上元相遇，凝思成疾，自分化为异物；不图得见颜色，幸垂怜悯。"女曰："此大细事，至戚何所靳惜？待郎行时，园中花，当唤老奴来，折一巨捆负送之。"生曰："妹子痴耶？"女曰："何便是痴？"生曰："我非爱花，爱撚花之人耳。"女曰："葭莩之情，爱何待言。"生曰："我所谓爱，非瓜葛之爱，乃夫妻之爱。"女曰："有以异乎？"曰："夜共枕席耳。"女俯首思良久，曰："我不惯与生人睡。"语未已，婢潜至，生惶恐遁去。少时会母所，母问："何往？"女答以园中共话。媪曰："饭熟已久，有何长言，周遮乃尔。"女曰："大哥欲我共寝。"言未已，生大窘，急目瞪之。女微笑而止。幸媪不闻，犹絮絮究诘。生急以他词掩之，因小语责女。女曰："适此语不应说耶？"生曰："此背人语。"女曰："背他人，岂得背老母？且寝处亦常事，何讳之？"生恨其痴，无术可悟之。食方竟，家人捉双卫来寻生。

先是，母待生久不归，始疑。村中搜觅已遍，竟无踪兆，因往询吴。吴忆曩言，因教于西南山村寻觅。凡历数村，始至于此。生出门，适相值，便入告媪，且请偕女同归。媪喜曰："我有志，匪伊朝夕。但残躯不能远涉，得甥携妹子去，识认阿姨，大好！"呼婴宁，宁笑至。媪曰："大哥欲同汝去，可装束。"又饷家人酒食，始送之出，曰："姨家田产丰裕，能养冗人。到彼且勿归，小学诗礼，亦好事翁姑。即烦阿姨，为汝择一良匹。"二人遂发。至山坳回顾，犹依稀见媪倚门北望也。

抵家，母睹姝丽，惊问为谁。生以姨妹对。母曰："前吴郎与儿言者，诈也。我未有姊，何以得甥？"问女，女曰："我非母出。父为秦氏，没时，儿在褓中，不能记忆。"母曰："我一姊适秦氏，良确。然殂谢已久，那得复存？"因审诘面庞、志赘，一一符合。又疑曰："是矣。然亡已多年，何得复存？"疑虑间，吴生至，女避入室。吴询得故，惘然久之，忽曰："此女名婴宁耶？"生然之。吴亟称怪事。问所自知，吴曰："秦家姑去后，姑丈鳏居，祟于狐，病瘠死。狐生女名婴宁，绷卧床上，家人皆见之。姑丈没，狐犹时来。后求天师符粘壁间，狐遂携女去。将勿此耶？"彼此疑参，但闻室中吃吃，皆婴宁笑声。母曰："此女亦太憨生。"吴请面之。母入室，女犹浓笑不顾。母促令出，始极力忍笑，又面壁移时方出。才一展拜，翻然遽入，放声大笑。满室妇女，为之粲然。

吴请往觇其异，就便执柯。寻至村所，庐舍全无，山花零落而已。吴忆葬处，仿佛不远，然坟垅湮没，莫可辨识，诧叹而返。母疑其为鬼，入告吴言，女略无骇意。又吊其无家，亦殊无悲意，孜孜憨笑而已。众莫之测，母令与少女同寝止，昧爽即来省问，操女红精巧绝伦。但善笑，禁之亦不可止。然笑处嫣然，狂而不损其媚，人皆乐之。邻女少妇，争承迎之。母择吉将为合卺，而终恐为鬼物，窃于日中窥之，形影殊无少异。

至日，使华装行新妇礼，女笑极不能俯仰，遂罢。生以憨痴，恐漏泄房中隐事，而女殊密秘，不肯道一语。每值母忧怒，女至，一笑即解。奴婢小过，恐遭鞭楚，辄求诣母共话，罪婢投见，恒得免。而爱花成癖，物色遍戚党；窃典金钗，购佳种，数月，阶砌藩溷，无非花者。庭后有木香一架，故邻西家，女每攀登其上，摘供簪玩。母时遇见，辄诃之，女卒不改。一日西人子见之，凝注倾倒。女不避而笑。西人子谓女意属己，心益荡。女指墙底，笑而下，西人子谓示约处，大悦。及昏而往，女果在焉，就而淫之，则阴如锥刺，痛彻于心，大号而踣。细视非女，则一枯木卧墙边，所接乃水淋窍也。邻父闻声，急奔研问，呻而不言；妻来，始以实告。爇火烛窍，见中有巨蝎，如小蟹然，翁碎木捉杀之。负子至家，半夜寻卒。邻人讼生，讦发婴宁妖异。邑宰素仰生才，稔知其笃行士，谓邻翁讼诬，将杖责之，生为乞免，遂释而出。母谓女曰："憨狂尔尔，早知过喜而伏忧也。邑令神明，幸不牵累。设鹘突官宰，必逮妇女质公堂，我儿何颜见戚里？"女正色，矢不复笑。母曰："人罔不笑，但须有时。"而女由是竟不复笑，虽故逗之亦终不笑，然竟日未尝有戚容。

一夕，对生零涕。异之。女哽咽曰："曩以相从日浅，言之恐致骇怪。今日察姑及郎，皆过爱，无有异心，直告或无妨乎？妾本狐产。母临去，以妾托鬼母，相依十余年，始有今日。妾又无兄弟，所恃者惟君。老母岑寂山阿，无人怜而合厝之，九泉辄为悼恨。君倘不惜烦费，使地下人消此怨恫，庶养女者不忍溺弃。"生诺之，然虑坟冢迷于荒草，女但言无虑。刻日，夫妇舆榇而往。女于荒烟错楚中，指示墓处，果得媪尸，肤革犹存。女抚哭哀痛。舁归，寻秦氏墓合葬焉。是夜，生梦媪来称谢，寤而述之。女曰："妾夜见之，嘱勿惊郎君耳。"生恨不邀留。女曰："彼鬼也。生人多，阳气胜，何能久居？"生问小荣，曰："是亦狐，最黠。狐母留以视妾，每摄饵相哺，故德之常不去心；昨问母，云已嫁之。"由是岁值寒食，夫妇登秦墓，拜扫无缺。女逾年生一子，在怀抱中，不畏生人，见人辄笑，亦大有母风云。

异史氏曰："观其孜孜憨笑，似全无心肝者。而墙下恶作剧，其黠孰甚焉！至凄恋鬼母，反笑为哭，我婴宁殆隐于笑者矣。窃闻山中有草，名'笑矣乎'，嗅之则笑不可止。房中植此一种，则合欢、忘忧，并无颜色矣。若解语花，正嫌其作态耳。"

据张友鹤辑校《聊斋志异会校会注会评本》，上海古籍出版社，1978 年

等　待

博尔赫斯

马车把他送到西北区那条街道的四千零四号。早晨九点的钟声还没有敲响；那个男人赞许地看看树皮斑驳的梧桐，每株树下一方暴露的泥土，带小阳台的整齐的房屋，旁边一家药房，油漆五金店的退色的菱形门面装饰。对面行人道是一家医院的长围墙；远处一些暖房的玻璃闪闪反射着阳光。那人心想，这些东西(仿佛在梦中见到似的杂乱无章、毫无道理地凑在一起)以后日子一长，假如上帝允许，倒是不变的、必要的、亲切的。药房的橱窗里摆着瓷制店名牌：布雷斯劳尔。犹太人正在取代意大利人，而意大利人曾挤掉了本地白人。还是这样好；那个男人宁愿和不是本民族的人打交道。

车夫帮他搬下大衣箱；一个神情恍惚或者疲倦的女人终于开了门。车夫从座位上退给他一枚钱币，自从在梅洛旅馆的那晚以来一直揣在他口袋里的一枚乌拉圭铜币。那人给了车夫四毛钱，当即想道："我的一举一动都不能给别人留下印象。我已经犯了两个错误；付了一枚别国的钱币，并且让人注意到我很重视这个差错。"

由那个女人带路，他穿过门厅和第一个天井。替他保留的房间幸好是对着第二个天井。屋里有一张铁床，工匠把床架做得花里胡哨，像是葡萄藤和葡萄叶的形状；还有一个松木大衣柜，一张床头桌，一个落地书柜，两把不配套的椅子，一个有脸盆、水罐、肥皂盒、一个深色玻璃杯的洗脸架。墙上有一幅布宜诺斯艾利斯省的地图和一个十字架；墙纸是胭脂红色的，图案是许多重复的开屏的大孔雀。唯一的一扇门朝着天井。挪动椅子位置之后才搁得下大衣箱。房客表示满意；当那女人问他怎么称呼时，他回答说姓维拉里。他之所以说这个姓，并不是当做秘密的挑战，也不是为了减轻事实上他并不感觉的屈辱，而是因为这个姓一直困扰着他，他不可能想到别的姓。认为冒用仇人的姓是狡黠的手段，是小说里胡编的，他当然没有这种想法。

维拉里先生最初足不出户；几星期后，等天黑了才出去一会儿。一晚，他进了离住处三个街区远的一家电影院。他总是坐最后一排；总是不等终场，提前一些站起来离开影院。他看了下层社会的悲惨故事；毫无疑问，这种故事包括失误，包括他以前的生活的形象；维拉里没有注意这些，因为他从没有想到艺术和现实会有巧合的可能。他顺从地努力让自己喜欢故事情节；他希望抢在展示情节的意图之前。和爱看小说的人不同，他从不把自己看成是艺术作品中的人物。

他从没有信件，甚至没有寄给他的广告宣传品，但他带着模糊的希望看报纸的某一栏消息。傍晚时，他把一把椅子搬到门口，认真地喝马黛茶，眼睛盯着隔壁房子墙上的爬藤植物。独处的岁月使他知道，在记忆中每天的日子大多是一模一样的，但没有哪一天，即使在监狱或者医院里，不发生一些意想不到的事情。以前在幽居的情况下，他情不自禁地要计算日子和小时，不过这次情况不同，因为这次幽居是没有期限的——除非一天早晨报上登出阿列杭德罗·维拉里死去的消息。也有可能维拉里已经死了，那么现在过的日子就像是一场梦。那种可能性使他忐忑不安，因为他弄不明白它带来的感觉是如释重负呢还是大祸临头；他对自己说那种可能性太荒唐，便把它排除了。在遥远的过去(使他觉得遥远的不是时间长，而是两三件不可挽回的事)，他怀着不顾一切的爱，曾向往过许多东西；那种强烈的愿望招来了男人们的憎恨和一个女人的爱情，现在却不想某些特殊的东西了：只希望能持续，不要结束。马黛茶味，烈性烟味，天井地上越来越长的影子。

这幢房子里有一条老狼狗。维拉里同它交上了朋友。他用西班牙语、意大利语和记忆所及的小时说的一些乡村方言同狗说话。维拉里试图只顾眼前，不回忆过去，也不考虑将来；对他说来过去的回忆比展望将来更没有意义。他隐约觉得过去是构成时间的物质；因此时间很快就变成过去。有时候，他的厌倦像是一种幸福感；那时候，他的心理活动不比一条狗复杂多少。

有一夜，他嘴里一阵剧痛，使他惊恐哆嗦。那个可怕的奇迹几分钟后重演一次，快天亮时又来了一次。第二天，维拉里雇了一辆马车，去十一区的一家牙科诊所。大夫替他拔掉了那颗大牙。在那紧要关头，他不比别人胆小，也不比别人镇定。

另一夜，他从电影院回家，觉得有人推撞。他心头火起，但又感到隐秘的宽慰，转过脸去看那个冒犯他的人，恶狠狠地骂了一句。对方一惊，结结巴巴地道歉。那是个高个子的年轻人，黑头发，身边有个德国型的女人；维拉里那晚再三思索，确定自己不认识那两个人。但是他在家里蹲了四五天才敢上街。

书柜里有一部安德里奥利评注的《神曲》。出于些许好奇和强烈的责任感，维拉里开始阅读那部煌煌巨著；他晚饭前看了一歌，然后严格按照顺序细读了注释。他认为地狱里的苦难不是不可能或过分的，他没有想到但丁已把他打进最后一层地狱，在那里乌果利诺[1]不停地用牙齿啮咬着卢其埃里的脖子。

大红墙纸上的孔雀似乎会引起纠缠不清的梦魇，但是维拉里先生从没有梦见由密密匝匝的活鸟组成的怪异的凉亭。天亮时，他总是做一个背景相同、但细节各异的梦。维拉里和另外两个人握着手枪闯进他的房间，或者在他从电影院里出来时袭击他，或者三个人都成了那个推搡他的陌生人，或者阴沉地在天井里等他，见了面却好像又不认识他。梦快结束时，他从床头柜的抽屉里掏出手枪（他确实在抽屉里放了一把手枪），朝那些人发射。枪响把他吵醒，但那始终只是一个梦，在另一个梦中那些人重新袭击他，在第三个梦中他不得不再次把他们打死。

7月里一个朦胧的早晨，陌生人的在场（不是他们开门的声响）惊醒了他。在幽暗的房间里，他们显得很高大，面目在幽暗中却模糊得出奇（在恶梦中一直比现在清晰得多），他们虎视眈眈，一动不动，耐心等待，仿佛手中武器的重量压弯了他们的视线，阿列杭德罗·维拉里和一个陌生人终于找到了他。他做个手势，让他们稍候，然后朝墙壁翻过身，仿佛想重新入睡。他这样做，是为了引起杀他的人怜悯，还是因为承受一件可怕的事要比没完没了地想象它、等候它轻松一些，或者——这个可能性也许最大——设想那些杀手只是梦中的景象，正如他在同一地点、同一时间多次见过的那样？

他正这样恍恍惚惚时，枪声抹掉了他。

据《小径分叉的花园——博尔赫斯小说集》，［阿根廷］博尔赫斯著，王永年译，浙江文艺出版社，1999年

注释

［1］乌里利诺：中世纪意大利比萨伯爵，1270年前后企图篡夺比萨最高权力，背弃了他所属的皇帝派，与教皇派结盟，1284年热那亚与比萨作战，乌果利诺出卖了比萨人，致使他们惨败。1288年被推翻，与二子二孙一起被幽禁在瓜兰迪塔饿死。但丁在《神曲·地狱篇》中记叙了这个故事。

附录一　诗歌阅读与欣赏的方法

在文化日渐普及的时代，诗歌的普及也就是必然的了。可以说，在今天，几乎每一个人最早接触的文学作品就是诗歌。一个孩子还不会说话，妈妈就已经不厌其烦地给他朗读《静夜思》了。但是，诗歌这种文学，也仍然是最难以理解的。诗歌是最为纯粹的语言艺术，它是语言的精灵，是语言的高度凝练的产物。人人都读诗，但是，也许很多人读到大学，还不一定能够真正掌握读诗的方法，还不一定能真正去理解一首诗，更谈不上欣赏诗歌的美了。尽管如此，诗歌的阅读和欣赏，仍然是有方法可寻的。大体上说，诗歌的阅读和欣赏可以从意象、表现手法、修辞手法等方面进行。

需要说明的是，本文所说的诗歌的阅读与欣赏的方法主要是介绍读诗和欣赏诗的基本路径。之所以把意象作为一种路径单列出来，主要是因为意象是诗歌语言意义群的基本单位，虽然通过意象不能解读所有的诗歌，但是可以解读绝大部分的诗歌。而表现手法和修辞手法之所以分开，是因为这是两个不同的概念体系，而在许多教材和专著里，却往往将它们并列在一起讲，讲表现手法时，里面混有修辞手法；讲修辞手法时，里面混有表现手法。这是概念不清造成的后果。固然学界对表现手法和修辞手法多有争议，但是，作为教材，还是应该把这两者分别清楚比较好，所以，本文将表现手法和修辞手法分开来讲，因为表现手法和修辞手法也是阅读和欣赏诗歌所经常用到的方法，故将它们列入本文的体系中。

一、通过意象来阅读和欣赏诗歌

意象是中国诗学最重要的概念，也是阅读和欣赏诗歌的第一个通道。那么，什么是意象呢？简单地说，意象是诗人用来表达情感的物象。这意味着，在诗歌中，“意象”所指的这个“物象”并不是大自然和人类社会简单的“物象”，而是包含了诗人的情感的“物象”，是“物”与“我”（诗人）的统一。《周易》有“立象以尽意”的说法，说明早在《周易》的时代，人们便已认识到“象”与“意”的关系。“立象”的目的乃是“尽意”——也就是表达诗人的情感与思想。《文史通义》中说“易象通于诗之比兴”，更进一步表明“象”与“意”的关系。在刘勰的《文心雕龙》中，“意象”被第一次表达为中国古代诗学的范畴——所谓“窥意象而运斤”焉。刘勰“窥意象而运斤”是用《庄子》轮扁斫轮的典故来说明意象的重要性。因为轮扁斫轮时，他的大脑中一定要有车轮的图像，然后才挥动斧斤来制作车轮。这和作家创作、诗人写诗是一样的，当作家创作、诗人写诗时，他也需要有意象——作家与诗人心中的形象，来进行创作。

袁行霈将意象分为五大类：自然界的，如天文、地理、动物、植物等；社会生活的，如战争、游宦、渔猎、婚丧等；人类自身的，如四肢、五官、脏腑、心理等；人的创造物，如建筑、器物、服饰、城市等；人的虚构物，如神仙、鬼怪、灵异、冥界等。

某一意象在长期的使用过程中会产生相对稳定的意义，比如“杨柳”象征送别，“梅花”象征高洁，“菊花”代表隐逸，而“莲”则是君子，等等。

但是，诗人并不是随意地选择意象，诗人之所以选择某一个主要意象或意象群，其目的是为了构成能够表达诗人情感的意境。必须要明确的是，“意象”与“意境”是两个既有联系又有区别的概念。可以说，“意境”是“意象”的浑成。“意象”是一个一个有意味的“物象”，“意境”则是一个有意味的“物象”的结晶；或者说，“意象”是一个一个的点，而“意境”则是一个立体的结构；“意象”是一棵一棵独立的树，而“意境”乃是由一棵棵树连接而成的森林。

近代著名学者王国维非常重视“意境”。他曾经说过：“文学之事，其内足以摅己，而外足以感人者，意与境二者而已。上焉者意与境浑，其次或以境胜，或以意胜。苟缺其一，不足以言文学。原夫文学之所以有意境者，以其能观也。出于观我者，意余于境。而出于观物者，境多于意。然非物无以见我，而观我之时，又自有我在。故二者常互相错综，能有所偏重，而不能有所偏废也。文学之工不工，亦视其意境之有无，与其深浅而已。”王国维认为，“意与境浑”是“意境”的最高境界，而“以境胜”或“以意胜”都属于其次境界。他还说过：“境非独谓景物也。喜怒哀乐，亦人心之一境界。故能写真景物、真感情者，谓之有境界。否则谓之无境界。”王国维认为能够写真景物、真感情的，就是有境界，不能写真景物、真感情的，就是无境界。王国维强调真景物、真感情对意境创造的作用，当然是因为文学中存在许多无病呻吟的虚假现象。当虚假的感情充斥文学作品中的时候，它所描写的景物也就失去了真实的基础，这样构成的意境也就是虚假的意境，不能真正感动读者。而大家之作则不然，王国维说：“大家之作，其言情也必沁人心脾，其写景也必豁人耳目，其辞脱口而出，无矫揉妆束之态。以其所见者真，所知者深也。诗词皆然。持此以衡古今之作者，可无大误矣。”所以，王国维对李煜、纳兰容若评价很高，就是因为他们写景抒情均至真也，因为至真，所以所写的景物和所抒的感情都能构成真境界。他对纳兰容若的评价是：“纳兰容若以自然之眼观物，以自然之笔写情。此由初入中原，未染汉人风气，故能真切如此。北宋以来，一人而已。”这是极高的评价。而他对李煜的评价，也是非常之高：“尼采谓：‘一切文学，余爱以血书者。’后主之词，真所谓以血书者也。宋道君皇帝《燕山亭》词亦略似之。然道君不过自道身世之戚，后主则俨有释迦、基督担荷人类罪恶之意，其大小固不同也。”宋道君皇帝就是宋徽宗赵佶。他和李煜一样是亡国之君，但是，在王国维看来，道君皇帝的词表现的不过是一己之悲戚；而李后主李煜就不同，他的词所表现的是人类的悲哀，担当人类的罪恶。所以，李煜的词比赵佶的词更被人所喜爱也就是必然的了。从意境角度来说，李煜的词是“以血书者”，他所创造的意境，自然是极真实之意境，也是极美之意境。李煜《虞美人》中“问君能有几多愁，恰似一江春水向东流”，其写愁之深广，真可谓是前无古人而后无来者，读之千万遍也不厌倦，这是为什么呢？这就是因为后主之词，字字句句，均来自他极真实的内心，来自他极悲痛的经历，来自他极哀戚的血液。

可见，由“意象”到“意境”，是诗歌欣赏的一个大的飞跃。我们阅读诗歌，欣赏诗歌，要从“意象”入手，并要达到对“意境”的感知和领会。

举一个大家熟悉的例子，如马致远的《天净沙·秋思》：

枯藤老树昏鸦，
小桥流水人家，
古道西风瘦马。
夕阳西下，
断肠人在天涯。

这是一首典型的由众多意象组成的诗。“枯藤”是意象，“老树”是意象，“昏鸦”是意象。作者为什么用“枯藤”“老树”“昏鸦”，而不用别的意象呢？比如“绿藤”“高树”“乌鸦”。显然，作者用“枯藤”“老树”“昏鸦”一方面固然因为这些景物与秋天的实际景况是相合的，但更重要的是这些景物更能表现作者作为一个在天涯的游子的思乡之情。“枯藤”“老树”所展露出来的衰颓景象正与作者要表达的思乡的凄凉感情相合拍；而“昏鸦”正像是在外倦游的游子，正想着回家。其他意象也是如此，作者选择这些意象都是有目的有意味的。“小桥”“流水”“人家”是一幅美妙可爱的家园图像，这样美妙可爱的景象本来是令人感到高兴的，这些意象本身也是明丽的；但是，在这里却有了相反的意味。那个“断肠人”思乡心切，他孤独寂寞的心思，因为看到这美妙可爱的“小桥”“流水”“人家”反而更加思念故乡，所谓“睹物思乡”是也。因为眼前的这幅美景，使他更加想念他的家乡，可是，家乡远在天涯，正像他远在天涯一样。所以，他又注意到下面的景象：“古道”“西风”“瘦马”与“夕阳”，这里的每一个意象都那么苍凉，凄美。尤其是“夕阳”这个意象，它把前面所有的意象全部笼罩在一起，这就构成了一幅凄美、苍凉的秋思图画，这也就是这首小令的意境。

齐白石有一幅《扶梦还家》的画，在这张画上，齐白石写了一首诗，姑称之为《扶梦还家》诗：

老屋风来壁有声，
删除草木省疑兵；
梦中大胆还家去，
且喜儿童出户迎。

齐白石写这首诗的时候，人到中年，却在外漂泊流荡，而时局正是战乱频仍，诗人远离故乡——湖南湘潭县南百里的杏子坞星斗塘，那里有他的老屋和家人，作者对故乡的一切都充满了思念之情，于是作了这幅《扶梦还家》画，作画之后意犹未足，又写了这首题在画上的诗。这首诗的几个主要意象是“老屋”“风来”“壁有声”“草木”“疑兵”“梦”“大胆”“还家去”“喜”“儿童”“出户”“迎”，这些意象有静景，有动景；有自然景，有人文景；有真实景，有想象景。通过这些意象，作者写出梦中对老家的老屋和家人的深切思念和深切的伤怀，扶梦还家，现实却还不了家，这不正是一种思念，一种无奈，一种伤感的情怀吗？齐白石自己评价自己时说：“自己最好的是诗，其次是刻印，再次是写字，最后才是作画。”从这首诗来看，齐白石是深得诗之三昧的。

很多的诗都可以通过意象来分析，通过“意象”来分析诗也是一种比较稳妥的方法，比较不容易对诗歌造成误解，因为诗是语言的艺术，从语言本身去分析就更不容易偏离诗的本意。古人对诗的分析容易偏离，就是因为牵强太多，附会太多，所以容易对诗产生错误的解读。

二、通过表现手法来阅读和欣赏诗歌

诗歌的表现手法是指用来表现诗歌的情感、达到一定的艺术效果的方法，也称为表现方法。诗歌的表现手法常见的有：赋、比、兴，象征，白描，典故，渲染、烘托、衬托，等等。下面进行简要介绍。

（一）赋、比、兴

赋、比、兴是我国诗学传统中累世相传的诗歌创作的表现方法，前人关于赋、比、兴有很多经典的论述，如郑玄在《周礼·大师》中说过：“赋之言铺，直铺陈今之政教善恶。比，见今之失不敢斥言，取比类以言之。兴，见今之美嫌于媚谀，取善事以喻劝之。”刘勰在《文心雕龙·比兴》则说：“故比者，附也；兴者，起也。附理者切类以指事，起情者依微以拟议。起情故兴体以立，附理故比例以生。比则畜愤以斥言，兴则环譬以记讽。”钟嵘在《诗品》中则说：“故诗有三义焉：一曰兴，二曰比，三曰赋。文已尽而意有余，兴也。因物喻志，比也。直书其事，寓言写物，赋也。宏斯三义，酌而用之，干之以风力，润之以丹彩，使味之者无极，闻之者动心，是诗之至也。若专用比兴，患在意深，意深则辞踬。若但用赋体，患在意浮，意浮则文散。”钟嵘在此明确了赋、比、兴三者在诗歌创作中应该并列使用，不可偏废，尽管不可能所有的诗歌都同时并用这三种表现手法，但他的论述说明赋、比、兴是应该作为一个整体来考虑的。这也是本书的观点，虽然，本书在谈论诗歌的阅读与欣赏时将表现手法和修辞手法进行了区分，但仍将赋、比、兴作为一个整体将它们列在表现手法这个范畴中进行介绍。而朱熹在《诗集传》中对“赋、比、兴”的看法是：“赋者，敷陈其事而直言之也”“比者，以彼物比此物也”“兴者，先言他物以引起所咏之词也”。由于朱熹的名望，他的这个说法广为传播，后人引用得很普遍。朱熹所讲的赋就是铺陈，比就是比喻，兴就是起兴。此外，元朝杨载在《诗法家教》中认为赋、比、兴是“诗学之正源，法度之准则”。明朝的李东阳在《麓堂诗话》中亦有精彩论述，他说：“诗有三义，赋止居一，而比、兴居其二。所谓比与兴者，皆托物寓情而为之者也。盖正言直述，则易于穷尽，而难于感发。惟有所寄托，形容摹写，反复吟咏，以俟人之自得，言有尽而意无穷，则神爽飞动，手舞足蹈而不自觉，此诗之所以贵情思而轻事实也。”可见，赋、比、兴在诗歌创作中是很常用的表现手法。

赋的例子如：

采采芣苢，薄言采之。
采采芣苢，薄言有之。
采采芣苢，薄言掇之。
采采芣苢，薄言捋之。
采采芣苢，薄言袺之。
采采芣苢，薄言襭之。

（《诗经·芣苢》）

比的例子如：

手如柔荑，肤如凝脂，
领如蝤蛴，齿如瓠犀。

（《诗经·硕人》）

兴的例子如《诗经》中的《蒹葭》，《蒹葭》有三章，每一章的前两句都通过景物的描写来起兴：“蒹葭苍苍，白露为霜”“蒹葭凄凄，白露未晞”“蒹葭采采，白露未已”。

但是，赋、比、兴并不是隔离使用的，而常常是综合使用的。比如《蒹葭》不仅有兴，也有赋；《硕人》不仅有比，也有赋；《硕鼠》不仅有赋，也有比；《孔雀东南飞》的开头既有比也有兴。这种综合使用的情形也是我们在阅读和欣赏诗歌时需要注意的现象。

（二）象征

象征，通常也说象征手法。它与比兴有很深的渊源关系。在诗歌里，比兴手法往往都具有象征意义。当诗歌的某个意象或某几个意象不仅仅表示它本身的意义而另外包含有意义时，这时候它往往就有了象征意义。这与诗歌本身是靠形象思维有密切的关系。因为诗一般情况下不直接表达作者的思想，即使哲理诗也是如此，作者所要真正表达的思想往往隐藏在形象背后。所以，黑格尔在《美学》里说：“象征一般是直接呈现于感性关照的一种现成的外在事物，对这种外在事物并不直接就它本身来看，而是就它所暗示的一种较广泛普遍的意义来看。”黑格尔的象征定义表明：象征是一种暗示，这个暗示体现在事物的本质里面。显然，象征手法的使用，使诗歌的意义变得深刻，也变得复杂。有时候，一个事物的象征意义不止一个，这就使得诗歌的意义呈现出多样化的色彩，使得诗歌的阅读与欣赏变得摇曳多姿，也给阅读者和欣赏者更多的自由，更富有多样化的享受。

比如，《蒹葭》里的主要意象“伊人”就具有多样化的象征意义：它可以是意中人或情人，这是一种普遍的看法，所以很多人尤其是年轻人往往把这首诗看作爱情诗，“伊人”的难以琢磨、难以追寻往往使他们觉得极像他们曾经有过的爱恋对象，这个对象有时候还不是确定的，而是想象中的，意会中的。所以，“所谓伊人，在水一方”就具有极美的联想。“伊人”也可以象征贤士。所以，有的读者会把这首诗看作是招纳贤士的诗，贤士若隐若现，他似乎想出来辅佐明君，造福百姓，但是，他又拿不准主意；对于招纳贤士的人来说，一样无可奈何，上下求索，却难以找到真正的贤能之士。“伊人”的飘忽不定，他忽而“在水一方”，忽而“在水之湄”，忽而“在水之涘”，那么，“伊人”所象征的就不仅仅是意中人或情人，也不仅仅是贤士，而可能是人生中无奈的境地，有一种居无定所的漂泊感，那么，任何读者都有可能把自己想象为这个“伊人”。

现代诗里，如闻一多的《死水》、戴望舒的《雨巷》、徐志摩的《再别康桥》、舒婷的《祖国啊，我亲爱的祖国》，等等，都有象征手法。

当然，象征手法作为一种文学表现手法，不仅仅在诗歌里使用，散文、小说、戏剧里也有使用，这里就略过了。

（三）白描

白描本是中国画的一种绘画技法，指画家在绘画的时候，只用墨线勾勒描画，而不设颜色，即使加以渲染，也只用淡墨稍微渲染。文学创作包括诗歌创作也有类似的方法，就是用最简省、最质朴的语言来描写景物，表达情感。大诗人、大作家都是喜欢用白描的手法来创作的，所谓绚烂之极归于平静就是这个意思。在中国古典诗歌里，有很多白描的佳例。《诗经》《古诗十九首》里很多诗都是用白描的手法来表达诗人的情感，如《硕鼠》《伐檀》《迢迢牵牛星》等，都是用白描。后来的诗人用白描的也很多，如陶渊明、王维、李白、杜甫、白居易、李煜、苏轼、柳永等等，都在他们的诗歌创作中使用白描的手法。例如李白的《玉阶怨》、李煜的《虞美人》（春花秋月何时了）就是纯用白描的好例，柳永的《八声甘州》（对潇潇暮雨洒江天）也是如此。

关于白描，鲁迅曾经在《作文秘诀》中说过：“白描”却没有秘诀。如果说有，也不过是和障眼法反一调：有真意，去粉饰，少做作，勿卖弄而已。

唯大英雄能真本色；文学也一样，唯大作家、大诗人能真正使用白描。

（四）典故

古代诗歌经常使用典故来表达诗人的情感，所以，典故或用典也是诗歌主要的表现手法之一，是我们阅读和欣赏诗歌经常要注意的一个方面。典故是在漫长的语言实践过程中形成的，它的数量繁多，历代文人在不间断的创作过程中，也在不断产生新的典故，这导致了诗歌阅读和欣赏的一个艰困的难题。如果不熟悉常用的典故，往往不容易理解诗歌的内容，更谈不上欣赏了。熟悉典故有个阅读和积累的过程，通过长期的阅读，慢慢就会习知常用的典故，然后就能够更好地理解诗歌和欣赏诗歌。

有些诗人爱用典故，如辛弃疾，他的词作中典故很多，所以被人说是“掉书袋”，离开书本就不会创作了。其实，这是一个误解。诗人使用典故的原因，一是因为典故是长期的历史文化积淀的结果，具有巨大的概括力，能够表现丰富的思想和情感内涵；二是因为在某些历史年代，由于现实的局限，诗人不能直接表达他的思想和情感，而只能借助典故来表达。辛弃疾使用典故，上面两种因素都有。像《摸鱼儿》（更能消几番风雨）下阕就连用了陈皇后、杨玉环、赵飞燕的典故。

古诗词常用的典故有：鹧鸪（表达处境的艰难与惆怅），杜鹃（表达哀怨悲凄的心情），五柳（代表隐居者），鸿鹄（代表远大志向），风骚（指文采风流），南浦、柳岸、灞桥（表示送别）……

（五）渲染、烘托、衬托

诗歌中常用的渲染、烘托、衬托这三种表现手法很容易混淆，所以放在一起讲。

和白描一样，渲染也是中国画的一种绘画技法。它实际上表示的是一种强调。就是用水墨或色彩来涂抹画面，用来强调所画的物体的艺术效果。艺术的手法很多都是相通的，渲染这种绘画技法后来也被应用到诗歌创作中,成为一种很常用的艺术表现手法。在诗歌创作中,诗人有时候会通过景物的描写来突出他所要表达的形象。比如李清照的《声声慢》(寻寻觅觅)中:"乍暖还寒时候,最难将息。三杯两盏淡酒,怎敌他、晚来风急!"就是用气候变化、酒不敌急风来渲染她内心的忧愁。从抒情方式看,这也是借景抒情和借动作抒情的好例。

烘托原来也是中国画的技法,就是用水墨或色彩来涂抹画面的轮廓,从而使所描绘的物体形象更加突出。在诗歌创作中,常用烘托来突出诗人所要表现的事物形象。例如,杜甫的名作《秋兴八首》(其一):"玉露凋伤枫树林,巫山巫峡气萧森。江间波浪兼天涌,塞上风云接地阴。"就是一种烘托手法。诗人写枫林被秋露击伤,写巫山巫峡秋气森然,还写了江间波浪与风云一起激荡,写塞上风云与大地相接,这种种景物的描写刻画,都烘托出诗人内心的焦虑,以及流离在外的郁闷心情。当然,"江间波浪兼天涌,塞上风云接地阴"两句还有象征意味,"江间波浪"和"塞上风云"都象征了当时的危迫局势。这也足以见出,好诗一般都不是单用一种手法,而是综合运用多种表现手法的。

渲染和烘托比较容易混淆,但这两种手法是有所侧重的。渲染往往就气氛或氛围来讲,而烘托往往就情感角度来讲。上面的例子都说明了这一点。

衬托是将事物之间存在的相似或相对立的方面加以利用,用一事物来突出另一事物。所以,衬托也叫映衬。比如宋朝诗人林逋的《山园小梅》"疏影横斜水清浅,暗香浮动月黄昏"就是应用衬托手法的一个例子。这是写梅花的千古名句,诗人为了突出梅花的秀洁清高,为了突出梅花疏影横斜、暗香浮动的姿态,就用"水清浅"和"月黄昏"来衬托。"水清浅"写出了梅花所处的环境,也写出所处的节令,更重要的是写出了梅花的枝桠与清浅的水相互映衬,更突出梅花的高洁,梅花本是洁物,又长在清水边,就更写出梅花的品格。凭这句诗就可以想象出一幅优美的画面。而"月黄昏"写出了梅花暗香浮动的时间,在黄昏时节,月亮升起,而梅花也在放出自己的香气。诗人写梅花的香气在黄昏的月光下浮动,也写出了梅花的孤洁,这么美这么香的梅花,居然只能在黄昏绽放自己的香气,这就突出了梅花的高洁,也写出了梅花的孤独。

除了上面所讲的表现手法外,还有一些表现手法,比如托物言志,如杜牧的《早雁》,于谦的《石灰吟》等就是托物言志的好诗;还有通感,动静结合,如王维的《山居秋暝》等;还有联想与想象。有的人反对将联想与想象列为表现手法,因为包括诗歌在内的文学作品的最为基本的思维就是联想与想象,不宜将它们列为表现手法。本书作者认为,联想和想象作为特定的诗歌作品的艺术手段时,可以将它们列为表现手法,像李白的《梦游天姥吟留别》就使用了典型的想象的表现手法;而贺知章的《咏柳》就是一首较为典型的使用联想的表现手法的诗。其他就不一一列举分析了。

三、通过修辞手法阅读和欣赏诗歌

从某种意义上说,文学就是修辞,没有修辞就没有文学,小到一个字词的选择,大到谋篇布局,都离不开修辞。

本书所讲的修辞不讲字词的选择——所谓词语的锤炼,而是讲修辞格——修辞手法的运用。常用的修辞手法有:比喻、比拟、夸张、对偶、排比、设问、反问、反复、双关、互文等。这些修辞手法有时候是综合使用的,不是单个使用的。

从诗歌的阅读和欣赏途径来看待修辞,最主要的是理解运用修辞格的作用。自然,文学鉴赏有时也会有那种"欲辩已忘言"的境界,但是,真正要鉴赏文学作品,还是需要用语言来表达,这个时候,运用修辞手法或许是个不错的选择。下面简单介绍比喻等10种修辞格在阅读和欣赏诗歌中的例子。

(一) 比喻

比喻，也就是打比方。比喻要求喻体和本体之间要有相似点。使用比喻是为了使被比喻的事物更形象、更生动，也为了使读者能够更明确被比喻的事物。比喻的种类常见的有明喻、暗喻、借喻、博喻等。明喻就是本体、喻体、喻词都出现；暗喻就是出现本体和喻体，但喻词使用“是”“成为”“变成”等；借喻是只出现喻体；博喻是用三个或三个以上的喻体来比喻本体。例如：

问君能有几多愁，
恰似一江春水向东流。

（李煜《虞美人》）

在天愿作比翼鸟，在地愿为连理枝。
天长地久有时尽，此恨绵绵无绝期。

（白居易《长恨歌》）

童年呵！
是梦中的真，
是真中的梦，
是回忆时含泪的微笑。

（冰心《繁星》）

(二) 比拟

比拟包括拟人和拟物。拟人就是把物比拟成人，而拟物是把人比拟成物。无论是拟人还是拟物，都是为了使被比拟的对象显得更加形象和生动，有时候能够使被比拟的对象更深刻地印入读者的脑海中。例如：

唯有长江水，
无语东流。

（柳永《八声甘州》）

风，
像一个太悲哀了的老妇，
紧紧地跟随着
伸出寒冷的指爪
拉扯着行人的衣襟，
用着像土地一样古老的话
一刻也不停地絮聒着……

（艾青《雪落在中国的土地上》）

(三) 夸张

夸张也有两种，即夸大和缩小。夸张手法的运用是为了突出事物的特点，表达作者强烈的感情，也能给读者留下难以磨灭的印象。例如：

笔落惊风雨，诗成泣鬼神。

（杜甫《寄李十二白二十韵》）

蜀道之难，难于上青天。

（李白《蜀道难》）

只恐双溪舴艋舟，
载不动，
许多愁。

（李清照《武陵春》）

（四）对偶

将字数相等或基本相等、结构相似或相同的词语或句子成对排列在一起表达一定的意义的修辞，就叫对偶。严格的对偶要求字数完全相等，结构完全相同，讲究平仄相对。而宽式的对偶就相对比较自由一些。运用对偶的修辞不仅使诗歌的句子看起来整齐有序，读起来也音韵铿锵，朗朗上口。例如：

露从今夜白，月是故乡明。
有弟皆分散，无家问死生。

（杜甫《月夜忆舍弟》）

黄鹤一去不复返，白云千载空悠悠。
秦川历历汉阳树，芳草萋萋鹦鹉洲。

（崔颢《黄鹤楼》）

卑鄙是卑鄙者的通行证，
高尚是高尚者的墓志铭。

（北岛《回答》）

（五）排比

将三组或三组以上的结构相同的词语或句子排列在一起的修辞就叫排比。运用排比的修辞不仅具有增强语气的作用，还能强烈地表达诗人的感情。例如：

十四为君妇，羞颜未尝开。
低头向暗壁，千唤不一回。
十五始展眉，愿同尘与灰。
常存抱柱信，岂上望夫台。
十六君远行，瞿塘滟滪堆。
五月不可触，猿声天上哀。

（李白《长干行》）

你用你厚大的手掌把我抱在怀里，抚摸我；
在你搭好了灶火之后，
在你拍去了围裙上的炭灰之后，
在你尝到饭已煮熟了之后，
在你把乌黑的酱碗放到乌黑的桌子上之后，
在你补好了儿子们的为山腰的荆棘扯破的衣服之后，
在你把小儿被柴刀砍伤了的手包好之后，
在你把夫儿们的衬衣上的虱子一颗颗的掐死之后，
在你拿起了今天的第一颗鸡蛋之后，
你用你厚大的手掌把我抱在怀里，抚摸我。

（艾青《大堰河，我的保姆》）

(六) 设问

设问就是自问自答。设问的作用主要是引起读者的注意。对于诗歌来说,设问有时候可以使诗句的情感表达更为从容。例如:

何用识夫婿? 白马从骊驹;
青丝系马尾,黄金络马头;
腰中鹿卢剑,可值千万余。
十五府小吏,二十朝大夫,
三十侍中郎,四十专城居。
为人洁白皙,鬑鬑颇有须。
盈盈公府步,冉冉府中趋。
坐中数千人,皆言夫婿殊。

(乐府民歌《陌上桑》)

为什么我的眼里常含泪水?
因为我对这土地爱得深沉……

(艾青《我爱这土地》)

(七) 反问

反问也叫反诘,就是无疑而问。反问的作用是加强语气,能够表达诗人强烈的感情。例如:

不稼不穑,胡取禾三百廛兮?
不狩不猎,胡瞻尔庭有县貆兮?

(《诗经·伐檀》)

君亮执高节,贱妾亦何为?

(《古诗十九首·冉冉孤生竹》)

你们,哺育过我的可敬的两岸呵,
能否答应我解除我爱的烦恼?
你们,我孩提时代玩耍过的树林,要是我
回来,能否答应再给我宁静?

(荷尔德林《故乡吟》)

(八) 反复

反复就是有意味地重现相同的词语或句子,从而使诗句韵律更加悠长,情感更加强烈。反复有连续反复和间隔反复两种。例如:

参差荇菜,左右采之。
窈窕淑女,琴瑟友之。
参差荇菜,左右芼之。
窈窕淑女,钟鼓乐之。

(《诗经·关雎》)

许多事物将被淋湿
将被改变
许多雨伞将要撑开　或者收起
我们体验过这样的雨夜

再也不会惊奇
雨点打下来的时候
我们已经安睡
我们已经安睡

（于坚《这个夜晚暴雨将至》）

（九）双关

诗歌中的双关是指诗歌的部分词语具有双重意思，所谓话外之话，言外之言。双关包括语音双关和语义双关。语音双关是利用同音字词来表示双重意思，而语义双关是利用多义字词来表示双重意思。双关修辞使诗歌语言具有耐人寻味之美。例如：

东边日出西边雨，
道是无晴却有晴。

（刘禹锡《竹枝词》）

春蚕到死丝方尽，
蜡炬成灰泪始干。

（李商隐《无题》）

丛菊两开他日泪，
孤舟一系故园心。

（杜甫《秋兴八首》）

（十）互文

互文就是把各自相关的内容分开来说，看起来是分割开来的意思，但实际上要求上下文结合起来才解释得通。使用互文有时是出于音律的考虑，有时是为了使语言具有新奇感，使语言的表现力更强大，更生动。例如：

岐王宅里寻常见，
崔九堂前几度闻。

（杜甫《江南逢李龟年》）

当窗理云鬓，
对镜贴花黄。

（《乐府诗集·木兰诗》）

主人下马客在船，
举酒欲饮无管弦。

（白居易《琵琶行》）

四、其他阅读与欣赏诗歌的方法

前面讲了通过意象、表现手法、修辞阅读和欣赏诗歌的方法，这三点只是一般而言的方法。诗歌的阅读和欣赏不仅仅使用这三种方法就可以了，要全面深刻地阅读和欣赏诗歌，还应该注意以下几个方面的问题。

第一，要多朗读、多背诵。诗歌是语言的艺术，是最有意味的美的语言艺术，所以，要阅读和欣赏诗歌，需要对诗歌的语言有深刻的感悟和理解。这就需要反复朗读，熟读成诵。所谓"读书百遍，其义自见"就是这个意思。读熟了，对语言的感受也就增强了，对诗的领悟也就更为清楚、更为明白。这是因为多朗读多背诵，可以提高对语言敏锐的感受力。好的诗歌就像是陈年的老酒，越品越香醇，越品越有滋味。比如像李白的《静夜思》，看起来是一首很简单的诗，但是，如果有一天真的理解了，就会深深觉得它的好。

第二，要发挥阅读和欣赏主体的想象和联想能力，通过想象和联想来加强对诗歌形象的把握，从而更好地领会诗歌的内容和艺术的美。诗歌本身是想象和联想的产物，诗歌的形象不像影视那样直观，诗歌的形象要经过语言这个媒介，通过读者的阅读和欣赏来获得语言所构筑的形象以及这个形象所蕴含的意义。诗歌的这些特点决定了在阅读和欣赏诗歌时需要发挥想象和联想，读者通过想象和联想来进入诗歌的内部，进而更好地来理解诗歌的内容，领会诗歌的艺术精神。

第三，要加强文化修养，提高阅读和欣赏诗歌的素质。这是针对阅读和欣赏的主体来说的。"功夫在诗外"——这是陆游说过的关于诗歌写作的名言，其实，对于阅读和欣赏诗歌而言，又何尝不是这样。一个人要真正能够阅读和欣赏诗歌，也需要诗外的功夫，这就是要有比较广博的知识，不仅需要文学内部其他门类的知识，也需要广泛涉猎哲学、历史、艺术的知识，甚至需要涉猎科学知识；这样，有了足够的装备，就能够更好地来阅读和欣赏诗歌了。所以，真正阅读和欣赏诗歌，是个跨学科的工作。所谓"知人论世"就是这个意思。要全面地把握一首诗，就需要了解诗人的时代，诗人的身世，诗人的交往，诗人的爱恶，诗人的优点和缺点……只有这样，才能真正读懂这个诗人的诗歌，才能真正评价这个诗人的作品，才能真正把握诗歌的特点，才能真正理解诗歌的风格，才能真正领悟诗人所要表达的情感和所要表达的思想。

除此之外，当然还有其他的方法，这里就不一一列举了。

写诗是不容易的，阅读和欣赏诗歌也同样是不容易的，需要付出艰辛的劳动，才能切实提高阅读和欣赏诗歌的水平，从而加强文学和文化的修养，做一个有知识、有技能、有品位的21世纪的真正的人才。

附录二　散文阅读与欣赏的方法

散文的阅读和欣赏方法很多，从散文的现有格局来看，根据散文的类型来阅读和欣赏是比较合适的。大致说来，有以下几种。

一、以写人叙事为主的散文的阅读和欣赏

写人叙事的散文是散文家族中占据比较重要地位的一类。这类散文，可分为两种：一是以写人为主，一是以叙事为主。在阅读和欣赏过程中，写人为主的散文，主要是要抓住人物的形象、性格、特点。比如曾纪鑫的《思想家李贽》一文，阅读和欣赏时要抓住李贽这个人物的行迹，然后分析他的性格，这是一个另类思想家，同时也是一个悲剧人物。他的思想、言行都展示出他是一个有自己独立思想的思想家，他的文学主张"童心说"，不仅深刻影响了晚明的"公安派"，也深刻影响了20世纪新文学的革新与发展。

以写人为主的散文，既以人物为核心，就要把握人物描写方法。人物描写方法主要有语言描写、动作描写、外貌描写、心理描写四种，此外，还有正面描写和侧面描写。除了这些外，人们还常常谈到细节描写。但细节描写不是单独进行的，细节描写是体现在以上各种描写之中的，即有语言细节描写、动作细节描写、外貌细节描写、心理细节描写、正面细节描写、侧面细节描写。当然，这些描写一般情况下不会在一篇文章中同时出现，因而在阅读和欣赏过程中要加以辨别与分析，只有深入散文文本之中，才能真正进行有效和有意义的阅读与欣赏。像归有光的《先妣事略》写他的母亲，就多用动作细节描写、语言细节描写等，在极简省的笔墨中写出了他的母亲的形象：勤俭、温厚、关爱子女。同时也写出归有光对母亲的深切而悲哀的怀念之情。而袁宏道的《徐文长传》则通过动作细节的描写，刻画了一个怀才不遇、愤世嫉俗、狂放不羁的文学家、艺术家的形象。

写人叙事的散文，有时候也会使用环境描写来侧面突出人物形象，环境描写有自然环境描写和社会环境描写两种。因为人是在环境中生存的，环境对人物的生活、命运往往具有极大的影响。像余秋雨的《柳侯祠》、曾纪鑫的《思想家李贽》等，都有不少这方面的描写，都对所写的人物有突出形象的作用。

对于以叙事为主的散文，要找出事件的线索，厘清文章的脉络，理解作者叙述这一事件的目的，作者所要表达的思想。方苞的《狱中杂记》就是一篇以叙事为主的散文。作者通过自己在刑部监狱坐牢的经历，通过广泛的访问调查，写了这篇杰出的散文，揭露了大清王朝极盛时期刑部监狱的贪腐枉法的现象和根源，具有极强的文献价值，使今天的人们对封建王朝的所谓盛世也有了更深刻的认识。它不仅是"桐城派"散文的杰作，还是一篇具有历史价值的社会学作品。

当然，写人叙事往往是结合在一起的，因为写人离不开事件，人总是在事件中活动，在事件中表现他的性格；而事件也离不开人，没有人也就无所谓事件。所以在阅读写人叙事的散文时，就要抓住"人"和"事"这两大要素，以人为主的散文，就要通过事件来分析人物性格，而以事件为主的散文，就要牢牢抓住事件的本质，这时候的人就居于次要地位了。比如《徐文长传》是以人物为主的，无论写了多少事件，都是为了表现徐文长这个人物的；而《狱中杂记》是以事件为主的，那么，无论它写了多少人，都是为了表现刑部监狱这个核心的。

二、以写景抒情为主的散文的阅读和欣赏

以写景抒情为主的散文，从根本上说，与作者的情感有最为深广的关系，但这种关系不是直接表达出来的，而是通过景物描写来表达的。所谓“一切景语皆情语”也。作者之所以用景物描写来表达感情，一方面是因为作者不想把情感直接表达出来；另一方面与作者写作的习惯或爱好有关，有的作者擅长通过景物描写来抒发情感，但即便如此，作者在写作时并不是随意描写景物的，而是精心选择那些能够表达他的情感的景物，他的情感既然贯注到这些他所选择的景物，这些景物就带上了作者的情感，具有了文学价值和艺术意味。艺术都是有意味的形式，文学也是如此。贝尔说过，有意味的形式是一切艺术的共同本质。所以，当阅读那些写景抒情为主的散文时，就要特别注意作者所选择的景物对于他所要表达的情感的意义，因为一个高水平的作者，是不会轻易描写没有意义的景物的。

朱自清的《荷塘月色》是一篇很好的写景抒情的散文。不过，传统的阅读和欣赏分析似乎都没有能够很恰切地分析这个作品的景物描写的意义，也就是说，分析者没有能够恰切地分析它的景物描写所蕴含的意味。朱自清在这篇散文里写到了他之所以去看荷塘月色，是因为他“心里颇不宁静”。按照正常的逻辑，既然作者心里颇不宁静，他的心理就不会舒服，他看到的景物也就会染上不舒服的色彩。但是在描写荷塘月色时，作者笔下的“荷塘”也好，“月色”也好，都写得优美之极。这就表明，作者是把荷塘月色作为自己颇不宁静的心理的补偿或作为现实的逃避场所来刻画的。而且，现实中的“荷塘月色”真的像朱自清描写的那么优美吗？未必是如此吧。而如果现实中的“荷塘月色”不像作品中写的那么美，那么，“荷塘月色”就是作者在现实基础上精心营造建立起来的艺术景象，是想象的真实场景，是艺术的真实而不是生活的真实。但《荷塘月色》的艺术的魅力也正在这里，明明是作者创造出来的景象，却具有超越现实的美。这就像一个高水平的画家，他笔下的画面常常比现实的真相来得更真实，更逼真。这就是在影像技术高度发达的今天，绘画依然能够纵横驰骋在艺术世界的原因。从表现手法来看，“荷塘月色”的美景正与现实中朱自清“颇不宁静”的内心恰好成为一个绝妙的对比。这就更深刻地写出了作者对现状的不满，但又无力改变现状的烦恼。

柳宗元的《钴鉧潭西小丘记》也是一篇写景抒情的散文，作者被贬谪到湖南永州，写了著名的《永州八记》，《钴鉧潭西小丘记》是其中第三记。作者写这样一篇游记，其实最主要的目的还在于抒发自己怀才不遇的情感。小丘地处偏僻，如果“以兹丘之胜，致之沣、镐、鄠、杜，则贵游之士争买者，日增千金而愈不可得”。但小丘不幸处在偏僻鄙陋之地，因而虽美而不能为人所知，连农夫、渔父都“过而陋之”，农夫、渔父“陋之”的原因是不能发现小丘的美质。这样看来，“小丘”的命运不就是作者的命运吗？

写景抒情的散文，无论阅读或欣赏，都要通过景物的深层意蕴来理解作者的意图。因为作者的用意并不在景物，而在于他所要抒发的情感。写景的目的就在于抒情。这是阅读和欣赏写景抒情的散文时尤其应该加以注意的。

三、以论理析事为主的散文的阅读和欣赏

论理析事的散文范围很广，至少包括文艺性政论、哲理散文、各种文艺论文、哲学随笔等。像帕斯卡的《思想录》、培根的论说文、蒙田的随笔、鲁迅的杂文、林语堂的杂文、梁实秋的杂文……论理析事的文章浩如烟海，佳作如林，如孟子的《齐桓晋文之事章》、梁启超的《为学与做人》、胡适的《谈

谈大学》、朱自清的《教育的信仰》、朱光潜的《读书破万卷，下笔如有神》、谢泳的《张爱玲小说中的“月亮”》、梁思成的《千篇一律与千变万化》、叔本华的《关于思考》、爱因斯坦的《科学与社会》等。这些都可以说是论理析事的散文。其中，有的是专业性的论文，如朱光潜的《读书破万卷，下笔如有神》、谢泳的《张爱玲小说中的“月亮”》、梁思成的《千篇一律与千变万化》等。但就是这种专业性比较强的文艺论文，也很可以把它们作为散文来阅读和欣赏。

与一般的纯文学的散文相比较，这些论理析事的散文，往往给读者提供更为专业的知识，给读者更多的启迪。这些是纯文学性的散文所不能做到的。虽然我们不能简单地说鲁迅的杂文就一定比他的《朝花夕拾》《野草》更好，但就读者的接受度来说，可能很多读者更愿意读鲁迅的杂文，而不愿意读他的纯文学意义上的散文或散文诗。我们也不能说，朱自清的《教育的信仰》就比他的《荷塘月色》《背影》《绿》等更有价值，只是通过《教育的信仰》这样的散文，让我们看到朱自清先生对教育的看法，至少让读者知道，朱自清先生也写过这样的文章。

读者通过阅读论理析事的散文，在扩大眼界的同时，自己的心灵也在成长。伴随着阅读的深入和知识面的扩大，自己的学养在提高，欣赏能力也在潜移默化中得到进步。像叔本华的《关于思考》就有许多观点值得读者借鉴。爱因斯坦的《科学与社会》也让读者了解到这位伟大的物理学家对科学与社会的关系的独特见解。

阅读和欣赏论理析事的散文，关键在于抓住文章的主要观点，从而获得理智上的满足和心智上的提高。以谢泳的《张爱玲小说中的“月亮”》为例，作者在文章的第一部分就提出了自己的观点：“在张爱玲笔下，‘月亮’不仅出现的时间、地点和人物心理之间的关系有鲜明的特色，而且张爱玲用来描绘‘月亮’的色彩也是非常独特的。可以说，破解张爱玲小说中‘月亮’的不断出现，对于了解张爱玲的创作心理与她早年生活的关系，从而深刻地把握张爱玲小说的艺术特征可能都是有帮助的。”张爱玲的小说喜爱的人多，读的人也多，普通读者和专家教授杂陈其间，很多人都评论过张爱玲的小说。但是，谢泳的这篇文章还是有鲜明的特色的。这个特色就是谢泳在这个评论里表现了他的文章的一贯风格——善于以小见大地对所评论的对象展开论述。这种风格的文章相信很多读者都喜欢读，因为它角度新颖，为文细致。作者没有空谈张爱玲的小说，而是将他谈论的范围缩小到“月亮”这个意象，即便作者选择了这样一个小小的意象，但他也不是草草行文，而是在大量的举例分析中建立自己的观点。这种“以小见大”的功力，如果没有长期的训练，独到的眼光，没有对作品的细致阅读是根本做不到的。一般读者看了这篇文章，可以了解张爱玲的身世，张爱玲的创作概况。专业读者看了这篇文章，也会对自己阅读和评论文学作品深有启发。

四、其他常见的阅读和欣赏的方法

关于散文的阅读和欣赏，传统的方法还有不少，简述如下。

（一）线索

线索就是作者在行文过程中组织材料的经脉，对于散文来说，线索是非常重要的。所以，刘熙载说“惟能线索在手，则错综变化，为吾所施”。有的散文以时间为线索，如《思想家李贽》中讲李贽生平和思想的部分；有的以空间为线索，像柳宗元的《钴鉧潭西小丘记》；有的以情感为线索，如鲁迅的《记念刘和珍君》；有的以情节为线索，像鲁迅的《从百草园到三味书屋》；有的以物象或某个关键词为线索，如巴金的《爱尔克的灯光》中的三种不同的灯光——故居大门内的灯光、爱尔克的灯光、“我”心灵中的灯光；有的散文的标题本身就是线索，如《狱中杂记》《柳侯祠》《兰亭情结》等。对线索的把握有助于理解文章的内容和思想。

（二）文眼

诗讲究“诗眼”，散文也讲究“文眼”。什么是散文的“文眼”呢？简单地说，散文的“文眼”就是能够揭示全篇中心的关键语句。比如《荷塘月色》中的“这几天心里颇不宁静”就是理解全文中心的“文眼”，正确理解《荷塘月色》的中心就是要联系这个“文眼”。余秋雨的《都江堰》开头一句“我以为，中国历史上最激动人心的工程不是长城，而是都江堰”，也是这篇文章的“文眼”，全文的行文和立意也在这个“文眼”基础上展开。当然，并非所有的散文都要有“文眼”，从这个意义上说，“文眼”的设置是根据作者行文的需要，也和作者写作的习惯有关。

（三）表现手法与修辞手法

散文写作中常用的表现手法有托物言志、寓情于景、白描、象征、独白等等。这些表现手法有助于表达作者的情感、思想，更好地将作者对宇宙、自然、社会、人生的体悟表达出来。以象征手法为例，像巴金的《爱尔克的灯光》就是运用了象征手法，“故居大门内的灯光”象征旧的大家族的败落与瓦解；“爱尔克的灯光”借古希腊神话中哈立希岛上爱尔克等候兄弟归来而不得，最后失望而死去的悲剧，象征希望破灭的悲剧。而文章结尾写到作者决定再次离开家，走向大千世界，作者认为这是“心灵的灯”在指引他应该走的道路，这里，“心灵的灯”象征作者对新生活和新理想的向往与追求。史铁生的《我与地坛》、鲁迅的《秋夜》也使用象征手法。象征手法的使用能使文章更富有韵味，更耐人寻味，可以大大加强文章的文学性。

修辞手法的使用也是散文，尤其是纯文艺散文常用的加强表达效果的方法。修辞是语言表达的根本手段，事实上，只要我们使用语言，很少不使用修辞。虽然，修辞手法的分析在散文阅读和鉴赏中不宜过分强调，否则容易肢解文章的整体意蕴。但是，有些新颖而又恰切的修辞手法的确能够使语言生色，使语言充满诗意，使语言摇曳多姿，从而产生巨大的表达效果。像钱锺书、史铁生、赵玫、安妮宝贝笔下的散文，都有不少活色生香的修辞，读了令人难以忘怀。

散文的表现手法与修辞手法与诗歌最近，所以，散文与诗也是紧密联系的文体。阿根廷作家博尔赫斯在谈到诗和散文时说过：“散文是诗歌最高的、也是最困难的形式。因为诗歌只要有统一的韵律并重复它就成其为诗。相反，散文必须有轻微的变化，它的整体感必须以悦耳的形式出现。”那种认为散文写作比诗歌更容易的人其实是没有真正理解散文的本质。

（四）语言风格

一个成熟的作者必然是一个能够纯熟使用语言的大师，也一定是一个具有自己独特风格的人。散文的语言当然不像诗的语言那样要求音韵、旋律的和谐，不像古代诗歌那样有字句的限制，但是散文语言仍然有自己的特点。从语言与风格关系看，语言构成风格的基础，而风格反过来也会影响语言的选择和运用。比如鲁迅的散文语言就是极其精炼深刻，内蕴充沛。他的杂文是犀利的匕首和投枪，他的怀人的散文则又满含深情，充满诗歌的意蕴。像《记念刘和珍君》《忆韦素园君》《为了忘却的记念》……都是写得极好的散文。鲁迅的语言风格是独特的，只要打开他的文集，那种鲁迅的语言就扑面而来。谢泳的语言简朴洁净，也是风格昭然。谢泳的语言风格体现在他所有的作品之中——包括文史随笔和学术论文，这种语言风格使他的文章值得反复品味，在当代学者中，的确是不多见的。朱以撒的散文语言则是充满了书卷味和艺术味，同时表达他的生命体验和价值情怀，也是反复品读而愈觉有味的语言。叔本华的语言则充满思辨，爱因斯坦的语言则是极端坦诚，大师的情感在他极端坦诚的语言中展露无遗。

有成就的有自己独特语言风格的作家学者举不胜举，尽管“风格即人”这个观点并非对每个作家学者都恰切，但是，在很大程度上，还是比较符合实际的。因为一个人怎样思想，就往往会怎样说话，他把要说的话写成文章，这个文章就会体现他的人格。

当然，不同的读者会喜欢不同的语言风格的文章。鲁迅那么伟大，也不可能大家都喜欢读他的文章；而即使是一个很普通的作者的文章，也可能会有人特别喜欢。“粉丝”很多，各有千秋：有人喜欢冰心的温柔娴雅，有人喜欢周作人的枯涩蕴藉，有人喜欢林语堂的幽默，有人喜欢梁实秋的博雅……语言风格的多样化是人的多样化、社会生活的多样化的反映。

关于阅读与欣赏的任何概括，都有可能存在遗珠之憾，对于散文这样丰富多彩、姿态各异的文体更是如此。不管用什么方法、用什么方式来阅读和欣赏散文，其最终的目的是获得知识的增长、情感的升华、理智的感悟、审美的愉悦；通过大量有人文思想价值的散文的阅读和欣赏，增广见闻，提高自己的精神品格，使自己的精神具有抵抗庸常世俗的能力，为自己的灵魂修筑一道坚固的围墙，从而使自己能够生活得真实自在。

好的散文就像是真正的知己，它的每一个字都一一说到你的心里，它安慰你，亲近你，令你醍醐灌顶……

附录三　小说阅读与欣赏的方法

意识流小说大师弗吉尼亚·伍尔夫说过，读小说是一门艰难而复杂的艺术，如果你真想掌握某个小说家——某个大艺术家——给你的一切，你不仅需要有非常敏锐的感受力，还需要有非常大胆的想象力。伍尔夫对读书有自己独立的看法，她认为，作为一个读者，独立性是最重要的品质。她的这个独立阅读的观点当然是正确的。任何关于阅读包括欣赏的方法，只是一种入门的建议。实际上，真正的阅读和欣赏的方法，总是需要自己去摸索，最后找到最适合你自己的那种方法，才会真正对你有帮助。

大致说来，阅读和欣赏小说，可以从以下方面进行。

一、了解故事内容，掌握小说情节

一般写小说的人和对小说有阅读经验的人，基本上认可一个观念——小说就是讲故事。喜欢听故事是人类的天性，无论过去还是现在，人们之所以还需要阅读小说，乃至于还要欣赏小说，就是因为它满足了人们喜欢听故事的需要。即使是玄幻的故事，人们也看得津津有味，乐此不疲。好的小说是写给所有喜欢小说的人看的，不拘阅读者是专家还是门外汉。比如鲁迅的小说，看的人各个层次都有，金庸的小说亦复如是。

当然，故事只是小说的基本层面的构成，小说之称为小说绝不仅仅只是故事，因为小说除了讲一个好的故事外，还要赋予这个故事一个价值，出示一个意义。比如《红楼梦》的一个重要的主题就是讲虚无的人生哲学，所以文人都比较喜欢看，因为多愁善感的文人很容易对《红楼梦》的这个主题产生共鸣。《三国演义》概括了一个历史循环的规律——话说天下大势，分久必合，合久必分。其他小说——只要是好小说，没有一个不是在故事背后出示一个价值，一种理念，一个启示的。

但是，一般的读者阅读小说，只注意其故事的发展过程，也就是小说的情节。或者说，情节就是有因果关系的事件。事件的发展与联系，就构成情节。注意故事与情节，这是阅读小说的基本方法，本身并没有错。当然，如果一个读者永远只注意故事和情节，还不能说他真正学会了阅读和欣赏小说；但是反过来，如果我们要阅读和欣赏小说，却不能不从故事和情节着手。因为故事和情节是小说人物的活动场所，是小说人物性格的展现，也是小说表现主题的必要。比如老舍的《断魂枪》，故事很简单，主要就是讲沙子龙不和孙老者比武，不传授孙老者枪法。其他的都是次要的情节。掌握了《断魂枪》的故事后，再进行深入的阅读和欣赏就有了基础。

小说的情节一般有开端、发展、高潮、结局，有的小说还有序幕，还有尾声。自然，最精彩的部分在于高潮和结局。高潮部分最吸引读者，而结局部分是小说情节发展的必然结果，也是阅读者和欣赏者所迫切了解的部分。比如，《红楼梦》的高潮就是贾宝玉和薛宝钗结婚，而同时，林黛玉又病逝。《红楼梦》的结局就是贾宝玉光着头，赤着脚，身上披着一领大红猩猩毡的斗篷，出家去了。而《断魂枪》的高潮是沙子龙和孙老者相见的过程，结局就是孙老者走了，沙子龙一个人去了天汇（吃饭的地方）。

有的小说，尤其是一些精致的短篇小说、微型小说，不一定都具备小说情节的开端、发展、高潮、结局四个部分，但是，基本上小说是包含这些部分的，只是各自的侧重点会有些不同。在阅读和欣赏小说的过程中，这是必须要注意的。

二、分析主要人物形象，理解主要人物性格

人物尤其是主要人物，是小说的灵魂，因而，阅读和欣赏小说要抓住主要人物的形象，通过对主要人物的分析，进而理解主要人物的性格，从而更好地理解小说所要表达的思想与意图。小说家总是通过他笔下的人物来表达他的思想。所以，人物形象是否典型，是否能够概括时代的精神，往往就成为小说是否成功的关键因素。成功的、杰出的小说总是塑造了令人难忘的人物形象而留在文学史上，也留在一代又一代的读者的心中。固然，分析小说的人物不需要也不必面面俱到，因而抓住主要人物分析就成为理解小说的一个便捷门径。

以鲁迅的小说为例，《药》是鲁迅短篇小说的杰作，小说描写的主要人物表面上是华老栓，然而仔细阅读后，这个小说最主要的两个人物应该是华小栓和夏瑜。他们一个是明写的人物，一个是暗写的人物。华小栓明写，而夏瑜暗写。华小栓得了肺痨病，他的父亲华老栓为了给他治病，去刑场上买夏瑜的血和着的“人血馒头”。用“人血馒头”治肺痨病，当然是愚昧的表现。可是，这种愚昧的行径，在华老栓是可以理解的，但是，华小栓——他的年纪和夏瑜差不多，都是年轻人，按道理应该知道这是极其愚昧的行为。可是华小栓居然相信“人血馒头”可以治肺痨病，这是他愚昧的表现，也许还有自私的心理，或许他太迫切想治好肺痨了——在那个时代，那几乎是无药可治的病症。但这只是华小栓第一个层次的愚昧。华小栓更深层次的愚昧在于，他竟然不知道夏瑜是个为民众牺牲的革命者，夏瑜革命，为的就是解放像他这样的民众啊，他怎么可以吃一个革命者的血呢？华老栓不知道、不理解夏瑜还可以理解，毕竟他是个长者，尽管他不是一般的长者，而是一个在街上开茶馆的老板，他的消息来源应该很广，应该知道夏瑜的革命行为的本质；可是他不知道，也不理解夏瑜，为了给儿子治病，他可能也顾不上了解夏瑜是为了什么原因而被处以死刑的。自然，当时的清政府是不会说夏瑜是个革命者的；夏瑜被杀，只会被当作造反被杀，被当作暴乱分子被杀。这样，华老栓去买由夏瑜的血做成的“人血馒头”也就心安理得了。可是，无论如何，华小栓应该要胜过他的父亲，他应该知道夏瑜行为的高洁。可是，华小栓不仅不知道，而且还吃了“人血馒头”。这就深刻写出了华小栓的深层次的愚昧，写出了两个青年——华小栓和夏瑜的隔膜是深的，不是一般的深，而是深及灵魂和思想的。与华小栓的愚昧相反，夏瑜是一个有着坚定的革命精神的青年，即使在狱中，他也不忘启蒙像阿义这样的狱卒们，尽管被红眼睛阿义打嘴巴，还可怜阿义。夏瑜英勇就义了，而他的血却被与他同年龄的华小栓吃了，这就不仅仅是个简单的悲剧，而是时代的悲剧，是晚清那些出生入死解救民族解救民众的革命者的悲剧。鲁迅的深刻思想也通过这两个人物的对比有力地表现出来。自然，《药》的人物还有不少，尤其是那些愚昧的人、不理解夏瑜革命行动的人还有许多，如花白胡子的人、驼背五少爷、一个二十多岁的人、其他茶客，还有刽子手康大叔、告密者夏三爷、夏瑜的母亲夏四奶奶、华大妈等。他们要么是愚昧者，要么是反动政府的帮凶，这些人猥琐的行径，一起构成了那个黑暗沉沉的晚清的社会群体。他们在某种意义上都是夏瑜的敌人，他们的心灵和夏瑜是极其隔膜的，由此可见，革命者夏瑜是多么孤独啊。

分析人物可以从人物描写方法入手。就人物描写方法来说，中西小说的方法基本上是相同的。相较而言，中国小说更多采用人物的动作与语言描写来表现人物的形象，而西方小说虽然也离不开动作语言的描写，但更经常使用心理描写、内心独白的方法来描写人物。自然，像外貌描写（包括神态、体态、容貌、风度、服饰等方面的特征）、侧面描写等也是常用的人物描写方法。而环境描写也对人物的性格刻画起到规范和限制作用。人物描写要抓住最能够表现人物性格的特征来描写，才能真正表现人物的性格，小说的人物才能给读者留下深刻的印象。比如《红楼梦》中

写贾宝玉和林黛玉第一次见面时，就有不少精彩的人物描写，对迎春姐妹、王熙凤、贾宝玉、林黛玉等人的性格进行了富于个性的描写与刻画。而蒲松龄的《婴宁》中，写婴宁的"笑"的神态，实在是空前绝后的妙文，对刻画婴宁的形象起到了极大的作用；该小说写环境，也与主要人物婴宁的性格相映衬，对婴宁的形象刻画起到了极好的衬托作用。老舍的《断魂枪》中的语言描写和动作描写极为精彩，对刻画沙子龙的形象起到了很好的作用。而林海音的《金鲤鱼的百裥裙》中的语言、动作、心理描写都相当突出，金鲤鱼的形象也因而深刻地被刻画出来，旧女性的悲剧也被刻画得入木三分。

必须要重申的是，小说人物的性格像戏剧中的人物一样，并不是单一的，不同的人从各自不同的角度出发所理解的人物形象往往会有不同，虽然这种不同有时候并不明显。所谓"一千个读者就有一千个哈姆雷特"说的就是这个意思。从文学批评角度看这句话，说明观众或读者在欣赏戏剧或阅读小说过程中并不是被动接受的，而是将自己的经历、阅历、学识、思想等熔铸到所观赏或阅读的作品中。在文学欣赏尤其是小说作品欣赏中，读者作为阅读和欣赏的主体对于理解作品的人物形象以及作品的其他要素时并不是被动接受的，而是主动与作品人物同呼吸共命运。作品人物的喜怒哀乐往往引起欣赏者的喜怒哀乐，因为每个欣赏者的经历、阅历、学识、思想等是不尽相同的，甚至是差距甚大的，于是对作品人物的理解自然就会不一样。这是欣赏者的个体差异在作品欣赏过程中的不同的表现。这一点在艺术(在这里主要指建筑、音乐、美术等)领域更为明显。同样一座建筑物、同一首音乐作品、同一张绘画作品，不同的欣赏者往往见解大相径庭。一个人大加赞叹的作品，在另一个人那里可能就很稀松平常。但是，我们也要明白，"哈姆雷特"就是"哈姆雷特"，不管欣赏者心中的"哈姆雷特"如何不一样，但"哈姆雷特"不会是"李尔王"，也不会是阿Q或不会是与"哈姆雷特"不同的任何一个人。这就是我们需要辩证理解"一千个读者就有一千个哈姆雷特"的原因所在，也是我们在阅读和欣赏小说过程中需要注意的。小说人物一旦被成功塑造，他就像大自然一样充满了复杂的一面，当然也有其单纯的一面。简单地说就是，小说人物是可以被理解被欣赏的，但又是很难被一下子理解和欣赏的。前者可以说是小说人物的稳定性，后者可以说是小说人物的变异性。而正因为这样，小说人物，尤其是杰出的伟大的小说中的人物，就往往获得了超越时间和空间的价值与意义。

三、分析小说的主题，理解小说的思想意蕴

小说的主题也就是小说的中心或主旨，是作者通过小说的人物塑造所要表达的思想。理解小说的主题是专业读者需要解决的问题，即便是那些仅仅为阅读而阅读的人，也多少会思考作者想通过小说作品表达的思想。这个"想要表达的思想"就是小说的主题。有的小说主题是很鲜明的，有的却比较模糊。需要经过一番探查，经过分析比较，才能正确或比较正确地分析其主题。这可能与作者的创作习惯有关，有的作者本身有自己明确要表达的思想，而他恰好选择了小说这种形式来表达，因而往往能够比较清楚自己所要表达的主题是什么。而有的作者思想比较模糊，他出于一种强烈的创作冲动，在几乎梦幻或癫狂的状态下完成了某一作品的创作。这个时候，该作品的主题很可能是作者不甚清晰，或者是他难于掌控的。无论何种情况，在阅读和欣赏小说时，都需要经过一番分析比较的功夫，才能更好地理解小说的主题，理解小说的思想意蕴。

那么，要如何来分析小说的主题，理解小说的意蕴呢？小说的主题与多方面的因素相关。

(1) 分析人物形象就可以帮助我们分析小说的主题。因为人物是小说的三要素之一，通过人物的形象，就可以分析出作品通过人物所要表达的思想。以《金鲤鱼的百裥裙》为例，金鲤鱼的核心

形象是逆来顺受、备受压抑、温和善良等，她的悲剧结局是旧时代女性的一个缩影。金鲤鱼的悲剧揭示了等级制度和身份意识是何等严重地扭曲了旧女性的心灵，将她们本来应该灿烂的生命压抑窒息，最后郁悒而终，年仅44岁就离开人世。这个小说尽管篇幅不长，但其主题是深刻的，其主题深刻的原因就在于金鲤鱼这个人物具有巨大的概括性，能够表现出旧时代的罪恶，能够将一个地位卑微的妾渴望获得合法身份的意义揭示得深入。而金鲤鱼郁悒死于民国而没有死于民国以前，则更深刻地表现了旧文化的顽固性，也加重了金鲤鱼的悲剧意义。鲁迅的《药》《伤逝》、史铁生的《命若琴弦》、蒲松龄的《婴宁》等也可以使用这种方法来分析作品的主题。

(2) 联系小说表现的时代特点也是分析小说主题的途径。老舍有部很好的短篇小说叫《断魂枪》，在这个小说的开头就有关于时代特点的描写。老舍这样描写："东方的大梦没法子不醒了。炮声压下去马来与印度野林中的虎啸。半醒的人们，揉着眼，祷告着祖先与神灵；不大会儿，失去了国土、自由与权利。门外立着不同面色的人，枪口还热着。他们的长矛毒弩，花蛇斑彩的厚盾，都有什么用呢；连祖先与祖先所信的神明全不灵了啊！龙旗的中国也不再神秘，有了火车呀，穿坟过墓的破坏着风水。枣红色多穗的镖旗，绿鲨皮鞘的钢刀，响着串铃的口马，江湖上的智慧与黑话，义气与声名，连沙子龙，他的武艺，事业，都梦似的变成昨夜的。今天是火车、快枪、通商与恐怖。听说，有人还要杀下皇帝的龙头呢！"这是怎样的时代呢？老舍接着写了一段："这是走镖已没有饭吃，而国术还没有被革命党与教育家提倡起来的时候。"

要理解《断魂枪》的主题，这两段环境描写是不能不加以注意的。这个环境描写表明沙子龙处在一个国家危亡的时代（"门外立着不同面色的人""有人还要杀下皇帝的龙头呢"），内外交困的现实使人们从东方的大梦中醒觉，可是，真正醒着的人（先觉者）却很少，多数是那些"半醒的人们"，因为现实的变化不能不使他们有所知觉，但又没有能够看清时代的巨变。旧的技艺（如走镖）已经"没有饭吃"，但新的道路又不知道怎么走。沙子龙是一个先觉者，他知道他的时代已经过去，于是，镖局改为客栈了。沙子龙是孤独的，因为在小说中，只有沙子龙是一个真正醒觉的人，孙老者、王三胜、小顺们都是未觉者，他们连半醒都没有。沙子龙不与孙老者比武，不传授孙老者"五虎断魂枪"，之后，他去天汇请孙老者等吃饭，但没有一个去，只有沙子龙一个人在那里。这就深刻地写出了沙子龙这个先觉者的孤独。所以，这个小说的主题是表现在内外交困和中西文明冲突的大时代中的先觉者的孤独与悲凉。《断魂枪》以一个短篇小说的绝佳艺术，表达了那个时代的困境，表达了那个时代先觉者的无路可走的悲凉，因而具有巨大的艺术价值。

(3) 从小说的关键语句中概括小说的主题。这是从一种属于纯粹阅读的技巧的角度来说的。有些小说，即使我们不是很了解时代背景，作者情况，但是，从小说本身的关键性语句中，即可以概括出它的主题。比如鲁迅的《狂人日记》最后的"救救孩子……"，就很能使读者知道鲁迅在这个小说中表现的反封建的主题。在《错斩崔宁》中，有一段评论，也对读者概括小说的主题很有启发：

> 看官听说：这段公事，果然是小娘子与那崔宁谋财害命的时节，他两人须连夜逃走他方，怎的又去邻舍人家借宿一宵？明早又走到爹娘家去，却被人捉住了？这段冤枉，仔细可以推详出来。谁想问官糊涂，只图了事，不想捶楚之下，何求不得？冥冥之中，积了阴骘，远在儿孙近在身，他两个冤魂也须放你不过。所以做官的切不可率意断狱，任情用刑，也要求个公平明允。道不得个死者不可复生，断者不可复续，可胜叹哉！

这段"看官听说"的评论，实际上已经把《错斩崔宁》的主题告诉读者了，小说批判的就是草菅人命的黑暗社会现实。

四、分析小说的艺术特点

分析小说的艺术特点，也是阅读尤其是欣赏小说的一个途径。小说是叙事类文学样式，所以，叙事性散文的艺术手段在小说中经常使用，如人物描写、环境描写（包括自然环境描写、社会环境等）、象征手法、白描手法、对比手法、各种修辞方法等。有些小说的环境描写非常精妙，像屠格涅夫的《猎人笔记》、肖洛霍夫的《静静的顿河》、鲁迅的《药》、沈从文的《边城》等。有的景物描写带有象征手法性质，对人物形象的塑造起到很大的作用，像蒲松龄的《婴宁》中对花木的描写就非常能够彰显出婴宁的性格，这些景物描写因而具有象征意义。特别需要注意的是，小说中有的物件具有特别重要的作用，对人物形象刻画和小说的整个叙事都有很好的作用。如《婴宁》中的花木、《金鲤鱼的百裥裙》中的百裥裙、《药》中的“人血馒头”、《啊，香雪》中的火车、《最后一片叶子》中的常春藤树叶，等等。好的小说对物件的描写往往精确、经典，具有极大的艺术魅力和艺术价值。

在阅读和欣赏小说过程中，语言艺术本身也是关注的要点，所以，像白描以及各种修辞手法等都可以加以注意，但也不宜过分强调。从教学角度来讲，有时候列举一些实例加以分析，其目的是为了帮助同学加深对作品艺术的理解，但是如果过分强调，就可能会失去对小说本身的整体把握。有的小说语言非常精美，阅读的过程本身即是巨大的艺术享受，如果把小说过分按照艺术手法加以分析，那么，就有可能只见树木、不见森林，这是得不偿失的。

对小说艺术的分析以及欣赏，不是一次就能够完成的，常常需要多次阅读才能体会其艺术的特点。“读书百遍，其义自见”的道理，对阅读和欣赏小说来说也一样适用。尤其是对那些名著，更是应该反复阅读，读熟后，才能有自己独特的发现。

伍尔夫说过，读小说需要感悟力和想象力，这两种能力都需要持之以恒地加以训练，才能得到提高。小说本身及其丰富的内容，也值得读者经常地阅读它们和欣赏它们；当然，也别忘了还要了解小说家。如果说把小说比作各种复杂或单纯的建筑物——无论是深宅大院，还是亭台轩阁——这些建筑物的设计者和建造者也应该好好认识他们，了解他们。由阅读小说作品到了解小说家，从了解小说家再回到小说作品，或许，你会有许多意外的收获吧。

附录四　课外阅读书目推荐

中国部分

书　名	著(编)者
《中国通史》	范文澜
《中国大历史》	黄仁宇
《中国近代史》	蒋廷黼
《中国哲学简史》	冯友兰
《诗经选》	余冠英
《楚辞选》	马茂元
《论语译注》	杨伯峻
《孟子译注》	杨伯峻
《近思录》	朱熹、吕祖谦
《庄子今注今译》	陈鼓应
《史记选》	王伯祥
《李白诗选》	刘晓虹、付艳霞
《杜甫诗选》	张忠纲
《唐宋八家文选》	牛宝彤
《唐宋传奇集》	鲁迅
《唐诗三百首》	蘅塘退士
《唐宋词选释》	俞平伯
《杨时集》	杨时
《朱子语类》	黄士毅
《宋诗选注》	钱锺书
《西厢记》	王实甫
《三国演义》	罗贯中
《水浒传》	施耐庵
《西游记》	吴承恩
《聊斋志异》	蒲松龄
《儒林外史》	吴敬梓
《红楼梦》	曹雪芹
《长生殿》	洪昇
《老残游记》	刘鹗
《二十年目睹之怪现状》	吴趼人
《官场现形记》	李宝嘉
《浮生六记》	沈复
《词学通论》	吴梅

《曾胡治兵语录》	蔡锷
《呐喊》《彷徨》	鲁迅
《家》《随想录》	巴金
《边城》	沈从文
《骆驼祥子》《四世同堂》	老舍
《雷雨》《日出》《原野》	曹禺
《传奇》	张爱玲
《围城》	钱锺书
《洗澡》	杨绛
《城南旧事》	林海音
《毛泽东选集》	毛泽东
《邓小平文选》	邓小平
《胡适精品集》	胡适
《哥德巴赫猜想》	徐迟
《周作人精选集》	周作人
《梁实秋精选集》	梁实秋
《冰心精选集》	冰心
《林语堂精选集》	林语堂
《朱自清精选集》	朱自清
《铁凝精选集》	铁凝
《阿城精选集》	阿城
《北岛精选集》	北岛
《舒婷精选集》	舒婷
《顾城精选集》	顾城
《史铁生精选集》	史铁生
《白先勇精选集》	白先勇
《三毛精选集》	三毛
《张晓风精选集》	张晓风
《野火集》《目送》	龙应台
《心灵史》	张承志
《平凡的世界》	路遥
《白鹿原》	陈忠实
《浮躁》	贾平凹
《长恨歌》	王安忆
《施洗的河》《愤怒》《我和上帝有个约》	北村
《淡绿色的月亮》	须一瓜
《活着》《许三观卖血记》《兄弟》	余华
《米》《武则天》	苏童
《敌人》《欲望的旗帜》	格非

《冈底斯的诱惑》	马原
《尘埃落定》	阿来
《檀香刑》《蛙》	莫言
《沉默的大多数》	王小波
《迷境·青鸟》	李秋沅
《笑傲江湖》《天龙八部》	金庸
《绝代双骄》	古龙
《文化苦旅》《山居笔记》	余秋雨
《古典幽梦》	朱以撒
《逝去的年代》	谢泳
《千秋家国梦》	曾纪鑫
《拒绝遗忘：钱理群文选》	钱理群
《自由的言说：徐友渔文选》	徐友渔
《问题与主义：秦晖文选》	秦晖
《信息技术的源流》	宋德生
《人的现代化》	殷陆君
《耻辱者手记》	摩罗
《把栏杆拍遍》	梁衡
《乡土中国》《江村经济》	费孝通
《金翼》	林耀华
《银翅》	庄孔韶
《风化与凝聚》	丁方、张谦
《漂泊中的永恒》	乔健
《故乡信札》《扶贫手记》	潘年英
《品人录》《读城记》	易中天
《自由从摇篮开始》	杨支柱
《做最好的自己》	李开复
《肉身》	李西闽
《我们家》	颜歌

外国部分

书　名	著(编)者
《文学理论》	[美] 勒内·韦勒克 奥斯汀·沃伦
《神曲》	[意] 但丁
《蒙娜丽莎——文艺复兴时期的一位佛罗伦萨妇女》	[意] 帕朗第
《悲惨世界》	[法] 雨果
《红与黑》	[法] 司汤达

《高老头》	［法］巴尔扎克
《玛丽：或美国的奴隶制》	［法］古斯塔夫·博蒙
《古罗马的儿童》	［法］让-皮埃尔·内罗杜
《西方哲学史》	［英］罗素
《哈姆雷特》	［英］莎士比亚
《双城记》《远大前程》	［英］狄更斯
《德伯家的苔丝》	［英］哈代
《简·爱》	［英］夏洛蒂·勃朗特
《培根论说文集》	［英］培根
《现代画家》(1—5)	［英］约翰·罗斯金
《李约瑟游记》	［英］李约瑟、李大斐
《时间简史》	［英］史蒂芬·霍金
《罪与罚》《卡拉马佐夫兄弟》	［俄］陀思妥耶夫斯基
《安娜·卡列尼娜》《复活》	［俄］托尔斯泰
《金蔷薇》	［俄］帕乌斯托夫斯基
《百年孤独》	［哥伦比亚］加西亚·马尔克斯
《名人传》《约翰·克利斯朵夫》	［法］罗曼·罗兰
《等待戈多》	［法］贝克特
《泰戈尔诗选》	［印］泰戈尔
《源氏物语》	［日］紫式部
《雪国》	［日］川端康成
《激荡的百年史》	［日］吉田茂
《砂糖的世界史》	［日］川北稔
《建筑意匠十二讲》	［日］香山寿夫
《弗洛伊德著作选》《梦的解释》	［奥］弗洛伊德
《汤姆叔叔的小屋》	［美］斯托夫人
《瓦尔登湖》	［美］梭罗
《草叶集》	［美］惠特曼
《老人与海》	［美］海明威
《喧哗与骚动》	［美］福克纳
《白鲸》	［美］麦尔维尔
《人类的故事》《宽容》	［美］房龙
《议事规则》	［美］亨利·M.罗伯特
《人性的弱点》《人性的优点》	［美］戴尔·卡耐基
《谁动了我的奶酪?》	［美］斯宾塞·约翰逊
《唤醒心中的巨人》	［美］安东尼·罗宾
《阿甘正传》	［美］温斯顿·格鲁姆
《人人都能成功》	［美］拿破仑·希尔

说明：鉴于现在书籍版本众多，本书目只列出书籍名称和著(编)者。本书目自然是简陋的，然而本书的读者如能在专业学习之余，阅读以上书籍，必能有所助益；在此基础上，自能继续精进，学而不厌。

参 考 文 献

[1] 张少康.中国历代文论选[M].长春：时代文艺出版社,2001.
[2] 王国维.人间词话[M].兰州：兰州大学出版社,2004.
[3] 朱光潜.诗论[M].北京：三联书店,1998.
[4] 老舍.文学概论讲义[M].上海：复旦大学出版社,2004.
[5] 袁行霈.中国诗歌艺术研究[M].北京：北京大学出版社,2010.
[6] 卫建民.画廊文心[M].海口：海南出版社,1998.
[7] 汪森,余烺天.夜莺之舞[M].海口：海南出版社,1998.
[8] 胡朴安.清文观止[M].长沙：岳麓出版社,1996.
[9] 蒙台梭利.发现孩子[M].北京：中国妇女出版社,2012.
[10] 杰克·得·弗拉姆.马蒂斯论艺术[M].郑州：河南美术出版社,1978.
[11] 冯友兰,等.联大教授[M].北京：新星出版社,2010.
[12] 林徽因.林徽因讲建筑[M].西安：陕西师范大学出版社,2004.
[13] 里尔克.罗丹论[M].桂林：广西师范大学出版社,2002.
[14] 蘅塘退士.唐诗三百首[M].北京：北京古籍出版社,1993.
[15] 唐君毅.青年与学问[M].桂林：广西师范大学出版社,2005.
[16] 杨天松.大学语文[M].青岛：中国海洋大学出版社,2010.
[17] 杨天松.大学语文[M].南京：南京大学出版社,2013.
[18] 胡适.胡适文集[M].北京：北京燕山出版社,1995.
[19] 谢泳.教育在清华[M].天津：百花文艺出版社,1999.
[20] 林惠祥.文化人类学[M].北京：商务印书馆,1991.
[21] 帕斯卡尔.思想录[M].北京：商务印书馆,1985.
[22] 朱熹.诗经[M].西安：三秦出版社,2005.
[23] 吴楚材,吴调侯.古文观止[M].上海：上海古籍出版社,2016.
[24] 钱钢,吴慧娟.乐舞情韵——音乐舞蹈艺术文粹[M].上海：东方出版中心,1999.
[25] 孙小力.咫尺山林——园林艺术文粹[M].上海：东方出版中心,1999.
[26] 费孝通.乡土中国　生育制度[M].北京：北京大学出版社,1998.
[27] 俞平伯.唐宋词选释[M].北京：人民文学出版社,1979.
[28] 陶行知.中国教育改造[M].北京：人民出版社,2008.
[29] 刘光前,张春悦.中外教育名文100篇[M].海口：海南出版社,2007.
[30] 蒲松龄.聊斋志异[M].南京：江苏凤凰文艺出版社,2018.
[31] 张友鹤.唐宋传奇选[M].北京：人民文学出版社,1964.
[32] 博尔赫斯.小径分叉的花园[M].杭州：浙江文艺出版社,1999.
[33] 冰心.二十世纪中国作家怀人散文·冰心集[M].北京：知识出版社,1997.
[34] 李秋沅.茗香[M].武汉：长江少年儿童出版社,2016.
[35] 金近,等.中国经典童话[M].北京：人民文学出版社,2005.

[36] 岛田洋七.佐贺的超级阿嬷[M].海口：南海出版公司，2007.
[37] 马家鼎.扬州文选[M].苏州：苏州大学出版社，2001.
[38] 卞孝萱.游记精华[M].成都：巴蜀书社，1999.
[39] 王友朋，孙小力.翰墨风致——书法艺术文粹[M].上海：东方出版中心，1999.